BIBLIOTHEK DER KLASSIKER

JOHANN WOLFGANG GOETHE

DRAMEN

LINGEN VERLAG KÖLN

Sonderausgabe für den Lingen-Verlag, Köln

INHALTSVERZEICHNIS

Faust. Der Tragödie erster Teil 7
Faust. Der Tragödie zweiter Teil 127
Götz von Berlichingen 319
Egmont 408

FAUST
TRAGÖDIE IN 2 TEILEN

ZUNEIGUNG

Ihr naht euch wieder, schwankende Gestalten,
Die früh sich einst dem trüben Blick gezeigt.
Versuch ich wohl, euch diesmal festzuhalten?
Fühl ich mein Herz noch jenem Wahn geneigt?
Ihr drängt euch zu! nun gut, so mögt ihr walten,
Wie ihr aus Dunst und Nebel um mich steigt;
Mein Busen fühlt sich jugendlich erschüttert
Vom Zauberhauch, der euren Zug umwittert.

Ihr bringt mit euch die Bilder froher Tage,
Und manche liebe Schatten steigen auf;
Gleich einer alten, halbverklungnen Sage
Kommt erste Lieb und Freundschaft mit herauf;
Der Schmerz wird neu, es wiederholt die Klage
Des Lebens labyrinthisch irren Lauf
Und nennt die Guten, die, um schöne Stunden
Vom Glück getäuscht, vor mir hinweggeschwunden.

Sie hören nicht die folgenden Gesänge,
Die Seelen, denen ich die ersten sang;
Zerstoben ist das freundliche Gedränge,
Verklungen, ach! der erste Widerklang.
Mein Leid ertönt der unbekannten Menge,
Ihr Beifall selbst macht meinem Herzen bang,
Und was sich sonst an meinem Lied erfreuet,
Wenn es noch lebt, irrt in der Welt zerstreuet.

Und mich ergreift ein längst entwöhntes Sehnen
Nach jenem stillen, ernsten Geisterreich,
Es schwebet nun in unbestimmten Tönen
Mein lispelnd Lied, der Äolsharfe gleich,
Ein Schauer faßt mich, Träne folgt den Tränen,
Das strenge Herz, es fühlt sich mild und weich;
Was ich besitze, seh ich wie im Weiten,
Und was verschwand, wird mir zu Wirklichkeiten.

Vorspiel auf dem Theater
Direktor, Theaterdichter, Lustige Person

Direktor: Ihr beiden, die ihr mir so oft
In Not und Trübsal beigestanden,
Sagt, was ihr wohl in deutschen Landen
Von unsrer Unternehmung hofft!
Ich wünschte sehr, der Menge zu behagen,
Besonders weil sie lebt und leben läßt.
Die Pfosten sind, die Bretter aufgeschlagen,
Und jedermann erwartet sich ein Fest.
Sie sitzen schon mit hohen Augenbrauen
Gelassen da und möchten gern erstaunen.
Ich weiß, wie man den Geist des Volks versöhnt;
Doch so verlegen bin ich nie gewesen:
Zwar sind sie an das Beste nicht gewöhnt,
Allein sie haben schrecklich viel gelesen.
Wie machen wir's, daß alles frisch und neu
Und mit Bedeutung auch gefällig sei?
Denn freilich mag ich gern die Menge sehen,
Wenn sich der Strom nach unsrer Bude drängt
Und mit gewaltig-wiederholten Wehen
Sich durch die enge Gnadenpforte zwängt,
Bei hellem Tage, schon vor Vieren,
Mit Stößen sich bis an die Kasse ficht
Und, wie in Hungersnot um Brot an Bäckertüren,
Um ein Billett sich fast die Hälse bricht.
Dies Wunder wirkt auf so verschiedne Leute
Der Dichter nur; mein Freund, o tu es heute!

Dichter: O sprich mir nicht von jener bunten Menge,
Bei deren Anblick uns der Geist entflieht!
Verhülle mir das wogende Gedränge,
Das wider Willen uns zum Strudel zieht!
Nein, führe mich zur stillen Himmelsenge,
Wo nur dem Dichter reine Freude blüht,
Wo Lieb und Freundschaft unsres Herzens Segen
Mit Götterhand erschaffen und erpflegen.
Ach! was in tiefer Brust uns da entsprungen,
Was sich die Lippe schüchtern vorgelallt,
Mißraten jetzt und jetzt vielleicht gelungen,
Verschlingt des wilden Augenblicks Gewalt.
Oft, wenn es erst durch Jahre durchgedrungen,
Erscheint es in vollendeter Gestalt.
Was glänzt, ist für den Augenblick geboren.
Das Echte bleibt der Nachwelt unverloren.

Lustige Person:
  Wenn ich nur nichts von Nachwelt hören sollte!
  Gesetzt, daß ich von Nachwelt reden wollte,
  Wer machte denn der Mitwelt Spaß?
  Den will sie doch und soll ihn haben!
  Die Gegenwart von einem braven Knaben
  Ist, dächt ich, immer auch schon was.
  Wer sich behaglich mitzuteilen weiß,
  Den wird des Volkes Laune nicht erbittern;
  Er wünscht sich einen großen Kreis,
  Um ihn gewisser zu erschüttern.
  Drum seid nur brav und zeigt Euch musterhaft,
  Laßt Phantasie mit allen ihren Chören,
  Vernunft, Verstand, Empfindung, Leidenschaft,
  Doch, merkt Euch wohl! nicht ohne Narrheit hören!
Direktor: Besonders aber laßt genug geschehn!
  Man kommt zu schaun, man will am liebsten sehn.
  Wird vieles vor den Augen abgesponnen,
  So daß die Menge staunend gaffen kann,
  Da habt Ihr in der Breite gleich gewonnen,
  Ihr seid ein vielgeliebter Mann.
  Die Masse könnt Ihr nur durch Masse zwingen,
  Ein jeder sucht sich endlich selbst was aus.
  Wer vieles bringt, wird manchem etwas bringen,
  Und jeder geht zufrieden aus dem Haus.
  Gebt Ihr ein Stück, so gebt es gleich in Stücken!
  Solch ein Ragout, es muß Euch glücken;
  Leicht ist es vorgelegt, so leicht als ausgedacht.
  Was hilft's, wenn Ihr ein Ganzes dargebracht?
  Das Publikum wird es Euch doch zerpflücken.
Dichter: Ihr fühlet nicht, wie schlecht ein solches Handwerk sei,
  Wie wenig das dem echten Künstler zieme!
  Der saubern Herren Pfuscherei
  Ist, merk ich, schon bei Euch Maxime.
Direktor: Ein solcher Vorwurf läßt mich ungekränkt:
  Ein Mann, der recht zu wirken denkt,
  Muß auf das beste Werkzeug halten.
  Bedenkt, Ihr habet weiches Holz zu spalten,
  Und seht nur hin, für wen Ihr schreibt!
  Wenn diesen Langeweile treibt,
  Kommt jener satt vom übertischten Mahle,
  Und was das Allerschlimmste bleibt,
  Gar mancher kommt vom Lesen der Journale.
  Man eilt zerstreut zu uns wie zu den Maskenfesten,

Und Neugier nur beflügelt jeden Schritt;
Die Damen geben sich und ihren Putz zum besten
Und spielen ohne Gage mit.
Was träumet Ihr auf Eurer Dichterhöhe?
Was macht ein volles Haus Euch froh?
Beseht die Gönner in der Nähe!
Halb sind sie kalt, halb sind sie roh.
Der, nach dem Schauspiel, hofft ein Kartenspiel,
Der eine wilde Nacht an einer Dirne Busen.
Was plagt ihr armen Toren viel
Zu solchem Zweck die holden Musen?
Ich sag Euch: gebt nur mehr und immer, immer mehr,
So könnt Ihr Euch vom Ziele nie verirren.
Sucht nur die Menschen zu verwirren,
Sie zu befriedigen, ist schwer! —
Was fällt Euch an? Entzückung oder Schmerzen?
Dichter: Geh hin und such dir einen andern Knecht!
Der Dichter sollte wohl das höchste Recht,
Das Menschenrecht, das ihm Natur vergönnt,
Um deinetwillen freventlich verscherzen!
Wodurch bewegt er alle Herzen?
Wodurch besiegt er jedes Element?
Ist es der Einklang nicht, der aus dem Busen dringt
Und in sein Herz die Welt zurückeschlingt?
Wenn die Natur des Fadens ewge Länge,
Gleichgültig drehend, auf die Spindel zwingt,
Wenn aller Wesen unharmonsche Menge
Verdrießlich durcheinanderklingt:
Wer teilt die fließend immer gleiche Reihe
Belebend ab, daß sie sich rhythmisch regt?
Wer ruft das Einzelne zur allgemeinen Weihe,
Wo es in herrlichen Akkorden schlägt?
Wer läßt den Sturm zu Leidenschaften wüten?
Das Abendrot im ernsten Sinne glühn?
Wer schüttet alle schönen Frühlingsblüten
Auf der Geliebten Pfade hin?
Wer flicht die unbedeutend grünen Blätter
Zum Ehrenkranz Verdiensten jeder Art?
Wer sichert den Olymp? vereinet Götter?
Des Menschen Kraft, im Dichter offenbart!
Lustige Person: So braucht sie denn, die schönen Kräfte,
Und treibt die dichtrischen Geschäfte,
Wie man ein Liebesabenteuer treibt:
Zufällig naht man sich, man fühlt, man bleibt,

Und nach und nach wird man verflochten;
Es wächst das Glück, dann wird es angefochten,
Man ist entzückt, nun kommt der Schmerz heran,
Und eh man sich's versieht, ist's eben ein Roman.
Laßt uns auch so ein Schauspiel geben!
Greift nur hinein ins volle Menschenleben!
Ein jeder lebt's, nicht vielen ist's bekannt,
Und wo Ihr's packt, da ist's interessant.
In bunten Bildern wenig Klarheit,
Viel Irrtum und ein Fünkchen Wahrheit,
So wird der beste Trank gebraut,
Der alle Welt erquickt und auferbaut.
Dann sammelt sich der Jugend schönste Blüte
Vor Eurem Spiel und lauscht der Offenbarung,
Dann sauget jedes zärtliche Gemüte
Aus Eurem Werk sich melancholsche Nahrung,
Dann wird bald dies, bald jenes aufgeregt:
Ein jeder sieht, was er im Herzen trägt.
Noch sind sie gleich bereit, zu weinen und zu lachen,
Sie ehren noch den Schwung, erfreuen sich am Schein;
Wer fertig ist, dem ist nichts recht zu machen,
Ein Werdender wird immer dankbar sein.

Dichter: So gib mir auch die Zeiten wieder,
   Da ich noch selbst im Werden war,
   Da sich ein Quell gedrängter Lieder
   Ununterbrochen neu gebar,
   Da Nebel mir die Welt verhüllten,
   Die Knospe Wunder noch versprach,
   Da ich die tausend Blumen brach,
   Die alle Täler reichlich füllten!
   Ich hatte nichts und doch genug:
   Den Drang nach Wahrheit und die Lust am Trug!
   Gib ungebändigt jene Triebe,
   Das tiefe, schmerzenvolle Glück,
   Des Hasses Kraft, die Macht der Liebe,
   Gib meine Jugend mir zurück!

Lustige Person:
   Der Jugend, guter Freund, bedarfst du allenfalls,
   Wenn dich in Schlachten Feinde drängen,
   Wenn mit Gewalt an deinen Hals
   Sich allerliebste Mädchen hängen,
   Wenn fern des schnellen Laufes Kranz
   Vom schwer erreichten Ziele winket,
   Wenn nach dem heftgen Wirbeltanz

Die Nächte schmausend man vertrinket.
Doch ins bekannte Saitenspiel
Mit Mut und Anmut einzugreifen,
Nach einem selbstgesteckten Ziel
Mit holdem Irren hinzuschweifen,
Das, alte Herrn, ist eure Pflicht,
Und wir verehren euch darob nicht minder.
Das Alter macht nicht kindisch, wie man spricht,
Es findet uns nur noch als wahre Kinder.

Direktor: Der Worte sind genug gewechselt,
Laßt mich auch endlich Taten sehn!
Indes ihr Komplimente drechselt,
Kann etwas Nützliches geschehn.
Was hilft es, viel von Stimmung reden?
Dem Zaudernden erscheint sie nie.
Gebt ihr euch einmal für Poeten,
So kommandiert die Poesie!
Euch ist bekannt, was wir bedürfen:
Wir wollen stark Getränke schlürfen;
Nun braut mir unverzüglich dran!
Was heute nicht geschieht, ist morgen nicht getan,
Und keinen Tag soll man verpassen;
Das Mögliche soll der Entschluß
Beherzt sogleich beim Schopfe fassen:
Er will es dann nicht fahren lassen
Und wirket weiter, weil er muß.
Ihr wißt, auf unsern deutschen Bühnen
Probiert ein jeder, was er mag;
Drum schonet mir an diesem Tag
Prospekte nicht und nicht Maschinen!
Gebraucht das groß und kleine Himmelslicht,
Die Sterne dürfet Ihr verschwenden;
An Wasser, Feuer, Felsenwänden,
An Tier und Vögeln fehlt es nicht.
So schreitet in dem engen Bretterhaus
Den ganzen Kreis der Schöpfung aus
Und wandelt mit bedächtger Schnelle
Vom Himmel durch die Welt zur Hölle!

Prolog im Himmel

Der Herr, die Himmlischen Heerscharen. Nachher Mephistopheles
Die drei Erzengel treten vor

Raphael: Die Sonne tönt nach alter Weise
In Brudersphären Wettgesang,

Und ihre vorgeschriebne Reise
Vollendet sie mit Donnergang.
Ihr Anblick gibt den Engeln Stärke,
Wenn keiner sie ergründen mag;
Die unbegreiflich hohen Werke
Sind herrlich wie am ersten Tag.

Gabriel: Und schnell und unbegreiflich schnelle
Dreht sich umher der Erde Pracht;
Es wechselt Paradieseshelle
Mit tiefer, schauervoller Nacht;
Es schäumt das Meer in breiten Flüssen
Am tiefen Grund der Felsen auf,
Und Fels und Meer wird fortgerissen
In ewig-schnellem Sphärenlauf.

Michael: Und Stürme brausen um die Wette
Vom Meer aufs Land, vom Land aufs Meer,
Und bilden wütend eine Kette
Der tiefsten Wirkung ringsumher.
Da flammt ein blitzendes Verheeren
Dem Pfade vor des Donnerschlags;
Doch deine Boten, Herr, verehren
Das sanfte Wandeln deines Tags.

Zu drei: Der Anblick gibt den Engeln Stärke,
Da keiner dich ergründen mag,
Und alle deine hohen Werke
Sind herrlich wie am ersten Tag.

Mephistopheles: Da du, o Herr, dich wieder einmal nahst
Und fragst, wie alles sich bei uns befinde,
Und du mich sonst gewöhnlich gerne sahst,
So siehst du mich auch unter dem Gesinde.
Verzeih, ich kann nicht hohe Worte machen,
Und wenn mich auch der ganze Kreis verhöhnt;
Mein Pathos brächte dich gewiß zum Lachen,
Hättst du mir nicht das Lachen abgewöhnt.
Von Sonn und Welten weiß ich nichts zu sagen;
Ich sehe nur, wie sich die Menschen plagen.
Der kleine Gott der Welt bleibt stets von gleichem Schlag
Und ist so wunderlich als wie am ersten Tag.
Ein wenig besser würd er leben,
Hättst du ihm nicht den Schein des Himmelslichts gegeben;
Er nennt's Vernunft und braucht's allein,
Nur tierischer als jedes Tier zu sein.
Er scheint mir, mit Verlaub von Euer Gnaden,
Wie eine der langbeinigen Zikaden,

>   Die immer fliegt und fliegend springt
>   Und gleich im Gras ihr altes Liedchen singt.
>   Und läg er nur noch immer in dem Grase!
>   In jeden Quark begräbt er seine Nase.
> Der Herr: Hast du mir weiter nichts zu sagen?
>   Kommst du nur immer anzuklagen?
>   Ist auf der Erde ewig dir nichts recht?
> Mephistopheles:
>   Nein, Herr! ich find es dort, wie immer, herzlich schlecht.
>   Die Menschen dauern mich in ihren Jammertagen;
>   Ich mag sogar die Armen selbst nicht plagen.
> Der Herr: Kennst du den Faust?
> Mephistopheles: Den Doktor?
> Der Herr: Meinen Knecht!
> Mephistopheles: Fürwahr! er dient Euch auf besondre Weise.
>   Nicht irdisch ist des Toren Trank noch Speise!
>   Ihn treibt die Gärung in die Ferne;
>   Er ist sich seiner Tollheit halb bewußt:
>   Vom Himmel fordert er die schönsten Sterne
>   Und von der Erde jede höchste Lust,
>   Und alle Näh und alle Ferne
>   Befriedigt nicht die tiefbewegte Brust.
> Der Herr: Wenn er mir jetzt auch nur verworren dient,
>   So werd ich ihn bald in die Klarheit führen.
>   Weiß doch der Gärtner, wenn das Bäumchen grünt,
>   Daß Blüt und Frucht die künftgen Jahre zieren.
> Mephistopheles:
>   Was wettet Ihr? den sollt Ihr noch verlieren,
>   Wenn Ihr mir die Erlaubnis gebt,
>   Ihn meine Straße sacht zu führen!
> Der Herr: Solang er auf der Erde lebt,
>   Solange sei dir's nicht verboten:
>   Es irrt der Mensch, solang er strebt.
> Mephistopheles: Da dank ich Euch; denn mit den Toten
>   Hab ich mich niemals gern befangen.
>   Am meisten lieb ich mir die vollen, frischen Wangen.
>   Für einen Leichnam bin ich nicht zu Haus:
>   Mir geht es wie der Katze mit der Maus.
> Der Herr: Nun gut, es sei dir überlassen!
>   Zieh diesen Geist von seinem Urquell ab
>   Und führ ihn, kannst du ihn erfassen,
>   Auf deinem Wege mit herab —
>   Und steh beschämt, wenn du bekennen mußt:

Ein guter Mensch, in seinem dunklen Drange,
Ist sich des rechten Weges wohl bewußt.
Mephistopheles: Schon gut! nur dauert es nicht lange.
Mir ist für meine Wette gar nicht bange.
Wenn ich zu meinem Zweck gelange,
Erlaubt Ihr mir Triumph aus voller Brust.
Staub soll er fressen, und mit Lust,
Wie meine Muhme, die berühmte Schlange!
Der Herr: Du darfst auch da nur frei erscheinen;
Ich habe deinesgleichen nie gehaßt:
Von allen Geistern, die verneinen,
Ist mir der Schalk am wenigsten zur Last.
Des Menschen Tätigkeit kann allzu leicht erschlaffen,
Er liebt sich bald die unbedingte Ruh;
Drum geb ich gern ihm den Gesellen zu,
Der reizt und wirkt und muß als Teufel schaffen..—
Doch ihr, die echten Göttersöhne,
Erfreut euch der lebendig-reichen Schöne!
Das Werdende, das ewig wirkt und lebt,
Umfass' euch mit der Liebe holden Schranken,
Und was in schwankender Erscheinung schwebt,
Befestiget mit dauernden Gedanken!

Der Himmel schließt, die Erzengel verteilen sich

Mephistopheles *(allein):*
Von Zeit zu Zeit seh ich den Alten gern,
Und hüte mich, mit ihm zu brechen.
Es ist gar hübsch von einem großen Herrn,
So menschlich mit dem Teufel selbst zu sprechen.

DER TRAGÖDIE ERSTER TEIL

Nacht

*In einem hochgewölbten, engen gotischen Zimmer
Faust unruhig auf seinem Sessel am Pult*

Faust: Habe nun, ach, Philosophie,
Juristerei und Medizin
Und leider auch Theologie
Durchaus studiert, mit heißem Bemühn.
Da steh ich nun, ich armer Tor,
Und bin so klug als wie zuvor!
Heiße Magister, heiße Doktor gar,
Und ziehe schon an die zehen Jahr
Herauf, herab und quer und krumm
Meine Schüler an der Nase herum —

Und sehe, daß wir nichts wissen können!
Das will mir schier das Herz verbrennen.
Zwar bin ich gescheiter als alle die Laffen,
Doktoren, Magister, Schreiber und Pfaffen;
Mich plagen keine Skrupel noch Zweifel,
Fürchte mich weder vor Hölle noch Teufel —
Dafür ist mir auch alle Freud entrissen,
Bilde mir nicht ein, was Rechts zu wissen,
Bilde mir nicht ein, ich könnte was lehren,
Die Menschen zu bessern und zu bekehren.
Auch hab ich weder Gut noch Geld,
Noch Ehr und Herrlichkeit der Welt:
Es möchte kein Hund so länger leben!
Drum hab ich mich der Magie ergeben,
Ob mir durch Geistes Kraft und Mund
Nicht manch Geheimnis würde kund,
Daß ich nicht mehr mit sauerm Schweiß
Zu sagen brauche, was ich nicht weiß,
Daß ich erkenne, was die Welt
Im Innersten zusammenhält,
Schau alle Wirkenskraft und Samen
Und tu nicht mehr in Worten kramen.
O sähst du, voller Mondenschein,
Zum letztenmal auf meine Pein,
Den ich so manche Mitternacht
An diesem Pult herangewacht:
Dann über Büchern und Papier,
Trübselger Freund, erschienst du mir!
Ach! könnt ich doch auf Bergeshöhn
In deinem lieben Lichte gehn,
Um Bergeshöhle mit Geistern schweben,
Auf Wiesen in deinem Dämmer weben,
Von allem Wissensqualm entladen,
In deinem Tau gesund mich baden!
Weh! steck ich in dem Kerker noch?
Verfluchtes dumpfes Mauerloch,
Wo selbst das liebe Himmelslicht
Trüb durch gemalte Scheiben bricht!
Beschränkt von diesem Bücherhauf,
Den Würme nagen, Staub bedeckt,
Den bis ans hohe Gewölb hinauf
Ein angeraucht Papier umsteckt;
Mit Gläsern, Büchsen rings umstellt,
Mit Instrumenten vollgepfropft,

Urväterhausrat drein gestopft —
Das ist deine Welt! das heißt eine Welt!
Und fragst du noch, warum dein Herz
Sich bang in deinem Busen klemmt?
Warum ein unerklärter Schmerz
Dir alle Lebensregung hemmt?
Statt der lebendigen Natur,
Da Gott die Menschen schuf hinein,
Umgibt in Rauch und Moder nur
Dich Tiergeripp und Totenbein!
Flieh! auf! Hinaus ins weite Land!
Und dies geheimnisvolle Buch,
Von Nostradamus' eigner Hand,
Ist dir es nicht Geleit genug?
Erkennest dann der Sterne Lauf,
Und wenn Natur dich unterweist,
Dann geht die Seelenkraft dir auf,
Wie spricht ein Geist zum andern Geist.
Umsonst, daß trocknes Sinnen hier
Die heilgen Zeichen dir erklärt!
Ihr schwebt, ihr Geister, neben mir:
Antwortet mir, wenn ihr mich hört!

Er schlägt das Buch auf und erblickt das Zeichen des Makrokosmos

Ha, welche Wonne fließt in diesem Blick
Auf einmal mir durch alle meine Sinnen!
Ich fühle junges, heilges Lebensglück
Neuglühend mir durch Nerv und Adern rinnen.
War es ein Gott, der diese Zeichen schrieb,
Die mir das innre Toben stillen,
Das arme Herz mit Freude füllen
Und mit geheimnisvollem Trieb
Die Kräfte der Natur rings um mich her enthüllen?
Bin ich ein Gott? Mir wird so licht!
Ich schau in diesen reinen Zügen
Die wirkende Natur vor meiner Seele liegen.
Jetzt erst erkenn ich, was der Weise spricht:
„Die Geisterwelt ist nicht verschlossen;
Dein Sinn ist zu, dein Herz ist tot!
Auf! bade, Schüler, unverdrossen
Die irdsche Brust im Morgenrot!"

Er beschaut das Zeichen

Wie alles sich zum Ganzen webt,
Eins in dem andern wirkt und lebt!

Wie Himmelskräfte auf- und niedersteigen
Und sich die goldnen Eimer reichen!
Mit segenduftenden Schwingen
Vom Himmel durch die Erde dringen,
Harmonisch all das All durchklingen!

Welch Schauspiel! Aber ach! ein Schauspiel nur!
Wo faß ich dich, unendliche Natur?
Euch Brüste, wo? ihr Quellen alles Lebens,
An denen Himmel und Erde hängt,
Dahin die welke Brust sich drängt —
Ihr quellt, ihr tränkt, und schmacht ich so vergebens?

Er schlägt unwillig das Buch um und erblickt das Zeichen des Erdgeistes

Wie anders wirkt dies Zeichen auf mich ein!
Du, Geist der Erde, bist mir näher;
Schon fühl ich meine Kräfte höher,
Schon glüh ich wie von neuem Wein.
Ich fühle Mut, mich in die Welt zu wagen,
Der Erde Weh, der Erde Glück zu tragen,
Mit Stürmen mich herumzuschlagen
Und in des Schiffbruchs Knirschen nicht zu zagen!
Es wölkt sich über mir —
Der Mond verbirgt sein Licht —
Die Lampe schwindet —
Es dampft — Es zucken rote Strahlen
Mir um das Haupt — Es weht
Ein Schauer vom Gewölb herab
Und faßt mich an!
Ich fühl's, du schwebst um mich, erflehter Geist:
Enthülle dich!
Ha! wie's in meinem Herzen reißt!
Zu neuen Gefühlen
All meine Sinnen sich erwühlen!
Ich fühle ganz mein Herz dir hingegeben!
Du mußt, du mußt! und kostet' es mein Leben!

*Er faßt das Buch und spricht das Zeichen des Geistes geheimnisvoll aus
Es zuckt eine rötliche Flamme, der Geist erscheint in der Flamme*

Geist: Wer ruft mir?
Faust *(abgewendet)*: Schreckliches Gesicht!
Geist: Du hast mich mächtig angezogen,
An meiner Sphäre lang gesogen,
Und nun —
Faust: Weh! ich ertrag dich nicht!

Geist: Du flehst eratmend, mich zu schauen,
 Meine Stimme zu hören, mein Antlitz zu sehn;
 Mich neigt dein mächtig Seelenflehn:
 Da bin ich! — Welch erbärmlich Grauen
 Faßt Übermenschen dich! Wo ist der Seele Ruf?
 Wo ist die Brust, die eine Welt in sich erschuf
 Und trug und hegte? die mit Freudebeben
 Erschwoll, sich uns, den Geistern, gleichzuheben?
 Wo bist du, Faust, des Stimme mir erklang,
 Der sich an mich mit allen Kräften drang?
 Bist du es, der, von meinem Hauch umwittert,
 In allen Lebenstiefen zittert,
 Ein furchtsam weggekrümmter Wurm?
Faust: Soll ich dir, Flammenbildung, weichen?
 Ich bin's, bin Faust, bin deinesgleichen!
Geist: In Lebensfluten, im Tatensturm
 Wall ich auf und ab,
 Webe hin und her!
 Geburt und Grab,
 Ein ewiges Meer,
 Ein wechselnd Weben,
 Ein glühend Leben:
 So schaff ich am sausenden Webstuhl der Zeit
 Und wirke der Gottheit lebendiges Kleid.
Faust: Der du die weite Welt umschweifst,
 Geschäfter Geist, wie nah fühl ich mich dir!
Geist: Du gleichst dem Geist, den du begreifst,
 Nicht mir!

Verschwindet

Faust *(zusammenstürzend):* Nicht dir?
 Wem denn?
 Ich Ebenbild der Gottheit!
 Und nicht einmal dir!

Es klopft

O Tod! ich kenn's — das ist mein Famulus!
Es wird mein schönstes Glück zunichte!
Daß diese Fülle der Gesichte
Der trockne Schleicher stören muß!

Wagner im Schlafrocke und der Nachtmütze, eine Lampe in der Hand
Faust wendet sich unwillig

Wagner: Verzeiht! ich hör Euch deklamieren;
 Ihr last gewiß ein griechisch Trauerspiel?

In dieser Kunst möcht ich was profitieren;
Denn heutzutage wirkt das viel.
Ich hab es öfters rühmen hören,
Ein Komödiant könnt einen Pfarrer lehren.
Faust: Ja, wenn der Pfarrer ein Komödiant ist;
Wie das denn wohl zuzeiten kommen mag.
Wagner: Ach! wenn man so in sein Museum gebannt ist
Und sieht die Welt kaum einen Feiertag,
Kaum durch ein Fernglas, nur von weiten,
Wie soll man sie durch Überredung leiten?
Faust:
Wenn ihr's nicht fühlt, ihr werdet's nicht erjagen,
Wenn es nicht aus der Seele dringt
Und mit urkräftigem Behagen
Die Herzen aller Hörer zwingt.
Sitzt ihr nur immer! leimt zusammen,
Braut ein Ragout von andrer Schmaus
Und blast die kümmerlichen Flammen
Aus eurem Aschenhäufchen raus!
Bewundrung von Kindern und Affen,
Wenn euch darnach der Gaumen steht —
Doch werdet ihr nie Herz zu Herzen schaffen,
Wenn es euch nicht von Herzen geht.
Wagner: Allein der Vortrag macht des Redners Glück;
Ich fühl es wohl, noch bin ich weit zurück.
Faust: Such Er den redlichen Gewinn!
Sei Er kein schellenlauter Tor!
Es trägt Verstand und rechter Sinn
Mit wenig Kunst sich selber vor.
Und wenn's euch Ernst ist, was zu sagen,
Ist's nötig, Worten nachzujagen?
Ja, eure Reden, die so blinkend sind,
In denen ihr der Menschheit Schnitzel kräuselt,
Sind unerquicklich wie der Nebelwind,
Der herbstlich durch die dürren Blätter säuselt!
Wagner: Ach Gott! die Kunst ist lang,
Und kurz ist unser Leben.
Mir wird, bei meinem kritischen Bestreben,
Doch oft um Kopf und Busen bang.
Wie schwer sind nicht die Mittel zu erwerben,
Durch die man zu den Quellen steigt!
Und eh man nur den halben Weg erreicht,
Muß wohl ein armer Teufel sterben.
Faust: Das Pergament, ist das der heilge Bronnen,

Woraus ein Trunk den Durst auf ewig stillt?
Erquickung hast du nicht gewonnen,
Wenn sie dir nicht aus eigner Seele quillt.
Wagner: Verzeiht! es ist ein groß Ergetzen,
Sich in den Geist der Zeiten zu versetzen,
Zu schauen, wie vor uns ein weiser Mann gedacht
Und wie wir's dann zuletzt so herrlich weit gebracht.
Faust: O ja, bis an die Sterne weit!
Mein Freund, die Zeiten der Vergangenheit
Sind uns ein Buch mit sieben Siegeln.
Was ihr den Geist der Zeiten heißt,
Das ist im Grund der Herren eigner Geist,
In dem die Zeiten sich bespiegeln.
Da ist's denn wahrlich oft ein Jammer!
Man läuft euch bei dem ersten Blick davon.
Ein Kehrichtfaß und eine Rumpelkammer,
Und höchstens eine Haupt- und Staatsaktion
Mit trefflichen pragmatischen Maximen,
Wie sie den Puppen wohl im Munde ziemen!
Wagner: Allein die Welt! des Menschen Herz und Geist!
Möcht jeglicher doch was davon erkennen.

Faust: Ja, was man so erkennen heißt!
Wer darf das Kind beim rechten Namen nennen?
Die wenigen, die was davon erkannt,
Die töricht gnug ihr volles Herz nicht wahrten,
Dem Pöbel ihr Gefühl, ihr Schauen offenbarten,
Hat man von je gekreuzigt und verbrannt.
Ich bitt Euch, Freund, es ist tief in der Nacht,
Wir müssen's diesmal unterbrechen.
Wagner: Ich hätte gern nur immer fortgewacht,
Um so gelehrt mit Euch mich zu besprechen.
Doch morgen, als am ersten Ostertage,
Erlaubt mir ein- und andre Frage!
Mit Eifer hab ich mich der Studien beflissen;
Zwar weiß ich viel, doch möcht ich alles wissen. *(Ab)*

Faust *(allein):*
Wie nur dem Kopf nicht alle Hoffnung schwindet,
Der immerfort an schalem Zeuge klebt,
Mit gierger Hand nach Schätzen gräbt
Und froh ist, wenn er Regenwürmer findet!

Darf eine solche Menschenstimme hier,
Wo Geisterfülle mich umgab, ertönen?
Doch ach! für diesmal dank ich dir,

Dem ärmlichsten von allen Erdensöhnen.
Du rissest mich von der Verzweiflung los,
Die mir die Sinne schon zerstören wollte.
Ach! die Erscheinung war so riesengroß,
Daß ich mich recht als Zwerg empfinden sollte.

Ich, Ebenbild der Gottheit, das sich schon
Ganz nah gedünkt dem Spiegel ewger Wahrheit,
Sein selbst genoß in Himmelsglanz und Klarheit
Und abgestreift den Erdensohn,
Ich, mehr als Cherub, dessen freie Kraft
Schon durch die Adern der Natur zu fließen
Und, schaffend, Götterleben zu genießen
Sich ahnungsvoll vermaß, wie muß ich's büßen!
Ein Donnerwort hat mich hinweggerafft.

Nicht darf ich dir zu gleichen mich vermessen!
Hab ich die Kraft, dich anzuziehn, besessen,
So hatt ich dich zu halten keine Kraft.
In jenem selgen Augenblicke
Ich fühlte mich so klein, so groß;
Du stießest grausam mich zurücke
Ins ungewisse Menschenlos.
Wer lehret mich? was soll ich meiden?
Soll ich gehorchen jenem Drang?
Ach! unsre Taten selbst, so gut als unsre Leiden,
Sie hemmen unsres Lebens Gang.

Dem Herrlichsten, was auch der Geist empfangen,
Drängt immer fremd und fremder Stoff sich an;
Wenn wir zum Guten dieser Welt gelangen,
Dann heißt das Bess're Trug und Wahn.
Die uns das Leben gaben, herrliche Gefühle
Erstarren in dem irdischen Gewühle.
Wenn Phantasie sich sonst mit kühnem Flug
Und hoffnungsvoll zum Ewigen erweitert,
So ist ein kleiner Raum ihr nun genug,
Wenn Glück auf Glück im Zeitenstrudel scheitert.
Die Sorge nistet gleich im tiefen Herzen,
Dort wirket sie geheime Schmerzen,
Unruhig wiegt sie sich und störet Lust und Ruh;
Sie deckt sich stets mit neuen Masken zu,
Sie mag als Haus und Hof, als Weib und Kind erscheinen,
Als Feuer, Wasser, Dolch und Gift:
Du bebst vor allem, was nicht trifft,
Und was du nie verlierst, das mußt du stets beweinen.

Den Göttern gleich ich nicht! zu tief ist es gefühlt!
Dem Wurme gleich ich, der den Staub durchwühlt,
Den, wie er sich im Staube nährend lebt,
Des Wandrers Tritt vernichtet und begräbt!

Ist es nicht Staub, was diese hohe Wand
Aus hundert Fächern mir verenget?
Der Trödel, der mit tausendfachem Tand
In dieser Mottenwelt mich dränget?
Hier soll ich finden, was mir fehlt?
Soll ich vielleicht in tausend Büchern lesen,
Daß überall die Menschen sich gequält,
Daß hie und da ein Glücklicher gewesen? —
Was grinsest du mir, hohler Schädel, her?
Als daß dein Hirn, wie meines, einst verwirrt
Den lichten Tag gesucht und in der Dämmrung schwer,
Mit Lust nach Wahrheit, jämmerlich geirret!
Ihr Instrumente freilich spottet mein
Mit Rad und Kämmen, Walz und Bügel:
Ich stand am Tor, ihr solltet Schlüssel sein;
Zwar euer Bart ist kraus, doch hebt ihr nicht die Riegel.
Geheimnisvoll am lichten Tag,
Läßt sich Natur des Schleiers nicht berauben,
Und was sie deinem Geist nicht offenbaren mag,
Das zwingst du ihr nicht ab mit Hebeln und mit Schrauben.
Du alt Geräte, das ich nicht gebraucht,
Du stehst nur hier, weil dich mein Vater brauchte;
Du alte Rolle, du wirst angeraucht,
Solang an diesem Pult die trübe Lampe schmauchte.
Weit besser hätt ich doch mein Weniges verpraßt,
Als mit dem Wenigen belastet hier zu schwitzen!
Was du ererbt von deinen Vätern hast,
Erwirb es, um es zu besitzen!
Was man nicht nützt, ist eine schwere Last;
Nur was der Augenblick erschafft, das kann er nützen.
Doch warum heftet sich mein Blick auf jene Stelle?
Ist jenes Fläschchen dort den Augen ein Magnet?
Warum wird mir auf einmal lieblich helle,
Als wenn im nächtgen Wald uns Mondenglanz umweht?

Ich grüße dich, du einzige Phiole,
Die ich mit Andacht nun herunterhole!
In dir verehr ich Menschenwitz und Kunst.
Du Inbegriff der holden Schlummersäfte,
Du Auszug aller tödlich-feinen Kräfte,

Erweise deinem Meister deine Gunst!
Ich sehe dich: es wird der Schmerz gelindert,
Ich fasse dich: das Streben wird gemindert,
Des Geistes Flutstrom ebbet nach und nach.
Ins hohe Meer werd ich hinausgewiesen,
Die Spiegelflut erglänzt zu meinen Füßen,
Zu neuen Ufern lockt ein neuer Tag.

Ein Feuerwagen schwebt auf leichten Schwingen
An mich heran! Ich fühle mich bereit,
Auf neuer Bahn den Äther zu durchdringen
Zu neuen Sphären reiner Tätigkeit.
Dies hohe Leben, diese Götterwonne!
Du, erst noch Wurm, und die verdienest du?
Ja, kehre nur der holden Erdensonne
Entschlossen deinen Rücken zu!
Vermesse dich, die Pforten aufzureißen,
Vor denen jeder gern vorüberschleicht!
Hier ist es Zeit, durch Taten zu beweisen,
Daß Manneswürde nicht der Götterhöhe weicht:
Vor jener dunklen Höhle nicht zu beben,
In der sich Phantasie zu eigner Qual verdammt,
Nach jenem Durchgang hinzustreben,
Um dessen engen Mund die ganze Hölle flammt,
Zu diesem Schritt sich heiter zu entschließen,
Und wär es mit Gefahr, ins Nichts dahinzufließen!

Nun komm herab, kristallne, reine Schale!
Hervor aus deinem alten Futterale,
An die ich viele Jahre nicht gedacht!
Du glänztest bei der Väter Freudenfeste,
Erheitertest die ernsten Gäste,
Wenn einer dich dem andern zugebracht.
Der vielen Bilder künstlich-reiche Pracht,
Des Trinkers Pflicht, sie reimweis zu erklären,
Auf Einen Zug die Höhlung auszuleeren,
Erinnert mich an manche Jugendnacht.
Ich werde jetzt dich keinem Nachbar reichen,
Ich werde meinen Witz an deiner Kunst nicht zeigen:
Hier ist ein Saft, der eilig trunken macht;
Mit brauner Flut erfüllt er deine Höhle.
Den ich bereitet, den ich wähle,
Der letzte Trunk sei nun mit ganzer Seele
Als festlich-hoher Gruß dem Morgen zugebracht!

Er setzt die Schale an den Mund. Glockenklang und Chorgesang

Chor der Engel:
  Christ ist erstanden!
  Freude dem Sterblichen,
  Den die verderblichen,
  Schleichenden, erblichen
  Mängel umwanden!
Faust: Welch tiefes Summen, welch ein heller Ton
  Zieht mit Gewalt das Glas von meinem Munde?
  Verkündiget ihr dumpfen Glocken schon
  Des Osterfestes erste Feierstunde?
  Ihr Chöre, singt ihr schon den tröstlichen Gesang,
  Der einst um Grabesnacht von Engelslippen klang,
  Gewißheit einem neuen Bunde?
Chor der Engel:
  Mit Spezereien
  Hatten wir ihn gepflegt,
  Wir, seine Treuen,
  Hatten ihn hingelegt;
  Tücher und Binden
  Reinlich umwanden wir —
  Ach, und wir finden
  Christ nicht mehr hier!
Chor der Weiber:
  Christ ist erstanden!
  Selig der Liebende,
  Der die betrübende,
  Heilsam und übende
  Prüfung bestanden!
Faust: Was sucht ihr, mächtig und gelind,
  Ihr Himmelstöne, mich am Staube?
  Klingt dort umher, wo weiche Menschen sind!
  Die Botschaft hör ich wohl, allein mir fehlt der Glaube;
  Das Wunder ist des Glaubens liebstes Kind.
  Zu jenen Sphären wag ich nicht zu streben,
  Woher die holde Nachricht tönt;
  Und doch, an diesen Klang von Jugend auf gewöhnt,
  Ruft er auch jetzt zurück mich in das Leben.
  Sonst stürzte sich der Himmelsliebe Kuß
  Auf mich herab in ernster Sabbatstille;
  Da klang so ahnungsvoll des Glockentones Fülle,
  Und ein Gebet war brünstiger Genuß;
  Ein unbegreiflich holdes Sehnen
  Trieb mich, durch Wald und Wiesen hinzugehn,

Und unter tausend heißen Tränen
Fühlt ich mir eine Welt entstehn.
Dies Lied verkündete der Jugend muntre Spiele,
Der Frühlingsfeier freies Glück;
Erinnrung hält mich nun mit kindlichem Gefühle
Vom letzten, ernsten Schritt zurück
O tönet fort, ihr süßen Himmelslieder!
Die Träne quillt, die Erde hat mich wieder!

Chor der Jünger:
  Hat der Begrabene
  Schon sich nach oben,
  Lebend-Erhabene,
  Herrlich erhoben,
  Ist er in Werdelust
  Schaffender Freude nah:
  Ach, an der Erde Brust
  Sind wir zum Leide da!
  Ließ er die Seinen
  Schmachtend uns hier zurück,
  Ach, wir beweinen,
  Meister, dein Glück!
Chor der Engel:
  Christ ist erstanden
  Aus der Verwesung Schoß!
  Reißet von Banden
  Freudig euch los!
  Tätig ihn Preisenden,
  Liebe Beweisenden,
  Brüderlich Speisenden,
  Predigend Reisenden,
  Wonne Verheißenden,
  Euch ist der Meister nah,
  Euch ist er da!

Vor dem Tor

Spaziergänger aller Art ziehen hinaus

Einige Handwerksburschen: Warum denn dort hinaus?
Andre: Wir gehn hinaus aufs Jägerhaus.
Die ersten: Wir aber wollen nach der Mühle wandern.
Ein Handwerksbursch:
  Ich rat euch, nach dem Wasserhof zu gehn.
Zweiter: Der Weg dahin ist gar nicht schön.
Die zweiten: Was tust denn du?

Ein dritter: Ich gehe mit den andern.
Vierter: Nach Burgdorf kommt herauf: gewiß, dort findet ihr
  Die schönsten Mädchen und das beste Bier
  Und Händel von der ersten Sorte!
Fünfter: Du überlustiger Gesell,
  Juckt dich zum drittenmal das Fell?
  Ich mag nicht hin, mir graut es vor dem Orte.
Dienstmädchen: Nein, nein! ich gehe nach der Stadt zurück.
Andre: Wir finden ihn gewiß bei jenen Pappeln stehen.
Erste: Das ist für mich kein großes Glück:
  Er wird an deiner Seite gehen,
  Mit dir nur tanzt er auf dem Plan!
  Was gehn mich deine Freuden an!
Andre: Heut ist er sicher nicht allein:
  Der Krauskopf, sagt er, würde bei ihm sein.
Schüler: Blitz, wie die wackern Dirnen schreiten!
  Herr Bruder, komm! wir müssen sie begleiten.
  Ein starkes Bier, ein beizender Tobak,
  Und eine Magd im Putz, das ist nun mein Geschmack.
Bürgermädchen: Da sieh mir nur die schönen Knaben!
  Es ist wahrhaftig eine Schmach:
  Gesellschaft könnten sie die allerbeste haben —
  Und laufen diesen Mägden nach!
Zweiter Schüler *(zum ersten):*
  Nicht so geschwind! dort hinten kommen zwei
  Sie sind gar niedlich angezogen.
  's ist meine Nachbarin dabei;
  Ich bin dem Mädchen sehr gewogen.
  Sie gehen ihren stillen Schritt
  Und nehmen uns doch auch am Ende mit.
Erster: Herr Bruder, nein! ich bin nicht gern geniert.
  Geschwind, daß wir das Wildbret nicht verlieren!
  Die Hand, die Samstags ihren Besen führt,
  Wird Sonntags dich am besten karessieren.
Bürger: Nein, er gefällt mir nicht, der neue Burgemeister!
  Nun, da er's ist, wird er nur täglich dreister,
  Und für die Stadt was tut denn er?
  Wird es nicht alle Tage schlimmer?
  Gehorchen soll man mehr als immer
  Und zahlen mehr als je vorher.
Bettler *(singt):*
  Ihr guten Herrn, ihr schönen Frauen,
  So wohlgeputzt und backenrot,
  Belieb es euch, mich anzuschauen,

Und seht und mildert meine Not!
Laßt hier mich nicht vergebens leiern!
Nur der ist froh, der geben mag.
Ein Tag, den alle Menschen feiern,
Er sei für mich ein Erntetag!

Andrer Bürger:
Nichts Bessers weiß ich mir an Sonn- und Feiertagen
Als ein Gespräch von Krieg und Kriegsgeschrei,
Wenn hinten, weit, in der Türkei,
Die Völker aufeinanderschlagen.
Man steht am Fenster, trinkt sein Gläschen aus
Und sieht den Fluß hinab die bunten Schiffe gleiten;
Dann kehrt man abends froh nach Haus
Und segnet Fried und Friedenszeiten.

Dritter Bürger: Herr Nachbar, ja! so laß ich's auch geschehn:
Sie mögen sich die Köpfe spalten,
Mag alles durcheinandergehn;
Doch nur zu Hause bleib's beim alten!

Alte *(zu den Bürgermädchen)*:
Ei! wie geputzt! das schöne junge Blut!
Wer soll sich nicht in euch vergaffen? —
Nur nicht so stolz! es ist schon gut!
Und was ihr wünscht, das wüßt ich wohl zu schaffen.

Bürgermädchen: Agathe, fort! ich nehme mich in acht,
Mit solchen Hexen öffentlich zu gehen;
Sie ließ mich zwar in Sankt-Andreas-Nacht
Den künftigen Liebsten leiblich sehen.

Die andre: Mir zeigte sie ihn im Kristall,
Soldatenhaft, mit mehreren Verwegnen:
Ich seh mich um, ich such ihn überall,
Allein mir will er nicht begegnen.

Soldaten: Burgen mit hohen
Mauern und Zinnen,
Mädchen mit stolzen,
Höhnenden Sinnen
Möcht ich gewinnen!
Kühn ist das Mühen,
Herrlich der Lohn!

Und die Trompete
Lassen wir werben,
Wie zu der Freude
So zum Verderben.

Das ist ein Stürmen!
Das ist ein Leben!

Mädchen und Burgen
Müssen sich geben.
Kühn ist das Mühen,
Herrlich der Lohn!
Und die Soldaten
Ziehen davon.

Faust und Wagner

Faust: Vom Eise befreit sind Strom und Bäche
   Durch des Frühlings holden, belebenden Blick,
   Im Tale grünet Hoffnungsglück;
   Der alte Winter, in seiner Schwäche,
   Zog sich in rauhe Berge zurück.
   Von dorther sendet er, fliehend, nur
   Ohnmächtige Schauer körnigen Eises
   In Streifen über die grünende Flur;
   Aber die Sonne duldet kein Weißes:
   Überall regt sich Bildung und Streben,
   Alles will sie mit Farben beleben;
   Doch an Blumen fehlt's im Revier:
   Sie nimmt geputzte Menschen dafür.
   Kehre dich um, von diesen Höhen
   Nach der Stadt zurückzusehen!
   Aus dem hohlen, finstern Tor
   Dringt ein buntes Gewimmel hervor.
   Jeder sonnt sich heute so gern.
   Sie feiern die Auferstehung des Herrn;
   Denn sie sind selber auferstanden:
   Aus niedriger Häuser dumpfen Gemächern,
   Aus Handwerks- und Gewerbesbanden,
   Aus dem Druck von Giebeln und Dächern,
   Aus der Straßen quetschender Enge,
   Aus der Kirchen ehrwürdiger Nacht
   Sind sie alle ans Licht gebracht.
   Sieh nur, sieh! wie behend sich die Menge
   Durch die Gärten und Felder zerschlägt,
   Wie der Fluß in Breit und Länge
   So manchen lustigen Nachen bewegt,
   Und, bis zum Sinken überladen,
   Entfernt sich dieser letzte Kahn.
   Selbst von des Berges fernen Pfaden
   Blinken uns farbige Kleider an.

Ich höre schon des Dorfs Getümmel,
Hier ist des Volkes wahrer Himmel,
Zufrieden jauchzet groß und klein:
„Hier bin ich Mensch, hier darf ich's sein!"
Wagner: Mit Euch, Herr Doktor, zu spazieren
Ist ehrenvoll und ist Gewinn;
Doch würd ich nicht allein mich herverlieren,
Weil ich ein Feind von allem Rohen bin.
Das Fiedeln, Schreien, Kegelschieben
Ist mir ein gar verhaßter Klang;
Sie toben, wie vom Bösen Geist getrieben,
Und nennen's Freude, nennen's Gesang.
Bauern (*unter der Linde. Tanz und Gesang*):
Der Schäfer putzte sich zum Tanz
Mit bunter Jacke, Band und Kranz,
Schmuck war er angezogen.
Schon um die Linde war es voll,
Und alles tanzte schon wie toll.
Juchhe! Juchhe!
Juchheisa! Heisa! He!
So ging der Fiedelbogen.

Er drückte hastig sich heran,
Da stieß er an ein Mädchen an
Mit seinem Ellenbogen;
Die frische Dirne kehrt' sich um
Und sagte: „Nun, das find ich dumm!"
Juchhe! Juchhe!
Juchheisa! Heisa! He!
„Seid nicht so ungezogen!"

Doch hurtig in dem Kreise ging's,
Sie tanzten rechts, sie tanzten links,
Und alle Röcke flogen.
Sie wurden rot, sie wurden warm
Und ruhten atmend Arm in Arm —
Juchhe! Juchhe!
Juchheisa! Heisa! He!
Und Hüft an Ellenbogen.

„Und tu mir doch nicht so vertraut!
Wie mancher hat nicht seine Braut
Belogen und betrogen!"
Er schmeichelte sich doch beiseit,
Und von der Linde scholl es weit:

Juchhe! Juchhe!
Juchheisa! Heisa! He!
Geschrei und Fiedelbogen.

Alter Bauer: Herr Doktor, das ist schön von Euch,
Daß Ihr uns heute nicht verschmäht
Und unter dieses Volksgedräng,
Als ein so Hochgelahrter, geht.
So nehmet auch den schönsten Krug,
Den wir mit frischem Trunk gefüllt!
Ich bring ihn zu und wünsche laut,
Daß er nicht nur den Durst Euch stillt:
Die Zahl der Tropfen, die er hegt,
Sei Euren Tagen zugelegt!

Faust: Ich nehme den Erquickungstrank,
Erwidr euch allen Heil und Dank.

Das Volk sammelt sich im Kreis umher

Alter Bauer: Fürwahr, es ist sehr wohlgetan,
Daß Ihr am frohen Tag erscheint;
Habt Ihr es vormals doch mit uns
An bösen Tagen gut gemeint!
Gar mancher steht lebendig hier,
Den Euer Vater noch zuletzt
Der heißen Fieberwut entriß,
Als er der Seuche Ziel gesetzt.
Auch damals Ihr, ein junger Mann,
Ihr gingt in jedes Krankenhaus;
Gar manche Leiche trug man fort,
Ihr aber kamt gesund heraus,
Bestandet manche harte Proben:
Dem Helfer half der Helfer droben.

Alle: Gesundheit dem bewährten Mann,
Daß er noch lange helfen kann!

Faust: Vor jenem droben steht gebückt,
Der helfen lehrt und Hilfe schickt!

Er geht mit Wagnern weiter

Wagner: Welch ein Gefühl mußt du, o großer Mann,
Bei der Verehrung dieser Menge haben!
O glücklich, wer von seinen Gaben
Solch einen Vorteil ziehen kann!
Der Vater zeigt dich seinem Knaben,
Ein jeder fragt und drängt und eilt,
Die Fiedel stockt, der Tänzer weilt.

Du gehst, in Reihen stehen sie,
Die Mützen fliegen in die Höh,
Und wenig fehlt, so beugten sich die Knie,
Als käm das Venerabile.
Faust: Nur wenig Schritte noch hinauf zu jenem Stein:
Hier wollen wir von unsrer Wandrung rasten.
Hier saß ich oft gedankenvoll allein
Und quälte mich mit Beten und mit Fasten.
An Hoffnung reich, im Glauben fest,
Mit Tränen, Seufzen, Händeringen
Dacht ich das Ende jener Pest
Vom Herrn des Himmels zu erzwingen.
Der Menge Beifall tönt mir nun wie Hohn.
O könntest du in meinem Innern lesen,
Wie wenig Vater und Sohn
Solch eines Ruhmes wert gewesen!
Mein Vater war ein dunkler Ehrenmann,
Der über die Natur und ihre heiligen Kreise,
In Redlichkeit, jedoch auf seine Weise,
Mit grillenhafter Mühe sann,
Der in Gesellschaft von Adepten
Sich in die Schwarze Küche schloß
Und nach unendlichen Rezepten
Das Widrige zusammengoß.
Da ward ein Roter Leu, ein kühner Freier,
Im lauen Bad der Lilie vermählt
Und beide dann mit offnem Flammenfeuer
Aus einem Brautgemach ins andere gequält.
Erschien darauf mit bunten Farben
Die Junge Königin im Glas,
Hier war die Arzenei, die Patienten starben,
Und niemand fragte, wer genas!
So haben wir mit höllischen Latwergen
In diesen Tälern, diesen Bergen
Weit schlimmer als die Pest getobt.
Ich habe selbst den Gift an Tausende gegeben:
Sie welkten hin, ich muß erleben,
Daß man die frechen Mörder lobt!
Wagner: Wie könnt Ihr Euch darum betrüben!
Tut nicht ein braver Mann genug,
Die Kunst, die man ihm übertrug,
Gewissenhaft und pünktlich auszuüben?
Wenn du als Jüngling deinen Vater ehrst,
So wirst du gern von ihm empfangen;

Wenn du als Mann die Wissenschaft vermehrst,
So kann dein Sohn zu höhrem Ziel gelangen.
Faust: O glücklich, wer noch hoffen kann,
Aus diesem Meer des Irrtums aufzutauchen!
Was man nicht weiß, das eben brauchte man,
Und was man weiß, kann man nicht brauchen. —
Doch laß uns dieser Stunde schönes Gut
Durch solchen Trübsinn nicht verkümmern!
Betrachte, wie in Abendsonneglut
Die grünumgebnen Hütten schimmern!
Sie rückt und weicht, der Tag ist überlebt,
Dort eilt sie hin und fördert neues Leben.
O daß kein Flügel mich vom Boden hebt,
Ihr nach und immer nach zu streben!
Ich säh im ewigen Abendstrahl
Die stille Welt zu meinen Füßen,
Entzündet alle Höhen, beruhigt jedes Tal,
Den Silberbach in goldne Ströme fließen.
Nicht hemmte dann den göttergleichen Lauf
Der wilde Berg mit allen seinen Schluchten;
Schon tut das Meer sich mit erwärmten Buchten
Vor den erstaunten Augen auf.
Doch scheint die Göttin endlich wegzusinken;
Allein der neue Trieb erwacht:
Ich eile fort, ihr ewges Licht zu trinken,
Vor mir den Tag und hinter mir die Nacht,
Den Himmel über mir und unter mir die Wellen.
Ein schöner Traum, indessen sie entweicht.
Ach, zu den Geistes Flügeln wird so leicht
Kein körperlicher Flügel sich gesellen!
Doch ist es jedem eingeboren,
Daß sein Gefühl hinauf- und vorwärtsdringt,
Wenn über uns, im blauen Raum verloren,
Ihr schmetternd Lied die Lerche singt,
Wenn über schroffen Fichtenhöhen
Der Adler ausgebreitet schwebt,
Und über Flächen, über Seen
Der Kranich nach der Heimat strebt.
Wagner: Ich hatte selbst oft grillenhafte Stunden,
Doch solchen Trieb hat ich noch nie empfunden.
Man sieht sich leicht an Wald und Feldern satt;
Des Vogels Fittich werd ich nie beneiden.
Wie anders tragen uns die Geistesfreuden
Von Buch zu Buch, von Blatt zu Blatt!

      Da werden Winternächte hold und schön,
      Ein selig Leben wärmet alle Glieder,
      Und ach, entrollst du gar ein würdig Pergamen,
      So steigt der ganze Himmel zu dir nieder!
Faust: Du bist dir nur des einen Triebs bewußt;
      O lerne nie den anderen kennen!
      Zwei Seelen wohnen, ach, in meiner Brust,
      Die eine will sich von der andern trennen:
      Die eine hält in derber Liebeslust
      Sich an die Welt mit klammernden Organen;
      Die andre hebt gewaltsam sich vom Duft
      Zu den Gefilden hoher Ahnen.
      O, gibt es Geister in der Luft,
      Die zwischen Erd und Himmel herrschend weben,
      So steiget nieder aus dem goldnen Duft
      Und führt mich weg zu neuem, buntem Leben!
      Ja, wäre nur ein Zaubermantel mein!
      Und trüg er mich in fremde Länder,
      Mir sollt er um die köstlichen Gewänder,
      Nicht feil um einen Königsmantel sein!
Wagner: Berufe nicht die wohlbekannte Schar,
      Die strömend sich im Dunstkreis überbreitet,
      Dem Menschen tausendfältige Gefahr
      Von allen Enden her bereitet!
      Von Norden dringt der scharfe Geisterzahn
      Auf dich herbei mit pfeilgespitsten Zungen;
      Von Morgen ziehn vertrocknend sie heran
      Und nähren sich von deinen Lungen.
      Wenn sie der Mittag aus der Wüste schickt,
      Die Glut auf Glut um deinen Scheitel häufen,
      So bringt der West den Schwarm, der erst erquickt,
      Um dich und Feld und Aue zu ersäufen.
      Sie hören gern, zum Schaden froh gewandt,
      Gehorchen gern, weil sie uns gern betrügen;
      Sie stellen wie vom Himmel sich gesandt
      Und lispeln englisch, wenn sie lügen. —
      Doch gehen wir! Ergraut ist schon die Welt,
      Die Luft gekühlt, der Nebel fällt!
      Am Abend schätzt man erst das Haus. —
      Was stehst du so und blickst erstaunt hinaus?
      Was kann dich in der Dämmrung so ergreifen?
Faust: Siehst du den schwarzen Hund durch Saat und Stoppel streifen?
Wagner: Ich sah ihn lange schon, nicht wichtig schien er mir.

Faust: Betracht ihn recht! für was hältst du das Tier?
Wagner: Für einen Pudel, der auf seine Weise
  Sich auf der Spur des Herren plagt.
Faust: Bemerkst du, wie in weitem Schneckenkreise
  Er um uns her und immer näher jagt?
  Und irr ich nicht, so zieht ein Feuerstrudel
  Auf seinen Pfaden hinterdrein.
Wagner: Ich sehe nichts als einen schwarzen Pudel;
  Es mag bei Euch wohl Augentäuschung sein.
Faust: Mir scheint es, daß er magisch-leise Schlingen
  Zu künftgem Band um unsre Füße zieht.
Wagner: Ich seh ihn ungewiß und furchtsam uns umspringen,
  Weil er statt seines Herrn zwei Unbekannte sieht.
Faust: Der Kreis wird eng! schon ist er nah!
Wagner: Du siehst, ein Hund, und kein Gespenst ist da!
  Er knurrt und zweifelt, legt sich auf den Bauch,
  Er wedelt: alles Hundebrauch.
Faust: Geselle dich zu uns! komm hier!
Wagner: Es ist ein pudelnärrisch Tier.
  Du stehest still, er wartet auf;
  Du sprichst ihn an, er strebt an dir hinauf:
  Verliere was, er wird es bringen,
  Nach deinem Stock ins Wasser springen.
Faust: Du hast wohl recht: ich finde nicht die Spur
  Von einem Geist, und alles ist Dressur.
Wagner: Dem Hunde, wenn er gut gezogen,
  Wird selbst ein weiser Mann gewogen.
  Ja, deine Gunst verdient er ganz und gar,
  Er, der Studenten trefflicher Skolar.

Sie gehen in das Stadttor

Studierzimmer

Faust *(mit dem Pudel hereintretend):*
  Verlassen hab ich Feld und Auen,
  Die eine tiefe Nacht bedeckt,
  Mit ahnungsvollem, heilgem Grauen
  In uns die bess're Seele weckt.
  Entschlafen sind nun wilde Triebe
  Mit jedem ungestümen Tun;
  Es reget sich die Menschenliebe,

  Die Liebe Gottes regt sich nun. —
  Sei ruhig, Pudel! renne nicht hin und wider!
  An der Schwelle was schnoperst du hier?

Lege dich hinter den Ofen nieder:
Mein bestes Kissen geb ich dir.
Wie du draußen auf dem bergigen Wege
Durch Rennen und Springen ergetzt uns hast,
So nimm nun auch von mir die Pflege
Als ein willkommner, stiller Gast.

Ach! wenn in unsrer engen Zelle
Die Lampe freundlich wieder brennt,
Dann wird's in unserm Busen helle,
Im Herzen, das sich selber kennt.
Vernunft fängt wieder an zu sprechen,
Und Hoffnung wieder an zu blühn;
Man sehnt sich nach des Lebens Bächen,
Ach! nach des Lebens Quelle hin. —

Knurre nicht, Pudel! Zu den heiligen Tönen,
Die jetzt meine ganze Seel umfassen,
Will der tierische Laut nicht passen.
Wir sind gewohnt, daß die Menschen verhöhnen,
Was sie nicht verstehn,
Daß sie vor dem Guten und Schönen,
Das ihnen oft beschwerlich ist, murren:
Will es der Hund wie sie beknurren?

Aber ach! schon fühl ich, bei dem besten Willen,
Befriedigung nicht mehr aus dem Busen quillen.
Aber warum muß der Strom so bald versiegen
Und wir wieder im Durste liegen?
Davon hab ich so viel Erfahrung.
Doch dieser Mangel läßt sich ersetzen:
Wir lernen das Überirdische schätzen,
Wir sehnen uns nach Offenbarung,
Die nirgends würdger und schöner brennt
Als in dem Neuen Tastament.
Mich drängt's, den Grundtext aufzuschlagen,
Mit redlichem Gefühl einmal
Das heilige Original
In mein geliebtes Deutsch zu übertragen.

Er schlägt ein Volum auf und schickt sich an

Geschrieben steht: „Im Anfang war das Wort!"
Hier stock ich schon! Wer hilft mir weiter fort?
Ich kann das Wort so hoch unmöglich schätzen,
Ich muß es anders übersetzen,
Wenn ich vom Geiste recht erleuchtet bin.

Geschrieben steht: Im Anfang war der Sinn.
Bedenke wohl die erste Zeile,
Daß deine Feder sich nicht übereile!
Ist es der Sinn, der alles wirkt und schafft?
Es sollte stehn: Im Anfang war die Kraft!
Doch auch indem ich dieses niederschreibe,
Schon warnt mich was, daß ich dabei nicht bleibe.
Mir hilft der Geist! auf einmal seh ich Rat
Und schreibe getrost: Im Anfang war die Tat! —

Soll ich mit dir das Zimmer teilen,
Pudel, so laß das Heulen,
So laß das Bellen!
Solch einen störenden Gesellen
Mag ich nicht in der Nähe leiden.
Einer von uns beiden
Muß die Zelle meiden.
Ungern heb ich das Gastrecht auf,
Die Tür ist offen, hast freien Lauf. —
Aber was muß ich sehen!
Kann das natürlich geschehen?
Ist es Schatten? ist's Wirklichkeit?
Wie wird mein Pudel lang und breit!
Er erhebt sich mit Gewalt:
Das ist nicht eines Hundes Gestalt!
Welch ein Gespenst bracht ich ins Haus!
Schon sieht er wie ein Nilpferd aus,
Mit feurigen Augen, schrecklichem Gebiß.
Oh, du bist mir gewiß!
Für solche halbe Höllenbrut
Ist Salomonis Schlüssel gut.

Geister *(auf dem Gange):*
Drinnen gefangen ist einer!
Bleibet haußen! folg ihm keiner!
Wie im Eisen der Fuchs
Zagt ein alter Höllenluchs.
Aber gebt acht!
Schwebet hin, schwebet wider,
Auf und nieder,
Und er hat sich losgemacht.
Könnt ihr ihm nützen,
Laßt ihn nicht sitzen!
Denn er tat uns allen
Schon viel zu Gefallen.

Faust: Erst, zu begegnen dem Tiere,
　Brauch ich den Spruch der Viere:
　Salamander soll glühen,
　Undene sich winden,
　Sylphe verschwinden,
　Kobold sich mühen.

　Wer sie nicht kennte,
　Die Elemente,
　Ihre Kraft
　Und Eigenschaft,
　Wäre kein Meister
　Über die Geister.

　Verschwind in Flammen,
　Salamander!
　Rauschend fließe zusammen,
　Undene!
　Leucht in Meteorenschöne,
　Sylphe!
　Bring häusliche Hilfe,
　Incubus! incubus!
　Tritt hervor und mache den Schluß!

　Keines der viere
　Steckt in dem Tiere.
　Es liegt ganz ruhig und grinst mich an;
　Ich hab ihm noch nicht weh getan.
　Du sollst mich hören
　Stärker beschwören.
　Bist du, Geselle,
　Ein Flüchtling der Hölle?
　So sieh dies Zeichen,
　Dem sie sich beugen,
　Die schwarzen Scharen!
　Schon schwillt es auf mit borstigen Haaren.
　Verworfnes Wesen!
　Kannst du ihn lesen?
　Den nie Entsproßnen,
　Unausgesprochnen,
　Durch alle Himmel Gegoßnen,
　Freventlich Durchstochnen?

　Hinter den Ofen gebannt,
　Schwillt es wie ein Elefant,
　Den ganzen Raum füllt es an,

Es will zum Nebel zerfließen.
Steige nicht zur Decke hinan!
Lege dich zu des Meisters Füßen!
Du siehst, daß ich nicht vergebens drohe:
Ich versenge dich mit heiliger Lohe!
Erwarte nicht
Das dreimal glühende Licht!
Erwarte nicht
Die stärkste von meinen Künsten!
Mephistopheles *(tritt, indem der Nebel fällt, gekleidet wie ein fahrender Scholastikus, hinter dem Ofen hervor):*
Wozu der Lärm? was steht dem Herrn zu Diensten?
Faust: Das also war des Pudels Kern!
Ein fahrender Skolast? Der Kasus macht mich lachen.
Mephistopheles: Ich salutiere den gelehrten Herrn!
Ihr habt mich weidlich schwitzen machen.
Faust: Wie nennst du dich?
Mephistopheles: Die Frage scheint mir klein
Für einen, der das Wort so sehr verachtet,
Der, weit entfernt von allem Schein,
Nur in der Wesen Tiefe trachtet.
Faust: Bei euch, ihr Herrn, kann man das Wesen
Gewöhnlich aus dem Namen lesen,
Wo es sich allzu deutlich weist,
Wenn man euch Fliegengott, Verderber, Lügner heißt.
Nun gut, wer bist du denn?
Mephistopheles: Ein Teil von jener Kraft,
Die stets das Böse will, und stets das Gute schafft.
Faust: Was ist mit diesem Rätselwort gemeint?
Mephistopheles:
Ich bin der Geist, der stets verneint!
Und das mit Recht: denn alles, was entsteht,
Ist wert, daß es zugrunde geht;
Drum besser wär's, daß nichts entstünde.
So ist denn alles, was ihr Sünde,
Zerstörung, kurz das Böse nennt,
Mein eigentliches Element.
Faust: Du nennst dich einen Teil und stehst doch ganz vor mir?
Mephistopheles: Bescheidne Wahrheit sprech ich dir.
Wenn sich der Mensch, die kleine Narrenwelt,
Gewöhnlich für ein Ganzes hält:
Ich bin ein Teil des Teils, der anfangs alles war,
Ein Teil der Finsternis, die sich das Licht gebar,
Das stolze Licht, das nun der Mutter Nacht

>Den alten Rang, den Raum ihr streitig macht.
>Und doch gelingt's ihm nicht, da es, soviel es strebt,
>Verhaftet an den Körpern klebt:
>Von Körpern strömt's, die Körper macht es schön,
>Ein Körper hemmt's auf seinem Gange;
>So, hoff ich, dauert es nicht lange,
>Und mit den Körpern wird's zugrunde gehn.

Faust: Nun kenn ich deine würdgen Pflichten!
>Du kannst im Großen nichts vernichten
>Und fängst es nun im Kleinen an.

Mephistopheles: Und freilich ist nicht viel damit getan.
>Was sich dem Nichst entgegenstellt,
>Das Etwas, diese plumpe Welt,
>Soviel als ich schon unternommen,
>Ich wußte nicht ihr beizukommen,
>Mit Wellen, Stürmen, Schütteln, Brand —
>Geruhig bleibt am Ende Meer und Land!
>Und dem verdammten Zeug, der Tier- und Menschenbrut,
>Dem ist nun gar nichts anzuhaben:
>Wie viele hab ich schon begraben,
>Und immer zirkuliert ein neues, frisches Blut!
>So geht es fort, man möchte rasend werden!
>Der Luft, dem Wasser wie der Erden
>Entwinden tausend Keime sich,
>Im Trocknen, Feuchten, Warmen, Kalten!
>Hätt ich mir nicht die Flamme vorbehalten,
>Ich hätte nichts Aparts für mich.

Faust: So setzest du der ewig-regen,
>Der heilsam-schaffenden Gewalt
>Die kalte Teufelsfaust entgegen,
>Die sich vergebens tückisch ballt!
>Was anders suche zu beginnen
>Des Chaos wunderlicher Sohn!

Mephistopheles: Wir wollen wirklich uns besinnen,
>Die nächsten Male mehr davon!
>Dürft ich wohl diesmal mich entfernen?

Faust: Ich sehe nicht, warum du fragst.
>Ich habe jetzt dich kennenlernen,
>Besuche nun mich, wie du magst.
>Hier ist das Fenster, hier die Türe,
>Ein Rauchfang ist dir auch gewiß.

Mephistopheles: Gesteh ich's nur! Daß ich hinaufspaziere,
>Verbietet mir ein kleines Hindernis:
>Der Drudenfuß auf Eurer Schwelle —

Faust: Das Pentagramma macht dir Pein?
  Ei, sage mir, du Sohn der Hölle:
  Wenn das dich bannt, wie kamst du denn herein?
  Wie ward ein solcher Geist betrogen?
Mephistopheles: Beschaut es recht! es ist nicht gut gezogen:
  Der eine Winkel, der nach außen zu,
  Ist, wie du siehst, ein wenig offen.
Faust: Das hat der Zufall gut getroffen!
  Und mein Gefangner wärst denn du?
  Das ist von ungefähr gelungen!
Mephistopheles:
  Der Pudel merkte nichts, als er hereingesprungen!
  Die Sache sieht jetzt anders aus:
  Der Teufel kann nicht aus dem Haus.
Faust: Doch warum gehst du nicht durchs Fenster?
Mephistopheles: 's ist ein Gesetz der Teufel und Gespenster:
  Wo sie hereingeschlüpft, da müssen sie hinaus.
  Das erste steht uns frei, beim zweiten sind wir Knechte.
Faust: Die Hölle selbst hat ihre Rechte:
  Das find ich gut, da ließe sich ein Pakt,
  Und sicher wohl, mit euch, ihr Herren, schließen?
Mephistopheles:
  Was man verspricht, das sollst du rein genießen,
  Dir wird davon nichts abgezwackt.
  Doch das ist nicht so kurz zu fassen,
  Und wir besprechen das zunächst;
  Doch jetzo bitt ich hoch und höchst,
  Für dieses Mal mich zu entlassen.
Faust: So bleibe doch noch einen Augenblick,
  Um mir erst gute Mär zu sagen!
Mephistopheles: Jetzt laß mich los! ich komme bald zurück:
  Dann magst du nach Belieben fragen.
Faust: Ich habe dir nicht nachgestellt,
  Bist du doch selbst ins Garn gegangen.
  Den Teufel halte, wer ihn hält!
  Er wird ihn nicht so bald zum zweiten Male fangen.
Mephistopheles: Wenn dir's beliebt, so bin ich auch bereit,
  Dir zur Gesellschaft hierzubleiben;
  Doch mit Bedingnis, dir die Zeit
  Durch meine Künste würdig zu vertreiben.
Faust: Ich seh es gern, das steht dir frei;
  Nur daß die Kunst gefällig sei!
Mephistopheles: Du wirst, mein Freund, für deine Sinnen

In dieser Stunde mehr gewinnen
Als in des Jahres Einerlei.
Was dir die zarten Geister singen,
Die schönen Bilder, die sie bringen,
Sind nicht ein leeres Zauberspiel.
Auch dein Geruch wird sich ergetzen,
Dann wirst du deinen Gaumen letzen,
Und dann entzückt sich dein Gefühl.
Bereitung braucht es nicht voran:
Beisammen sind wir, fanget an!

Geister: Schwindet, ihr dunkeln
Wölbungen droben!
Reizender schaue
Freundlich der blaue
Äther herein!
Wären die dunkeln
Wolken zerronnen!
Sternelein funkeln,
Mildere Sonnen
Scheinen darein.
Himmlischer Söhne
Geistige Schöne,
Schwankende Beugung
Schwebet vorüber;
Sehnende Neigung
Folget hinüber.
Und der Gewänder
Flatternde Bänder
Decken die Länder,
Decken die Laube,
Wo sich für's Leben,
Tief in Gedanken,
Liebende geben.
Laube bei Laube!
Sprossende Ranken!
Lastende Traube
Stürzt ins Behälter
Drängender Kelter;
Stürzen in Bächen
Schäumende Weine,
Rieseln durch reine,
Edle Gesteine,
Lassen die Höhen
Hinter sich liegen,

Breiten zu Seen
Sich ums Genügen
Grünender Hügel.
Und das Geflügel
Schlürfet sich Wonne,
Flieget der Sonne,
Flieget den hellen
Inseln entgegen,
Die sich auf Wellen
Gauklend bewegen,
Wo wir in Chören
Jauchzende hören,
Über den Auen
Tanzende schauen,
Die sich im Freien
Alle zerstreuen.
Einige klimmen
Über die Höhen,
Andere schwimmen
Über die Seen,
Andere schweben:
Alle zum Leben,
Alle zur Ferne
Liebender Sterne,
Seliger Huld.
Mephistopheles:
Er schläft! So recht, ihr luftgen, zarten Jungen,
Ihr habt ihn treulich eingesungen!
Für dies Konzert bin ich in eurer Schuld.
Du bist noch nicht der Mann, den Teufel festzuhalten!
Umgaukelt ihn mit süßen Traumgestalten,
Versenkt ihn in ein Meer des Wahns!
Doch dieser Schwelle Zauber zu zerspalten,
Bedarf ich eines Rattenzahns.
Nicht lange brauch ich zu beschwören:
Schon raschelt eine hier und wird sogleich mich hören.
Der Herr der Ratten und der Mäuse,
Der Fliegen, Frösche, Wanzen, Läuse
Befiehlt dir, dich hervorzuwagen
Und diese Schwelle zu benagen,
So wie er sie mit Öl betupft —
Da kommst du schon hervorgehupft!
Nur frisch ans Werk! Die Spitze, die mich bannte,
Sie sitzt ganz vornen an der Kante.

Noch einen Biß, so ist's geschehn! —
Nun, Fauste, träume fort, bis wir uns wiedersehn!
Faust *(erwachend):* Bin ich denn abermals betrogen?
Verschwindet so der geisterreiche Drang,
Daß mir ein Traum den Teufel vorgelogen
Und daß ein Pudel mir entsprang?

Studierzimmer

Faust, Mephistopheles

Faust: Es klopft? Herein! Wer will mich wieder plagen?
Mephistopheles: Ich bin's.
Faust: Herein!
Mephistopheles: Du mußt es dreimal sagen.
Faust: Herein denn!
Mephistopheles: So gefällst du mir!
Wir werden, hoff ich, uns vertragen;
Denn dir die Grillen zu verjagen,
Bin ich als edler Junker hier:
In rotem, goldverbrämten Kleide,
Das Mäntelchen von starrer Seide,
Die Hahnenfeder auf dem Hut,
Mit einem langen, spitzen Degen —
Und rate nun dir kurz und gut,
Dergleichen gleichfalls anzulegen,
Damit du, losgebunden, frei,
Erfahrest, was das Leben sei.
Faust: In jedem Kleide werd ich wohl die Pein
Des engen Erdelebens fühlen.
Ich bin zu alt, um nur zu spielen,
Zu jung, um ohne Wunsch zu sein.
Was kann die Welt mir wohl gewähren!
Entbehren sollst du! sollst entbehren!
Das ist der ewige Gesang,
Der jedem an die Ohren klingt,
Den, unser ganzes Leben lang,
Uns heiser jede Stunde singt.
Nur mit Entsetzen wach ich morgens auf,
Ich möchte bittre Tränen weinen,
Den Tag zu sehn, der mir in seinem Lauf
Nicht Einen Wunsch erfüllen wird, nicht Einen,
Der selbst die Ahnung jeder Lust
Mit eigensinnigem Krittel mindert,
Die Schöpfung meiner regen Brust
Mit tausend Lebensfratzen hindert.

Auch muß ich, wenn die Nacht sich niedersenkt,
Mich ängstlich auf das Lager strecken:
Auch da wird keine Rast geschenkt,
Mich werden wilde Träume schrecken.
Der Gott, der mir im Busen wohnt,
Kann tief mein Innerstes erregen;
Der über allen Kräften thront,
Er kann nach außen nichts bewegen:
Und so ist mir das Dasein eine Last,
Der Tod erwünscht, das Leben mir verhaßt.
Mephistopheles:
  Und doch ist nie der Tod ein ganz willkommner Gast.
Faust: O selig der, dem er im Siegesglanze
  Die blutigen Lorbeern um die Schläfe windet,
  Den er, nach rasch durchrastem Tanze,
  In eines Mädchens Armen findet!
  O wär ich vor des hohen Geistes Kraft
  Entzückt, entseelt dahingesunken!
Mephistopheles: Und doch hat jemand einen braunen Saft,
  In jener Nacht, nicht ausgetrunken!
Faust: Das Spionieren, scheint's, ist deine Lust.
Mephistopheles:
  Allwissend bin ich nicht; doch viel ist mir bewußt.
Faust: Wenn aus dem schrecklichen Gewühle
  Ein süß-bekannter Ton mich zog,
  Den Rest von kindlichem Gefühle
  Mit Anklang froher Zeit betrog,
  So fluch ich allem, was die Seele
  Mit Lock- und Gaukelwerk umspannt
  Und sie in diese Trauerhöhle
  Mit Blend- und Schmeichelkräften bannt!
  Verflucht voraus die hohe Meinung,
  Womit der Geist sich selbst umfängt,
  Verflucht das Blenden der Erscheinung,
  Die sich an unsre Sinne drängt!
  Verflucht, was uns in Träumen heuchelt,
  Des Ruhms, der Namensdauer Trug!
  Verflucht, was als Besitz uns schmeichelt,
  Als Weib und Kind, als Knecht und Pflug!
  Verflucht sei Mammon, wenn mit Schätzen
  Er uns zu kühnen Taten regt,
  Wenn er zu müßigem Ergetzen
  Die Polster uns zurechtelegt!
  Fluch sei dem Balsamsaft der Trauben!

Fluch jener höchsten Liebeshuld!
Fluch sei der Hoffnung! Fluch dem Glauben,
Und Fluch vor allen der Geduld!
Geisterchor *(unsichtbar)*
Weh! weh!
Du hast sie zerstört,
Die schöne Welt,
Mit mächtiger Faust;
Sie stürzt, sie zerfällt!
Ein Halbgott hat sie zerschlagen!
Wir tragen
Die Trümmer ins Nichts hinüber
Und klagen
Über die verlorne Schöne.
Mächtiger
Der Erdensöhne,
Prächtiger
Baue sie wieder,
In deinem Busen baue sie auf!
Neuen Lebenslauf
Beginne
Mit hellem Sinne,
Und neue Lieder
Tönen darauf!
Mephistopheles:
Dies sind die Kleinen
Von den Meinen.
Höre, wie zu Lust und Taten
Altklug sie raten!
In die Welt weit,
Aus der Einsamkeit,
Wo Sinnen und Säfte stocken,
Wollen sie dich locken.
Hör auf, mit deinem Gram zu spielen,
Der wie ein Geier dir am Leben frißt!
Die schlechteste Gesellschaft läßt dich fühlen,
Daß du ein Mensch mit Menschen bist.
Doch so ist's nicht gemeint,
Dich unter das Pack zu stoßen.
Ich bin keiner von den Großen;
Doch willst du mit mir vereint
Deine Schritte durchs Leben nehmen,
So will ich mich gern bequemen,
Dein zu sein, auf der Stelle.

Ich bin dein Geselle,
Und mach ich dir's recht,
Bin ich dein Diener, bin dein Knecht!
Faust: Und was soll ich dagegen dir erfüllen?
Mephistopheles: Dazu hast du noch eine lange Frist.
Faust: Nein, nein! der Teufel ist ein Egoist
Und tut nicht leicht um Gottes willen,
Was einem andern nützlich ist.
Sprich die Bedingung deutlich aus!
Ein solcher Diener bringt Gefahr ins Haus.

Mephistopheles:
Ich will mir hier zu deinem Dienst verbinden,
Auf deinen Wink nicht rasten und nicht ruhn;
Wenn wir uns drüben wiederfinden,
So sollst du mir das Gleiche tun.

Faust: Das Drüben kann mich wenig kümmern;
Schlägst du erst diese Welt zu Trümmern,
Die andre mag darnach entstehn.
Aus dieser Erde quillen meine Freuden,
Und diese Sonne scheinet meinen Leiden:
Kann ich mich erst von ihnen scheiden,
Dann mag, was will und kann, geschehn.
Davon will ich nichts weiter hören,
Ob man auch künftig haßt und liebt
Und ob es auch in jenen Sphären
Ein Oben oder Unten gibt.

Mephistopheles: In diesem Sinne kannst du's wagen.
Verbinde dich! du sollst in diesen Tagen
Mit Freuden meine Künste sehn:
Ich gebe dir, was noch kein Mensch gesehn!

Faust: Was willst du, armer Teufel, geben?
Ward eines Menschen Geist in seinem hohen Streben
Von deinesgleichen je gefaßt?
Doch hast du Speise, die nicht sättigt? hast
Du rotes Gold, das ohne Rast,
Quecksilber gleich, dir in der Hand zerrinnt?
Ein Spiel, bei dem man nie gewinnt?
Ein Mädchen, das an meiner Brust
Mit Äugeln schon dem Nachbar sich verbindet?
Der Ehre schöne Götterlust,
Die wie ein Meteor verschwindet?
Zeig mir die Frucht, die fault, eh man sie bricht,
Und Bäume, die sich täglich neu begrünen!

Mephistopheles: Ein solcher Auftrag schreckt mich nicht,
　Mit solchen Schätzen kann ich dienen.
　Doch, guter Freund, die Zeit kommt auch heran,
　Wo wir was Guts in Ruhe schmausen mögen.
Faust:
　Werd ich beruhigt je mich auf ein Faulbett legen,
　So sei es gleich um mich getan!
　Kannst du mich schmeichlend je belügen,
　Daß ich mir selbst gefallen mag,
　Kannst du mich schmeichlend je belügen,
　Das sei für mich der letzte Tag!
　Die Wette biet ich!
Mephistopheles: Topp!
Faust: Und schlag auf Schlag!
　Werd ich zum Augenblicke sagen:
　Verweile doch! du bist so schön!
　Dann magst du mich in Fesseln schlagen,
　Dann will ich gern zugrunde gehn!
　Dann mag die Totenglocke schallen,
　Dann bist du deines Dienstes frei,
　Die Uhr mag stehn, der Zeiger fallen,
　Es sei die Zeit für mich vorbei!
Mephistolpheles: Bedenk es wohl! wir werden's nicht vergessen.
Faust: Dazu hast du ein volles Recht!
　Ich habe mich nicht freventlich vermessen:
　Wie ich beharre, bin ich Knecht,
　Ob dein, was frag ich, oder wessen!
Mephistopheles: Ich werde heute gleich, beim Doktorschmaus,
　Als Diener meine Pflicht erfüllen.
　Nur eins! — Um Lebens oder Sterbens willen
　Bitt ich mir ein paar Zeilen aus.
Faust: Auch was Geschriebnes forderst du Pedant?
　Hast du noch keinen Mann, nicht Manneswort gekannt?
　Ist's nicht genug, daß mein gesprochnes Wort
　Auf ewig soll mit meinen Tagen schalten?
　Rast nicht die Welt in allen Strömen fort,
　Und mich soll ein Versprechen halten?
　Doch dieser Wahn ist uns ins Herz gelegt:
　Wer mag sich gern davon befreien?
　Beglückt, wer Treue rein im Busen trägt,
　Kein Opfer wird ihn je gereuen!
　Allein ein Pergament, beschrieben und beprägt,
　Ist ein Gespenst, vor dem sich alle scheuen.

Das Wort erstirbt schon in der Feder,
Die Herrschaft führen Wachs und Leder. —
Was willst du böser Geist von mir?
Erz? Marmor? Pergament? Papier?
Soll ich mit Griffel, Meißel, Feder schreiben?
Ich gebe jede Wahl dir frei.
Mephistopheles: Wie magst du deine Rednerei
Nur gleich so hitzig übertreiben?
Ist doch ein jedes Blättchen gut.
Du unterzeichnest dich mit einem Tröpfchen Blut.
Faust: Wenn dies dir völlig Genüge tut,
So mag es bei der Fratze bleiben.
Mephistopheles: Blut ist ein ganz besondrer Saft.
Faust: Nur keine Furcht, daß ich dies Bündnis breche!
Das Streben meiner ganzen Kraft
Ist grade das, was ich verspreche.
Ich habe mich zu hoch gebläht,
In deinen Rang gehör ich nur.
Der große Geist hat mich verschmäht,
Vor mir verschließt sich die Natur.
Des Denkens Faden ist zerrissen,
Mir ekelt lange vor allem Wissen.
Laß in den Tiefen der Sinnlichkeit
Uns glühende Leidenschaften stillen!
In undurchdrungnen Zauberhüllen
Sei jedes Wunder gleich bereit!
Stürzen wir uns in das Rauschen der Zeit,
Ins Rollen der Begebenheit!
Da mag denn Schmerz und Genuß,
Gelingen und Verdruß
Miteinander wechseln, wie es kann:
Nur rastlos betätigt sich der Mann.
Mephistopheles: Euch ist kein Maß und Ziel gesetzt.
Beliebt's Euch, überall zu naschen,
Im Fliehen etwas zu erhaschen,
Bekomm Euch wohl, was Euch ergetzt!
Nun greift mir zu und seid nicht Blöde!
Faust: Du hörest ja: von Freud ist nicht die Rede!
Dem Taumel weih ich mich, dem schmerzlichen Genuß,
Verliebtem Haß, erquickendem Verdruß.
Mein Busen, der vom Wissensdrang geheilt ist,
Soll keinen Schmerzen künftig sich verschließen,
Und was der ganzen Menschheit zugeteilt ist,
Will ich in meinem innern Selbst genießen,

Mit meinem Geist das Höchst und Tiefste greifen,
　　Ihr Wohl und Weh auf meinen Busen häufen
　　Und so mein eigen Selbst zu ihrem Selbst erweitern
　　Und, wie sie selbst, am End auch ich zerscheitern!
Mephistopheles: O glaube mir, der manche tausend Jahre
　　An dieser harten Speise kaut,
　　Daß von der Wiege bis zur Bahre
　　Kein Mensch den alten Sauerteig verdaut!
　　Glaub unsereinem: dieses Ganze
　　Ist nur für einen Gott gemacht!
　　Er findet sich in einem ewgen Glanze,
　　Uns hat er in die Finsternis gebracht,
　　Und euch taugt einzig Tag und Nacht.
Faust: Allein ich will!
Mephistopheles: Das läßt sich hören!
　　Doch nur vor einem ist mir bang:
　　Die Zeit ist kurz, die Kunst ist lang.
　　Ich dächt, Ihr ließet Euch belehren.
　　Assoziiert Euch mit einem Poeten,
　　Laßt den Herrn in Gedanken schweifen
　　Und alle edlen Qualitäten
　　Auf Euren Ehrenscheitel häufen:
　　Des Löwen Mut,
　　Des Hirsches Schnelligkeit,
　　Des Italieners feurig Blut,
　　Des Nordens Dau'rbarkeit.
　　Laßt ihn Euch das Geheimnis finden,
　　Großmut und Arglist zu verbinden
　　Und Euch mit warmen Jugendtrieben
　　Nach einem Plane zu verlieben!
　　Möchte selbst solch einen Herren kennen:
　　Würd ihn Herrn Mikrokosmus nennen.

Faust: Was bin ich denn, wenn es nicht möglich ist,
　　Der Menschheit Krone zu erringen,
　　Nach der sich alle Sinne dringen?

Mephistopheles: Du bist am Ende — was du bist.
　　Setz dir Perücken auf von Millionen Locken,
　　Setz deinen Fuß auf ellenhohe Socken,
　　Du bleibst doch immer, was du bist.

Faust: Ich fühl's, vergebens hab ich alle Schätze
　　Des Menschengeists auf mich herbeigrafft,
　　Und wenn ich mich am Ende niedersetze,
　　Quillt innerlich doch keine neue Kraft;

Ich bin nicht um ein Haarbreit höher,
Bin dem Unendlichen nicht näher.
Mephistopheles: Mein guter Herr, Ihr seht die Sachen,
Wie man die Sachen eben sieht;
Wir müssen das gescheiter machen,
Eh uns des Lebens Freude flieht.
Was Henker! freilich Händ und Füße
Und Kopf und Hintern, die sind dein;
Doch alles, was ich frisch genieße,
Ist das drum weniger mein?
Wenn ich sechs Hengste zahlen kann,
Sind ihre Kräfte nicht die meine?
Ich renne zu und bin ein rechter Mann,
Als hätt ich vierundzwanzig Beine.
Drum frisch! laß alles Sinnen sein,
Und grad mit in die Welt hinein!
Ich sag es dir: ein Kerl, der spekuliert,
Ist wie ein Tier, auf dürrer Heide
Von einem bösen Geist im Kreis herumgeführt,
Und ringsumher liegt schöne grüne Weide.
Faust: Wie fangen wir das an?
Mephistopheles: Wir gehen eben fort.
Was ist das für ein Marterort!
Was heißt das für ein Leben führen,
Sich und die Jungens ennuyieren!
Laß du das dem Herrn Nachbar Wanst!
Was willst du dich das Stroh zu dreschen plagen?
Das Beste, was du wissen kannst,
Darfst du den Buben doch nicht sagen.
Gleich hör ich einen auf dem Gange!
Faust: Mir ist's nicht möglich, ihn zu sehn.
Mephistopheles: Der arme Knabe wartet lange,
Der darf nicht ungetröstet gehn.
Komm, gib mir deinen Rock und Mütze!
Die Maske muß mir köstlich stehn.

Er kleidet sich um

Nun überlaß es meinem Witze!
Ich brauche nur ein Viertelstündchen Zeit;
Indessen mache dich zur schönen Fahrt bereit!

Faust ab

Mephistopheles (in Fausts langem Kleide):
Verachte nur Vernunft und Wissenschaft,
Des Menschen allerhöchste Kraft,

Laß nur in Blend- und Zauberwerken
Dich von dem Lügengeist bestärken,
So hab ich dich schon unbedingt! —
Ihm hat das Schicksal einen Geist gegeben,
Der ungebändigt immer vorwärtsdringt
Und dessen übereiltes Streben
Der Erde Freuden überspringt.
Den schlepp ich durch das wilde Leben,
Durch flache Unbedeutenheit,
Er soll mir zappeln, starren, kleben,
Und seiner Unersättlichkeit
Soll Speis' und Trank vor giergen Lippen schweben:
Er wird Erquickung sich umsonst erflehn,
Und hätt er sich auch nicht dem Teufel übergeben,
Er müßte doch zugrunde gehn!

Ein Schüler tritt auf

Schüler: Ich bin allhier erst kurze Zeit
Und komme voll Ergebenheit,
Einen Mann zu sprechen und zu kennen,
Den alle mir mit Ehrfurcht nennen.

Mephistopheles: Eure Höflichkeit erfreut mich sehr!
Ihr seht einen Mann wie andre mehr. —
Habt Ihr Euch sonst schon umgetan?

Schüler: Ich bitt Euch, nehmt Euch meiner an!
Ich komme mit allem guten Mut,
Leidlichem Geld und frischem Blut;
Meine Mutter wollte mich kaum entfernen;
Möchte gern was Rechts hieraußen lernen.

Mephistopheles: Da seid Ihr eben recht am Ort.

Schüler: Aufrichtig: möchte schon wieder fort!
In diesen Mauern, diesen Hallen
Will es mir keineswegs gefallen.
Es ist ein gar beschränkter Raum,
Man sieht nichts Grünes, keinen Baum,
Und in den Sälen, auf den Bänken
Vergeht mir Hören, Sehn und Denken.

Mephistopheles: Das kommt nur auf Gewohnheit an.
So nimmt ein Kind der Mutter Brust
Nicht gleich im Anfang willig an;
Doch bald ernährt es sich mit Lust.
So wird's Euch an der Weisheit Brüsten
Mit jedem Tage mehr gelüsten.

Schüler: An ihrem Hals will ich mit Freuden hangen;
  Doch sagt mir nur: wie kann ich hingelangen?
Mephistopheles: Erklärt Euch, eh Ihr weitergeht:
  Was wählt Ihr für eine Fakultät?
Schüler: Ich wünschte, recht gelehrt zu werden,
  Und möchte gern, was auf der Erden
  Und in dem Himmel ist, erfassen,
  Die Wissenschaft und die Natur.
Mephistopheles: Da seid Ihr auf der rechten Spur;
  Doch müßt Ihr Euch nicht zerstreuen lassen.
Schüler: Ich bin dabei mit Seel und Leib;
  Doch freilich würde mir behagen
  Ein wenig Freiheit und Zeitvertreib
  An schönen Sommerfeiertagen.
Mephistopheles: Gebraucht der Zeit, sie geht so schnell von hinnen!
  Doch Ordnung lehrt Euch Zeit gewinnen.
  Mein teurer Freund, ich rat Euch drum
  Zuerst Collegium Logicum.
  Da wird der Geist Euch wohl dressiert,
  In Spanische Stiefeln eingeschnürt,
  Daß er bedächtiger so fortan
  Hinschleiche die Gedankenbahn
  Und nicht etwa, die Kreuz und Quer,
  Irrlichteliere hin und her.
  Dann lehret man Euch manchen Tag,
  Daß, was Ihr sonst auf Einen Schlag
  Getrieben, wie Essen und Trinken frei,
  Eins! Zwei! Drei! dazu nötig sei.
  Zwar ist's mit der Gedankenfabrik
  Wie mit einem Webermeisterstück,
  Wo Ein Tritt tausend Fäden regt,
  Die Schifflein herüber-hinüberschießen,
  Die Fäden ungesehen fließen,
  Ein Schlag tausend Verbindungen schlägt.
  Der Philosoph, der tritt herein
  Und beweist Euch, es müßt so sein:
  Das Erst wär so, das Zweite so
  Und drum das Dritt und Vierte so,
  Und wenn das Erst und Zweit nicht wär,
  Das Dritt und Viert wär nimmermehr.
  Das preisen die Schüler allerorten,
  Sind aber keine Weber geworden.
  Wer will was Lebendigs erkennen und beschreiben,

Sucht erst den Geist herauszutreiben,
Dann hat er die Teile in seiner Hand,
Fehlt, leider! nur das geistige Band.
Encheiresin naturae nennt's die Chemie,
Spottet ihrer selbst und weiß nicht wie.
Schüler: Kann Euch nicht eben ganz verstehen.
Mephistopheles: Das wird nächstens schon besser gehen,
Wenn Ihr lernt alles reduzieren
Und gehörig klassifizieren.
Schüler: Mir wird von alledem so dumm,
Als ging mir ein Mühlrad im Kopf herum.
Mephistopheles: Nachher, vor allen andern Sachen,
Müßt Ihr Euch an die Metaphysik machen!
Da seht, daß Ihr tiefsinnig faßt,
Was in des Menschen Hirn nicht paßt!
Für was drein geht und nicht drein geht,
Ein prächtig Wort zu Diensten steht.
Doch vorerst dieses halbe Jahr
Nehmt ja der besten Ordnung wahr!
Fünf Stunden habt Ihr jeden Tag;
Seid drinnen mit dem Glockenschlag!
Habt Euch vorher wohl präpariert,
Paragraphos wohl einstudiert,
Damit Ihr nachher besser seht,
Daß er nichts sagt, als was im Buche steht!
Doch Euch des Schreibens ja befleißt,
Als diktiert Euch der Heilig Geist!
Schüler: Das sollt ihr mir nicht zweimal sagen!
Ich denke mir, wie viel es nützt:
Denn was man schwarz auf weiß besitzt,
Kann man getrost nach Hause tragen.
Mephistopheles: Doch wählt mir eine Fakultät!
Schüler: Zur Rechtsgelehrsamkeit kann ich mich nicht bequemen.
Mephistopheles: Ich kann es Euch so sehr nicht übel nehmen,
Ich weiß, wie es um diese Lehre steht.
Es erben sich Gesetz und Rechte
Wie eine ewge Krankheit fort;
Sie schleppen von Geschlecht sich zum Geschlechte
Und rücken sacht von Ort zu Ort.
Vernunft wird Unsinn, Wohltat Plage:
Weh dir, daß du ein Enkel bist!
Vom Rechte, das mit uns geboren ist,
Von dem ist, leider! nie die Frage.

Schüler: Mein Abscheu wird durch Euch vermehrt.
  O glücklich der, den Ihr belehrt!
  Fast möcht ich nun Theologie studieren.
Mephistopheles: Ich wünschte nicht, Euch irrezuführen.
  Was diese Wissenschaft betrifft,
  Es ist so schwer, den falschen Weg zu meiden;
  Es liegt in ihr so viel verborgnes Gift,
  Und von der Arzenei ist's kaum zu unterscheiden.
  Am besten ist's auch hier, wenn Ihr nur Einen hört
  Und auf des Meisters Worte schwört.
  Im ganzen: haltet Euch an Worte!
  Dann geht Ihr durch die sichre Pforte
  Zum Tempel der Gewißheit ein.
Schüler: Doch ein Begriff muß bei dem Worte sein.
Mephistopheles:
  Schon gut! Nur muß man sich nicht allzu ängstlich quälen;
  Denn eben, wo Begriffe fehlen,
  Da stellt ein Wort zur rechten Zeit sich ein.
  Mit Worten läßt sich trefflich streiten,
  Mit Worten ein System bereiten,
  An Worte läßt sich trefflich glauben,
  Von einem Wort läßt sich kein Jota rauben.
Schüler: Verzeiht, ich halt Euch auf mit vielen Fragen,
  Allein ich muß Euch noch bemühn.
  Wollt Ihr mir von der Medizin
  Nicht auch ein kräftig Wörtchen sagen?
  Drei Jahr ist eine kurze Zeit,
  Und, Gott, das Feld ist gar zu weit.
  Wenn man einen Fingerzeig nur hat,
  Läßt sich's schon eher weiterfühlen.
Mephistopheles *(für sich)*:
  Ich bin des trocknen Tons nun satt,
  Muß wieder recht den Teufel spielen.

  Laut

  Der Geist der Medizin ist leicht zu fassen!
  Ihr durchstudiert die groß und kleine Welt,
  Um es am Ende gehn zu lassen,
  Wie's Gott gefällt.
  Vergebens, daß Ihr ringsum wissenschaftlich schweift,
  Ein jeder lernt nur, was er lernen kann;
  Doch der den Augenblick ergreift,
  Das ist der rechte Mann.
  Ihr seid noch ziemlich wohlgebaut,

An Kühnheit wird's Euch auch nicht fehlen,
Und wenn Ihr Euch nur selbst vertraut,
Vertrauen Euch die andern Seelen.
Besonders lernt die Weiber führen!
Es ist ihr ewig Weh und Ach,
So tausendfach,
Aus Einem Punkte zu kurieren,
Und wenn Ihr halbweg ehrbar tut,
Dann habt Ihr sie all unterm Hut.
Ein Titel muß sie erst vertraulich machen,
Daß Eure Kunst viel Künste übersteigt;
Zum Willkomm tappt Ihr dann nach allen Siebensachen,
Um die ein andrer viele Jahre streicht,
Versteht das Pülslein wohl zu drücken
Und fasset sie, mit feurig-schlauen Blicken,
Wohl um die schlanke Hüfte frei,
Zu sehn, wie fest geschnürt sie sei.
Schüler: Das sieht schon besser aus! Man sieht doch wo und wie.
Mephistopheles: Grau, teurer Freund, ist alle Theorie,
    Und grün des Lebens goldner Baum.
Schüler: Ich schwör Euch zu: mir ist's als wie ein Traum!
    Dürft ich Euch wohl ein andermal beschweren,
    Von Eurer Weisheit auf den Grund zu hören?
Mephistopheles: Was ich vermag, soll gern geschehn.
Schüler: Ich kann unmöglich wieder gehn,
    Ich muß Euch noch mein Stammbuch überreichen:
    Gönn Eure Gunst mir dieses Zeichen!
Mephistopheles: Sehr wohl.

Er schreibt und gibt's

Schüler *(liest):* Eritis sicut Deus, scientes bonum et malum.
Macht's ehrenbietig zu und empfiehlt sich

Mephistopheles:
Folg nur dem alten Spruch und meiner Muhme, der Schlange,
Dir wird gewiß einmal bei deiner Gottähnlichkeit bange!
Faust tritt auf

Faust: Wohin soll es nun gehn?
Mephistopheles: Wohin es dir gefällt!
    Wir sehn die kleine, dann die große Welt.
    Mit welcher Freude, welchem Nutzen,
    Wirst du den Cursum durchschmarutzen!
Faust: Allein bei meinem langen Bart
    Fehlt mir die leichte Lebensart.

Es wird mir der Versuch nicht glücken;
Ich wußte nie mich in die Welt zu schicken,
Vor andern fühl ich mich so klein;
Ich werde stets verlegen sein.
Mephistopheles: Mein guter Freund, das wird sich alles geben:
Sobald du dir vertraust, sobald weißt du zu leben.
Faust: Wie kommen wir denn aus dem Haus?
Wo hast du Pferde, Knecht und Wagen?
Mephistopheles: Wir breiten nur den Mantel aus,
Der soll uns durch die Lüfte tragen.
Du nimmst bei diesem kühnen Schritt
Nur keinen großen Bündel mit.
Ein bißchen Feuerluft, die ich bereiten werde,
Hebt uns behend von dieser Erde,
Und sind wir leicht, so geht es schnell hinauf —
Ich gratuliere dir zum neuen Lebenslauf!

Auerbachs Keller in Leipzig

Zeche lustiger Gesellen

Frosch: Will keiner trinken? keiner lachen?
Ich will euch lehren Gesichter machen!
Ihr seid ja heut wie nasses Stroh
Und brennt sonst immer lichterloh.
Brander: Das liegt an dir: du bringst ja nichts herbei,
Nicht eine Dummheit, keine Sauerei.
Frosch *(gießt ihm ein Glas Wein über den Kopf):*
Da hast du beides!
Brander: Doppelt Schwein!
Frosch: Ihr wollt es ja, man soll es sein!
Siebel: Zur Tür hinaus, wer sich entzweit!
Mit offner Brust singt Runda, sauft und schreit!
Auf! holla! ho!
Altmayer: Weh mir, ich bin verloren!
Baumwolle her! der Kerl sprengt mir die Ohren.
Siebel: Wenn das Gewölbe widerschallt,
Fühlt man erst recht des Basses Grundgewalt.
Frosch: So recht! hinaus mit dem, der etwas übelnimmt!
A! tara lara da!
Altmayer: A! tara lara da!
Frosch: Die Kehlen sind gestimmt.

Singt

Das liebe Heilge Röm'sche Reich,
Wie hält's nur noch zusammen?

Brander: Ein garstig Lied! Pfui! ein politisch Lied
Ein leidig Lied! Dankt Gott mit jedem Morgen,
Daß ihr nicht braucht fürs Röm'sche Reich zu sorgen!
Ich halt es wenigstens für reichlichen Gewinn,
Daß ich nicht Kaiser oder Kanzler bin.
Doch muß auch uns ein Oberhaupt nicht fehlen:
Wir wollen einen Papst erwählen!
Ihr wißt, welch eine Qualität
Den Ausschlag gibt, den Mann erhöht.
Frosch *(singt):*
Schwing dich auf, Frau Nachtigall,
Grüß mir mein Liebchen zehntausendmal!
Siebel: Dem Liebchen keinen Gruß! ich will davon nichts hören!
Frosch: Dem Liebchen Gruß und Kuß! du wirst mir's nicht verwehren!
Singt

Riegel auf! in stiller Nacht.
Riegel auf! der Liebste wacht.
Riegel zu! des Morgens früh.
Siebel: Ja, singe, singe nur und lob und rühme sie!
Ich will zu meiner Zeit schon lachen.
Sie hat mich angeführt, dir wird sie's auch so machen.
Zum Liebsten sei ein Kobold ihr beschert:
Der mag mit ihr auf einem Kreuzweg schäkern!
Ein alter Bock, wenn er vom Blocksberg kehrt,
Mag im Galopp noch gute Nacht ihr meckern!
Ein braver Kerl von echtem Fleisch und Blut
Ist für die Dirne viel zu gut.
Ich will von keinem Gruße wissen,
Als ihr die Fenster eingeschmissen!
Brander *(auf den Tisch schlagend):*
Paßt auf! paßt auf! gehorchet mir!
Ihr Herrn, gesteht, ich weiß zu leben!
Verliebte Leute sitzen hier,
Und diesen muß nach Standsgebühr
Zur guten Nacht ich was zum besten geben.
Gebt acht! Ein Lied von neustem Schnitt!
Und singt den Rundreim kräftig mit!
Er singt

Es war eine Ratt im Kellernest,
Lebte nur von Fett und Butter,
Hatte sich ein Ränzlein angemäst't

Als wie der Doktor Luther.
Die Köchin hatt ihr Gift gestellt:
Da ward's so eng ihr in der Welt,
Als hätte sie Lieb im Leibe.
Chorus *(jauchzend):* Als hätte sie Lieb im Leibe!
Brander: Sie fuhr herum, sie fuhr heraus
Und soff aus allen Pfützen,
Zernagt, zerkratzt das ganze Haus:
Wollte nichts ihr Wüten nützen!
Sie tät gar manchen Ängstesprung,
Bald hatte das arme Tier genung,
Als hätte es Lieb im Leibe.
Chorus: Als hätte es Lieb im Leibe!
Brander: Sie kam für Angst am hellen Tag
Der Küche zugelaufen,
Fiel an den Herd und zuckt und lag
Und tat erbärmlich schnaufen.
Da lachte die Vergifterin noch:
„Ha! sie pfeift auf dem letzten Loch,
Als hätte sie Lieb im Leibe."
Chorus: Als hätte sie Lieb im Leibe!
Siebel: Wie sich die platten Bursche freuen!
Es ist mir eine rechte Kunst,
Den armen Ratten Gift zu streuen!
Brander: Sie stehn wohl sehr in deiner Gunst?
Altmayer: Der Schmerbauch mit der kahlen Platte!
Das Unglück macht ihn zahm und mild;
Er sieht in der geschwollnen Ratte
Sein ganz natürlich Ebenbild.

Faust und Mephistopheles

Mephistopheles: Ich muß dich nun vor allen Dingen
In lustige Gesellschaft bringen,
Damit du siehst, wie leicht sich's leben läßt.
Dem Volke hier wird jeder Tag ein Fest.
Mit wenig Witz und viel Behagen
Dreht jeder sich im engen Zirkeltanz,
Wie junge Katzen mit dem Schwanz.
Wenn sie nicht über Kopfweh klagen,
Solang der Wirt nur weiterborgt,
Sind sie vergnügt und unbesorgt.
Brander: Die kommen eben von der Reise:
Man sieht's an ihrer wunderlichen Weise;
Sie sind nicht eine Stunde hier.

Frosch: Wahrhaftig, du hast recht! Mein Leipzig lob ich mir!
　Es ist ein klein Paris und bildet seine Leute.
Siebel: Für was siehst du die Fremden an?
Frosch: Laßt mich nur gehn! Bei einem vollen Glase
　Zieh ich, wie einen Kinderzahn,
　Den Burschen leicht die Würmer aus der Nase.
　Sie scheinen mir aus einem edlen Haus:
　Sie sehen stolz und unzufrieden aus.
Brander: Marktschreier sind's gewiß, ich wette!
Altmayer: Vielleicht!
Frosch: Gib acht, ich schraube sie!
Mephistopheles *(zu Faust)*:
　Den Teufel spürt das Völkchen nie,
　Und wenn er sie beim Kragen hätte.
Faust: Seid uns gegrüßt, ihr Herrn!
Siebel: Viel Dank zum Gegengruß!

Leise, Mephistopheles von der Seite ansehend

　Was hinkt der Kerl auf einem Fuß?
Mephistopheles: Ist es erlaubt, uns auch zu euch zu setzen?
　Statt eines guten Trunks, den man nicht haben kann,
　Soll die Gesellschaft uns ergetzen.
Altmayer: Ihr scheint ein sehr verwöhnter Mann.
Frosch: Ihr seid wohl spät von Rippach aufgebrochen?
　Habt ihr mit Herren Hans noch erst zu Nacht gespeist?
Mephistopheles: Heute sind wir ihn vorbeigereist;
　Wir haben ihn das letztemal gesprochen.
　Von seinen Vettern wußt er viel zu sagen,
　Viel Grüße hat er uns an jeden aufgetragen.

Er neigt sich gegen Frosch

Altmayer *(leise)*: Da hast du's! der versteht's!
Siebel: Ein pfiffiger Patron!
Frosch: Nun, warte nur, ich krieg ihn schon!
Mephistopheles: Wenn ich nicht irrte, hörten wir
　Geübte Stimmen Chorus singen?
　Gewiß, Gesang muß trefflich hier
　Von dieser Wölbung widerklingen!
Frosch: Seid Ihr wohl gar ein Virtuos?
Mephistopheles:
　O nein! die Kraft ist schwach, allein die Lust ist groß.
Altmayer: Gebt uns ein Lied!
Mephistopheles: Wenn ihr begehrt, die Menge!
Siebel: Nur auch ein nagelneues Stück!

Mephistopheles: Wir kommen erst aus Spanien zurück,
　Dem schönen Land des Weins und der Gesänge.

Singt

　Es war einmal ein König,
　Der hatt einen großen Floh —
Frosch: Horcht! Einen Floh! Habt ihr das wohl gefaßt?
　Ein Floh ist mir ein saubrer Gast.
Mephistopheles *(singt):*
　Es war einmal ein König,
　Der hatt einen großen Foh,
　Den liebt er gar nicht wenig:
　Als wie seinen eignen Sohn.
　Da rief er seinen Schneider,
　Der Schneider kam heran:
　„Da, miß dem Junker Kleider
　Und miß ihm Hosen an!"
Brander: Vergeßt nur nicht, dem Schneider einzuschärfen,
　Daß er mir aufs genauste mißt
　Und daß, so lieb sein Kopf ihm ist,
　Die Hosen keine Falten werfen!
Mephistopheles: In Sammet und in Seide
　War er nun angetan,
　Hatte Bänder auf dem Kleide,
　Hatt auch ein Kreuz daran,
　Und war sogleich Minister
　Und hatt einen großen Stern.
　Da wurden seine Geschwister
　Bei Hof auch große Herrn.

　Und Herrn und Fraun am Hofe,
　Die waren sehr geplagt,
　Die Königin und die Zofe
　Gestochen und genagt,
　Und durften sie nicht knicken
　Und weg sie jucken nicht. —
　Wir knicken und ersticken
　Doch gleich, wenn einer sticht!
Chorus *(jauchzend):*
　Wir knicken und ersticken
　Doch gleich, wenn einer sticht!
Frosch: Bravo! bravo! das war schön!
Siebel: So soll es jedem Floh ergehn!
Brander: Spitzt die Finger und packt sie fein!
Altmayer: Es lebe die Freiheit! es lebe der Wein!

61

Mephistopheles:
  Ich tränke gern ein Glas, die Freiheit hoch zu ehren,
  Wenn eure Weine nur ein bißchen besser wären.
Siebel: Wir mögen das nicht wieder hören!
Mephistopheles: Ich fürchte nur, der Wirt beschweret sich;
  Sonst gäb ich diesen werten Gästen
  Aus unserm Keller was zum besten.
Siebel: Nur immer her! ich nehm's auf mich.
Frosch: Schafft Ihr ein gutes Glas, so wollen wir Euch loben.
  Nur gebt nicht gar zu kleine Proben!
  Denn wenn ich judizieren soll,
  Verlang ich auch das Maul recht voll.
Altmayer *(leise)*: Sie sind vom Rheine, wie ich spüre.
Mephistopheles: Schafft einen Bohrer an!
Brander: Was soll mit dem geschehn?
  Ihr habt doch nicht die Fässer vor der Türe?
Altmayer: Dahinten hat der Wirt ein Körbchen Werkzeug stehn.
Mephistopheles *(nimmt den Bohrer. Zu Frosch)*:
  Nun sagt: was wünschet Ihr zu schmecken?
Frosch: Wie meint Ihr das? Habt Ihr so mancherlei?
Mephistopheles: Ich stell es einem jeden frei.
Altmayer *(zu Frosch)*:
  Aha! du fängst schon an, die Lippen abzulecken.
Frosch: Gut! wenn ich wählen soll, so will ich Rheinwein haben:
  Das Vaterland verleiht die allerbesten Gaben.
Mephistopheles *(indem er an dem Platz, wo Frosch sitzt, ein Loch in den Tischrand bohrt)*:
  Verschafft ein wenig Wachs, die Pfropfen gleich zu machen!
Altmayer: Ach, das sind Taschenspielersachen!
Mephistopheles *(zu Brander)*: Und Ihr?
Brander: Ich will Champagner Wein,
  Und recht moussierend soll er sein!
Mephistopheles *(bohrt, einer hat indessen die Wachspfropfen gemacht und verstopft)*.
Brander: Man kann nicht stets das Fremde meiden,
  Das Gute liegt uns oft so fern.
  Ein echter deutscher Mann mag keinen Franzen leiden;
  Doch ihre Weine trinkt er gern.
Siebel *(indem sich Mephisto seinem Platz nähert)*:
  Ich muß gestehn: den Sauern mag ich nicht!
  Gebt mir ein Glas vom echten Süßen!
Mephistopheles *(bohrt)*: Euch soll sogleich Tokayer fließen.

Altmayer: Nein, Herren, seht mir ins Gesicht!
  Ich seh es ein, ihr habt uns nur zum besten.
Mephistopheles: Ei! ei! Mit solchen edlen Gästen
  Wär es ein bißchen viel gewagt.
  Geschwind! nur grad heraus gesagt!
  Mit welchem Weine kann ich dienen?
Altmayer: Mit jedem! nur nicht lang gefragt!

Nachdem die Löcher alle gebohrt und verstopft sind

Mephistopheles *(mit seltsamen Gebärden):*
  Trauben trägt der Weinstock,
  Hörner der Ziegenbock!
  Der Wein ist saftig, Holz die Reben;
  Der hölzerne Tisch kann Wein auch geben.
  Ein tiefer Blick in die Natur!
  Hier ist ein Wunder: glaubet nur!
  Nun zieht die Pfropfen und genießt!
Alle *(indem sie die Pfropfen ziehen und jedem der verlangte Wein ins Glas läuft):*
  O schöner Brunnen, der uns fließt!
Mephistopheles: Nur hütet euch, daß ihr mir nichts vergießt!

Sie trinken wiederholt

Alle *(singen):* Uns ist ganz kannibalisch wohl,
  Als wie fünfhundert Säuen!
Mephistopheles: Das Volk ist frei: seht an, wie wohl's ihm geht!
Faust: Ich hätte Lust, nun abzufahren.
Mephistopheles: Gib nur erst acht, die Bestialität
  Wird sich gar herrlich offenbaren.
Siebel *(trinkt unvorsichtig, der Wein fließt auf die Erde und wird zur Flamme):* Helft! Feuer! helft! Die Hölle brennt!
Mephistopheles *(die Flamme besprechend):*
  Sei ruhig, freundlich Element!

Zu den Gesellen

  Für diesmal war es nur ein Tropfen Fegefeuer.
Siebel: Was soll das sein? Wart! Ihr bezahlt es teuer!
  Es scheinet, daß Ihr uns nicht kennt.
Frosch: Laß Er uns das zum zweiten Male bleiben!
Altmayer: Ich dächt, wir hießen ihn ganz sachte seitwärts gehn.
Siebel: Was, Herr? Er will sich unterstehn
  Und hier sein Hokuspokus treiben?
Mephistopheles: Still, altes Weinfaß!
Siebel: Besenstiel!
  Du willst uns gar noch grob begegnen?

Brander: Wart nur! es sollen Schläge regnen!
Altmayer *(zieht einen Pfropfen aus dem Tisch, es springt
 ihm Feuer entgegen):* Ich brenne! ich brenne!
Siebel: Zauberei!
  Stoßt zu! der Kerl ist vogelfrei!

Sie ziehen die Messer und gehn auf Mephistopheles los

Mephistopheles *(mit ernsthafter Gebärde):*
  Falsch Gebild und Wort
  Verändern Sinn und Ort!
  Seid hier und dort!

Sie stehn erstaunt und sehn einander an

Altmayer: Wo bin ich? Welches schöne Land!
Frosch: Weinberge! Seh ich recht?
Siebel: Und Trauben gleich zur Hand!
Brander: Hier unter diesem grünen Laube,
  Seht, welch ein Stock! seht, welche Traube!

Er faßt Siebeln bei der Nase. Die andern tun es wechselseitig und heben die Messer

Mephistopheles *(wie oben):*
  Irrtum, laß los der Augen Band!
  Und merkt euch, wie der Teufel spaße!

Er verschwindet mit Faust, die Gesellen fahren auseinander

Siebel: Was gibt's?
Altmayer: Wie?
Frosch: War das deine Nase?
Brander *(zu Siebel):* Und deine hab ich in der Hand!
Altmayer: Es war ein Schlag, der ging durch alle Glieder!
  Schafft einen Stuhl, ich sinke nieder!
Frosch: Nein, sagt mir nur: was ist geschehn?
Siebel: Wo ist der Kerl? Wenn ich ihn spüre,
  Er soll mir nicht lebendig gehn!
Altmayer: Ich hab ihn selbst hinaus zur Kellertüre —
  Auf einem Fasse reiten sehn — —
  Es liegt mir bleischwer in den Füßen.

Sich nach dem Tische wendend

  Mein! Sollte wohl der Wein noch fließen?
Siebel: Betrug war alles, Lug und Schein!
Frosch: Mir deuchte doch, als tränk ich Wein.
Brander: Aber wie war es mit den Trauben?
Altmayer: Nun sag mir eins, man soll kein Wunder glauben!

Hexenküche

Auf einem niedrigen Herde steht ein großer Kessel über dem Feuer. In dem Dampfe, der davon in die Höhe steigt, zeigen sich verschiedene Gestalten. Eine Meerkatze sitzt bei dem Kessel und schäumt ihn und sorgt, daß der nicht überläuft. Der Meerkater mit den Jungen sitzt darneben und wärmt sich. Wände und Decke sind mit dem seltsamsten Hexenhausrat ausgeschmückt

Faust. Mephistopheles

Faust: Mir widersteht das tolle Zauberwesen!
  Versprichst du mir, ich soll genesen
  In diesem Wust von Raserei?
  Verlang ich Rat von einem alten Weibe?
  Und schafft die Sudelköcherei
  Wohl dreißig Jahre mir vom Leibe?
  Weh mir, wenn du nichts Bessers weißt!
  Schon ist die Hoffnung mir verschwunden.
  Hat die Natur und hat ein edler Geist
  Nicht irgendeinen Balsam ausgefunden?
Mephistopheles: Mein Freund, nun sprichst du wieder klug!
  Dich zu verjüngen, gibt's auch ein natürlich Mittel;
  Allein es steht in einem andern Buch
  Und ist ein wunderlich Kapitel.
Faust: Ich will es wissen!
Mephistopheles: Gut! Ein Mittel, ohne Geld
  Und Arzt und Zauberei zu haben:
  Begib dich gleich hinaus aufs Feld,
  Fang an zu hacken und zu graben,
  Erhalte dich und deinen Sinn
  In einem ganz beschränkten Kreise,
  Ernähre dich mit ungemischter Speise,
  Leb mit dem Vieh als Vieh und acht es nicht für Raub,
  Den Acker, den du erntest, selbst zu düngen!
  Das ist das beste Mittel, glaub,
  Auf achtzig Jahr dich zu verjüngen!
Faust: Das bin ich nicht gewöhnt, ich kann mich nicht bequemen,
  Den Spaten in die Hand zu nehmen;
  Das enge Leben steht mir gar nicht an.
Mephistopheles: So muß denn doch die Hexe dran!
Faust: Warum denn just das alte Weib?
  Kannst du den Trank nicht selber brauen?
Mephistopheles: Das wär ein schöner Zeitvertreib!
  Ich wollt indes wohl tausend Brücken bauen.
  Nicht Kunst und Wissenschaft allein,
  Geduld will bei dem Werke sein.

Ein stiller Geist ist jahrelang geschäftig,
Die Zeit nur macht die feine Gärung kräftig.
Und alles, was dazu gehört,
Es sind gar wunderbare Sachen!
Der Teufel hat sie's zwar gelehrt;
Allein der Teufel kann's nicht machen.

Die Tiere erblickend

Sieh, welch ein zierliches Geschlecht!
Das ist die Magd! das ist der Knecht!

Zu den Tieren

Es scheint, die Frau ist nicht zu Hause.
Die Tiere: Beim Schmause!
  Aus dem Haus
  Zum Schornstein hinaus!
Mephistopheles: Wie lange pflegt sie wohl zu schwärmen?
Die Tiere: Solange wir uns die Pfoten wärmen.
Mephistopheles (*zu Faust*): Wie findest du die zarten Tiere?
Faust: So abgeschmackt, als ich nur jemand sah!
Mephistopheles: Nein, ein Diskurs wie dieser da
  Ist grade der, den ich am liebsten führe!

Zu den Tieren

So sagt mir doch, verfluchte Puppen:
Was quirlt ihr in dem Brei herum?
Die Tiere: Wir kochen breite Bettelsuppen.
Mephistopheles: Da habt ihr ein groß Publikum.
Der Kater (*macht sich herbei und schmeichelt dem Mephistopheles*):
  O würfle nur gleich
  Und mache mich reich
  Und laß mich gewinnen!
  Gar schlecht ist's bestellt,
  Und wär ich bei Geld,
  So wär ich bei Sinnen.
Mephistopheles: Wie glücklich würde sich der Affe schätzen,
Könnt er nur auch ins Lotto setzen!

Indessen haben die jungen Meerkätzchen mit einer großen Kugel gespielt und rollen sie hervor

Der Kater: Das ist die Welt:
  Sie steigt und fällt
  Und rollt beständig;
  Sie klingt wie Glas —
  Wie bald bricht das! —

>   Ist hohl inwendig.
>   Hier glänzt sie sehr
>   Und hier noch mehr:
>   „Ich bon lebendig!" —
>   Mein lieber Sohn,
>   Halt dich davon!
>   Du mußt sterben:
>   Sie ist von Ton,
>   Es gibt Scherben!

Mephistopheles: Was soll das Sieb?
Der Kater *(holt es herunter):*
>   Wärst du ein Dieb,
>   Wollt ich dich gleich erkennen.

Er läuft zur Kätzin und läßt sie durchsehen

>   Sieh durch das Sieb!
>   Erkennst du den Dieb
>   Und darfst ihn nicht nennen?

Mephistopheles *(sich dem Feuer nähernd):*
>   Und dieser Topf?

Kater und Kätzin:
>   Der alberne Tropf!
>   Er kennt nicht den Topf,
>   Er kennt nicht den Kessel!

Mephistopheles: Unhöfliches Tier!
Der Kater: Den Wedel nimm hier
>   Und setz dich in Sessel!

Er nötigt den Mephistopheles zu sitzen

Faust *(welcher diese Zeit über vor einem Spiegel gestanden, sich ihm bald genähert, bald sich von ihm entfernt hat):*
>   Was seh ich? Welch ein himmlisch Bild
>   Zeigt sich in diesem Zauberspiegel!
>   O Liebe, leihe mir den schnellsten deiner Flügel
>   Und führe mich in ihr Gefild!
>   Ach, wenn ich nicht auf dieser Stelle bleibe,
>   Wenn ich es wage, nah zu gehn,
>   Kann ich sie nur als wie im Nebel sehn! —
>   Das schönste Bild von einem Weibe!
>   Ist's möglich, ist das Weib so schön?
>   Muß ich an diesem hingestreckten Leibe
>   Den Inbegriff von allen Himmeln sehn?
>   So etwas findet sich auf Erden?

Mephistopheles:
>   Natürlich, wenn ein Gott sich erst sechs Tage plagt

Und selbst am Ende Bravo sagt,
Da muß es was Gescheites werden!
Für diesmal sieh dich immer satt!
Ich weiß dir so ein Schätzchen auszuspüren,
Und selig, wer das gute Schicksal hat,
Als Bräutigam sie heimzuführen!

Faust sieht immerfort in den Spiegel
Mephistopheles, sich in dem Sessel dehnend und mit dem Wedel spielend, fährt fort zu sprechen

Hier sitz ich wie der König auf dem Throne:
Den Zepter halt ich hier, es fehlt nur noch die Krone.

Die Tiere (*welche bisher allerlei wunderliche Bewegungen durcheinander gemacht haben, bringen dem Mephistopheles eine Krone mit großem Geschrei*):
O sei doch so gut,
Mit Schweiß und mit Blut
Die Krone zu leimen!

Sie gehn ungeschickt mit der Krone um und zerbrechen sie in zwei Stücke, mit welchen sie herumspringen

Nun ist es geschehn!
Wir reden und sehn,
Wir hören und reimen —

Faust (*gegen den Spiegel*): Weh mir! ich werde schier verrückt.
Mephistopheles (*auf die Tiere deutend*):
Nun fängt mir an fast selbst der Kopf zu schwanken.
Die Tiere: Und wenn es uns glückt,
Und wenn es sich schickt,
So sind es Gedanken!
Faust (*wie oben*): Mein Busen fängt mir an zu brennen!
Entfernen wir uns nur geschwind!
Mephistopheles (*in obiger Stellung*):
Nun, wenigstens muß man bekennen,
Daß es aufrichtige Poeten sind.

Der Kessel, welchen die Kätzin bisher außer acht gelassen, fängt an überzulaufen; es entsteht eine große Flamme, welche zum Schornstein hinausschlägt. Die Hexe kommt durch die Flamme mit entsetzlichem Geschrei heruntergefahren

Die Hexe: Au! Au! Au! Au!
Verdammtes Tier! verfluchte Sau!
Versäumst den Kessel, versengst die Frau!
Verfluchtes Tier!

Faust und Mephistopheles erblickend

Was ist das hier?
Wer seid ihr hier?

Was wollt ihr da?
Wer schlich sich ein?
Die Feuerpein
Euch ins Gebein!

Sie fährt mit dem Schaumlöffel in den Kessel und spritzt Flammen nach Faust, Mephistopheles und den Tieren. Die Tiere winseln

Mephistopheles *(welcher den Wedel, den er in der Hand hält, umkehrt und unter die Gläser und Töpfe schlägt):*
Entzwei! entzwei!
Da liegt der Brei!
Da liegt das Glas!
Es ist nur Spaß:
Der Takt, du Aas,
Zu deiner Melodei!

Indem die Hexe voll Grimm und Entsetzen zurücktritt

Erkennst du mich? Gerippe! Scheusal du!
Erkennst du deinen Herrn und Meister?
Was hält mich ab, so schlag ich zu,
Zerschmettre dich und deine Katzengeister!
Hast du vorm roten Wams nicht mehr Respekt?
Kannst du die Hahnenfeder nicht erkennen?
Hab ich dies Angesicht versteckt?
Soll ich mich etwa selber nennen?
Die Hexe: O Herr, verzeiht den rohen Gruß!
Seh ich doch keinen Pferdefuß!
Wo sind denn Eure beiden Raben?
Mephistopheles: Für diesmal kommst du so davon;
Denn freilich ist es eine Weile schon,
Daß wir uns nicht gesehen haben.
Auch die Kultur, die alle Welt beleckt,
Hat auf den Teufel sich erstreckt:
Das nordische Phantom ist nun nicht mehr zu schauen;
Wo siehst du Hörner, Schweif und Klauen?
Und was den Fuß betrifft, den ich nicht missen kann,
Der würde mir bei Leuten schaden;
Darum bedien ich mich wie mancher junge Mann
Seit vielen Jahren falscher Waden.
Die Hexe *(tanzend):* Sinn und Verstand verlier ich schier,
Seh ich den Junker Satan wieder hier!
Mephistopheles: Den Namen, Weib, verbitt ich mir!
Die Hexe: Warum? was hat er Euch getan?
Mephistopheles: Er ist schon lang ins Fabelbuch geschrieben;
Allein die Menschen sind nichts besser dran:

Den Bösen sind sie los, die Bösen sind geblieben.
Du nennst mich Herr Baron, so ist die Sache gut;
Ich bin ein Kavalier wie andre Kavaliere.
Du zweifelst nicht an meinem edlen Blut;
Sieh her: das ist das Wappen, das ich führe!

Er macht eine unanständige Gebärde

Die Hexe *(lacht unmäßig)*: Ha! Ha! Das ist in Eurer Art!
Ihr seid ein Schelm, wie Ihr nur immer wart!
Mephistopheles *(zu Faust)*:
Mein Freund, das lerne wohl verstehn:
Dies ist die Art, mit Hexen umzugehn!
Die Hexe: Nun sagt, ihr Herren, was ihr schafft.
Mephistopheles: Ein gutes Glas von dem bekannten Saft!
Doch muß ich Euch ums älteste bitten:
Die Jahre doppeln seine Kraft.
Die Hexe: Gar gern! Hier hab ich eine Flasche,
Aus der ich selbst zuweilen nasche,
Die auch nicht mehr im mindsten stinkt;
Ich will euch gern ein Gläschen geben. *(Leise)*
Doch wenn es dieser Mann unvorbereitet trinkt,
So kann er, wißt Ihr wohl, nicht eine Stunde leben.
Mephistopheles: Es ist ein guter Freund, dem es gedeihen soll:
Ich gönn ihm gern das Beste deiner Küche.
Zieh deinen Kreis, sprich deine Sprüche,
Und gib ihm eine Tasse voll!
Die Hexe *(mit seltsamen Gebärden, zieht einen Kreis und stellt wunderbare Sachen hinein; indessen fangen die Gläser an zu klingen, der Kessel zu tönen, und machen Musik. Zuletzt bringt sie ein großes Buch, stellt die Meerkatzen in den Kreis, die ihr zum Pult dienen und die Fackel halten müssen. Sie winkt Fausten, zu ihr zu treten)*.
Faust *(zu Mephistopheles)*:
Nein, sage mir: was soll das werden?
Das tolle Zeug, die rasenden Gebärden,
Der abgeschmackteste Betrug,
Sind mir bekannt, verhaßt genug.
Mephistopheles: Ei, Possen! Das ist nur zum Lachen;
Sei nur nicht ein so strenger Mann!
Sie muß als Arzt ein Hokuspokus machen,
Damit der Saft dir wohl gedeihen kann.

Er nötigt Fausten, in den Kreis zu treten

Die Hexe *(mit großer Emphase, fängt an, aus dem Buche zu deklamieren)*:

Du mußt verstehn!
 Aus Eins mach Zehn,
 Und Zwei laß gehn,
 Und Drei mach gleich,
 So bist du reich.
 Verlier
 Die Vier!
 Aus Fünf und Sechs —
 So sagt die Hex —
 Mach Sieben und Acht,
 So ist's vollbracht:
 Und neun ist keins.
 Das ist das Hexen-Einmaleins!
Faust: Mich dünkt, die Alte spricht im Fieber.
Mephistopheles: Das ist noch lange nicht vorüber,
 Ich kenn es wohl, so klingt das ganze Buch!
 Ich habe manche Zeit damit verloren;
 Denn ein vollkommner Widerspruch
 Bleibt gleich geheimnisvoll für Kluge wie für Toren.
 Mein Freund, die Kunst ist alt und neu.
 Es war die Art zu allen Zeiten,
 Durch Drei und Eins und Eins und Drei
 Irrtum statt Wahrheit zu verbreiten.
 So schwätzt und lehrt man ungestört;
 Wer will sich mit den Narrn befassen?
 Gewöhnlich glaubt der Mensch, wenn er nur Worte hört,
 Es müsse sich dabei doch auch was denken lassen.
Die Hexe *(fährt fort):*
 Die hohe Kraft
 Der Wissenschaft,
 Der ganzen Welt verborgen!
 Und wer nicht denkt,
 Dem wird sie geschenkt:
 Er hat sie ohne Sorgen.
Faust: Was sagt sie uns für Unsinn vor?
 Es wird mir gleich der Kopf zerbrechen.
 Mich dünkt, ich hör ein ganzes Chor
 Von hunderttausend Narren sprechen.
Mephistopheles: Genug, genug, o treffliche Sibylle!
 Gib deinen Trank herbei und fülle
 Die Schale rasch bis an den Rand hinan!
 Denn meinem Freund wird dieser Trank nicht schaden:
 Er ist ein Mann von vielen Graden,
 Der manchen guten Schluck getan.

Die Hexe *(mit vielen Zeremonien, schenkt den Trank in eine Schale; wie sie Faust an den Mund bringt, entsteht eine leichte Flamme).*
Mephistopheles: Nur frisch hinunter! immer zu!
Es wird dir gleich das Herz erfreuen.
Bist mit dem Teufel du und du
Und willst dich vor der Flamme scheuen?

Die Hexe löst den Kreis. Faust tritt heraus

Mephistopheles: Nun frisch hinaus! Du darfst nicht ruhn.
Die Hexe: Mög Euch das Schlückchen wohl behagen!
Mephistopheles *(zur Hexe):*
Und kann ich dir was zu Gefallen tun,
So darfst du mir's nur auf Walpurgis sagen.
Die Hexe: Hier ist ein Lied! Wenn Ihr's zuweilen singt,
So werdet ihr besondre Wirkung spüren.
Mephistopheles *(zu Faust):*
Komm nur geschwind und laß dich führen:
Du mußt notwendig transpirieren,
Damit die Kraft durch Inn- und Äußres dringt.
Den edlen Müßiggang lehr ich hernach dich schätzen,
Und bald empfindest du mit innigem Ergetzen,
Wie sich Cupido regt und hin- und widerspringt.
Faust: Laß mich nur schnell noch in den Spiegel schauen!
Das Frauenbild war gar zu schön!
Mephistopheles:
Nein! nein! Du sollst das Muster aller Frauen
Nun bald leibhaftig vor dir sehn. *(Leise)*
Du siehst mit diesem Trank im Leibe
Bald Helenen in jedem Weibe.

Straße

Faust. Margarete vorübergehend

Faust: Mein schönes Fräulein, darf ich wagen,
Meinen Arm und Geleit Ihr anzutragen?
Margarete: Bin weder Fräulein weder schön,
Kann ungeleitet nach Hause gehn.

Sie macht sich los und ab

Faust: Beim Himmel, dieses Kind ist schön!
So etwas hab ich nie gesehen.
Sie ist so sitt- und tugendreich
Und etwas schnippisch doch zugleich.
Der Lippe Rot, der Wange Licht,

Die Tage der Welt vergeß ich's nicht!
Wie sie die Augen niederschlägt,
Hat tief sich in mein Herz geprägt;
Wie sie kurz angebunden war,
Das ist nun zum Entzücken gar!

Mephistopheles tritt auf

Faust: Hör, du mußt mir die Dirne schaffen!
Mephistopheles: Nun, welche?
Faust: Sie ging just vorbei.
Mephistopheles: Da die? Sie kam von ihrem Pfaffen,
Der sprach sie aller Sünden frei;
Ich schlich mich hart am Stuhl vorbei:
Es ist ein gar unschuldig Ding,
Das eben für nichts zur Beichte ging;
Über die hab ich keine Gewalt!
Faust: Ist über vierzehn Jahre doch alt.
Mephistopheles: Du sprichts ja wie Hans Liederlich:
Der begehrt jede liebe Blum für sich,
Und dünkelt ihm, es wär kein Ehr
Und Gunst, die nicht zu pflücken wär!
Geht aber doch nicht immer an.
Faust: Mein Herr Magister Lobesan,
Laß Er mich mit dem Gesetz in Frieden!
Und das sag ich Ihm kurz und gut:
Wenn nicht das süße junge Blut
Heut nacht in meinen Armen ruht,
So sind wir um Mitternacht geschieden.
Mephistopheles: Bedenk, was gehn und stehen mag!
Ich brauche wenigstens vierzehn Tag,
Nur die Gelegenheit auszuspüren.
Faust: Hätt ich nur sieben Stunden Ruh,
Brauchte den Teufel nicht dazu,
So ein Geschöpfchen zu verführen.
Mephistopheles: Ihr sprecht schon fast wie ein Franzos!
Doch bitt ich, laßt's Euch nicht verdrießen:
Was hilft's, nur grade zu genießen?
Die Freud ist lange nicht so groß,
Als wenn Ihr erst herauf, herum,
Durch allerlei Brimborium,
Das Püppchen geknetet und zugericht't,
Wie's lehret manche welsche Geschicht.
Faust: Hab Appetit auch ohne das.
Mephistopheles: Jetzt ohne Schimpf und ohne Spaß!

Ich sag Euch: mit dem schönen Kind
Geht's ein für allemal nicht geschwind.
Mit Sturm ist da nichts einzunehmen;
Wir müssen uns zur List bequemen.
Faust: Schaff mir etwas vom Engelsschatz!
Führ mich an ihren Ruheplatz!
Schaff mir ein Halstuch von ihrer Brust,
Ein Strumpfband meiner Liebeslust!
Mephistopheles: Damit Ihr seht, daß ich Eurer Pein
Will förderlich und dienstlich sein,
Wollen wir keinen Augenblick verlieren,
Will Euch noch heut in ihr Zimmer führen.
Faust: Und soll sie sehn? sie haben?
Mephistopheles: Nein!
Sie wird bei einer Nachbarin sein.
Indessen könnt Ihr ganz allein
An aller Hoffnung künftger Freuden
In ihrem Dunstkreis satt Euch weiden.
Faust: Können wir hin?
Mephistopheles: Es ist noch zu früh.
Faust: Sorg du mir für ein Geschenk für sie! *(Ab)*
Mephistopheles:
Gleich schenken? Das ist brav! Das wird er reüssieren!
Ich kenne manchen schönen Platz
Und manchen alt-vergrabnen Schatz;
Ich muß ein bißchen revidieren. *(Ab)*

Abend

Ein kleines, reinliches Zimmer

Margarete *(ihre Zöpfe flechtend und aufbindend):*
Ich gäb was drum, wenn ich nur wüßt,
Wer heut der Herr gewesen ist!
Er sah gewiß recht wacker aus
Und ist aus einem edlen Haus;
Das konnt ich ihm an der Stirne lesen —
Er wär auch sonst nicht so keck gewesen. *(Ab)*

Mephistopheles. Faust

Mephistopheles: Herein, ganz leise, nur herein!
Faust *(nach einigem Stillschweigen):*
Ich bitte dich, laß mich allein!
Mephistopheles *(herumspürend):*
Nicht jedes Mädchen hält so rein. *(Ab)*

Faust *(rings aufschauend):*
  Willkommen, süßer Dämmerschein,
  Der du dies Heiligtum durchwebst!
  Ergreif mein Herz, du süße Liebespein,
  Die du vom Tau der Hoffnung schmachtend lebst!
  Wie atmet rings Gefühl der Stille,
  Der Ordnung der Zufriedenheit!
  In dieser Armut welche Fülle!
  In diesem Kerker welche Seligkeit!

  Er wirft sich auf den ledernen Sessel am Bette

  O nimm mich auf, der du die Vorwelt schon
  Bei Freud und Schmerz im offnen Arm empfangen!
  Wie oft, ach! hat an diesem Väterthron
  Schon eine Schar von Kindern rings gehangen!
  Vielleicht hat, dankbar für den heilgen Christ,
  Mein Liebchen hier, mit vollen Kinderwangen,
  Dem Ahnherrn fromm die welke Hand geküßt.
  Ich fühl, o Mädchen, deinen Geist
  Der Füll und Ordnung um mich säuseln,
  Der mütterlich dich täglich unterweist,
  Den Teppich auf den Tisch dich reinlich breiten heißt,
  Sogar den Sand zu deinen Füßen kräuseln.
  O liebe Hand! so göttergleich!
  Die Hütte wird durch dich ein Himmelreich.
  Und hier!

  Er hebt einen Bettvorhang auf

  Was faßt mich für ein Wonnegraus!
  Hier möcht ich volle Stunden säumen.
  Natur, hier bildetest in leichten Träumen
  Den eingebornen Engel aus!
  Hier lag das Kind, mit warmem Leben
  Den zarten Busen angefüllt,
  Und hier mit heilig-reinem Weben
  Entwirkte sich das Götterbild!

  Und du? Was hat dich hergeführt?
  Wie innig fühl ich mich gerührt!
  Was willst du hier? Was wird das Herz dir schwer?
  Armseliger Faust, ich kenne dich nicht mehr!
  Umgibt mich hier ein Zauberduft?
  Mich drangs, so grade zu genießen,
  Und fühle mich in Liebestraum zerfließen!
  Sind wir ein Spiel von jedem Druck der Luft?

Und träte sie den Augenblick herein,
Wie würdest du für deinen Frevel büßen!
Der große Hans, ach, wie so klein!
Läg, hingeschmolzen, ihr zu Füßen. —
Mephistopheles: Geschwind! ich seh sie unten kommen.
Faust: Fort! fort! Ich kehre nimmermehr!
Mephistopheles: Hier ist ein Kästchen, leidlich schwer;
Ich hab's woanders hergenommen.
Stellt's hier nur immer in den Schrein!
Ich schwör Euch, ihr vergehn die Sinnen:
Ich tat Euch Sächelchen hinein,
Um eine andre zu gewinnen!
Zwar Kind ist Kind, und Spiel ist Spiel.
Faust: Ich weiß nicht: soll ich?
Mephistopheles: Fragt Ihr viel?
Meint Ihr vielleicht den Schatz zu wahren?
Dann rat ich Eurer Lüsternheit,
Die liebe, schöne Tageszeit
Und mir die weitre Müh zu sparen.
Ich hoff nicht, daß Ihr geizig seid!
Ich kratz den Kopf, reib an den Händen,

Er stellt das Kästchen in den Schrein und drückt das Schloß wieder zu

— Nur fort! geschwind! —
Um Euch das süße, junge Kind
Nach Herzens Wunsch und Will zu wenden,
Und Ihr seht drein,
Als solltet Ihr in den Hörsaal hinein,
Als stünden grau-leibhaftig vor Euch da
Physik und Metaphysika!
Nur fort! *(Ab)*
Margarete *(mit einer Lampe):*
Es ist so schwül, so dumpfig hie,

Sie macht das Fenster auf

Und ist doch eben so warm nicht drauß.
Es wird mir so, ich weiß nicht wie —
Ich wollt, die Mutter käm nach Haus!
Mir läuft ein Schauer übern ganzen Leib —
Bin doch ein töricht-furchtsam Weib!

Sie fängt an zu singen, indem sie sich auszieht

Es war ein König in Thule,
Gar treu bis an das Grab,
Dem sterbend seine Buhle
Einen goldnen Becher gab.

Es ging ihm nichts darüber,
Er leert ihn jeden Schmaus;
Die Augen gingen ihm über,
So oft er trank daraus.

Und als er kam zu sterben,
Zählt er seine Städt im Reich,
Gönnt alles seinem Erben,
Den Becher nicht zugleich.

Er saß beim Königsmahle,
Die Ritter um ihn her,
Auf hohem Vätersaale,
Dort auf dem Schloß am Meer.

Dort stand der alte Zecher,
Trank letzte Lebensglut,
Und warf den heiligen Becher
Hinunter in die Flut.

Er sah ihn stürzen, trinken,
Und sinken tief ins Meer,
Die Augen täten ihm sinken,
Trank nie einen Tropfen mehr.

Sie eröffnet den Schrein, ihre Kleider einzuräumen, und erblickt das Schmuckkästchen

Wie kommt das schöne Kästchen hier herein?
Ich schloß doch ganz gewiß den Schrein.
Es ist doch wunderbar! Was mag wohl drinne sein?
Vielleicht brachts jemand als ein Pfand,
Und meine Mutter lieh darauf.
Da hängt ein Schlüsselchen am Band:
Ich denke wohl, ich mach es auf!
Was ist das? Gott im Himmel! Schau,
So was hab ich meine Tage nicht gesehn!
Ein Schmuck! Mit dem könnt eine Edelfrau
Am höchsten Feiertage gehn.
Wie sollte mir die Kette stehen?
Wem mag die Herrlichkeit gehören?

Sie putzt sich damit auf und tritt vor den Spiegel

Wenn nur die Ohrring meine wären!
Man sieht doch gleich ganz anders drein.
Was hilft Euch Schönheit, junges Blut?
Das ist wohl alles schön und gut,
Allein man läßt's auch alles sein;

Man lobt Euch halb mit Erbarmen.
Nach Golde drängt,
Am Golde hängt
Doch alles! Ach, wir Armen!

Spaziergang

Faust in Gedanken auf und ab gehend. Zu ihm Mephistopheles

Mephistopheles:
 Bei aller verschmähten Liebe! Beim höllischen Elemente!
 Ich wollt, ich wüßte was Ärgers, daß ich's fluchen könnte!
Faust: Was hast? was kneipt dich denn so sehr?
 So kein Gesicht sah ich in meinem Leben!
Mephistopheles: Ich möcht mich gleich dem Teufel übergeben,
 Wenn ich nur selbst kein Teufel wär!
Faust: Hat sich dir was im Kopf verschoben?
 Dich kleidet's, wie ein Rasender zu toben!
Mephistopheles: Denkt nur: den Schmuck, für Gretchen angeschafft,
 Den hat ein Pfaff hinweggerafft! —
 Die Mutter kriegt das Ding zu schauen,
 Gleich fängt's ihr heimlich an zu grauen:
 Die Frau hat gar einen feinen Geruch,
 Schnuffelt immer im Gebetbuch
 Und riecht's einem jeden Möbel an,
 Ob das Ding heilig ist oder profan.
 Und an dem Schmuck da spürt sie's klar,
 Daß dabei nicht viel Segen war.
 „Mein Kind", rief sie, „ungerechtes Gut
 Befängt die Seele, zehrt auf das Blut.
 Wollen's der Mutter Gottes weihen,
 Wird uns mit Himmelsmanna erfreuen!"
 Margretlein zog ein schiefes Maul;
 Ist halt, dacht sie, ein geschenkter Gaul,
 Und wahrlich! gottlos ist nicht der,
 Der ihn so fein gebracht hierher.
 Die Mutter ließ einen Pfaffen kommen;
 Der hatte kaum den Spaß vernommen,
 Ließ sich den Anblick wohl behagen.
 Er sprach: „So ist man recht gesinnt!
 Wer überwindet, der gewinnt.
 Die Kirche hat einen guten Magen,
 Hat ganze Länder aufgefressen
 Und doch noch nie sich übergessen;

Die Kirch allein, meine lieben Frauen,
Kann ungerechtes Gut verdauen."
Faust: Das ist ein allgemeiner Brauch;
Ein Jud und König kann es auch.
Mephistopheles: Strich drauf ein Spange, Kett und Ring,
Als wären's eben Pfifferling,
Dankt nicht weniger und nicht mehr,
Als ob's ein Korb voll Nüsse wär,
Versprach ihnen allen himmlischen Lohn —
Und sie waren sehr erbaut davon.
Faust: Und Gretchen?
Mephistopheles: Sitzt nun unruhvoll,
Weiß weder, was sie will noch soll,
Denkt ans Geschmeide Tag und Nacht,
Noch mehr an den, der's ihr gebracht.
Faust: Des Liebchens Kummer tut mir leid.
Schaff du ihr gleich ein neu Geschmeid!
Am ersten war ja so nicht viel.
Mephistopheles: O ja, dem Herrn ist alles Kinderspiel!
Faust: Und mach und richt's nach meinem Sinn!
Häng dich an ihre Nachbarin!
Sei, Teufel, doch nur nicht wie Brei
Und schaff einen neuen Schmuck herbei!
Mephistopheles: Ja, gnädger Herr, von Herzen gerne!

Faust ab

Mephistopheles: So ein verliebter Tor verpufft
Euch Sonne, Mond und alle Sterne
Zum Zeitvertreib dem Liebchen in die Luft.

Ab

Der Nachbarin Haus

Marthe *(allein):* Gott verzeih's meinem lieben Mann,
Er hat an mir nicht wohlgetan!
Geht da stracks in die Welt hinein
Und läßt mich auf dem Stroh allein.
Tät ihn doch wahrlich nicht betrüben,
Tät ihn, weiß Gott! recht herzlich lieben. *(Sie weint)*
Vielleicht ist er gar tot! — O Pein! — —
Hätt ich nur einen Totenschein!

Margarete kommt

Margarete: Frau Marthe!
Marthe: Gretelchen, was soll's?

Margarete: Fast sinken mir die Kniee nieder!
  Da find ich so ein Kästchen wieder
  In meinem Schrein, von Ebenholz,
  Und Sachen, herrlich ganz und gar,
  Weit reicher, als das erste war!
Marthe: Das muß Sie nicht der Mutter sagen!
  Tät's wieder gleich zur Beichte tragen.
Margarete: Ach, seh Sie nur! ach, schau Sie nur!
Marthe *(putzt sie auf)*: O du glückselge Kreatur!
Margarete: Darf mich leider nicht auf der Gassen
  Noch in der Kirche mit sehen lassen.
Marthe: Komm du nur oft zu mir herüber
  Und leg den Schmuck hier heimlich an!
  Spazier ein Stündchen lang dem Spiegelglas vorüber:
  Wir haben unsre Freude dran!
  Und dann gibt's einen Anlaß, gibt's ein Fest,
  Wo man's so nach und nach den Leuten sehen läßt:
  Ein Kettchen erst, die Perle dann ins Ohr —
  Die Mutter sieht's wohl nicht, man macht ihr auch was vor.
Margarete: Wer konnte nur die beiden Kästchen bringen?
  Es geht nicht zu mit rechten Dingen! *(Es klopft)*
Margarete: Ach Gott! mag das meine Mutter sein?
Marthe *(durchs Vorhängel guckend):*
  Es ist ein fremder Herr! — Herein!

Mephistopheles tritt auf

Mephistopheles: Bin so frei, grad hereinzutreten,
  Muß bei den Frauen Verzeihn erbeten.

Tritt ehrerbietig vor Margareten zurück

  Wollte nach Frau Marthe Schwerdtlein fragen!
Marthe: Ich bin's! Was hat der Herr zu sagen?
Mephistopheles *(leise zu ihr):*
  Ich kenne Sie jetzt, mir ist das genug;
  Sie hat da gar vornehmen Besuch.
  Verzeiht die Freiheit, die ich genommen!
  Will Nachmittage wiederkommen.
Marthe *(laut):* Denk, Kind, um alles in der Welt!
  Der Herr dich für ein Fräulein hält.
Margarete: Ich bin ein armes junges Blut;
  Ach Gott! der Herr ist gar zu gut:
  Schmuck und Geschmeide sind nicht mein.
Mephistopheles: Ach, es ist nicht der Schmuck allein!
  Sie hat ein Wesen, einen Blick so scharf! —
  Wie freut mich's, daß ich bleiben darf!

Marthe: Was bringt Er denn? Verlange sehr —
Mephistopheles: Ich wollt, ich hätt ein frohere Mär!
 Ich hoffe, Sie läßt mich's drum nicht büßen:
 Ihr Mann ist tot und läßt Sie grüßen.
Marthe: Ist tot? das treue Herz! O weh!
 Mein Mann ist tot! Ach, ich vergeh!
Margarete: Ach, liebe Frau, verzweifelt nicht!
Mephistopheles: So hört die traurige Geschicht!
Margarete: Ich möchte drum mein Tag nicht lieben;
 Würde mich Verlust zu Tode betrüben.
Mephistopheles: Freud muß Leid, Leid muß Freude haben.
Marthe: Erzählt mir seines Lebens Schluß!
Mephistopheles: Er liegt in Padua begraben
 Beim heiligen Antonius,
 An einer wohlgeweihten Stätte
 Zum ewig-kühlen Ruhebette.
Marthe: Habt Ihr sonst nichts an mich zu bringen?
Mephistopheles: Ja, eine Bitte, groß und schwer:
 Laß Sie doch ja für ihn dreihundert Messen singen!
 Im übrigen sind meine Taschen leer.
Marthe: Was! Nicht ein Schaustück? kein Geschmeid?
 Was jeder Handwerksbursch im Grund des Säckels spart,
 Zum Angedenken aufbewahrt,
 Und lieber hungert, lieber bettelt!
Mephistopheles: Madam, es tut mir herzlich leid;
 Allein er hat sein Geld wahrhaftig nicht verzettelt.
 Auch er bereute seine Fehler sehr,
 Ja, und bejammerte sein Unglück noch viel mehr.
Margarete: Ach, daß die Menschen so unglücklich sind!
 Gewiß, ich will für ihn manch Requiem noch beten.
Mephistopheles: Ihr wäret wert, gleich in die Eh zu treten:
 Ihr seid ein liebenswürdig Kind.
Margarete: Ach nein, das geht jetzt noch nicht an.
Mephistopheles: Ist's nicht ein Mann, sei's derweil ein Galan!
 's ist eine der größten Himmelsgaben,
 So ein lieb Ding im Arm zu haben.
Margarete: Das ist des Landes nicht der Brauch.
Mephistopheles: Brauch oder nicht! Es gibt sich auch.
Marthe: Erzählt mir doch!
Mephistopheles: Ich stand an seinem Sterbebette,
 Es war was besser als von Mist:
 Von halbgefaultem Stroh! allein er starb als Christ
 Und fand, daß er weit mehr noch auf der Zeche hätte.
 „Wie", rief er, „muß ich mich von Grund aus hassen:

So mein Gewerb, mein Weib so zu verlassen!
  Ach, die Erinnrung tötet mich!
  Vergäb sie mir nur noch in diesem Leben —"
Marthe *(weinend):*
  Der gute Mann! ich hab ihm längst vergeben.
Mephistopheles: „Allein, weiß Gott! sie war mehr schuld als ich."
Marthe: Das lügt er! Was! am Rand des Grabs zu lügen!
Mephistopheles: Er fabelte gewiß in letzten Zügen,
  Wenn ich nur halb ein Kenner bin.
  „Ich hatte", sprach er, „nicht zum Zeitvertreib zu gaffen,
  Erst Kinder, und dann Brot für sie zu schaffen,
  Und Brot im allerweitsten Sinn,
  Und konnte nicht einmal mein Teil in Frieden essen."
Marthe: Hat er so aller Treu, so aller Lieb vergessen,
  Der Plackerei bei Tag und Nacht!
Mephistopheles: Nicht doch! er hat Euch herzlich dran gedacht.
  Er sprach: „Als ich nun weg von Malta ging,
  Da betet ich für Frau und Kinder brünstig;
  Uns war denn auch der Himmel günstig,
  Daß unser Schiff ein türkisch Fahrzeug fing,
  Das einen Schatz des großen Sultans führte.
  Da ward der Tapferkeit ihr Lohn,
  Und ich empfing denn auch, wie sich gebührte,
  Mein wohlgemeßnes Teil davon."
Marthe: Ei wie? ei wo? Hat er's vielleicht vergraben?
Mephistopheles: Wer weiß, wo nun es die vier Winde haben!
  Ein schönes Fräulein nahm sich seiner an,
  Als er in Napel fremd umherspazierte:
  Sie hat an ihm viel Lieb's und Treu's getan,
  Daß er's bis an sein selig Ende spürte.
Marthe: Der Schelm! der Dieb an seinen Kindern!
  Auch alles Elend, alle Not
  Konnt nicht sein schändlich Leben hindern!
Mephistopheles: Ja seht, dafür ist er nun tot!
  Wär ich nun jetzt an Eurem Platze,
  Betraurt ich ihn ein züchtig Jahr,
  Visierte dann unterweil nach einem neuen Schatze.
Marthe: Ach Gott! wie doch mein erster war,
  Find ich nicht leicht auf dieser Welt den andern!
  Es konnte kaum ein herziger Närrchen sein.
  Er liebte nur das allzuviele Wandern,

Und fremde Weiber, und fremden Wein,
  Und das verfluchte Würfelspiel!
Mephistopheles: Nun, nun, so konnt es gehn und stehen,
  Wenn er Euch ungefähr so viel
  Von seiner Seite nachgesehen.
  Ich schwör Euch zu: mit dem Beding
  Wechselt ich selbst mit Euch den Ring!
Marthe: O es beliebt dem Herrn zu scherzen!
Mephistopheles *(für sich):* Nun mach ich mich beizeiten fort!
  Die hielte wohl den Teufel selbst beim Wort.

  Zu Gretchen

  Wie steht es denn mit Ihrem Herzen?
Margarete: Was meint der Herr damit?
Mephistopheles *(für sich):* Du guts, unschuldigs Kind!

  Laut

  Lebt wohl, ihr Fraun!
Margarete: Lebt wohl!
Marthe: O sagt mir doch geschwind —
  Ich möchte gern ein Zeugnis haben,
  Wo, wie und wann mein Schatz gestorben und begraben!
  Ich bin von je der Ordnung Freund gewesen,
  Möcht ihn auch tot im Wochenblättchen lesen.
Mephistopheles: Ja, gute Frau, durch zweier Zeugen Mund
  Wird allerwegs die Wahrheit kund.
  Habe noch gar einen feinen Gesellen,
  Den will ich Euch vor den Richter stellen.
  Ich bring ihn her.
Marthe: O tut das ja!
Mephistopheles: Und hier die Jungfrau ist auch da? —
  Ein braver Knab! ist viel gereist,
  Fräuleins alle Höflichkeit erweist.
Margarete: Müßte vor dem Herren schamrot werden.
Mephistopheles: Vor keinem Könige der Erden!
Marthe: Da hinterm Haus in meinem Garten
  Wollen wir der Herrn heut abend warten.

Straße

Faust. Mephistopheles

Faust: Wie ist's? Will's fördern? Will's bald gehn?
Mephistopheles: Ah bravo! Find ich Euch in Feuer?
  In kurzer Zeit ist Gretchen Euer!
  Heut abend sollt Ihr sie bei Nachbar' Marthen sehn:

    Das ist ein Weib wie auserlesen
    Zum Kuppler- und Zigeunerwesen!
Faust: So recht!
Mephistopheles: Doch wird auch was von uns begehrt.
Faust: Ein Dienst ist wohl des andern wert.
Mephistopheles: Wir legen nur ein gültig Zeugnis nieder,
    Daß ihres Ehherrn ausgereckte Glieder
    In Padua an heilger Stätte ruhn.
Faust: Sehr klug! Wir werden erst die Reise machen müssen!
Mephistopheles: Sancta simplicitas! Darum ist's nicht zu tun;
    Bezeugt nur, ohne viel zu wissen!
Faust: Wenn Er nichts Bessers hat, so ist der Plan zerrissen.
Mephistopheles: O heiliger Mann! da wärt Ihr's nun!
    Ist es das erstemal in Eurem Leben,
    Daß Ihr falsch Zeugnis abgelegt?
    Habt Ihr von Gott, der Welt, und was sich drin bewegt,
    Vom Menschen, was sich ihm in Kopf und Herzen regt,
    Definitionen nicht mit großer Kraft gegeben,
    Mit frecher Stirne, kühner Brust?
    Und wollt Ihr recht ins Innre gehen,
    Habt Ihr davon — Ihr müßt es grad gestehen! —
    So viel als von Herrn Schwerdtleins Tod gewußt?
Faust: Du bist und bleibst ein Lügner, ein Sophiste.
Mephistopheles:
    Ja, wenn man's nicht ein bißchen tiefer wüßte!
    Denn morgen wirst, in allen Ehren,
    Das arme Gretchen nicht betören
    Und alle Seelenlieb ihr schwören?
Faust: Und zwar von Herzen!
Mephistopheles: Gut und schön!
    Dann wird von ewiger Treu und Liebe,
    Von einzig-überallmächtgem Triebe —
    Wird das auch so von Herzen gehn?
Faust: Laß das! Es wird! — Wenn ich empfinde,
    Für das Gefühl, für das Gewühl
    Nach Namen suche, keinen finde,
    Dann durch die Welt mit allen Sinnen schweife,
    Nach allen höchsten Worten greife
    Und diese Glut, von der ich brenne,
    Unendlich, ewig, ewig nenne,
    Ist das ein teuflisch Lügenspiel?
Mephistopheles: Ich hab doch recht!
Faust: Hör! merk dir dies
    — Ich bitte dich — und schone meine Lunge:

Wer recht behalten will und hat nur eine Zunge,
Behält's gewiß.
Und komm, ich hab des Schwätzens Überdruß,
Denn du hast recht, vorzüglich weil ich muß!

Garten
Margarete an Faustens Arm, Marthe mit Mephistopheles auf und ab spazierend

Margarete: Ich fühl es wohl, daß mich der Herr nur schont,
Herab sich läßt, mich zu beschämen.
Ein Reisender ist so gewohnt,
Aus Gütigkeit fürliebzunehmen;
Ich weiß zu gut, daß solch erfahrnen Mann
Mein arm Gespräch nicht unterhalten kann.
Faust: Ein Blick von dir, Ein Wort mehr unterhält
Als alle Weisheit dieser Welt.

Er küßt ihre Hand

Margarete: Inkommodiert Euch nicht! Wie könnt Ihr sie nur küssen?
Sie ist so garstig, ist so rauh!
Was hab ich nicht schon alles schaffen müssen!
Die Mutter ist gar zu genau.

Gehn vorüber

Marthe: Und Ihr, mein Herr, Ihr reist so immer fort?
Mephistopheles: Ach, daß Gewerb und Pflicht uns dazu treiben!
Mit wie viel Schmerz verläßt man manchen Ort
Und darf doch nun einmal nicht bleiben!
Marthe: In raschen Jahren geht's wohl an,
So um und um frei durch die Welt zu streifen;
Doch kommt die böse Zeit heran,
Und sich als Hagestolz allein zum Grab zu schleifen,
Das hat noch keinem wohlgetan.
Mephistopheles: Mit Grausen seh ich das von weiten.
Marthe: Drum, werter Herr, beratet Euch in Zeiten!

Gehn vorüber

Margarete: Ja, aus den Augen, aus dem Sinn!
Die Höflichkeit ist Euch geläufig;
Allein Ihr habt der Freunde häufig,
Sie sind verständiger, als ich bin.
Faust: O Beste! glaube, was man so verständig nennt,
Ist oft mehr Eitelkeit und Kurzsinn.

Margarete: Wie?
Faust: Ach, daß die Einfalt, daß die Unschuld nie
  Sich selbst und ihren heilgen Wert erkennt!
  Daß Demut, Niedrigkeit, die höchsten Gaben
  Der liebevoll austeilenden Natur —
Margarete: Denkt Ihr an mich ein Augenblickchen nur,
  Ich werde Zeit genug an Euch zu denken haben.
Faust: Ihr seid wohl viel allein?
Margarete: Ja, unsre Wirtschaft ist nur klein,
  Und doch will sie versehen sein.
  Wir haben keine Magd; muß kochen, fegen, stricken
  Und nähn und laufen früh und spat,
  Und meine Mutter ist in allen Stücken
  So akkurat!
  Nicht, daß sie just so sehr sich einzuschränken hat;
  Wir könnten uns weit ehr als andre regen:
  Mein Vater hinterließ ein hübsch Vermögen,
  Ein Häuschen und ein Gärtchen vor der Stadt.
  Doch hab ich jetzt so ziemlich stille Tage:
  Mein Bruder ist Soldat,
  Mein Schwesterchen ist tot.
  Ich hatte mit dem Kind wohl meine liebe Not;
  Doch übernähm ich gern noch einmal alle Plage,
  So lieb war mir das Kind.
Faust: Ein Engel, wenn dir's glich!
Margarete: Ich zog es auf, und herzlich liebt es mich.
  Es war nach meines Vaters Tod geboren.
  Die Mutter gaben wir verloren,
  So elend wie sie damals lag,
  Und sie erholte sich sehr langsam, nach und nach.
  Da konnte sie nun nicht dran denken,
  Das arme Würmchen selbst zu tränken,
  Und so erzog ich's ganz allein,
  Mit Milch und Wasser: so ward's mein!
  Auf meinem Arm, in meinem Schoß
  War's freundlich, zappelte, ward groß.
Faust: Du hast gewiß das reinste Glück empfunden.
Margarete: Doch auch gewiß gar manche schwere Stunden.
  Des Kleinen Wiege stand zu Nacht
  An meinem Bett: es durfte kaum sich regen,
  War ich erwacht!
  Bald mußt ich's tränken, bald es zu mir legen,
  Bald, wenn's nicht schwieg, vom Bett aufstehn
  Und tänzelnd in der Kammer auf und nieder gehn,

Und früh am Tage schon am Waschtrog stehn,
Dann auf dem Markt und an dem Herde sorgen,
Und immer fort wie heute so morgen.
Da geht's, mein Herr, nicht immer mutig zu;
Doch schmeckt dafür das Essen, schmeckt die Ruh.

Gehn vorüber

Marthe: Die armen Weiber sind doch übel dran:
Ein Hagestolz ist schwerlich zu bekehren.
Mephistopheles: Es käme nur auf Euresgleichen an,
Mich eines Bessern zu belehren.
Marthe: Sagt grad, mein Herr: habt Ihr noch nichts gefunden?
Hat sich das Herz nicht irgendwo gebunden?
Mephistopheles: Das Sprichwort sagt: Ein eigner Herd,
Ein braves Weib sind Gold und Perlen wert.
Marthe: Ich meine, ob Ihr niemals Lust bekommen?
Mephistopheles:
Man hat mich überall recht höflich aufgenommen.
Marthe: Ich wollte sagen: ward's nie Ernst in Eurem Herzen?
Mephistopheles:
Mit Frauen soll man sich nie unterstehn zu scherzen.
Marthe: Ach, Ihr versteht mich nicht!
Mephistopheles: Das tut mir herzlich leid!
Doch ich versteh — daß Ihr sehr gütig seid.

Gehn vorüber

Faust: Du kanntest mich, o kleiner Engel, wieder,
Gleich als ich in den Garten kam?
Margarete: Saht Ihr es nicht? ich schlug die Augen nieder.
Faust: Und du verzeihst die Freiheit, die ich nahm?
Was sich die Frechheit unterfangen,
Als du jüngst aus dem Dom gegangen?
Margarete: Ich war bestürzt, mir war das nie geschehn;
Es konnte niemand von mir Übels sagen.
Ach, dacht ich, hat er in deinem Betragen
Was Freches, Unanständiges gesehn?
Es schien ihn gleich nur anzuwandeln,
Mit dieser Dirne gradehin zu handeln.
Geseh ich's doch: ich wußte nicht, was sich
Zu Eurem Vorteil hier zu regen gleich begonnte;
Allein gewiß, ich war recht bös auf mich,
Daß ich auf Euch nicht böser werden konnte.
Faust: Süß Liebchen!
Margarete: Laßt einmal!

Sie pflückt eine Sternblume und zupft die Blätter ab, eins nach dem andern

Faust: Was soll das? Einen Strauß?
Margarete: Nein, es soll nur ein Spiel.
Faust: Wie?
Margarete: Geht! Ihr lacht mich aus.
Sie rupft und murmelt

Faust: Was murmelst du?
Margarete *(halblaut):* Er liebt mich — liebt mich nicht —
Faust: Du holdes Himmelsangesicht!
Margarete *(fährt fort):*
  Liebt mich — nicht — liebt mich — nicht —
  Das letzte Blatt ausrupfend, mit holder Freude

  Er liebt mich!
Faust: Ja, mein Kind! Laß dieses Blumenwort
  Dir Götterausspruch sein! Er liebt dich!
  Verstehst du, was das heißt? Er liebt dich!
  Er faßt ihre beiden Hände

Margarete: Mich überläuft's!
Faust: O schaudre nicht! Laß diesen Blick!
  Laß diesen Händedruck dir sagen,
  Was unaussprechlich ist:
  Sich hinzugeben ganz und eine Wonne
  Zu fühlen, die ewig sein muß!
  Ewig! — Ihr Ende würde Verzweiflung sein.
  Nein, kein Ende! kein Ende!
Margarete *(drückt ihm die Hände, macht sich los und läuft weg.*
  Er steht einen Augenblick in Gedanken, dann folgt er ihr).
Marthe *(kommend):* Die Nacht bricht an.
Mephistopheles: Ja, und wir wollen fort.
Marthe: Ich bät Euch, länger hierzubleiben;
  Allein es ist ein gar zu böser Ort:
  Es ist, als hätte niemand nichts zu treiben
  Und nichts zu schaffen,
  Als auf des Nachbarn Schritt und Tritt zu gaffen,
  Und man kommt ins Gered, wie man sich immer stellt. —
  Und unser Pärchen?
Mephistopheles: Ist den Gang dort aufgeflogen.
  Mutwillge Sommervögel!
Marthe: Er scheint ihr gewogen.
Mephistopheles:
  Und sie ihm auch. Das ist der Lauf der Welt.

Ein Gartenhäuschen

Margarete springt herein, steckt sich hinter die Tür, hält die Fingerspitze an die Lippen und guckt durch die Ritze

Margarete: Er kommt!
Faust *(kommt)*: Ach Schelm, so neckst du mich!
  Treff ich dich? *(Er küßt sie.)*
Margarete *(ihn fassend und den Kuß zurückgebend)*:
  Bester Mann! von Herzen lieb ich dich!

Mephistopheles klopft an

Faust *(stampfend)*: Wer da?
Mephistopheles: Gut Freund!
Faust: Ein Tier!
Mephistopheles: Es ist wohl Zeit zu scheiden.
Marthe *(kommt)*: Ja, es ist spät, mein Herr.
Faust: Darf ich Euch nicht geleiten?
Margarete: Die Mutter würde mich —! Lebt wohl!
Faust: Muß ich denn gehn?
  Lebt wohl!
Marthe: Ade!
Margarete: Auf baldig Wiedersehn!

Faust und Mephistopheles ab

Margarete: Du lieber Gott! was so ein Mann
  Nicht alles, alles kann!
  Beschämt nur steh ich vor ihm da
  Und sag zu allen Sachen Ja.
  Bin doch ein arm, unwissend Kind,
  Begreife nicht, was er an mir find. *(Ab)*.

Wald und Höhle

Faust *(allein)*:
  Erhabener Geist, du gabst mir, gabst mir alles,
  Warum ich bat. Du hast mir nicht umsonst
  Dein Angesicht im Feuer zugewendet.
  Gabst mir die herrliche Natur zum Königreich,
  Kraft, sie zu fühlen, zu genießen. Nicht
  Kalt staunenden Besuch erlaubst du nur,
  Vergönnest mir, in ihre tiefe Brust
  Wie in den Busen eines Freundes zu schauen.
  Du führst die Reihe der Lebendigen
  Vor mir vorbei und lehrst mich meine Brüder
  Im stillen Busch, in Luft und Wasser kennen.
  Und wenn der Sturm im Walde braust und knarrt,

Die Riesenfichte, stürzend, Nachbaräste
Und Nachbarstämme quetschend niederstreift
Und ihrem Fall dumpf-hohl der Hügel donnert,
Dann führst du mich zur sichern Höhle, zeigst
Mich dann mir selbst, und meiner eignen Brust
Geheime, tiefe Wunder öffnen sich.
Und steigt vor meinem Blick der reine Mond
Besänftigend herüber, schweben mir
Von Felsenwänden, aus dem feuchten Busch
Der Vorwelt silberne Gestalten auf
Und lindern der Betrachtung strenge Lust.

O daß dem Menschen nichts Vollkommnes wird,
Empfind ich nun! Du gabst zu dieser Wonne,
Die mich den Göttern nah und näher bringt,
Mir den Gefährten, den ich schon nicht mehr
Entbehren kann, wenn er gleich, kalt und frech,
Mich vor mir selbst erniedrigt und zu nichts,
Mit einem Worthauch, deine Gaben wandelt.
Er facht in meiner Brust ein wildes Feuer
Nach jenem schönen Bild geschäftig an.
So tauml ich von Begierde zu Genuß,
Und im Genuß verschmacht ich nach Begierde.

Mephistopheles tritt auf

Mephistopheles:
    Habt Ihr nun bald das Leben gnug geführt?
    Wie kann's Euch in die Länge freuen?
    Es ist wohl gut, daß man's einmal probiert;
    Dann aber wieder zu was Neuen!
Faust: Ich wollt, du hättest mehr zu tun,
    als mich am guten Tag zu plagen.
Mephistopheles: Nun, nun! ich laß dich gerne ruhn,
    Du darfst mir's nicht im Ernste sagen.
    An dir Gesellen, unhold, barsch und toll,
    Ist wahrlich wenig zu verlieren.
    Den ganzen Tag hat man die Hände voll!
    Was ihm gefällt und was man lassen soll,
    Kann man dem Herrn nie an der Nase spüren.
Faust: Das ist so just der rechte Ton!
    Er will noch Dank, daß er mich ennuyiert!
Mephistopheles: Wie hättst du, armer Erdensohn,
    Dein Leben ohne mich geführt?
    Vom Kribskrabs der Imagination
    Hab ich dich doch auf Zeiten lang kuriert,

Und wär ich nicht, so wärst du schon
Von diesem Erdball abspaziert.
Was hast du da in Höhlen, Felsenritzen
Dich wie ein Schuhu zu versitzen?
Was schlurfst aus dumpfem Moos und triefendem Gestein
Wie eine Kröte Nahrung ein?
Ein schöner, süßer Zeitvertreib!
Dir steckt der Doktor noch im Leib!
Faust: Verstehst du, was für neue Lebenskraft
Mir dieser Wandel in der Öde schafft?
Ja, würdest du es ahnen können,
Du wärest Teufel gnug, mein Glück mir nicht zu gönnen!
Mephistopheles: Ein überirdisches Vergnügen!
In Nacht und Tau auf den Gebirgen liegen
Und Erd und Himmel wonniglich umfassen,
Zu einer Gottheit sich aufschwellen lassen,
Der Erde Mark mit Ahnungsdrang durchwühlen,
Alle sechs Tagewerk im Busen fühlen,
In stolzer Kraft ich weiß nicht was genießen,
Bald liebewonniglich in alles überfließen,
Verschwunden ganz der Erdensohn,
Und dann die hohe Intuition

Mit einer Gebärde

— Ich darf nicht sagen, wie — zu schließen!
Faust: Pfui über dich!
Mephistopheles: Das will Euch nicht behagen;
Ihr habt das Recht, gesittet Pfui zu sagen.
Man darf das nicht vor keuschen Ohren nennen,
Was keusche Herzen nicht entbehren können.
Und kurz und gut: Ich gönn Ihm das Vergnügen,
Gelegentlich sich etwas vorzulügen;
Doch lange hält Er das nicht aus.
Du bist schon wieder abgetrieben
Und, währt es länger, aufgerieben
In Tollheit oder Angst und Graus.
Genug damit! — Dein Liebchen sitzt dadrinne,
Und alles wird ihr eng und trüb.
Du kommst ihr gar nicht aus dem Sinne,
Sie hat dich übermächtig lieb.
Erst kam deine Liebeswut übergeflossen,
Wie vom geschmolznen Schnee ein Bächlein übersteigt;
Du hast sie ihr ins Herz gegossen,
Nun ist dein Bächlein wieder seicht.

    Mich dünkt: anstatt in Wäldern zu thronen,
    Ließ es dem großen Herren gut,
    Das arme, affenjunge Blut
    Für seine Liebe zu belohnen!
    Die Zeit wird ihr erbärmlich lang;
    Sie steht am Fenster, sieht die Wolken ziehn
    Über die alte Stadtmauer hin.
    „Wenn ich ein Vöglein wär!" So geht ihr Gesang
    Tage lang, halbe Nächte lang.
    Einmal ist sie munter, meist betrübt,
    Einmal recht ausgeweint,
    Dann wieder ruhig, wie's scheint —
    Und immer verliebt!
Faust: Schlange! Schlange!
Mephistopheles *(für sich):* Gelt, daß ich dich fange!
Faust: Verruchter! hebe dich von hinnen
    Und nenne nicht das schönste Weib!
    Bring die Begier zu ihrem süßen Leib
    Nicht wieder vor die halb verrückten Sinnen!
Mephistopheles: Was soll es denn? Sie meint, du seist entflohn,
    Und halb und halb bist du es schon.
Faust: Ich bin ihr nah, und wär ich noch so fern,
    Ich kann sie nie vergessen, nie verlieren;
    Ja, ich beneide schon den Leib des Herrn,
    Wenn ihre Lippen ihn indes berühren!
Mephistopheles:
    Gar wohl, mein Freund! Ich hab Euch oft beneidet
    Ums Zwillingspaar, das unter Rosen weidet.
Faust: Entfliehe, Kuppler!
Mephistopheles: Schön! Ihr schimpft, und ich muß lachen.
    Der Gott, der Bub und Mädchen schuf,
    Erkannte gleich den edelsten Beruf,
    Auch selbst Gelegenheit zu machen.
    Nur fort, es ist ein großer Jammer!
    Ihr sollt in Eures Liebchens Kammer,
    Nicht etwa in den Tod!
Faust: Was ist die Himmelsfreud in ihren Armen?
    Laß mich an ihrer Brust erwarmen:
    Fühl ich nicht immer ihre Not?
    Bin ich der Flüchtling nicht? der Unbehauste?
    Der Unmensch ohne Zweck und Ruh,
    Der wie ein Wassersturz von Fels zu Felsen brauste,
    Begierig wütend, nach dem Abgrund zu?
    Und seitwärts sie, mit kindlich-dumpfen Sinnen,

Im Hüttchen auf dem kleinen Alpenfeld,
Und all ihr häusliches Beginnen
Umfangen in der kleinen Welt!
Und ich, der Gottverhaßte,
Hatte nicht genug,
Daß ich die Felsen faßte
Und sie zu Trümmern schlug:
Sie, ihren Frieden mußt ich untergraben!
Du, Hölle, mußtest dieses Opfer haben!
Hilf, Teufel, mir die Zeit der Angst verkürzen!
Was muß geschehn, mag's gleich geschehn!
Mag ihr Geschick auf mich zusammenstürzen
Und sie mit mir zugrunde gehn!
Mephistopheles: Wie's wieder siedet, wieder glüht!
Geh ein und tröste sie, du Tor!
Wo so ein Köpfchen keinen Ausgang sieht,
Stellt er sich gleich das Ende vor.
Es lebe, wer sich tapfer hält!
Du bist doch sonst so ziemlich eingeteufelt.
Nichts Abgeschmackters find ich auf der Welt
Als einen Teufel, der verzweifelt.

Gretchens Stube

Gretchen *(am Spinnrade, allein):*
  Meine Ruh ist hin,
  Mein Herz ist schwer;
  Ich finde sie nimmer
  Und nimmermehr.

  Wo ich ihn nicht hab,
  Ist mir das Grab,
  Die ganze Welt
  Ist mir vergällt.

  Mein armer Kopf
  Ist mir verrückt,
  Meiner armer Sinn
  Ist mir zerstückt.

  Meine Ruh ist hin,
  Mein Herz ist schwer;
  Ich finde sie nimmer
  Und nimmermehr.

  Nach ihm nur schau ich
  Zum Fenster hinaus,

Nach ihm nur geh ich
Aus dem Haus.

Sein hoher Gang,
Sein edle Gestalt,
Seines Mundes Lächeln,
Seiner Augen Gewalt,

Und seiner Rede
Zauberfluß,
Sein Händedruck,
Und ach, sein Kuß!

Meine Ruh ist hin,
Mein Herz ist schwer;
Ich finde sie nimmer
Und nimmermehr.

Mein Busen drängt
Sich nach ihm hin:
Ach, dürft ich fassen
Und halten ihn

Und küssen ihn,
So wie ich wollt,
An seinen Küssen
Vergehen sollt!

Marthens Garten

Margarete. Faust

Margarete: Versprich mir, Heinrich!
Faust: Was ich kann!
Margarete: Nun sag: wie hast du's mit der Religion?
    Du bist ein herzlich guter Mann,
    Allein ich glaub, du hälst nicht viel davon.
Faust: Laß das, mein Kind! Du fühlst, ich bin dir gut;
    Für meine Lieben ließ ich Leib und Blut,
    Will niemand sein Gefühl und seine Kirche rauben.
Margarete: Das ist nicht recht, man muß dran glauben!
Faust: Muß man?
Margarete: Ach, wenn ich etwas auf dich könnte!
    Du ehrst auch nicht die heiligen Sakramente.
Faust: Ich ehre sie.
Margarete: Doch ohne Verlangen!
    Zur Messe, zur Beichte bist du lange nicht gegangen.
    Glaubst du an Gott?

Faust: Mein Liebchen, wer darf sagen:
  Ich glaub an Gott!
  Magst Priester oder Weise fragen,
  Und ihre Antwort scheint nur Spott
  Über den Frager zu sein.
Margarete: So glaubst du nicht?
Faust: Mißhör mich nicht, du holdes Angesicht!
  Wer darf ihn nennen?
  Und wer bekennen:
  Ich glaub Ihn!
  Wer empfinden
  Und sich unterwinden
  Zu sagen: ich glaub Ihn nicht!
  Der Allumfasser,
  Der Allerhalter,
  Faßt und erhält Er nicht
  Dich, mich, sich selbst?
  Wölbt sich der Himmel nicht da droben?
  Liegt die Erde nicht hier unten fest?
  Und steigen freundlich blickend
  Ewige Sterne nicht herauf?
  Schau ich nicht Aug in Aug dir,
  Und drängt nicht alles
  Nach Haupt und Herzen dir
  Und webt in ewigem Geheimnis
  Unsichtbar-sichtbar neben dir?
  Erfüll davon dein Herz, so groß es ist,
  Und wenn du ganz in dem Gefühle selig bist,
  Nenn es dann, wie du willst;
  Nenn's Glück! Herz! Liebe! Gott!
  Ich habe keinen Namen
  Dafür! Gefühl ist alles;
  Name ist Schall und Rauch,
  Umnebelnd Himmelsglut.
Margarete: Das ist alles recht schön und gut;
  Ungefähr sagt das der Pfarrer auch,
  Nur mit ein bißchen andern Worten.
Faust: Es sagen's allerorten
  Alle Herzen unter dem himmlischen Tage,
  Jedes in seiner Sprache:
  Warum nicht in der meinen?
Margarete: Wenn man's so hört, möcht's leidlich scheinen,
  Steht aber doch immer schief darum;
  Denn du hast kein Christentum.

Faust: Liebs Kind!
Margarete: Es tut mir lang schon weh,
 Daß ich dich in der Gesellschaft seh!
Faust: Wieso?
Margarete: Der Mensch, den du da bei dir hast,
 Ist mir in tiefer, innrer Seele verhaßt!
 Es hat mir in meinem Leben
 So nichts einen Stich ins Herz gegeben
 Als des Menschen widrig Gesicht.
Faust: Liebe Puppe, fürcht ihn nicht!
Margarete: Seine Gegenwart bewegt mir das Blut.
 Ich bin sonst allen Menschen gut;
 Aber wie ich mich sehne, dich zu schauen,
 Hab ich vor dem Menschen ein heimlich Grauen,
 Und halt ihn für einen Schelm dazu!
 Gott verzeih mir's, wenn ich ihm unrecht tu!
Faust: Es muß auch solche Käuze geben.
Margarete: Wollte nicht mit seinesgleichen leben!
 Kommt er einmal zur Tür herein,
 Sieht er immer so spöttisch drein
 Und halb ergrimmt;
 Man sieht, daß er an nichts keinen Anteil nimmt.
 Es steht ihm an der Stirn geschrieben,
 Daß er nicht mag eine Seele lieben.
 Mir wird's so wohl in deinem Arm,
 So frei, so hingegeben-warm,
 Und seine Gegenwart schnürt mir das Innre zu.
Faust: Du ahnungsvoller Engel du!
Margarete: Das übermannt mich so sehr,
 Daß, wo er nur mag zu uns treten,
 Mein ich sogar, ich liebte dich nicht mehr!
 Auch, wenn er da ist, könnt ich nimmer beten,
 Und das frißt mir ins Herz hinein:
 Dir, Heinrich, muß es auch so sein.
Faust: Du hast nun die Antipathie!
Margarete: Ich muß nun fort.
Faust: Ach, kann ich nie
 Ein Stündchen ruhig dir am Busen hängen
 Und Brust an Brust und Seel in Seele drängen?
Margarete: Ach, wenn ich nur alleine schlief!
 Ich ließ dir gern heut nacht den Riegel offen;
 Doch meine Mutter schläft nicht tief,
 Und würden wir von ihr betroffen,
 Ich wär gleich auf der Stelle tot!

Faust: Du Engel, das hat keine Not.
  Hier ist ein Fläschen! Drei Tropfen nur
  In ihren Trank umhüllen
  Mit tiefem Schlag gefällig die Natur.
Margarete: Was tu ich nicht um deinetwillen?
  Es wird ihr hoffentlich nicht schaden!
Faust: Würd ich sonst, Liebchen, dir es raten?
Margarete: Seh ich dich, bester Mann, nur an,
  Weiß nicht, was mich nach deinem Willen treibt;
  Ich habe schon so viel für dich getan,
  Daß mir zu tun fast nichts mehr übrigbleibt. *(Ab)*

Mephistopheles tritt auf

Mephistopheles: Der Grasaff! ist er weg?
Faust: Hast wieder spioniert?
Mephistopheles: Ich hab's ausführlich wohl vernommen:
  Herr Doktor wurden da katechisiert!
  Hoff, es soll Ihnen wohl bekommen.
  Die Mädels sind doch sehr interessiert,
  Ob einer fromm und schlicht nach altem Brauch.
  Sie denken: duckt er da, folgt er uns eben auch.
Faust: Du Ungeheuer siehst nicht ein,
  Wie diese treue, liebe Seele,
  Von ihrem Glauben voll,
  Der ganz allein
  Ihr seligmachend ist, sich heilig quäle,
  Daß sie den liebsten Mann verloren halten soll.
Mephistopheles: Du übersinnlicher, sinnlicher Freier,
  Ein Mägdelein nasführet dich!
Faust: Du Spottgeburt von Dreck und Feuer!
Mephistopheles: Und die Physiognomie versteht sie meisterlich:
  In meiner Gegenwart wird's ihr, sie weiß nicht wie!
  Mein Mäskchen da weissagt verborgnen Sinn;
  Sie fühlt, daß ich ganz sicher ein Genie,
  Vielleicht wohl gar der Teufel bin. —
  Nun, heute nacht —?
Faust: Was geht dich's an?
Mephistopheles: Hab ich doch meine Freude dran!

Am Brunnen

Gretchen und Lieschen mit Krügen

Lieschen: Hast nichts von Bärbelchen gehört?
Gretchen: Kein Wort! Ich komm gar wenig unter Leute.

Lieschen: Gewiß, Sibylle sagt mir's heute:
  Die hat sich endlich auch betört!
  Das ist das Vornehmtun!
Gretchen: Wieso?
Lieschen: Es stinkt!
  Sie füttert zwei, wenn sie nun ißt und trinkt.
Gretchen: Ach!
Lieschen: So ist's ihr endlich recht ergangen.
  Wie lange hat sie an dem Kerl gehangen!
  Das war ein Spazieren,
  Auf Dorf und Tanzplatz Führen,
  Mußt überall die Erste sein,
  Kurtesiert ihr immer mit Pastetchen und Wein,
  Bildt sich was auf ihre Schönheit ein;
  War doch so ehrlos, sich nicht zu schämen,
  Geschenke von ihm anzunehmen.
  War ein Gekos und ein Geschleck:
  Da ist denn auch das Blümchen weg!
Gretchen: Das arme Ding!
Lieschen: Bedauerst sie noch gar!
  Wenn unsereins am Spinnen war,
  Uns nachts die Mutter nicht hinunterließ,
  Stand sie bei ihrem Buhlen süß;
  Auf der Türbank und im dunkeln Gang
  Ward ihnen keine Stunde zu lang.
  Da mag sie denn sich ducken nun,
  Im Sünderhemdchen Kirchbuß tun!
Gretchen: Er nimmt sie gewiß zu seiner Frau.
Lieschen: Er wär ein Narr! Ein flinker Jung
  Hat anderwärts noch Luft genung.
  Er ist auch fort.
Gretchen: Das ist nicht schön!
Lieschen: Kriegt sie ihn, soll ihr übel gehn:
  Das Kränzel reißen die Buben ihr,
  Und Häckerling streuen wir vor die Tür! *(Ab)*
Gretchen *(nach Hause gehend):*
  Wie konnt ich sonst so tapfer schmälen,
  Wenn tät ein armes Mägdlein fehlen!
  Wie konnt ich über andrer Sünden
  Nicht Worte gnug der Zunge finden!
  Wie schien mir's schwarz, und schwärzt's noch gar
  Mir's immer doch nicht schwarz gnug war,
  Und segnet mich und tat so groß,

Und bin nun selbst der Sünde bloß!
Doch — alles, was dazu mich trieb,
Gott! war so gut! ach, war so lieb!

Zwinger
In der Mauerhöhle ein Andachtsbild der Mater dolorosa, Blumenkrüge davor

Gretchen *(steckt frische Blumen in die Krüge)*:
Ach, neige,
Du Schmerzensreiche,
Dein Antlitz gnädig meiner Not!

Das Schwert im Herzen,
Mit tausend Schmerzen
Blickst auf zu deines Sohnes Tod.

Zum Vater blickst du,
Und Seufzer schickst du
Hinauf um sein und deine Not.

Wer fühlet,
Wie wühlet
Der Schmerz mir im Gebein?
Was mein armes Herz hier banget,
Was es zittert, was verlanget,
Weißt nur du, nur du allein!

Wohin ich immer gehe,
Wie weh, wie weh, wie wehe
Wird mir im Busen hier!
Ich bin, ach! kaum alleine,
Ich wein, ich wein, ich weine,
Das Herz zerbricht in mir.

Die Scherben vor meinem Fenster
Betaut ich mit Tränen, ach!
Als ich am frühen Morgen
Dir diese Blumen brach.

Schien hell in meine Kammer
Die Sonne früh herauf,
Saß ich in allem Jammer
In meinem Bett schon auf.

Hilf! rette mich von Schmach und Tod!
Ach, neige,
Du Schmerzensreiche,
Dein Antlitz gnädig meiner Not!

Nacht

Straße vor Gretchens Haus

Valentin *(Soldat, Gretchens Bruder):*
  Wenn ich so saß bei einem Gelag,
  Wo mancher sich berühmen mag,
  Und die Gesellen mir den Flor
  Der Mägdlein laut gepriesen vor,
  Mit vollem Glas das Lob verschwemmt:
  Den Ellenbogen aufgestemmt,
  Saß ich in meiner sichern Ruh,
  Hört all dem Schwadronieren zu
  Und streiche lächelnd meinen Bart
  Und kriege das volle Glas zur Hand
  Und sage: Alles nach seiner Art!
  Aber ist Eine im ganzen Land,
  Die meiner trauten Gretel gleicht,
  Die meiner Schwester das Wasser reicht?
  Topp! Topp! Kling! Klang! das ging herum!
  Die einen schrien: „Er hat recht,
  Sie ist die Zier vom ganzen Geschlecht!"
  Da saßen alle die Lober stumm.
  Und nun! — um's Haar sich auszuraufen
  Und an den Wänden hinaufzulaufen!
  Mit Stichelreden, Naserümpfen
  Soll jeder Schurke mich beschimpfen!
  Soll wie ein böser Schuldner sitzen,
  Bei jedem Zufallswörtchen schwitzen!
  Und möcht ich sie zusammenschmeißen,
  Könnt ich sie doch nicht Lügner heißen.
  Was kommt heran? was schleicht herbei?
  Irr ich nicht, es sind ihrer zwei.
  Ist er's, gleich pack ich ihn beim Felle:
  Soll nicht lebendig von der Stelle!

Faust. Mephistopheles

Faust: Wie von dem Fenster dort der Sakristei
  Aufwärts der Schein des ewgen Lämpchens flämmert
  Und schwach und schwächer seitwärts dämmert,
  Und Finsternis drängt ringsum bei!
  So sieht's in meinem Busen nächtig.
Mephistopheles: Und mir ist's wie dem Kätzlein schmächtig,
  Das an den Feuerleitern schleicht,
  Sich leis dann um die Mauern streicht;
  Mir ist's ganz tugendlich dabei,

Ein bißchen Diebsgelüst, ein bißchen Rammelei.
So spukt mir schon durch alle Glieder
Die herrliche Walpurgisnacht.
Die kommt uns übermorgen wieder:
Da weiß man doch, warum man wacht.

Faust: Rückt wohl der Schatz indessen in die Höh,
Den ich dorthinten flimmern seh.

Mephistopheles: Du kannst die Freude bald erleben,
Das Kesselchen herauszuheben.
Ich schielte neulich so hinein:
Sind herrliche Löwentaler drein.

Faust: Nicht ein Geschmeide, nicht ein Ring,
Meine liebe Buhle damit zu zieren?

Mephistopheles: Ich sah dabei wohl so ein Ding
Als wie eine Art von Perlenschnüren.

Faust: So ist es recht! Mir tut es weh,
Wenn ich ohne Geschenke zu ihr geh.

Mephistopheles: Es sollt Euch eben nicht verdrießen,
Umsonst auch etwas zu genießen. —
Jetzt, da der Himmel voller Sterne glüht,
Sollt Ihr ein wahres Kunststück hören:
Ich sing ihr ein moralisch Lied,
Um sie gewisser zu betören.

Singt zur Zither

Was machst du mir
Vor Liebchens Tür,
Kathrinchen, hier
Bei frühem Tagesblicke?
Laß, laß es sein!
Er läßt dich ein,
Als Mädchen ein,
Als Mädchen nicht zurücke.

Nehmt euch in acht!
Ist es vollbracht,
Dann gute Nacht,
Ihr armen, armen Dinger!
Habt ihr euch lieb,
Tut keinem Dieb
Nur nichts zulieb
Als mit dem Ring am Finger!

Valentin *(tritt vor):* Wen lockst du hier? beim Element!
Vermaledeiter Rattenfänger!

            Zum Teufel erst das Instrument!
            Zum Teufel hinterdrein den Sänger!
Mephistopheles:
    Die Zither ist entzwei! an der ist nichts zu halten.
Valentin: Nun soll es an ein Schädelspalten!
Mephistopheles *(zu Faust):*
    Herr Doktor! nicht gewichen! Frisch!
    Hart an mich an, wie ich Euch führe!
    Heraus mit Eurem Flederwisch!
    Nur zugestoßen! ich pariere!
Valentin: Pariere den!
Mephistopheles: Warum denn nicht?
Valentin: Auch den!
Mephistopheles: Gewiß!
Valentin: Ich glaub, der Teufel ficht!
    Was ist denn das? Schon wird die Hand mir lahm!
Mephistopheles *(zu Faust):* Stoß zu!
Valentin *(fällt):* O weh!
Mephistopheles: Nun ist der Lümmel zahm!
    Nun aber fort! wir müssen gleich verschwinden;
    Denn schon entsteht ein mörderisch Geschrei!
    Ich weiß mich trefflich mit der Polizei,
    Doch mit dem Blutbann schlecht mich abzufinden.
Marthe *(am Fenster):* Heraus! heraus!
Gretchen *(am Fenster):* Herbei ein Licht!
Marthe *(wie oben):* Man schilt und rauft, man schreit und ficht!
Volk: Da liegt schon einer tot!
Marthe *(heraustretend):* Die Mörder, sind sie denn entflohn?
Gretchen *(heraustretend):* Wer liegt hier?
Volk: Deiner Mutter Sohn!
Gretchen: Allmächtiger! welche Not!
Valentin: Ich sterbe! Das ist bald gesagt
    Und bälder noch getan.
    Was steht ihr, Weiber, heult und klagt?
    Kommt her und hört mich an!

Alle treten um ihn

    Mein Gretchen, sieh' du bist noch jung,
    Bist gar noch nicht gescheit genung,
    Machst deine Sachen schlecht.
    Ich sag dir's im Vertrauen nur:
    Du bist doch nun einmal eine Hur;
    So sei's auch eben recht!
Gretchen: Mein Bruder! Gott! Was soll mir das?

Valentin: Laß unsern Hergott aus dem Spaß!
  Geschehn ist leider nun geschehn,
  Und wie es gehn kann, so wird's gehn.
  Du fingst mit Einem heimlich an,
  Bald kommen ihrer mehre dran,
  Und wenn dich erst ein Dutzend hat,
  So hat dich auch die ganze Stadt.

  Wenn erst die Schande wird geboren,
  Wird sie heimlich zur Welt gebracht,
  Und man zieht den Schleier der Nacht
  Ihr über Kopf und Ohren;
  Ja, man möchte sie gern ermorden.
  Wächst sie aber und macht sich groß,
  Dann geht sie auch bei Tage bloß
  Und ist doch nicht schöner geworden.
  Je häßlicher wird ihr Gesicht,
  Je mehr sucht sie des Tages Licht.

  Ich seh wahrhaftig schon die Zeit,
  Daß alle brave Bürgersleut
  Wie von einer angesteckten Leichen,
  Von dir, du Metze! seitab weichen.
  Dir soll das Herz im Leib verzagen,
  Wenn sie dir in die Augen sehn!
  Sollst keine goldne Kette mehr tragen!
  In der Kirche nicht mehr am Altar stehn!
  In einem schönen Spitzenkragen
  Dich nicht beim Tanze wohlbehagen!
  In eine finstre Jammerecken
  Unter Bettler und Krüppel dich verstecken,
  Und wenn dir denn auch Gott verzeiht,
  auf Erden sein vermaledeit!
Marthe: Befehlt Eure Seele Gott zu Gnaden!
  Wollt Ihr noch Lästrung auf Euch laden?
Valentin: Könnt ich dir nur an den dürren Leib,
  Du schändlich-kupplerisches Weib!
  Da hofft ich aller meiner Sünden
  Vergebung reiche Maß zu finden.
Gretchen: Mein Bruder! Welche Höllenpein!
Valentin: Ich sage, laß die Tränen sein!
  Da du dich sprachst der Ehre los,
  Gabst mir den schwersten Herzensstoß.
  Ich gehe durch den Todesschlaf
  Zu Gott ein als Soldat und brav.
  Stirbt

Dom

Amt, Orgel und Gesang
Gretchen unter vielem Volke. Böser Geist hinter Gretchen

Böser Geist: Wie anders, Gretchen, war dir's,
　Als du noch voll Unschuld
　Hier zum Altar tratst,
　Aus dem vergriffnen Büchelchen
　Gebete lalltest,
　Halb Kinderspiele,
　Halb Gott im Herzen!
　Gretchen!
　Wo steht dein Kopf?
　In deinem Herzen
　Welche Missetat?
　Betst du für deiner Mutter Seele, die
　Durch dich zur langen, langen Pein hinüberschlief?
　Auf deiner Schwelle wessen Blut? —
　Und unter deinem Herzen
　Regt sich's nicht quillend schon
　Und ängstigt dich und sich
　Mit ahnungsvoller Gegenwart?

Gretchen: Weh! Weh!
　Wär ich der Gedanken los,
　Die mir herüber- und hinübergehen
　Wider mich!

Chor: Dies irae, dies illa
　Solvet saeclum in favilla. *(Orgelton)*

Böser Geist: Grimm faßt dich!
　Die Posaune tönt!
　Die Gräber beben!
　Und dein Herz,
　Aus Aschenruh
　Zu Flammenqualen
　Wieder aufgeschaffen,
　Bebt auf!

Gretchen: Wär ich hier weg!
　Mir ist, als ob die Orgel mir
　Den Atem versetzte,
　Gesang mein Herz
　Im Tiefsten löste.

Chor: Judex ergo cum sedebit.
　Quidquid latet adparebit,
　Nil inultum remanebit.

Gretchen: Mir wird so eng!
  Die Mauerpfeiler
  Befangen mich!
  Das Gewölbe
  Drängt mich! — Luft!
Böser Geist: Verbirg dich! Sünd und Schande
  Bleibt nicht verborgen.
  Luft? Licht?
  Weh dir!
Chor: Quid sum niser tunc dicturus?
  Quem patronum rogaturus,
  Cum vix justus sit securus?
Böser Geist: Ihr Antlitz wenden
  Verklärte von dir ab.
  Die Hände dir zu reichen,
  Schauert's den Reinen.
  Weh!
Chor: Quid sum miser tunc dicturus?
Gretchen: Nachbarin! Euer Fläschchen! —

  Sie fällt in Ohnmacht

Walpurgisnacht

*Harzgebirg. Gegend von Schierke und Elend
Faust. Mephistopheles*

Mephistopheles: Verlangst du nicht nach einem Besenstiele?
  Ich wünschte mir den allerderbsten Bock.
  Auf diesem Weg sind wir noch weit vom Ziele.
Faust: Solang ich mich noch frisch auf meinen Beinen fühle,
  Genügt mir dieser Knotenstock.
  Was hilft's, daß man den Weg verkürzt!
  Im Labyrinth der Täler hinzuschleichen,
  Dann diesen Felsen zu ersteigen,
  Von dem der Quell sich ewig sprudelnd stürzt,
  Das ist die Luft, die solche Pfade würzt!
  Der Frühling webt schon in den Birken,
  Und selbst die Fichte fühlt ihn schon;
  Sollt er nicht auch auf unsre Glieder wirken?
Mephistopheles: Fürwahr, ich spüre nichts davon!
  Mir ist es winterlich im Leibe,
  Ich wünschte Schnee und Frost auf meiner Bahn.
  Wie traurig steigt die unvollkommne Scheibe
  Des roten Monds mit später Glut heran
  Und leuchtet schlecht, daß man bei jedem Schritte

Vor einen Baum, vor einen Felsen rennt!
Erlaub, daß ich ein Irrlicht bitte!
Dort seh ich eins, das eben lustig brennt.
Heda, mein Freund! darf ich dich zu uns fodern?
Was willst du so vergebens lodern?
Sei doch so gut und leucht uns da hinauf!

Irrlicht: Aus Ehrfurcht, hoff ich, soll es mir gelingen,
Mein leichtes Naturell zu zwingen;
Nur zickzack geht gewöhnlich unser Lauf.

Mephistopheles:
Ei! ei! Er denkt's den Menschen nachzuahmen.
Geh Er nur grad, ins Teufels Namen!
Sonst blas ich Ihm Sein Flackerleben aus.

Irrlicht: Ich merke wohl, Ihr seid der Herr vom Haus,
Und will mich gern nach Euch bequemen.
Allein bedenkt: der Berg ist heute zaubertoll,
Und wenn ein Irrlicht Euch die Wege weisen soll,
So müßt Ihr's so genau nicht nehmen.

Faust, Mephistopheles, Irrlicht *(im Wechselgesang):*
In die Traum- und Zaubersphäre
Sind wir, scheint es, eingegangen.
Führ uns gut und mach dir Ehre,
Daß wir vorwärts bald gelangen
In den weiten, öden Räumen!

Seh die Bäume hinter Bäumen,
Wie sie schnell vorüberrücken,
Und die Klippen, die sich bücken,
Und die langen Felsennasen,
Wie sie schnarchen, wie sie blasen!

Durch die Steine, durch den Rasen
Eilet Bach und Bächlein nieder.
Hör ich Rauschen? hör ich Lieder?
Hör ich holde Liebesklage,
Stimmen jener Himmelstage?
Was wir hoffen, was wir lieben!
Und das Echo, wie die Sage
Alter Zeiten, hallet wider.

„Uhu! Schuhu!" tönt es näher:
Kauz und Kiebitz und der Häher,
Sind sie alle wachgeblieben?
Sind das Molche durchs Gesträuche?
Lange Beine, dicke Bäuche!

Und die Wurzeln, wie die Schlangen,
Winden sich aus Fels und Sande,
Strecken wunderliche Bande,
Uns zu schrecken, uns zu fangen:
Aus belebten, derben Masern
Strecken sie Polypenfasern
Nach dem Wandrer. Und die Mäuse,
Tausendfärbig, scharenweise,
Durch das Moos und durch die Heide!
Und die Funkenwürmer fliegen
Mit gedrängten Schwärmezügen
Zum verwirrenden Geleite.

Aber sag mir, ob wir stehen
Oder ob wir weitergehen!
Alles, alles, scheint zu drehen:
Fels und Bäume, die Gesichter
Schneiden, und die irren Lichter,
Die sich mehren, die sich blähen.

Mephistopheles: Fasse wacker meinen Zipfel!
   Hier ist so ein Mittelgipfel,
   Wo man mit Erstaunen sieht,
   Wie im Berg der Mammon glüht.

Faust: Wie seltsam glimmert durch die Gründe
   Ein morgenrötlich-trüber Schein!
   Und selbst bis in die tiefen Schlünde
   Des Abgrunds wittert er hinein.
   Da steigt ein Dampf, dort ziehen Schwaden,
   Hier leuchtet Glut aus Dunst und Flor;
   Dann schleicht sie wie ein zarter Faden,
   Dann bricht sie wie ein Quell hervor.
   Hier schlingt sie eine ganze Strecke
   Mit hundert Adern sich durchs Tal,
   Und hier in der gedrängten Ecke
   Vereinzelt sie sich auf einmal.
   Da sprühen Funken in der Nähe
   Wie ausgestreuter goldner Sand.
   Doch schau: in ihrer ganzen Höhe
   Entzündet sich die Felsenwand!

Mephistopheles: Erleuchtet nicht zu diesem Feste
   Herr Mammon prächtig den Palast?
   Ein Glück, daß du's gesehen hast:
   Ich spüre schon die ungestümen Gäste.

Faust: Wie rast die Windsbraut durch die Luft!
  Mit welchen Schlägen trifft sie meinen Nacken!
Mephistopheles: Du mußt des Felsen alte Rippen packen,
  Sonst stürzt sie dich hinab in dieser Schlünde Gruft.
  Ein Nebel verdichtet die Nacht.
  Höre, wie's durch die Wälder kracht!
  Aufgescheucht fliegen die Eulen.
  Hör, es splittern die Säulen
  Ewig-grüner Paläste!
  Girren und Brechen der Äste!
  Der Stämme mächtiges Dröhnen!
  Der Wurzeln Knarren und Gähnen!
  Im fürchterlich-verworrenen Falle
  Übereinander krachen sie alle,
  Und durch die übertrümmerten Klüfte
  Zischen und heulen die Lüfte.
  Hörst du die Stimmen in der Höhe?
  In der Ferne? in der Nähe?
  Ja, den ganzen Berg entlang
  Strömt ein wütender Zaubergesang!
Hexen *(im Chor):*
  Die Hexen zu dem Brocken ziehn,
  Die Stoppel ist gelb, die Saat ist grün.
  Dort sammelt sich der große Hauf,
  Herr Urian sitzt obenauf.
  So geht es über Stein und Stock,
  Es — die Hexe, es stinkt der Bock.
Stimme: Die alte Baubo kommt allein;
  Sie reitet auf einem Mutterschwein.
Chor: So Ehre denn, wem Ehre gebührt!
  Frau Baubo vor! und angeführt!
  Ein tüchtig Schwein und Mutter drauf,
  Da folgt der ganze Hexenhauf.
Stimme: Welchen Weg kommst du her?
Stimme: Übern Ilsenstein!
  Da guckt ich der Eule ins Nest hinein.
  Die macht ein Paar Augen!
Stimme: O fahre zur Hölle!
  Was reitst du so schnelle!
Stimme: Mich hat sie geschunden:
  Da sieh nur die Wunden!
Hexen. Chor:
  Der Weg ist breit, der Weg ist lang,
  Was ist das für ein toller Drang!

Die Gabel sticht, der Besen kratzt,
Das Kind erstickt, die Mutter platzt.
Hexenmeister. Halbes Chor:
Wir schleichen wie die Schneck im Haus
Die Weiber alle sind voraus.
Denn geht es zu des Bösen Haus,
Das Weib hat tausend Schritt voraus.
Andere Hälfte:
Wir nehmen das nicht so genau:
Mit tausend Schritten macht's die Frau;
Doch wie sie auch sich eilen kann,
Mit Einem Sprunge macht's der Mann.
Stimme *(oben)*: Kommt mit, kommt mit vom Felsensee!
Stimmen *(von unten)*: Wir möchten gerne mit in die Höh.
Wir waschen, und blank sind wir ganz und gar,
Aber auch ewig unfruchtbar.
Beide Chöre:
Es schweigt der Wind, es flieht der Stern,
Der trübe Mond verbirgt sich gern.
Im Sausen sprüht das Zauberchor
Viel tausend Feuerfunken hervor.
Stimme *(von unten)*: Halte! halte!
Stimme *(von oben)*: Wer ruft da aus der Felsenspalte?
Stimme *(unten)*: Nehmt mich mit! nehmt mich mit!
Ich steige schon dreihundert Jahr
Und kann den Gipfel nicht erreichen.
Ich wäre gern bei meinesgleichen.
Beide Chöre:
Es trägt der Besen, trägt der Stock,
Die Gabel trägt, es trägt der Bock;
Wer heute sich nicht heben kann,
Ist ewig ein verlorner Mann!
Halbhexe *(unten)*: Ich tripple noch so lange Zeit;
Wie sind die andern schon so weit!
Ich hab zu Hause keine Ruh
Und komme hier doch nicht dazu.
Chor der Hexen:
Die Salbe gibt den Hexen Mut,
Ein Lumpen ist zum Segel gut,
Ein gutes Schiff ist jeder Trog:
Der fliegt nie, der heut nicht flog!
Beide Chöre:
Und wenn wir um den Gipfel ziehn,
So streichet an dem Boden hin

Und deckt die Heide weit und breit
Mit euerm Schwarm der Hexenheit!
Sie lassen sich nieder

Mephistopheles:
Das drängt und stößt, das rutscht und klappert!
Das zischt und quirlt, das zieht und plappert!
Das leuchtet, sprüht und stinkt und brennt!
Ein wahres Hexenelement!
Nur fest an mir! sonst sind wir gleich getrennt.
Wo bist du?

Faust *(in der Ferne):* Hier!

Mephistopheles: Was! dort schon hingerissen?
Da werd ich Hausrecht brauchen müssen.
Platz! Junker Voland kommt. Platz! süßer Pöbel, Platz!
Hier, Doktor, fasse mich! und nun in Einem Satz
Laß uns aus dem Gedräng entweichen:
Es ist zu toll, sogar für meinesgleichen!
Dortneben leuchtet was mit ganz besondrem Schein,
Es zieht mich was nach jenen Sträuchen:
Komm, komm! wir schlupfen da hinein.

Faust: Du Geist des Widerspruchs! Nur zu! du magst mich führen.
Ich denke doch, das war recht klug gemacht:
Zum Brocken wandeln wir in der Walpurgisnacht,
Um uns beliebig nun hieselbst zu isolieren!

Mephistopheles: Da sieh nur: welche bunten Flammen!
Es ist ein muntrer Klub beisammen.
Im Kleinen ist man nicht allein.

Faust: Doch droben möcht ich lieber sein!
Schon seh ich Glut und Wirbelrauch.
Dort strömt die Menge zu dem Bösen;
Da muß sich manches Rätsel lösen.

Mephistopheles: Doch manches Rätsel knüpft sich auch!
Laß du die große Welt nur sausen,
Wir wollen hier im Stillen hausen.
Es ist doch lange hergebracht,
Daß in der großen Welt man kleine Welten macht.
Da seh ich junge Hexchen, nackt und bloß,
Und alte, die sich klug verhüllen.
Seid freundlich, nur um meinetwillen!
Die Müh ist klein, der Spaß ist groß.
Ich höre was von Instrumenten tönen!
Verflucht Geschnarr! Man muß sich dran gewöhnen.

Komm mit! komm mit! Es kann nicht anders sein:
Ich tret heran und führe dich herein,
Und ich verbinde dich aufs neue. —
Was sagst du, Freund? das ist kein kleiner Raum:
Da sieh nur hin! du siehst das Ende kaum.
Ein Hundert Feuer brennen in der Reihe;
Man tanzt, man schwatzt, man kocht, man trinkt, man liebt —
Nun sage mir, wo es was Bessers gibt!

Faust: Willst du dich nun, um uns hier einzuführen,
Als Zaubrer oder Teufel produzieren?

Mephistopheles:
Zwar bin ich sehr gewohnt, inkognito zu gehn;
Doch läßt am Galatag man seinen Orden sehn.
Ein Knieband zeichnet mich nicht aus,
Doch ist der Pferdefuß hier ehrenvoll zu Haus.
Siehst du die Schnecke da? sie kommt herangekrochen;
Mit ihrem tastenden Gesicht
Hat sie mir schon was abgebrochen:
Wenn ich auch will, verleugn ich hier mich nicht.
Komm nur! von Feuer gehen wir zu Feuer;
Ich bin der Werber, und du bist der Freier.

Zu einigen, die um verglimmende Kohlen sitzen

Ihr alten Herrn, was macht ihr hier am Ende?
Ich lobt euch, wenn ich euch hübsch in der Mitte fände,
Von Saus umzirkt und Jugendbraus;
Genug allein ist jeder ja zu Haus.

General: Wer mag auf Nationen trauen,
Man habe noch so viel für sie getan!
Denn bei dem Volk wie bei den Frauen
Steht immerfort die Jugend obenan.

Minister: Jetzt ist man von dem Rechten allzu weit.
Ich lobe mir die guten Alten;
Denn freilich, da wir alles galten,
Da war die rechte goldne Zeit.

Parvenu: Wir waren wahrlich auch nicht dumm
Und taten oft, was wir nicht sollten;
Doch jetzo kehrt sich alles um und um,
Und eben da wir's fest erhalten wollten.

Autor: Wer mag wohl überhaupt jetzt eine Schrift
Von mäßig-klugem Inhalt lesen!
Und was das liebe junge Volk betrifft,
Das ist noch nie so naseweis gewesen.

Mephistopheles *(der auf einmal sehr alt erscheint):*
  Zum Jüngsten Tag fühl ich das Volk gereift,
  Da ich zum letztenmal den Hexenberg ersteige,
  Und weil mein Fäßchen trübe läuft,
  So ist die Welt auch auf der Neige.
Trödelhexe: Ihr Herren, geht nicht so vorbei!
  Laßt die Gelegenheit nicht fahren!
  Aufmerksam blickt nach meinen Waren:
  Es steht dahier gar mancherlei.
  Und doch ist nichts in meinem Laden,
  Dem keiner auf der Erde gleicht,
  Das nicht einmal zum tüchtgen Schaden
  Der Menschen und der Welt gereicht.
  Kein Dolch ist hier, von dem nicht Blut geflossen,
  Kein Kelch, aus dem sich nicht in ganz gesunden Leib
  Verzehrend-heißes Gift ergossen,
  Kein Schmuck, der nicht ein liebenswürdig Weib
  Verführt, kein Schwert, das nicht den Bund gebrochen,
  Nicht etwa hinterrücks den Gegenmann durchstochen.
Mephistopheles:
  Frau Muhme, Sie versteht mir schlecht die Zeiten:
  Getan, geschehn! Geschehn, getan!
  Verleg Sie sich auf Neuigkeiten!
  Nur Neuigkeiten ziehn uns an.
Faust: Daß ich mich nur nicht selbst vergesse!
  Heiß ich mir das doch eine Messe!
Mephistopheles: Der ganze Strudel strebt nach oben:
  Du glaubst zu schieben, und du wirst geschoben.
Faust: Wer ist denn das?
Mephistopheles: Betrachte sie genau!
  Lilith ist das.
Faust: Wer?
Mephistopheles: Adams erste Frau.
  Nimm dich in acht vor ihren schönen Haaren,
  Vor diesem Schmuck, mit dem sie einzig prangt!
  Wenn sie damit den jungen Mann erlangt,
  So läßt sie ihn so bald nicht wieder fahren.
Faust: Da sitzen zwei, die Alte mit der Jungen;
  Die haben schon was Rechts gesprungen!
Mephistopheles: Das hat nun heute keine Ruh.
  Es geht zum neuen Tanz: nun komm! wir greifen zu.
Faust *(mit der Jungen tanzend):*
  Einst hatt ich einen schönen Traum:
  Da sah ich einen Apfelbaum,

Zwei schöne Äpfel glänzten dran;
   Sie reizten mich, ich stieg hinan.
Die Schöne:
   Der Äpfelchen begehrt ihr sehr,
   Und schon vom Paradiese her.
   Von Freuden fühl ich mich bewegt,
   Daß auch mein Garten solche trägt.
Mephistopheles *(mit der Alten):*
   Einst hatt ich einen wüsten Traum:
   Da sah ich einen gespaltnen Baum,
   Der hatt ein — — —;
   So — es war, gefiel mir's doch.
Die Alte:
   Ich biete meinen besten Gruß
   Dem Ritter mit dem Pferdefuß!
   Halt Er einen — — bereit,
   Wenn Er — — — nicht scheut.
Proktophantasmist:
   Verfluchtes Volk! was untersteht ihr euch?
   Hat man euch lange nicht bewiesen:
   Ein Geist steht nie auf ordentlichen Füßen?
   Nun tanzt ihr gar, uns andern Menschen gleich!
Die Schöne *(tanzend):* Was will denn der auf unserm Ball?
Faust *(tanzend):* Ei! der ist eben überall.
   Was andre tanzen, muß er schätzen.
   Kann er nicht jeden Schritt beschwätzen,
   So ist der Schritt so gut als nicht geschehn.
   Am meisten ärgert ihn, sobald wir vorwärts gehn.
   Wenn ihr euch so im Kreise drehen wolltet,
   Wie er's in seiner alten Mühle tut,
   Das hieß er allenfalls noch gut;
   Besonders wenn ihr ihn darum begrüßen solltet.
Proktophantasmist:
   Ihr seid noch immer da! nein, das ist unerhört.
   Verschwindet doch! Wir haben ja aufgeklärt! —
   Das Teufelspack, es fragt nach keiner Regel.
   Wir sind so klug, und dennoch spukts in Tegel.
   Wie lange hab ich nicht am Wahn hinausgekehrt,
   Und nie wird's rein! das ist doch unerhört!
Die Schöne: So hört doch auf, uns hier zu ennuyieren!
Proktophantasmist: Ich sag's euch Geistern ins Gesicht:
   Den Geistesdespotismus leid ich nicht!
   Mein Geist kann ihn nicht exerzieren.

Es wird fortgetanzt

    Heut, seh ich, will mir nichts gelingen;
    Doch eine Reise nehm ich immer mit
    Und hoffe, noch vor meinem letzten Schritt
    Die Teufel und die Dichter zu bezwingen.
Mephistopheles: Er wird sich gleich in eine Pfütze setzen:
    Das ist die Art, wie er sich soulagiert,
    Und wenn Blutegel sich an seinem Steiß ergetzen,
    Ist er von Geistern und von Geist kuriert.

Zu Faust, der aus dem Tanz getreten ist

    Was lässest du das schöne Mädchen fahren,
    Das dir zum Tanz so lieblich sang?
Faust: Ach, mitten im Gesange sprang
    Ein rotes Mäuschen ihr aus dem Munde!
Mephistopheles:
    Das ist was Rechts! das nimmt man nicht genau;
    Genug, die Maus war doch nicht grau!
    Wer fragt darnach in einer Schäferstunde!
Faust: Dann sah ich —
Mephistopheles: Was?
Faust: Mephisto, siehst du dort
    Ein blasses, schönes Kind allein und ferne stehen?
    Sie schiebt sich langsam nur vom Ort,
    Sie scheint mit geschloßnen Füßen zu gehen.
    Ich muß bekennen, daß mir deucht,
    Daß sie dem guten Gretchen gleicht.
Mephistopheles:
    Laß das nur stehn! dabei wird's niemand wohl.
    Es ist ein Zauberbild, ist leblos, ein Idol.
    Ihm zu begegnen, ist nicht gut:
    Vom starren Blick erstarrt des Menschen Blut,
    Und er wird fast in Stein verkehrt;
    Von der Meduse hast du ja gehört.
Faust: Fürwahr, es sind die Augen eines Toten,
    Die eine liebende Hand nicht schloß!
    Das ist die Brust, die Gretchen mir geboten,
    Das ist der süße Leib, den ich genoß!
Mephistopheles:
    Das ist die Zauberei, du leicht verführter Tor!
    Denn jedem kommt sie wie sein Liebchen vor.
Faust: Welch eine Wonne! welch ein Leiden!
    Ich kann von diesem Blick nicht scheiden.
    Wie sonderbar muß diesen schönen Hals

Ein einzig-rotes Schnürchen schmücken,
Nicht breiter als ein Messerrücken!
Mephistopheles: Ganz recht! ich seh es ebenfalls.
Sie kann das Haupt auch unterm Arme tragen;
Denn Perseus hat's ihr abgeschlagen.
Nur immer diese Lust zum Wahn! —
Komm doch das Hügelchen heran:
Hier ist's so lustig wie im Prater,
Und hat man mir's nicht angetan,
So seh ich wahrlich ein Theater!
Was gibt's denn da?
Servibilis: Gleich fängt man wieder an:
Ein neues Stück, das letzte Stück von sieben;
So viel zu geben, ist allhier der Brauch.
Ein Dilettant hat es geschrieben,
Und Dilettanten spielen's auch.
Verzeiht, ihr Herrn, wenn ich verschwinde:
Mich dilettiert's, den Vorhang aufzuziehn.
Mephistopheles: Wenn ich euch auf dem Blocksberg finde,
Das find ich gut; denn da gehört ihr hin!

Walpurgisnachtstraum
oder
Oberons und Titanias goldne Hochzeit

Intermezzo

Theatermeister: Heute ruhen wir einmal,
Miedings wackre Söhne:
Alter Berg und feuchtes Tal,
Das ist die ganze Szene!
Herold: Daß die Hochzeit golden sei,
Solln funfzig Jahr sein vorüber;
Aber ist der Streit vorbei,
Das Golden ist mir lieber.
Oberon: Seid ihr, Geister, wo ich bin,
So zeigt's in diesen Stunden!
König und die Königin,
Sie sind aufs neu verbunden.
Puck: Kommt der Puck und dreht sich quer
Und schleift den Fuß in Reihen;
Hundert kommen hinterher,
Sich auch mit ihm zu freuen.
Ariel: Ariel bewegt den Sang
In himmlisch-reinen Tönen;

Viele Fratzen lockt sein Klang,
   Doch lockt er auch die Schönen.
Oberon: Gatten, die sich vertragen wollen,
   Lernen's von uns beiden!
   Wenn sich zweie lieben sollen,
   Braucht man sie nur zu scheiden.
Titania: Schmollt der Mann und grillt die Frau,
   So faßt sie nur behende,
   Führt mir nach dem Mittag Sie,
   Und Ihn an Nordens Ende!
Orchester. Tutti *(Fortissimo)*:
   Fliegenschnauz und Mückennas
   Mit ihren Anverwandten,
   Frosch im Laub und Grill im Gras,
   Das sind die Musikanten!
Solo: Seht, da kommt der Dudelsack!
   Es ist die Seifenblase.
   Hört den Schneckeschnickeschnack
   Durch seine stumpfe Nase!
Geist *(der sich erst bildet)*: Spinnenfuß und Krötenbauch
   Und Flügelchen dem Wichtchen!
   Zwar ein Tierchen gibt es nicht;
   Doch gibt es ein Gedichtchen.
Ein Pärchen: Kleiner Schritt und hoher Sprung
   Durch Honigtau und Düfte!
   Zwar du trippelst mir genung;
   Doch geht's nicht in die Lüfte.
Neugieriger Reisender:
   Ist das nicht Maskeradenspott?
   Soll ich den Augen trauen,
   Oberon, den schönen Gott,
   Auch heute hier zu schauen?
Orthodox: Keine Klauen, keinen Schwanz!
   Doch bleibt es außer Zweifel:
   So wie die Götter Griechenlands,
   So ist auch er ein Teufel.
Nordischer Künstler: Was ich ergreife, das ist heut
   Fürwahr nur skizzenweise;
   Doch ich bereite mich beizeit
   Zur italienschen Reise.
Purist: Ach! mein Unglück führt mich her:
   Wie wird nicht hier geludert!
   Und von dem ganzen Hexenheer
   Sind zweie nur gepudert.

Junge Hexe: Der Puder ist so wie der Rock
 Für alt- und graue Weibchen;
 Drum sitz ich nackt auf meinem Bock
 Und zeig ein derbes Leibchen.
Matrone: Wir haben zu viel Lebensart,
 Um hier mit euch zu maulen;
 Doch hoff ich, sollt ihr jung und zart,
 So wie ihr seid, verfaulen.
Kapellmeister: Fliegenschnauz und Mückennas,
 Umschwärmt mir nicht die Nackte!
 Frosch im Laub und Grill im Gras,
 So bleibt doch auch im Takte!
Windfahne *(nach der einen Seite):*
 Gesellschaft, wie man wünschen kann:
 Wahrhaftig lauter Bräute!
 Und Junggesellen, Mann für Mann
 Die hoffnungsvollsten Leute!
Windfahne *(nach der andern Seite):*
 Und tut sich nicht der Boden auf,
 Sie alle zu verschlingen,
 So will ich mit behendem Lauf
 Gleich in die Hölle springen.
Xenien: Als Insekten sind wir da
 Mit kleinen, scharfen Scheren,
 Satan, unsern Herrn Papa,
 Nach Würden zu verehren.
Hennings: Seht, wie sie in gedrängter Schar
 Naiv zusammen scherzen!
 Am Ende sagen sie noch gar,
 Sie hätten gute Herzen.
Musaget: Ich mag in diesem Hexenheer
 Mich gar zu gern verlieren;
 Denn freilich diese wüßt ich ehr
 Als Musen anzuführen.
Ci-Devant · Genius der Zeit:
 Mit rechten Leuten wird man was.
 Komm, fasse meinen Zipfel!
 Der Blocksberg, wie der deutsche Parnaß,
 Hat gar einen breiten Gipfel.
Neugieriger Reisender:
 Sagt: wie heißt der steife Mann?
 Er geht mit stolzen Schritten;
 Er schnopert, was er schnopern kann. —
 „Er spürt nach Jesuiten."

Kranich: In dem Klaren mag ich gern
 Und auch im Trüben fischen;
 Darum seht ihr den frommen Herrn
 Sich auch mit Teufeln mischen.
Weltkind: Ja, für die Frommen, glaubet mir,
 Ist alles ein Vehikel;
 Sie bilden auf dem Blocksberg hier
 Gar manches Konventikel.
Tänzer: Da kommt ja wohl ein neues Chor?
 Ich höre ferne Trommeln. —
 „Nur ungestört! es sind im Rohr
 Die unisonen Dommeln."
Tanzmeister: Wie jeder doch die Beine lupft!
 Sich, wie er kann, herauszieht!
 Der Krumme springt, der Plumpe hupft,
 Und fragt nicht, wie es aussieht.
Fiedler: Das haßt sich schwer, das Lumpenpack,
 Und gäb sich gern das Restchen;
 Es eint sich gern das Restchen;
 Es eint sich hier der Dudelsack,
 Wie Orpheus' Leier die Bestjen.
Dogmatiker: Ich lasse mich nicht irreschrein,
 Nicht durch Kritik noch Zweifel.
 Der Teufel muß doch etwas sein;
 Wie gäb's denn sonst auch Teufel?
Idealist: Die Phantasie in meinem Sinn
 Ist diesmal gar zu herrisch.
 Fürwahr, wenn ich das alles bin,
 So bin ich heute närrisch!
Realist: Das Wesen ist mir recht zur Qual
 Und muß mich baß verdrießen;
 Ich stehe hier zum erstenmal
 Nicht fest auf meinen Füßen.
Supernaturalist: Mit viel Vergnügen bin ich da
 Und freue mich mit diesen;
 Denn von den Teufeln kann ich ja
 Auf gute Geister schließen.
Skeptiker: Sie gehn den Flämmchen auf der Spur
 Und glaubn sich nah dem Schatze.
 Auf Teufel reimt der Zweifel nur;
 Da bin ich recht am Platze.
Kapellmeister: Frosch im Laub und Grill im Gras,
 Verfluchte Dilettanten!

Fliegenschnauz und Mückennas,
Ihr seid doch Musikanten!
Die Gewandten: Sanssouci, so heißt das Heer
Von lustigen Geschöpfen;
Auf den Füßen geht's nicht mehr,
Drum gehn wir auf den Köpfen.
Die Unbehilflichen:
Sonst haben wir manchen Bissen erschranzt,
Nun aber Gott befohlen!
Unsere Schuhe sind durchgetanzt,
Wir laufen auf nackten Sohlen.
Irrlichter: Von dem Sumpfe kommen wir,
Woraus wir erst entstanden;
Doch sind wir gleich im Reihen hier
Die glänzenden Galanten.
Sternschnuppe: Aus der Höhe schoß ich her
Im Stern- und Feuerscheine,
Liege nun im Grase quer:
Wer hilft mir auf die Beine?
Die Massiven: Platz und Platz! und ringsherum!
So gehn die Gräschen nieder;
Geister kommen, Geister auch,
Sie haben plumpe Glieder.
Puck: Tretet nicht so mastig auf
Wie Elefantenkälber!
Und der Plumpst an diesem Tag
Sei Puck, der Derbe, selber!
Ariel: Gab die liebende Natur,
Gab der Geist euch Flügel,
Folget meiner leichten Spur:
Auf zum Rosenhügel!
Orchester *(Pianissimo):* Wolkenzug und Nebelflor
Erhellen sich von oben.
Luft im Laub und Wind im Rohr —
Und alles ist zerstoben.

Trüber Tag. Feld

Faust. Mephistopheles

Faust: Im Elend! Verzweifelnd! Erbärmlich auf der Erde lange verirrt und nun gefangen! Als Missetäterin im Kerker zu entsetzlichen Qualen eingesperrt das holde, unselige Geschöpf! Bis dahin! dahin! — Verräterischer, nichtswürdiger Geist, und das hast du mir verheimlicht! Steh nur, steh! wälze die teuflischen Augen ingrimmend im Kopf herum! Steh und trutze mir durch deine unerträgliche Gegenwart! — Gefangen! Im unwiederbringlichen Elend! Bösen Geistern übergeben und der richtenden, gefühllosen Menschheit! — Und mich wiegst du indes in abgeschmackten Zerstreuungen, verbirgst mir ihren wachsenden Jammer und lässest sie hilflos verderben!

Mephistopheles: Sie ist die Erste nicht!

Faust: Hund! abscheuliches Untier! — Wandle ihn, du unendlicher Geist! wandle den Wurm wieder in seine Hundsgestalt, wie er sich oft nächtlicher Weile gefiel, vor mir herzutrotten, dem harmlosen Wandrer vor die Füße zu kollern und sich dem Niederstürzenden auf die Schultern zu hängen! Wandl ihn wieder in seine Lieblingsbildung, daß er vor mir im Sand auf dem Bauch krieche, ich ihn mit Füßen trete, den Verworfnen! — „Die Erste nicht!" — Jammer! Jammer! von keiner Menschenseele zu fassen, daß mehr als Ein Geschöpf in die Tiefe dieses Elends versank, daß nicht das erste genugtat für die Schuld aller übrigen in seiner windenden Todesnot vor den Augen des ewig Verzeihenden! Mir wühlt es Mark und Leben durch, das Elend dieser Einzigen; du grinsest gelassen über das Schicksal von Tausenden hin!

Mephistopheles: Nun sind wir schon wieder an der Grenze unsres Witzes, da, wo euch Menschen der Sinn überschnappt. Warum machst du Gemeinschaft mit uns, wenn du sie nicht durchführen kannst? Willst fliegen und bist vorm Schwindel nicht sicher? Drangen wir uns dir auf, oder du dich uns?

Faust: Fletsche deine gefräßigen Zähne mir nicht so entgegen! Mir ekelt's! — Großer, herrlicher Geist, der du mir zu erscheinen würdigtest, der du mein Herz kennest und meine Seele, warum an den Schandgesellen mich schmieden, der sich am Schaden weidet und am Verderben sich letzt?

Mephistopheles: Endigst du?

Faust: Rette sie! oder weh dir! Den gräßlichsten Fluch über dich auf Jahrtausende!

Mephistopheles: Ich kann die Bande des Rächers nicht lösen, seine Riegel nicht öffnen. — Rette sie! — Wer war's, der sie ins Verderben stürzte? Ich oder du?

Faust *(blickt wild umher):*

Mephistopheles: Greifst du nach dem Donner? Wohl, daß er euch elenden Sterblichen nicht gegeben ward! Den unschuldig Entgegnenden zu zerschmettern, das ist so Tyrannenart, sich in Verlegenheiten Luft zu machen.

Faust: Bringe mich hin! Sie soll frei sein!

Mephistopheles: Und die Gefahr, der du dich aussetzest? Wisse: noch liegt auf der Stadt Blutschuld von deiner Hand! Über des Erschlagenen Stätte schweben rächende Geister und lauern auf den wiederkehrenden Mörder.
Faust: Noch das von dir? Mord und Tod einer Welt über dich Ungeheuer! Führe mich hin, sag ich, und befrei sie!
Mephistopheles: Ich führe dich, und was ich tun kann, höre! Habe ich alle Macht im Himmel und auf Erden? Des Türners Sinne will ich umnebeln, bemächtige dich der Schlüssel und führe sie heraus mit Menschenhand! Ich wache! Die Zauberpferde sind bereit, ich entführe euch. Das vermag ich.
Faust: Auf und davon!

Nacht. Offen Feld

Faust, Mephistopheles, auf schwarzen Pferden dahinbrausend

Faust: Was weben die dort um den Rabenstein?
Mephistopheles: Weiß nicht, was sie kochen und schaffen.
Faust: Schweben auf, schweben ab, neigen sich, beugen sich.
Mephistopheles: Eine Hexenzunft!
Faust: Sie streuen und weihen.
Mephistopheles: Vorbei! vorbei!

Kerker

Faust *(mit einem Bund Schlüssel und einer Lampe, vor einem eisernen Türchen)*:
Mich faßt ein längst entwohnter Schauer,
Der Menschheit ganzer Jammer faßt mich an.
Hier wohnt sie, hinter dieser feuchten Mauer,
Und ihr Verbrechen war ein guter Wahn!
Du zauderst, zu ihr zu gehen?
Du fürchtest, sie wiederzusehen?
Fort! dein Zagen zögert den Tod heran.

Er ergreift das Schloß. Es singt inwendig

Meine Mutter, die Hur,
Die mich umgebracht hat!
Mein Vater, der Schelm,
Der mich gessen hat!
Mein Schwesterlein klein
Hub auf die Bein
An einem kühlen Ort —
Da ward ich ein schönes Waldvögelein,
Fliege fort, fliege fort!

Faust *(aufschließend):* Sie ahnet nicht, daß der Geliebte lauscht,
Die Ketten klirren hört, das Stroh, das rauscht.
Er tritt ein
Margarete *(sich auf dem Lager verbergend):*
Weh! weh! sie kommen. Bittrer Tod!
Faust *(leise):* Still! still! ich komme, dich zu befreien.
Margarete *(sich vor ihn hinwälzend):*
Bist du ein Mensch, so fühle meine Not!
Faust: Du wirst die Wächter aus dem Schlafe schreien!
Er faßt die Ketten, sie aufzuschließen
Margarete *(auf den Knien):* Wer hat dir, Henker, diese Macht
Über mich gegeben?
Du holst mich schon um Mitternacht!
Erbarme dich und laß mich leben!
Ist's morgen früh nicht zeitig genung?
Sie steht auf

Bin ich doch noch so jung, so jung!
Und soll schon sterben!
Schön war ich auch, und das war mein Verderben.
Nah war der Freund, nun ist er weit;
Zerrissen liegt der Kranz, die Blumen zerstreut.
Fasse mich nicht so gewaltsam an!
Schone mich! Was hab ich dir getan?
Laß mich nicht vergebens flehen!
Hab ich dich doch mein Tage nicht gesehen!
Faust: Werd ich den Jammer überstehen?
Margarete: Ich bin nun ganz in deiner Macht.
Laß mich nur erst das Kind noch tränken!
Ich herzt es diese ganze Nacht;
Sie nahmen mir's, um mich zu kränken,
Und sagen nun, ich hätt es umgebracht,
Und niemals werd ich wieder froh.
Sie singen Lieder auf mich! Es ist bös von den Leuten!
Ein altes Märchen endigt so,
Wer heißt sie's deuten?
Faust *(wirft sich nieder):* Ein Liebender liegt dir zu Füßen,
Die Jammerknechtschaft aufzuschließen.
Margarete *(wirft sich zu ihm):*
O laß uns knien, die Heilgen anzurufen!
Sieh: unter diesen Stufen,
Unter der Schwelle
Siedet die Hölle!
Der Böse,

Mit furchtbarem Grimme,
Macht ein Getöse!
Faust *(laut):* Gretchen! Gretchen!
Margarete *(aufmerksam):* Das war des Freundes Stimme!

Sie springt auf. Die Ketten fallen ab

Wo ist er? Ich hab ihn rufen hören!
Ich bin frei! mir soll niemand wehren.
An seinen Hals will ich fliegen,
An seinem Busen liegen!
Er rief: Gretchen! Er stand auf der Schwelle!
Mitten durchs Heulen und Klappen der Hölle,
Durch den grimmigen, teuflischen Hohn
Erkannt ich den süßen, den liebenden Ton.
Faust: Ich bin's!
Margarete: Du bist's! O sag es noch einmal!

Ihn fassend

Er ist's! Wohin ist alle Qual?
Wohin die Angst des Kerkers? der Ketten?
Du bist's! kommst, mich zu retten!
Ich bin gerettet! —
Schon ist die Straße da,
Auf der ich dich zum ersten Mal sah,
Und der heitere Garten,
Wo ich und Marthe deiner warten.
Faust *(fortstrebend):* Komm mit! komm mit!
Margarete: O weile!
Weil ich doch so gern, wo du weilest. *(Liebkosend.)*
Faust: Eile!
Wenn du nicht eilest,
Werden wir's teuer büßen müssen.
Margarete: Wie? du kannst nicht mehr küssen?
Mein Freund, so kurz von mir entfernt,
Und hasts Küssen verlernt?
Warum wird mir an deinem Halse so bang,
Wenn sonst von deinen Worten, deinen Blicken
Ein ganzer Himmel mich überdrang
Und du mich küßtest, als wolltest du mich ersticken?
Küsse mich!
Sonst küsse ich dich!

Sie umfaßt ihn

O weh, deine Lippen sind kalt,
Sind stumm!

Wo ist dein Lieben
Geblieben?
Wer brachte mich darum?
Sie wendet sich von ihm

Faust: Komm! folge mir! Liebchen, fasse Mut!
Ich herze dich mit tausendfacher Glut;
Nur folge mir! Ich bitte dich nur dies!

Margarete *(zu ihm gewendet)*:
Und bist du's denn? und bist du's auch gewiß?

Faust: Ich bin's! Komm mit!

Margarete: Du machst die Fesseln los,
Nimmst wieder mich in deinen Schoß.
Wie kommt es, daß du dich vor mir nicht scheust? —
Und weißt du denn, mein Freund, wen du befreist?

Faust: Komm! komm! Schon weicht die tiefe Nacht.

Margarete: Meine Mutter hab ich umgebracht,
Mein Kind hab ich ertränkt!
War es nicht dir und mir geschenkt?
Dir auch! — Du bist's! ich glaub es kaum.
Gib deine Hand! Es ist kein Traum!
Deine liebe Hand! — Ach, aber sie ist feucht!
Wische sie ab! Wie mich deucht,
Ist Blut dran!
Ach Gott! was hast du getan!
Stecke den Degen ein!
Ich bitte dich drum.

Faust: Laß das Vergangne vergangen sein!
Du bringst mich um.

Margarete: Nein, du mußt übrigbleiben!
Ich will dir die Gräber beschreiben,
Für die mußt du sorgen
Gleich morgen:
Der Mutter den besten Platz geben,
Meinen Bruder sogleich darneben,
Mich ein wenig beiseit,
Nur nicht gar zu weit!
Und das Kleine mir an die rechte Brust!
Niemand wird sonst bei mir liegen! —
Mich an deine Seite zu schmiegen,
Das war ein süßes, ein holdes Glück!
Aber es will mir nicht mehr gelingen:
Mir ist's, als müßt ich mich zu dir zwingen,
Als stießest du mich von dir zurück,
Und doch bist du's und blickst so gut, so fromm.

Faust: Fühlst du, daß ich es bin, so komm!
Margarete: Dahinaus?
Faust: Ins Freie!
Margarete: Ist das Grab drauß,
  Lauert der Tod, so komm!
  Von hier ins ewige Ruhebett
  Und weiter keinen Schritt! —
  Du gehst nun fort? O Heinrich, könnt ich mit!
Faust: Du kannst! so wolle nur! Die Tür steht offen.
Margarete: Ich darf nicht fort; für mich ist nichts zu hoffen.
  Was hilft es, fliehn? Sie lauern doch mir auf!
  Es ist so elend, betteln zu müssen,
  Und noch dazu mit bösem Gewissen!
  Es ist so elend, in der Fremde schweifen —
  Und sie werden mich doch ergreifen!
Faust: Ich bleibe bei dir.
Margarete: Geschwind! geschwind!
  Rette dein armes Kind!
  Fort! immer den Weg
  Am Bach hinauf,
  Über den Steg,
  In den Wald hinein,
  Links, wo die Planke steht,
  Im Teich!
  Faß es nur gleich!
  Es will sich heben,
  Es zappelt noch!
  Rette! rette!
Faust: Besinne dich doch!
  Nur Einen Schritt, so bist du frei!
Margarete: Wären wir nur den Berg vorbei!
  Da sitzt meine Mutter auf einem Stein,
  Es faßt mich kalt beim Schopfe!
  Da sitzt meine Mutter auf einem Stein
  Und wackelt mit dem Kopfe:
  Sie winkt nicht, sie nickt nicht, der Kopf ist ihr schwer,
  Sie schlief so lange, sie wacht nicht mehr —
  Sie schlief, damit wir uns freuten!
  Es waren glückliche Zeiten!
Faust: Hilft hier kein Flehen, hilft kein Sagen,
  So wag ich's, dich hinwegzutragen.
Margarete: Laß mich! Nein, ich leide keine Gewalt!
  Fasse mich nicht so mörderisch an!
  Sonst hab ich dir ja alles zulieb getan.

Faust: Der Tag graut! Liebchen! Liebchen!
Margarete:
   Tag! Ja, es wird Tag! der letzte Tag dringt herein!
   Mein Hochzeittag sollt es sein!
   Sag niemand, daß du schon bei Gretchen warst!
   Weh meinem Kranze!
   Es ist eben geschehn!
   Wir werden uns wiedersehn —
   Aber nicht beim Tanze.
   Die Menge drängt sich, man hört sie nicht;
   Der Platz, die Gassen
   Können sie nicht fassen.
   Die Glocke ruft, das Stäbchen bricht.
   Wie sie mich binden und packen!
   Zum Blutstuhl bin ich schon entrückt.
   Schon zuckt nach jedem Nacken
   Die Schärfe, die nach meinem zückt:
   Stumm liegt die Welt wie das Grab!

Faust: O wär ich nie geboren!

Mephistopheles *(erscheint draußen):*
   Auf! oder ihr seid verloren.
   Unnützes Zagen! Zaudern und Plaudern!
   Meine Pferde schaudern,
   Der Morgen dämmert auf.

Margarete: Was steigt aus dem Boden herauf?
   Der! der! Schicke ihn fort!
   Was will der an dem heiligen Ort?
   Er will mich!

Faust: Du sollst leben!

Margarete: Gericht Gottes! dir hab ich mich übergeben!

Mephistopheles *(zu Faust):*
   Komm! komm! Ich lasse dich mit ihr im Stich.

Margarete: Dein bin ich, Vater! rette mich!
   Ihr Engel, ihr heiligen Scharen,
   Lagert euch umher, mich zu bewahren! —
   Heinrich! mir graut's vor dir!

Mephistopheles: Sie ist gerichtet!

Stimme *(von oben):* Ist gerettet!

Mephistopheles *(zu Faust):* Her zu mir!

Verschwindet mit Faust

Stimme *(von innen, verhallend):* Heinrich! Heinrich!

DER TRAGÖDIE ZWEITER TEIL
IN FÜNF AKTEN

Erster Akt

Anmutige Gegend

Faust, auf blumigen Rasen gebettet, ermüdet, unruhig, schlafsuchend
Dämmerung

Geisterkreis, schwebend bewegt, anmutige kleine Gestalten

Ariel *(Gesang, von Äolsharfen begleitet):*
  Wenn der Blüten Frühlingsregen
  Über alle schwebend sinkt,
  Wenn der Felder grüner Segen
  Allen Erdgebornen blinkt,
  Kleiner Elfen Geistergröße
  Eilet, wo sie helfen kann;
  Ob er heilig, ob er böse,
  Jammert sie der Unglücksmann.
  Die ihr dies Haupt umschwebt im luftgen Kreise,
  Erzeigt euch hier nach edler Elfen Weise:
  Besänftiget des Herzens grimmen Strauß!
  Entfernt des Vorwurfs glühend-bittre Pfeile,
  Sein Innres reinigt von erlebtem Graus!
  Vier sind die Pausen nächtiger Weile:
  Nun ohne Säumen füllt sie freundlich aus!
  Erst senkt sein Haupt aufs kühle Polster nieder,
  Dann badet ihn im Tau aus Lethes Flut!
  Gelenk sind bald die krampferstarrten Glieder,
  Wenn er gestärkt dem Tag entgegenruht.
  Vollbringt der Elfen schönste Pflicht:
  Gebt ihn zurück dem heiligen Licht!
Chor *(einzeln, zu zweien und vielen, abwechselnd und gesammelt):*
  Wenn sich lau die Lüfte füllen
  Um den grünumschränkten Plan,
  Süße Düfte, Nebelhüllen
  Senkt die Dämmerung heran,
  Lispelt leise süßen Frieden,
  Wiegt das Herz in Kindesruh,
  Und den Augen dieses Müden
  Schließt des Tages Pforte zu.

  Nacht ist schon hereingesunken,
  Schließt sich heilig Stern an Stern,

Große Lichter, kleine Funken
Glitzern nah und glänzen fern,
Glitzern hier im See sich spiegelnd,
Glänzen droben klarer Nacht;
Tiefsten Ruhens Glück besiegelnd,
Herrscht des Mondes volle Pracht.

Schon verloschen sind die Stunden,
Hingeschwunden Schmerz und Glück;
Fühl es vor: du wirst gesunden!
Traue neuem Tagesblick!
Täler grünen, Hügel schwellen,
Buschen sich zu Schattenruh,
Und in schwanken Silberwellen
Wogt die Saat der Ernte zu.

Wunsch um Wünsche zu erlangen,
Schaue nach dem Glanze dort!
Leise bist du nur umfangen,
Schlaf ist Schale, wirf sie fort!
Säume nicht, dich zu erdreisten,
Wenn die Menge zaudernd schweift!
Alles kann der Edle leisten,
Der versteht und rasch ergreift.

Ungeheures Getöse verkündet das Herannahen der Sonne

Ariel: Horcht! horcht dem Sturm der Horen!
Tönend wird für Geistesohren
Schon der neue Tag geboren.
Felsentore knarren rasselnd,
Phöbus Räder rollen prasselnd,
Welch Getöse bringt das Licht!
Es trommetet, es posaunet,
Auge blinzt, und Ohr erstaunet,
Unerhörtes hört sich nicht.
Schlüpfet zu den Blumenkronen,
Tiefer tiefer, still zu wohnen,
In die Felsen, unters Laub!
Trifft es euch, so seid ihr taub.

Faust: Des Lebens Pulse schlagen frisch-lebendig,
Ätherische Dämmerung milde zu begrüßen;
Du, Erde, warst auch diese Nacht beständig
Und atmest neu erquickt zu meinen Füßen,
Beginnest schon mit Lust mich zu umgeben,
Du regst und rührst ein kräftiges Beschließen,

Zum höchsten Dasein immer fortzustreben. —
In Dämmerschein liegt schon die Welt erschlossen,
Der Wald ertönt von tausendstimmigem Leben;
Talaus, talein ist Nebelstreif ergossen,
Doch senkt sich Himmelsklarheit in die Tiefen,
Und Zweig und Äste, frisch erquickt, entsprossen
Dem duftgen Abgrund, wo versenkt sie schliefen;
Auch Farb an Farbe klärt sich los vom Grunde,
Wo Blum und Blatt von Zitterperle triefen:
Ein Paradies wird um mich her die Runde.

Hinaufgeschaut! — Der Berge Gipfelriesen
Verkünden schon die feierlichste Stunde;
Sie dürfen früh des ewigen Lichts genießen,
Das später sich zu uns herniederwendet.
Jetzt zu der Alpe grüngesenkten Wiesen
Wird neuer Glanz und Deutlichkeit gespendet,
Und stufenweis herab ist es gelungen —
Sie tritt hervor! — und leider, schon geblendet,
Kehr ich mich weg, vom Augenschmerz durchdrungen.

So ist es also, wenn ein sehnend Hoffen
Dem höchsten Wunsch sich traulich zugerungen,
Erfüllungspforten findet flügeloffen;
Nun aber bricht aus jenen ewigen Gründen
Ein Flammenübermaß, wir stehn betroffen:
Des Lebens Fackel wollten wir entzünden,
Ein Feuermeer umschlingt uns, welch ein Feuer!
Ist's Lieb? ist's Haß? die glühend uns umwinden,
Mit Schmerz und Freuden wechselnd ungeheuer,
So daß wir wieder nach der Erde blicken,
Zu bergen uns in jugendlichstem Schleier.

So bleibe denn die Sonne mir im Rücken!
Der Wassersturz, das Felsenriff durchbrausend,
Ihn schau ich an mit wachsendem Entzücken.
Von Sturz zu Sturzen wälzt er jetzt in tausend,
Dann aber tausend Strömen sich ergießend,
Hoch in die Lüfte Schaum an Schäume sausend.
Allein wie herrlich, diesem Sturm ersprießend,
Wölbt sich des bunten Bogens Wechseldauer,
Bald rein gezeichnet, bald in Luft zerfließend,
Umher verbreitend duftig-kühle Schauer!
Der spiegelt ab das menschliche Bestreben.
Ihm sinne nach, und du begreifst genauer:
Am farbigen Abglanz haben wir das Leben.

Kaiserliche Pfalz

Saal des Thrones

Staatsrat in Erwartung des Kaisers
Trompeten
Hofgesinde aller Art, prächtig gekleidet, tritt vor
Der Kaiser gelangt auf den Thron, zu seiner Rechten der Astrolog

Kaiser: Ich grüße die Getreuen, Lieben,
  Versammelt aus der Näh und Weite. —
  Den Weisen seh ich mir zur Seite,
  Allein wo ist der Narr geblieben?
Junker: Gleich hinter deiner Mantelschleppe
  Stürzt er zusammen auf der Treppe;
  Man trug hinweg das Fettgewicht:
  Tot oder trunken? weiß man nicht.
Zweiter Junker: Sogleich mit wunderbarer Schnelle
  Drängt sich ein andrer an die Stelle.
  Gar köstlich ist er aufgeputzt,
  Doch fratzenhaft, daß jeder stutzt;
  Die Wache hält ihm an der Schwelle
  Kreuzweis die Hellebarden vor —
  Da ist er doch, der kühne Tor!
Mephistopheles *(am Throne knieend)*:
  Was ist verwünscht und stets willkommen?
  Was ist ersehnt und stets verjagt?
  Was immerfort in Schutz genommen?
  Was hart gescholten und verklagt?
  Wen darfst du nicht herbeiberufen?
  Wen höret jeder gern genannt?
  Was naht sich deines Thrones Stufen?
  Was hat sich selbst hinweggebannt?
Kaiser: Für diesmal spare deine Worte!
  Hier sind die Rätsel nicht am Orte,
  Das ist die Sache dieser Herrn. —
  Da löse du! das hört ich gern:
  Mein alter Narr ging, fürcht ich, weit ins Weite;
  Nimm seinen Platz und komm an meine Seite!

Mephistopheles steigt hinauf und stellt sich zur Linken

Gemurmel der Menge:
  Ein neuer Narr — Zu neuer Pein —
  Wo kommt er her? — Wie kam er ein? —
  Der alte fiel — Der hat vertan —
  Es war ein Faß — Nun ist's ein Span —

Kaiser: Und also, ihr Getreuen, Lieben,
  Willkommen aus der Näh und Ferne!
  Ihr sammelt euch mit günstigem Sterne:
  Da droben ist uns Glück und Heil geschrieben.
  Doch sagt, warum in diesen Tagen,
  Wo wir den Sorgen uns entschlagen,
  Schönbärte mummenschänzlich tragen
  Und Heitres nur genießen wollten,
  Warum wir uns ratschlagend quälen sollten!
  Doch weil ihr meint, es ging nicht anders an,
  Geschehen ist's, so sei's getan.
Kanzler: Die höchste Tugend, wie ein Heiligenschein,
  Umgibt des Kaisers Haupt, nur er allein
  Vermag sie gültig auszuüben:
  Gerechtigkeit! Was alle Menschen lieben,
  Was alle fordern, wünschen, schwer entbehren,
  Es liegt an ihm, dem Volk es zu gewähren.
  Doch ach! was hilft dem Menschengeist Verstand,
  Dem Herzen Güte, Willigkeit der Hand,
  Wenn's fieberhaft durchaus im Staate wütet
  Und Übel sich in Übeln überbrütet?
  Wer schaut hinab von diesem hohen Raum
  Ins weite Reich, ihm scheint's ein schwerer Traum,
  Wo Mißgestalt in Mißgestalten schaltet,
  Das Ungesetz gesetzlich überwaltet
  Und eine Welt des Irrtums sich entfaltet.
  Der raubt sich Herden, der ein Weib,
  Kelch, Kreuz und Leuchter vom Altare,
  Berühmt sich dessen manche Jahre
  Mit heiler Haut, mit unverletztem Leib.
  Jetzt drängen Kläger sich zur Halle,
  Der Richter prunkt auf hohem Pfühl,
  Indessen wogt in grimmigem Schwalle
  Des Aufruhrs wachsendes Gewühl.
  Der darf auf Schand und Frevel pochen,
  Der auf Mitschuldigste sich stützt,
  Und: Schuldig! hörst du ausgesprochen,
  Wo Unschuld nur sich selber schützt.
  So will sich alle Welt zerstückeln,
  Vernichtigen, was sich gebührt;
  Wie soll sich da der Sinn entwickeln,
  Der einzig uns zum Rechten führt?
  Zuletzt ein wohlgesinnter Mann
  Neigt sich dem Schmeichler, dem Bestecher;

Ein Richter, der nicht strafen kann,
Gesellt sich endlich zum Verbrecher.
Ich malte schwarz; doch dichtern Flor
Zög ich dem Bilde lieber vor. *(Pause)*
Entschlüsse sind nicht zu vermeiden;
Wenn alle schädigen, alle leiden,
Geht selbst die Majestät zu Raub.
Heermeister: Wie tobt's in diesen wilden Tagen!
Ein jeder schlägt und wird erschlagen,
Und für's Kommando bleibt man taub.
Der Bürger hinter seinen Mauern,
Der Ritter auf dem Felsennest
Verschwuren sich, uns auszudauern,
Und halten ihre Kräfte fest.
Der Mietsoldat wird ungeduldig,
Mit Ungestüm verlangt er seinen Lohn,
Und wären wir ihm nichts mehr schuldig,
Er liefe ganz und gar davon.
Verbiete wer, was alle wollten,
Der hat ins Wespennest gestört;
Das Reich, das sie beschützen sollten,
Es liegt geplündert und verheert.
Man läßt ihr Toben wütend hausen,
Schon ist die halbe Welt vertan;
es sind noch Könige da draußen,
Doch keiner denkt, es ging ihn irgend an.
Schatzmeister: Wer wird auf Bundesgenossen pochen!
Subsidien, die man uns versprochen,
Wie Röhrenwasser bleiben aus.
Auch, Herr, in deinen weiten Staaten
An wen ist der Besitz geraten?
Wohin man kommt, da hält ein Neuer haus,
Und unabhängig will er leben;
Zusehen muß man, wie er's treibt:
Wir haben so viel Rechte hingegeben,
Daß uns auf nichts ein Recht mehr übrigbleibt.
Auch auf Parteien, wie sie heißen,
Ist heutzutage kein Verlaß;
Sie mögen schelten oder preisen,
Gleichgültig wurden Lieb und Haß.
Die Ghibellinen wie die Guelfen
Verbergen sich, um auszuruhn;
Wer jetzt will seinem Nachbar helfen?
Ein jeder hat für sich zu tun.

Die Goldespforten sind verrammelt,
Ein jeder kratzt und scharrt und sammelt,
Und unsre Kassen bleiben leer.

Marschalk: Welch Unheil muß auch ich erfahren!
Wir wollen alle Tage sparen
Und brauchen alle Tage mehr,
Und täglich wächst mir neue Pein.
Den Köchen tut kein Mangel wehe:
Wildschweine, Hirsche, Hasen, Rehe,
Welschhühner, Hühner, Gäns und Enten,
Die Deputate, sichre Renten,
Sie gehen noch so ziemlich ein;
Jedoch am Ende fehlt's an Wein.
Wenn sonst im Keller Faß an Faß sich häufte
Der besten Berg und Jahresläufte,
So schlürft unendliches Gesäufte
Der edlen Herrn den letzten Tropfen aus.
Der Stadtrat muß sein Lager auch verzapfen,
Man greift zu Humpen, greift zu Napfen,
Und unterm Tische liegt der Schmaus.
Nun soll ich zahlen, alle lohnen;
Der Jude wird mich nicht verschonen:
Der schafft Antizipationen,
Die speisen Jahr um Jahr voraus.
Die Schweine kommen nicht zu Fette,
Verpfändet ist der Pfühl im Bette,
Und auf den Tisch kommt vorgegessen Brot.

Kaiser *(nach einigem Nachdenken zu Mephistopheles)*:
Sag, weißt du Narr nicht auch noch eine Not?

Mephistopheles:
Ich keineswegs! Den Glanz umher zu schauen,
Dich und die Deinen! — Mangelte Vertrauen,
Wo Majestät unweigerlich gebeut,
Bereite Macht Feindseliges zerstreut?
Wo guter Wille, kräftig durch Verstand,
Und Tätigkeit, vielfältige, zur Hand?
Was könnte da zum Unheil sich vereinen
Zur Finsternis, wo solche Sterne scheinen?

Gemurmel:
Das ist ein Schalk — Der's wohl versteht —
Er lügt sich ein — Solang es geht —
Ich weiß schon — Was dahintersteckt —
Und was denn weiter? — Ein Projekt —

Mephistopheles: Wo fehlt's nicht irgendwo auf dieser Welt?
  Dem dies, dem das, hier aber fehlt das Geld.
  Vom Estrich zwar ist es nicht aufzuraffen;
  Doch Weisheit weiß das Tiefste herzuschaffen.
  In Bergesadern, Mauergründen
  Ist Gold gemünzt und ungemünzt zu finden,
  Und fragt ihr mich, wer es zutage schafft:
  Begabten Manns Natur- und Geisteskraft!
Kanzler: Natur und Geist — so spricht man nicht zu Christen!
  Deshalb verbrennt man Atheisten,
  Weil solche Reden höchst gefährlich sind.
  Natur ist Sünde, Geist ist Teufel,
  Sie hegen zwischen sich den Zweifel,
  Ihr mißgestaltet Zwitterkind.
  Uns nicht so! — Kaisers alten Landen
  Sind zwei Geschlechter nur entstanden,
  Sie stützen würdig seinen Thron:
  Die Heiligen sind es und die Ritter;
  Sie stehen jedem Ungewitter
  Und nehmen Kirch und Staat zum Lohn.
  Dem Pöbelsinn verworrener Geister
  Entwickelt sich ein Widerstand:
  Die Ketzer sind's! die Hexenmeister!
  Und sie verderben Stadt und Land.
  Die willst du nun mit frechen Scherzen
  In diese hohen Kreise schwärzen;
  Ihr hegt euch an verderbtem Herzen:
  Dem Narren sind sie nah verwandt.
Mephistopheles: Daran erkenn ich den gelehrten Herrn!
  Was ihr nicht tastet, steht euch meilenfern,
  Was ihr nicht faßt, das fehlt euch ganz und gar,
  Was ihr nicht rechnet, glaubt ihr, sei nicht wahr,
  Was ihr nicht wägt, hat für euch kein Gewicht,
  Was ihr nicht münzt, das, meint ihr, gelte nicht!
Kaiser: Dadurch sind unsre Mängel nicht erledigt;
  Was willst du jetzt mit deiner Fastenpredigt?
  Ich habe satt das ewige Wie und Wenn;
  Es fehlt an Geld: nun gut, so schaff es denn!
Mephistopheles:
  Ich schaffe, was ihr wollt, und schaffe mehr;
  Zwar ist es leicht, doch ist das Leichte schwer.
  Es liegt schon da, doch um es zu erlangen,
  Das ist die Kunst! Wer weiß es anzufangen?
  Bedenkt doch nur: in jenen Schreckensläuften,

Wo Menschenfluten Land und Volk ersäuften,
Wie der und der, so sehr es ihn erschreckte,
Sein Liebstes da- und dortwohin versteckte.
So war's von je in mächtiger Römer Zeit,
Und so fortan, bis gestern, ja bis heut.
Das alles liegt im Boden still begraben:
Der Boden ist des Kaisers, der soll's haben!

Schatzmeister: Für einen Narren spricht er gar nicht schlecht;
Das ist fürwahr des alten Kaisers Recht.

Kanzler: Der Satan legt euch goldgewirkte Schlingen:
Es geht nicht zu mit frommen, rechten Dingen.

Marschalk: Schafft er uns nur zu Hof willkommne Gaben,
Ich wollte gern ein bißchen unrecht haben.

Heermeister:
Der Narr ist klug, verspricht, was jedem frommt;
Fragt der Soldat doch nicht, woher es kommt!

Mephistopheles:
Und glaubt ihr euch vielleicht durch mich betrogen:
Hier steht ein Mann! da, fragt den Astrologen!
In Kreis um Kreise kennt er Stund und Haus.
So sage denn: wie sieht's am Himmel aus?

Gemurmel:
Zwei Schelme sind's — Verstehn sich schon —
Narr und Phantast — So nah dem Thron —
Ein mattgesungen — Alt Gedicht
Der Tor bläst ein — Der Weise spricht —

Astrolog *(spricht, Mephistopheles bläst ein):*
Die Sonne selbst, sie ist ein lautres Gold;
Merkur, der Bote, dient um Gunst und Sold;
Frau Venus hat's euch allen angetan,
So früh als spat blickt sie euch lieblich an;
Die keusche Luna launet grillenhaft;
Mars, trifft er nicht, so dräut euch seine Kraft,
Und Jupiter bleibt doch der schönste Schein;
Saturn ist groß, dem Auge fern und klein;
Ihn als Metall verehren wir nicht sehr:
An Wert gering, doch im Gewichte schwer.
Ja, wenn zu Sol sich Luna fein gesellt,
Zum Silber Gold, dann ist es heitre Welt!
Das übrige ist alles zu erlangen:
Paläste, Gärten, Brüstlein, rote Wangen,
Das alles schafft der hochgelahrte Mann,
Der das vermag, was unser keiner kann.

Kaiser: Ich höre doppelt, was er spricht,
  Und dennoch überzeugt's mich nicht.
Gemurmel:
  Was soll uns das? — Gedroschner Spaß —
  Kalenderei — Chymisterei —
  Das hört ich oft — Und falsch gehofft —
  Und kommt er auch — So ist's ein Gauch —
Mephistopheles: Da stehen sie umher und staunen,
  Vertrauen nicht dem hohen Fund;
  Der eine faselt von Alraunen,
  Der andre von dem schwarzen Hund.
  Was soll es, daß der eine witzelt,
  Ein andrer Zauberei verklagt,
  Wenn ihm doch auch einmal die Sohle kitzelt,
  Wenn ihm der sichre Schritt versagt!
  Ihr alle fühlt geheimes Wirken
  Der ewig-waltenden Natur,
  Und aus den untersten Bezirken
  Schmiegt sich herauf lebendge Spur.
  Wenn es in allen Gliedern zwackt,
  Wenn es unheimlich wird am Platz,
  Nur gleich entschlossen grabt und hackt:
  Da liegt der Spielmann, liegt der Schatz!
Gemurmel:
  Mir liegt's im Fuß wie Bleigewicht —
  Mir krampft's im Arme — Das ist Gicht —
  Mir krabbelt's an der großen Zeh —
  Mir tut der ganze Rücken weh —
  Nach solchen Zeichen wäre hier
  Das allerreichste Schatzrevier.
Kaiser: Nur eilig! du entschlüpfst nicht wieder,
  Erprobe deine Lügenschäume
  Und zeig uns gleich die edlen Räume!
  Ich lege Schwert und Zepter nieder
  Und will mit eignen hohen Händen,
  Wenn du nicht lügst, das Werk vollenden,
  Dich, wenn du lügst, zur Hölle senden!
Mephistopheles:
  Den Weg dahin wüßt allenfalls zu finden! —
  Doch kann ich nicht genug verkünden,
  Was überall besitzlos harrend liegt.
  Der Bauer, der die Furche pflügt,
  Hebt einen Goldtopf mit der Scholle;
  Salpeter hofft er von der Leimenwand

Und findet golden-goldne Rolle,
Erschreckt, erfreut, in kümmerlicher Hand.
Was für Gewölbe sind zu sprengen!
In welchen Klüften! welchen Gängen
Muß sich der Schatzbewußte drängen
Zur Nachbarschaft der Unterwelt!
In weiten, altverwahrten Kellern
Von goldnen Humpen, Schüsseln, Tellern
Sieht er sich Reihen aufgestellt;
Pokale stehen aus Rubinen,
Und will er deren sich bedienen,
Daneben liegt uraltes Naß.
Doch — werdet ihr dem Kundigen glauben?
Verfault ist längst das Holz der Dauben:
Der Weinstein schuf dem Wein ein Faß.
Essenzen solcher edlen Weine,
Gold und Juwelen nicht alleine,
Umhüllen sich mit Nacht und Graus.
Der Weise forscht hier unverdrossen;
Am Tag erkennen, das sind Possen,
Im Finstern sind Mysterien zu Haus.
Kaiser: Die laß ich dir! Was will das Düstre frommen?
Hat etwas Wert, es muß zutage kommen.
Wer kennt den Schelm in tiefer Nacht genau?
Schwarz sind die Kühe, so die Katzen grau.
Die Töpfe drunten, voll von Goldgewicht,
Zieh deinen Pflug und ackre sie ans Licht!
Mephistopheles: Nimm Hack und Spaten, grabe selber!
Die Bauernarbeit macht dich groß,
Und eine Herde goldner Kälber,
Sie reißen sich vom Boden los.
Dann ohne Zaudern, mit Entzücken,
Kannst du dich selbst, wirst die Geliebte schmücken:
Ein leuchtend Farb- und Glanzgestein erhöht
Die Schönheit wie die Majestät.
Kaiser: Nur gleich! nur gleich! Wie lange soll es währen!
Astrolog *(wie oben):*
Herr, mäßige solch dringendes Begehren!
Laßt erst vorbei das bunte Freudenspiel!
Zerstreutes Wesen führt uns nicht zum Ziel.
Erst müssen wir in Fassung uns versühnen,
Das Untre durch das Obere verdienen.
Wer Gutes will, der sei erst gut,
Wer Freunde will, besänftige sein Blut,

Wer Wein verlangt, der keltre reife Trauben,
Wer Wunder hofft, der stärke seinen Glauben!
Kaiser: So sei die Zeit in Fröhlichkeit vertan!
Und ganz erwünscht kommt Aschermittwoch an.
Indessen feiern wir, auf jeden Fall,
Nur lustiger das wilde Karneval.

Trompeten. Exeunt

Mephistopheles:
Wie sich Verdienst und Glück verketten,
Das fällt den Toren niemals ein;
Wenn sie den Stein der Weisen hätten,
Der Weise mangelte dem Stein.

Weitläufiger Saal

mit Nebengemächern, verziert und aufgeputzt zur Mummenschanz

Herold: Denkt nicht, ihr seid in deutschen Grenzen
Von Teufels-, Narren- und Totentänzen!
Ein heitres Fest erwartet euch.
Der Herr, auf seinen Römerzügen,
Hat, sich zu Nutz, euch zum Vergnügen,
Die hohen Alpen überstiegen,
Gewonnen sich ein heitres Reich.
Der Kaiser, er, an heiligen Sohlen
Erbat sich erst das Recht zur Macht,
Und als er ging, die Krone sich zu holen,
Hat er uns auch die Kappe mitgebracht.
Nun sind wir alle neugeboren;
Ein jeder weltgewandte Mann
Zieht sie behaglich über Kopf und Ohren:
Sie ähnelt ihn verrückten Toren,
Er ist darunter weise, wie er kann. —
Ich sehe schon, wie sie sich scharen,
Sich schwankend sondern, traulich paaren;
Zudringlich schließt sich Chor an Chor.
Herein, hinaus, nur unverdrossen!
Es bleibt doch endlich nach wie vor
Mit ihren hunderttausend Possen
Die Welt ein einzig-großer Tor.
Gärtnerinnen *(Gesang, begleitet von Mandolinen):*
Euren Beifall zu gewinnen,
Schmückten wir uns diese Nacht,
Junge Florentinerinnen,
Folgten deutschen Hofes Pracht;

Tragen wir in braunen Locken
Mancher heitern Blume Zier;
Seidenfäden, Seidenflocken
Spielen ihre Rolle hier.

Denn wir halten es verdienstlich,
Lobenswürdig ganz und gar:
Unsere Blumen, glänzend-künstlich,
Blühen fort das ganze Jahr.

Allerlei gefärbten Schnitzeln
Ward symmetrisch Recht getan;
Mögt ihr Stück für Stück bewitzeln,
Doch das Ganze zieht euch an.

Niedlich sind wir anzuschauen,
Gärtnerinnen und galant;
Denn das Naturell der Frauen
Ist so nah mit Kunst verwandt.

Herold: Laßt die reichen Körbe sehen,
 Die ihr auf den Häuptern traget,
 Die sich bunt am Arme blähen!
 Jeder wähle, was behaget!
 Eilig, daß in Laub und Gängen
 Sich ein Garten offenbare!
 Würdig sind, sie zu umdrängen,
 Krämerinnen wie die Ware.

Gärtnerinnen: Feilschet nun am heitern Orte,
 Doch kein Markten finde statt!
 Und mit sinnig-kurzem Worte
 Wisse jeder, was er hat.

Olivenzweig mit Früchten:
 Keinen Blumenflor beneid ich,
 Allen Widerstreit vermeid ich;
 Mir ist's gegen die Natur:
 Bin ich doch das Mark der Lande
 Und, zum sichern Unterpfande,
 Friedenszeichen jeder Flur.
 Heute, hoff ich, soll mir's glücken,
 Würdig-schönes Haupt zu schmücken.

Ährenkranz *(golden):*
 Ceres Gaben, euch zu putzen,
 Werden hold und lieblich stehn:
 Das Erwünschteste dem Nutzen
 Sei als eure Zierde schön.

Phantasiekranz: Bunte Blumen, Malven ähnlich,
  Aus dem Moos ein Wunderflor!
  Der Natur ist's nicht gewöhnlich,
  Doch die Mode bringt's hervor.

Phantasiestrauß: Meinen Namen euch zu sagen,
  Würde Theophrast nicht wagen,
  Und doch hoff ich, wo nicht allen,
  Aber mancher zu gefallen,
  Der ich mich wohl eignen möchte,
  Wenn sie mich ins Haar verflöchte,
  Wenn sie sich entschließen könnte,
  Mir am Herzen Platz vergönnte.

Rosenknospen *(Ausforderung)*:
  Mögen bunte Phantasien
  Für des Tages Mode blühen,
  Wunderseltsam sein gestaltet,
  Wie Natur sich nie entfaltet!
  Grüne Stiele, goldne Glocken,
  Blickt hervor aus reichen Locken! —
  Doch wir halten uns versteckt;
  Glücklich, wer uns frisch entdeckt!
  Wenn der Sommer sich verkündet,
  Rosenknospe sich entzündet,
  Wer mag solches Glück entbehren?
  Das Versprechen, das Gewähren,
  Das beherrscht in Florens Reich
  Blick und Sinn und Herz zugleich.

Unter grünen Laubgängen putzen die Gärtnerinnen zierlich ihren Kram auf

Gärtner *(Gesang, begleitet von Theorben)*:
  Blumen sehet ruhig sprießen,
  Reizend euer Haupt umzieren!
  Früchte wollen nicht verführen,
  Kostend mag man sie genießen.

  Bieten bräunliche Gesichter
  Kirschen, Pfirschen, Königspflaumen,
  Kauft! denn gegen Zung und Gaumen
  Hält sich Auge schlecht als Richter.

  Kommt, von allerreifsten Früchten
  Mit Geschmack und Luft zu speisen!
  Über Rosen läßt sich dichten,
  In die Äpfel muß man beißen.

Sei's erlaubt, uns anzupaaren
Eurem reichen Jugendflor,
Und wir putzen reifer Waren
Fülle nachbarlich empor.

Unter lustigen Gewinden,
In geschmückter Lauben Bucht,
Alles ist zugleich zu finden:
Knospe, Blätter, Blume, Frucht.

Unter Wechselgesang, begleitet von Gitarren und Theorben, fahren beide Chöre fort, ihre Waren stufenweise in die Höhe zu schmücken und auszubieten

Mutter und Tochter

Mutter: Mädchen, als du kamst ans Licht,
Schmückt ich dich im Häubchen;
Warst so lieblich von Gesicht
Und so zart am Leibchen.
Dachte dich sogleich als Braut
Gleich dem Reichsten angetraut,
Dachte dich als Weibchen.

Ach, nun ist schon manches Jahr
Ungenützt verflogen,
Der Sponsierer bunte Schar
Schnell vorbeigezogen!
Tanztest mit dem einen flink,
Gabst dem andern seinen Wink
Mit dem Ellenbogen.

Welches Fest man auch ersann,
Ward umsonst begangen:
Pfänderspiel und Dritter Mann
Wollten nicht verfangen;
Heute sind die Narren los:
Liebchen, öffne deinen Schoß!
Bleibt wohl einer hangen.

Gespielinnen, jung und schön, gesellen sich hinzu, ein vertrauliches Geplauder wird laut

Fischer und Vogelsteller mit Netzen, Angeln und Leimruten, auch sonstigem Geräte, treten auf, mischen sich unter die schönen Kinder. Wechselseitige Versuche, zu gewinnen, zu fangen, zu entgehen und festzuhalten, geben zu den angenehmsten Dialogen Gelegenheit

Holzhauer *(treten ein, ungestüm und ungeschlacht):*
Nur Platz! nur Blöße!
Wir brauchen Räume:
Wir fällen Bäume,

Die krachen, schlagen,
Und wenn wir tragen,
Da gibt es Stöße.
Zu unserm Lobe
Bringt dies ins Reine;
Denn wirkten Grobe
Nicht auch im Lande,
Wie kämen Feine
Für sich zustande,
So sehr sie witzten?
Des seid belehret!
Denn ihr erfröret,
Wenn wir nicht schwitzten.
Pulcinelle *(täppisch, fast läppisch):*
Ihr seid die Toren,
Gebückt geboren.
Wir sind die Klugen,
Die nie was trugen;
Denn unsre Kappen,
Jacken und Lappen
Sind leicht zu tragen,
Und mit Behagen
Wir immer müßig,
Pantoffelfüßig
Durch Markt und Haufen
Einherzulaufen,
Gaffend zu stehen,
Uns anzukrähen,
Auf solche Klänge
Durch Drang und Menge
Aalgleich zu schlüpfen,
Gesamt zu hüpfen,
Vereint zu toben.
Ihr mögt uns loben,
Ihr mögt uns schelten,
Wir lassen's gelten.
Parasiten *(schmeichelnd-lüstern):*
Ihr wackern Träger
Und eure Schwäger,
Die Kohlenbrenner,
Sind unsre Männer;
Denn alles Bücken,
Bejahndes Nicken,
Gewundne Phrasen,

Das Doppelblasen,
Das wärmt und kühlet,
Wie's einer fühlet,
Was könnt es frommen?
Es möchte Feuer
Selbst ungeheuer
Vom Himmel kommen,
Gäb es nicht Scheite
Und Kohlentrachten,
Die Herdesbreite
Zur Glut entfachten.
Da brät's und prudelt's,
Da kocht's und strudelt's!
Der wahre Schmecker,
Der Tellerlecker,
Er riecht den Braten,
Er ahnet Fische;
Das regt zu Taten
An Gönners Tische.

Trunkner *(unbewußt):*
Sei mir heute nicht zuwider!
Fühle mich so frank und frei;
Frische Luft und heitre Lieder,
Holt ich selbst sie doch herbei.
Und so trink ich! trinke! trinke!
Stoßet an, ihr! Tinke-tinke!
Du dorthinten, komm heran!
Stoßet an, so ist's getan.

Schrie mein Weibchen doch entrüstet,
Rümpfte diesem bunten Rock
Und, wie sehr ich mich gebrüstet,
Schalt mich einen Maskenstock.
Doch ich trinke! trinke! trinke!
Angeklungen! Tinke-tinke!
Maskenstöcke, stoßet an!
Wenn es klingt, so ist's getan.

Saget nicht, daß ich verirrt bin!
Bin ich doch, wo mir's behagt.
Borgt der Wirt nicht, borgt die Wirtin,
Und am Ende borgt die Magd.
Immer trink ich! trinke! trinke!
Auf, ihr andern! Tinke-tinke!

Jeder jedem, so fortan!
Dünkt mich's doch, es sei getan.

Wie und wo ich mich vergnüge,
Mag es immerhin geschehn:
Laßt mich liegen, wo ich liege!
Denn ich mag nicht länger stehn.
Chor: Jeder Bruder trinke! trinke!
Toastet frisch ein Tinke-tinke!
Sitzet fest auf Bank und Span!
Unterm Tisch Dem ist's getan.

Der Herold

kündigt verschiedene Poeten an, Naturdichter, Hof- und Rittersänger, zärtliche sowie Enthusiasten. Im Gedräng von Mitwerbern aller Art läßt keiner den ande zum Vortrag kommen
Einer schleicht mit wenigen Worten vorüber

Satiriker: Wißt ihr, was mich Poeten
Erst recht erfreuen sollte?
Dürft ich singen und reden,
Was niemand hören wollte.

Die Nacht- und Grabdichter lassen sich entschuldigen, weil sie soeben im interessantesten Gespräch mit einem frisch erstandenen Vampiren begriffen seien, woraus eine neue Dichtart sich vielleicht entwickeln könnte; der Herold muß es gelten lassen und ruft indessen die griechische Mythologie hervor, die selbst in moderner Maske weder Charakter noch Gefälliges verliert

Die Grazien

Aglaia: Anmut bringen wir ins Leben;
Leget Anmut in das Geben!
Hegemone: Leget Anmut ins Empfangen!
Lieblich ist's, den Wunsch erlangen.
Euphrosyne: Und in stiller Tage Schranken
Höchst anmutig sei das Danken!

Die Parzen

Atropos: Mich, die Älteste, zum Spinnen
Hat man diesmal eingeladen;
Viel zu denken, viel zu sinnen
Gibt's beim zarten Lebensfaden.

Daß er euch gelenk und weich sei,
Mußt ich feinsten Flachs zu sichten;
Daß er glatt und schlank und gleich sei,
Wird der kluge Finger schlichten.

Wolltet ihr bei Lust und Tänzen
Allzu üppig euch erweisen,
Denkt an dieses Fadens Grenzen!
Hütet euch! er möchte reißen.
Klotho: Wißt, in diesen letzten Tagen
Ward die Schere mir vertraut;
Denn man war von dem Betragen
Unsrer Alten nicht erbaut.

Zerrt unnützeste Gespinste
Lange sie an Licht und Luft,
Hoffnung herrlichster Gewinste
Schleppt sie schneidend zu der Gruft.

Doch auch ich, im Jugendwalten,
Irrte mich schon hundertmal;
Heute mich im Zaum zu halten,
Schere steckt im Futteral.
Und so bin ich gern gebunden,
Blicke freundlich diesem Ort:
Ihr in diesen freien Stunden
Schwärmt nur immer fort und fort!
Lachesis: Mir, die ich allein verständig,
Blieb das Ordnen zugeteilt;
Meine Weise, stets lebendig,
Hat noch nie sich übereilt.

Fäden kommen, Fäden weisen,
Jeden lenk ich seine Bahn,
Keinen laß ich überschweifen:
Füg er sich im Kreis heran!

Könnt ich einmal mich vergessen,
Wär es um die Welt mir bang;
Stunden zählen, Jahre messen,
Und der Weber nimmt den Strang.
Herold: Die jetzo kommen, werdet ihr nicht kennen,
Wärt ihr noch so gelehrt in alten Schriften;
Sie anzusehn, die so viel Übel stiften,
Ihr würdet sie willkommne Gäste nennen.
Die Furien sind es! niemand wird uns glauben:
Hübsch, wohlgestaltet, freundlich, jung von Jahren!
Laßt euch mit ihnen ein: ihr sollt erfahren,
Wie schlangenhaft verletzten solche Tauben.

Zwar sind sie tückisch; doch am heutigen Tage,
Wo jeder Narr sich rühmt seiner Mängel,

Auch sie verlangen nicht den Ruhm als Engel,
Bekennen sich als Stadt- und Landesplage.

Die Furien

Alekto: Was hilft es euch? ihr werdet uns vertrauen!
Denn wir sind hübsch und jung und Schmeichelkätzchen;
Hat einer unter euch ein Liebeschätzchen,
Wir werden ihm so lang die Ohren krauen,

Bis wir ihm sagen dürfen, Aug in Auge:
Daß sie zugleich auch dem und jenem winke,
Im Kopfe dumm, im Rücken krumm, und hinke
Und, wenn sie seine Braut ist, gar nichts tauge.

So wissen wir die Braut auch zu bedrängen:
Es hat sogar der Freund vor wenig Wochen
Verächtliches von ihr zu der gesprochen! —
Versöhnt man sich, so bleibt doch etwas hängen.

Megära: Das ist nur Spaß! denn sind sie erst verbunden,
Ich nehm es auf und weiß in allen Fällen
Das schönste Glück durch Grille zu vergällen;
Der Mensch ist ungleich, ungleich sind die Stunden,
Und niemand hat Erwünschtes fest in Armen,
Der sich nicht nach Erwünschterem törig sehnte
Vom höchsten Glück, woran er sich gewöhnte;
Die Sonne flieht er, will den Frost erwarmen.
Mit diesem allen weiß ich zu gebaren
Und führe her Asmodi, den Getreuen,
Zu rechter Zeit Unseliges auszustreuen,
Verderbe so das Menschenvolk in Paaren.

Tisiphone: Gift und Dolch statt böser Zungen
Misch ich, schärf ich dem Verräter;
Liebst du andre: früher, später
Hat Verderben dich durchdrungen,

Muß der Augenblicke Süßtes
Sich zu Gischt und Galle wandeln!
Hier kein Markten, hier kein Handeln:
Wie er es beging, er büßt es.

Singe keiner vom Vergeben!
Felsen klag ich meine Sache,
Echo, horch! erwidert: Rache!
Und wer wechselt, soll nicht leben.

Herold: Belieb es euch, zur Seite wegzuweichen!
Denn was jetzt kommt, ist nicht von euresgleichen.

Ihr seht, wie sich ein Berg herangedrängt,
Mit bunten Teppichen die Weichen stolz behängt,
Ein Haupt mit langen Zähnen, Schlangenrüssel,
Geheimnisvoll, doch zeig ich euch den Schlüssel.
Im Nacken sitzt ihm zierlich-zarte Frau,
Mit feinem Stäbchen lenkt sie ihn genau;
Die andre, droben stehend herrlich-hehr,
Umgibt ein Glanz, der blendet mich zu sehr.
Zur Seite gehn gekettet edle Frauen,
Die eine bang, die andre froh zu schauen;
Die eine wünscht, die andre fühlt sich frei.
Verkünde jede, wer sie sei!

Furcht:
    Dunstige Fackeln, Lampen, Lichter
    Dämmern durchs verworrne Fest;
    Zwischen diese Truggesichter
    Bannt mich, ach! die Kette fest.

    Fort, ihr lächerlichen Lacher!
    Euer Grinsen gibt Verdacht;
    Alle meine Widersacher
    Drängen mich in dieser Nacht.

    Hier: ein Freund ist Feind geworden,
    Seine Maske kenn ich schon!
    Jener wollte mich ermorden,
    Nun, entdeckt, schleicht er davon.

    Ach, wie gern in jeder Richtung
    Flöh ich zu der Welt hinaus!
    Doch von drüben droht Vernichtung,
    Hält mich zwischen Dunst und Graus.

Hoffnung: Seid gegrüßt, ihr lieben Schwestern!
    Habt ihr euch schon heut und gestern
    In Vermummungen gefallen,
    Weiß ich doch gewiß von allen:
    Morgen wollt ihr euch enthüllen!
    Und wenn wir bei Fackelscheine
    Uns nicht sonderlich behagen,
    Werden wir in heitern Tagen
    Ganz nach unserm eignen Willen
    Bald gesellig, bald alleine,
    Frei durch schöne Fluren wandeln,
    Nach Belieben ruhn und handeln
    Und in sorgenfreiem Leben

Nie entbehren, stets erstreben.
Überall willkommne Gäste,
Treten wir getrost hinein:
Sicherlich, es muß das Beste
Irgendwo zu finden sein.
Klugheit: Zwei der größten Menschenfeinde,
Furcht und Hoffnung, angekettet,
Halt ich ab von der Gemeinde —
Platz gemacht! — ihr seid gerettet.

Den lebendigen Kolossen
Führ ich, seht ihr, turmbeladen,
Und er wandelt unverdrossen
Schritt vor Schritt auf steilen Pfaden.

Droben aber auf der Zinne
Jene Göttin mit behenden,
Breiten Flügeln, zum Gewinne
Allerseits sich hinzuwenden:

Rings umgibt sie Glanz und Glorie,
Leuchtend fern nach allen Seiten,
Und sie nennet sich Viktorie,
Göttin aller Tätigkeiten.
Zoilo-Thersites: Hu! hu! da komm ich eben recht!
Ich schelt euch allzusammen schlecht;
Doch was ich mir zum Ziel ersah,
Ist oben Frau Viktoria.
Mit ihrem weißen Flügelpaar
Sie dünkt sich wohl, sie sei ein Aar,
Und wo sie sich nur hingewandt,
Gehör ihr alles Volk und Land.
Doch wo was Rühmliches gelingt,
Es mich sogleich in Harnisch bringt.
Das Tiefe hoch, das Hohe tief,
Das Schiefe grad, das Grade schief,
Das ganz allein macht mich gesund;
So will ich's auf dem Erdenrund.
Herold: So treffe dich, du Lumpenhund,
Des frommen Stabes Meisterstreich!
Da krümm und winde dich sogleich! —
Wie sich die Doppelzwerggestalt
So schnell zum eklen Klumpen ballt! —
Doch Wunder! Klumpen wird zum Ei,
Das bläht sich auf und platzt entzwei.
Nun fällt ein Zwillingspaar heraus:

Die Otter und die Fledermaus!
Die eine fort im Staube kriecht,
Die andre schwarz zur Decke fliegt.
Sie eilen draußen zum Verein;
Da möcht ich nicht der Dritte sein.
Gemurmel: Frisch! dahinten tanzt man schon —
Nein! ich wollt, ich wär davon —
Fühlst du, wie uns das umflicht,
Das gespenstische Gezücht? —
Saust es mir doch übers Haar —
Ward ich's doch am Fuß gewahr —
Keiner ist von uns verletzt —
Alle doch in Furcht gesetzt —
Ganz verdorben ist der Spaß —
Und die Bestien wollten das —
Herold: Seit mir sind bei Maskeraden
Heroldspflichten aufgeladen,
Wach ich ernstlich an der Pforte,
Daß euch hier am lustigen Orte
Nichts Verderbliches erschleiche;
Weder wanke, weder weiche.
Doch ich fürchte, durch die Fenster
Ziehen luftige Gespenster,
Und von Spuk und Zaubereien
Wüßt ich euch nicht zu befreien.
Machte sich der Zwerg verdächtig,
Nun! dort hinten strömt es mächtig.
Die Bedeutung der Gestalten
Möcht ich amtsgemäß entfalten.
Aber was nicht zu begreifen,
Wüßt ich auch nicht zu erklären;
Helfet alle mich belehren! —
Seht ihr's durch die Menge schweifen?
Vierbespannt ein prächtiger Wagen
Wird durch alles durchgetragen;
Doch er teilet nicht die Menge,
Nirgend seh ich ein Gedränge.
Farbig glitzert's in der Ferne,
Irrend leuchten bunte Sterne
Wie von magischer Laterne,
Schnaubt heran mit Sturmgewalt.
Platz gemacht! Mich schaudert's!
Knabe Wagenlenker: Halt!
Rosse, hemmet eure Flügel,

Fühlet den gewohnten Zügel,
  Meistert euch, wie ich euch meistre!
  Rauschet hin, wenn ich begeistre! —
  Diese Räume laßt uns ehren!
  Schaut umher wie sie sich mehren,
  Die Bewundrer, Kreis um Kreise!
  Herold, auf! nach deiner Weise,
  Ehe wir von euch entfliehen,
  Uns zu schildern, uns zu nennen!
  Denn wir sind Allegorien,
  Und so solltest du uns kennen.
Herold: Wüßte nicht, dich zu benennen;
  Eher könnt ich dich beschreiben.
Knabe Lenker: So probier's!
Herold: Man muß gestehen:
  Erstlich bist du jung und schön.
  Halbwüchsiger Knabe bist du; doch die Frauen,
  Sie möchten dich ganz ausgewachsen schauen.
  Du scheinest mir ein künftiger Sponsierer,
  Recht so von Haus aus ein Verführer.
Knabe Lenker: Das läßt sich hören! Fahre fort,
  Erfinde dir des Rätsels heitres Wort!
Herold: Der Augen schwarzer Blitz, die Nacht der Locken,
  Erheitert von juwelnem Band!
  Und welch ein zierliches Gewand
  Fließt dir von Schultern zu den Sokken
  Mit Purpursaum und Glitzertand!
  Man könnte dich ein Mädchen schelten;
  Doch würdest du, zu Wohl und Weh,
  Auch jetzo schon bei Mädchen gelten:
  Sie lehrten dich das ABC.
Knabe Lenker: Und dieser, der als Prachtgebilde
  Hier auf dem Wagenthrone prangt?
Herold: Er scheint ein König, reich und milde;
  Wohl dem, der seine Gunst erlangt!
  Er hat nichts weiter zu erstreben;
  Wo's irgend fehlte, späht sein Blick,
  Und seine reine Lust zu geben
  Ist größer als Besitz und Glück.
Knabe Lenker: Hiebei darfst du nicht stehenbleiben,
  Du mußt ihn recht genau beschreiben.
Herold: Das Würdige beschreibt sich nicht.
  Doch das gesunde Mondgesicht,
  Ein voller Mund, erblühte Wangen,

Die unterm Schmuck des Turbans prangen,
Im Faltenkleid ein reich Behagen!
Was soll ich von dem Anstand sagen?
Als Herrscher scheint er mir bekannt.
Knabe Lenker: Plutus, des Reichtums Gott, genannt!
Derselbe kommt in Prunk daher:
Der hohe Kaiser wünscht ihn sehr.
Herold: Sag von dir selber auch das Was und Wie!
Knabe Lenker: Bin die Verschwendung, bin die Poesie,
Bin der Poet, der sich vollendet,
Wenn er sein eigenst Gut verschwendet.
Auch ich bin unermeßlich reich
Und schätze mich dem Plutus gleich,
Beleb und schmück ihm Tanz und Schmaus;
Das, was ihm fehlt, das teil ich aus.
Herold: Das Prahlen steht dir gar zu schön;
Doch laß uns deine Künste sehen!
Knabe Lenker: Hier seht mich nur ein Schnippchen schlagen,
Schon glänzt's und glitzert's um den Wagen:
Da springt eine Perlenschnur hervor!
Immerfort umherschnippend
Nehmt goldne Spange für Hals und Ohr!
Auch Kamm und Krönchen ohne Fehl,
In Ringen köstlichstes Juwel!
Auch Flämmchen spend ich dann und wann,
Erwartend, wo es zünden kann.
Herold: Wie greift und hascht die liebe Menge!
Fast kommt der Geber ins Gedränge.
Kleinode schnippt er wie ein Traum,
Und alles hascht im weiten Raum.
Doch da erleb ich neue Pfiffe:
Was einer noch so emsig griffe,
Des hat er wirklich schlechten Lohn —
Die Gabe flatter ihm davon.
Es löst sich auf das Perlenband,
Ihm krabbeln Käfer in der Hand;
Er wirft sie weg, der arme Tropf,
Und sie umsummen ihm den Kopf.
Die andern statt solider Dinge
Erhaschen frevle Schmetterlinge.
Wie doch der Schelm so viel verheißt!
Und nur verleiht, was golden gleißt!
Knabe Lenker:
Zwar Masken, merk ich, weißt du zu verkünden,

Allein der Schale Wesen zu ergründen,
Sind Herolds Hofgeschäfte nicht;
Das fordert schä'res Gesicht.
Doch hüt ich mich vor jeder Fehde;
An dich, Gebieter, wen ich Frag und Rede.

Zu Plutus gewendet

Hast du mir nicht die Windesbraut
Des Viergespannes anvertraut?
Lenk ich nicht glücklich, wie du leitest?
Bin ich nicht da, wohin du deutest?
Und wußt ich nicht auf kühnen Schwingen
Für dich die Palme zu erringen?
Wie oft ich auch für dich gefochten,
Mir ist es jederzeit geglückt:
Wenn Lorbeer deine Stirne schmückt,
Hab ich ihn nicht mit Sinn und Hand geflochten?

Plutus: Wenn's nötig ist, daß ich dir Zeugnis leiste,
So sag ich gern: bist Geist von meinem Geiste.
Du handelst stets nach meinem Sinn,
Bist reicher, als ich selber bin.
Ich schätze, deinen Dienst zu lohnen,
Den grünen Zweig vor allen meinen Kronen.
Ein wahres Wort verkünd ich allen:
Mein lieber Sohn, an dir hab ich Gefallen!

Knabe Lenker (zur Menge):
Die größten Gaben meiner Hand,
Seht! hab ich rings umhergesandt:
Auf dem und jenem Kopfe glüht
Ein Flämmchen, das ich angesprüht.
Von einem zu dem andern hüpft's,
An diesem hält sich's, dem entschlüpft's,
Gar selten aber flammt's empor
Und leuchtet rasch in kurzem Flor;
Doch vielen, eh man's noch erkannt,
Verlischt es, traurig ausgebrannt.

Weibergeklatsch:
Dadroben zusammen auf dem Viergespann
Das ist gewiß ein Scharlatan,
Gekauzt da hintendrauf, Hanswurst,
Doch abgezehrt von Hunger und Durst,
Wie man ihn niemals noch erblickt;
Er fühlt wohl nicht, wenn man ihn zwickt.

Der Abgemagerte: Vom Leibe mir, ekles Weibsgeschlecht!

Ich weiß, dir komm ich niemals recht. —
Wie noch die Frau den Herd versah,
Da hieß ich Avaritia;
Da stand es gut um unser Haus:
Nur viel herein und nichts hinaus!
Ich eiferte für Kist und Schrein;
Das sollte wohl gar ein Laster sein!
Doch als in allerneusten Jahren
Das Weib nicht mehr gewohnt zu sparen
Und wie ein jeder böser Zahler
Weit mehr Begierden hat als Taler,
Da bleibt dem Manne viel zu dulden:
Wo er nur hinsieht, da sind Schulden.
Sie wendet's, kann sie was erspulen,
An ihren Leib, an ihren Buhlen,
Auch speist sie besser, trinkt noch mehr
Mit der Sponsierer leidigem Heer;
Das steigert mir des Goldes Reiz:
Bin männlichen Geschlechts, der Geiz!

Hauptweib: Mit Drachen mag der Drache geizen;
Ist's doch am Ende Lug und Trug!
Er kommt, die Männer aufzureizen;
Sie sind schon unbequem genug.

Weiber in Masse:
Der Strohmann! Reich ihm eine Schlappe!
Was will das Marterholz uns dräun?
Wir sollen seine Fratze scheun!
Die Drachen sind von Holz und Pappe:
Frisch an und dringt auf ihn hinein!

Herold: Bei meinem Stabe! Ruh gehalten! —
Doch braucht es meiner Hilfe kaum:
Seht, wie die grimmen Ungestalten,
Bewegt im rasch gewonnenen Raum,
Das Doppelflügelpaar entfalten!
Entrüstet schütteln sich der Drachen
Umschuppte, feuerspeiende Rachen;
Die Menge flieht, rein ist der Platz.

Plutus steigt vom Wagen

Herold: Er tritt herab, wie königlich!
Er winkt, die Drachen rühren sich;
Die Kiste haben sie vom Wagen
Mit Gold und Geiz herangetragen,

Sie steht zu seinen Füßen da:
Ein Wunder ist es, wie's geschah.

Plutus *(zum Lenker)*:
Nun bist du los der allzu lästigen Schwere,
Bist frei und frank: nun frisch zu deiner Sphäre!
Hier ist sie nicht! Verworren, scheckig, wild
Umdrängt uns hier ein fratzenhaft Gebild.
Nur wo du klar ins holde Klare schaust,
Dir angehörst und dir allein vertraust,
Dorthin, wo Schönes, Gutes nur gefällt,
Zur Einsamkeit! — Da schaffe deine Welt!

Knabe Lenker: So acht ich mich als werten Abgesandten,
So lieb ich dich als nächsten Anverwandten.
Wo du verweilst, ist Fülle; wo ich bin,
Fühlt jeder sich im herrlichsten Gewinn.
Auch schwankt er oft im widersinnigen Leben:
Soll er sich dir, soll er sich mir ergeben?
Die Deinen freilich können müßig ruhn;
Doch wer mir folgt, hat immer was zu tun.
Nicht insgeheim vollführ ich meine Taten:
Ich atme nur, und schon bin ich verraten.
So lebe wohl! du gönnst mir ja mein Glück;
Doch lisple leis, und gleich bin ich zurück.

Ab, wie er kam

Plutus: Nun ist es Zeit, die Schätze zu entfesseln!
Die Schlösser treff ich mit des Herolds Rute.
Es tut sich auf! schaut her: in ehrnen Kesseln
Entwickelt sich's und wallt von goldnem Blute,
Zunächst der Schmuck von Kronen, Ketten, Ringen;
Es schwillt und droht, ihn schmelzend zu verschlingen.

Wechselgeschrei der Menge:
Seht hier, o hin! wie's reichlich quillt,
Die Kiste bis zum Rande füllt! —
Gefäße, goldne, schmelzen sich,
Gemünzte Rollen wälzen sich. —
Dukaten hüpfen wie geprägt:
O wie mir das den Busen regt! —
Wie schau ich alle mein Begehr!
Da kollern sie am Boden her. —
Man bietet's euch, benutzt's nur gleich
Und bückt euch nur und werdet reich! —
Wir andern, rüstig wie der Blitz,
Wir nehmen den Koffer in Besitz. —

Herold: Was soll's, ihr Toren? soll mir das?
Es ist ja nur ein Maskenspaß.
Heut abend wird nicht mehr begehrt;
Glaubt ihr, man geb euch Gold und Wert?
Sind doch für euch in diesem Spiel
Selbst Rechenpfennige zu viel.
Ihr Täppischen! ein artiger Schein
Soll gleich die plumpe Wahrheit sein.
Was soll euch Wahrheit? Dumpen Wahn
Packt ihr an allen Zipfeln an.
Vermummter Plutus, Maskenheld,
Schlag dieses Volk mir aus dem Feld!
Plutus: Dein Stab ist wohl dazu bereit,
Verleih ihn mir auf kurze Zeit! —
Ich tauch ihn rasch in Sud und Glut. —
Nun, Masken, seid auf eurer Hut!
Wie's blitz und platzt, in Funken sprüht!
Der Stab, schon ist er angeglüht.
Wer sich zu nah herangedrängt,
Ist unbarmherzig gleich versengt. —
Jetzt fang ich meinen Umgang an.
Geschrei und Gedräng:
O weh! es ist um uns getan! —
Entfliehe, wer entfliehen kann! —
Zurück, zurück, du Hintermann! —
Mir sprüht es heiß ins Angesicht —
Mich drückt des glühenden Stabs Gewicht —
Verloren sind wir all und all —
Zurück, zurück, du Maskenschwall!
Zurück, zurück, unsinniger Hauf! —
O hätt ich Flügel, flög ich auf —
Plutus: Schon ist der Kreis zurückgedrängt,
Und niemand, glaub ich, ist versengt.
Die Menge weicht,
Sie ist verscheucht. —
Doch solcher Ordnung Unterpfand
Zieh ich ein unsichtbares Band.
Herold: Du hast ein herrlich Werk vollbracht;
Wie dank ich deiner klugen Macht!
Plutus: Noch braucht es, edler Freund, Geduld:
Es droht noch mancherlei Tumult.
Geiz: So kann man doch, wenn es beliebt,
Vergnüglich diesen Kreis beschauen;
Denn immerfort sind vornean die Frauen,

Wo's was zu gaffen, was zu naschen gibt.
Noch bin ich nicht so völlig eingerostet!
Ein schönes Weib ist immer schön,
Und heute, weil es mich nichts kostet,
So wollen wir getrost sponsieren gehn.
Doch weil am überfüllten Orte
Nicht jedem Ohr vernehmlich alle Worte,
Versuch ich klug und hoff, es soll mir glücken,
Mich pantomimisch deutlich auszudrücken.
Hand, Fuß, Gebärde reicht mir da nicht hin,
Da muß ich mich um einen Schwank bemühn:
Wie feuchten Ton will ich das Gold behandeln;
Denn dies Metall läßt sich in alles wandeln.
Herold: Was fängt der an, der magre Tor?
Hat so ein Hungermann Humor?
Er knetet alles Gold zu Teig,
Ihm wird es untern Händen weich;
Wie er es drückt und wie es ballt,
Bleibt's immer doch nur ungestalt.
Er wendet sich zu den Weibern dort:
Sie schreien alle, möchten fort,
Gebärden sich gar widerwärtig;
Der Schalk erweist sich übelfertig.
Ich fürchte, daß er sich ergetzt,
Wenn er die Sittlichkeit verletzt.
Dazu darf ich nicht schweigsam bleiben:
Gib meinen Stab, ihn zu vertreiben!
Plutus: Er ahnet nicht, was uns von außen droht! —
Laß ihn die Narrenteidung treiben!
Ihm wird kein Raum für seine Possen bleiben;
Gesetz ist mächtig, mächtiger ist die Not.
Getümmel und Gesang:
Das wilde Heer, es kommt zumal
Von Bergeshöh und Waldestal,
Unwiderstehlich schreitet's an:
Sie feiern ihren großen Pan.
Sie wissen doch, was keiner weiß,
Und drängen in den leeren Kreis.
Plutus: Ich kenn euch wohl und euren großen Pan!
Zusammen habt ihr kühnen Schritt getan.
Ich weiß recht gut, was nicht ein jeder weiß,
Und öffne schuldig diesen engen Kreis. —
Mag sie ein gut Geschick begleiten!
Das Wunderlichste kann geschehn;

Sie wissen nicht, wohin sie schreiten,
Sie haben sich nicht vorgesehen. —
Wildgesang: Geputztes Volk, du Flitterschau!
Sie kommen roh, sie kommen rauh,
In hohem Sprung, in raschem Lauf,
Sie treten derb und tüchtig auf.
Faunen: Die Faunenschar
Im lustigen Tanz,
Den Eichenkranz
Im krausen Haar,
Ein feines, zugespitztes Ohr
Dringt an dem Lockenkopf hervor,
Ein stumpfes Näschen, ein breit Gesicht,
Das schadet alles bei Frauen nicht:
Dem Faun, wenn er die Patsche reicht,
Versagt die Schönste den Tanz nicht leicht.
Satyr: Der Satyr hüft nun hinterdrein
Mit Ziegenfuß und dürrem Bein,
Ihm sollen sie mager und sehnig sein,
Und gemsenartig auf Bergeshöhn
Belustigt er sich umherzugehn.
In Freiheitsluft erquickt alsdann,
Verhöhnt er Kind und Weib und Mann,
Die tief in Tales Dampf und Rauch
Behaglich meinen, sie lebten auch,
Da ihm doch rein und ungestört
Die Welt dort oben allein gehört.
Gnomen: Da trippelt ein die kleine Schar,
Sie hält nicht gern sich Paar an Paar;
Im moosigen Kleid mit Lämplein hell
Bewegt sich's durcheinander schnell,
Wo jedes für sich selber schafft,
Wie Leuchtameisen wimmelhaft,
Und wuselt emsig hin und her,
Beschäftigt in die Kreuz und Quer.
Den frommen Gütchen nah verwandt,
Als Felschirurgen wohlbekannt:
Die hohen Berge schröpfen wir,
Aus vollen Adern schöpfen wir;
Metalle stürzen wir zuhauf
Mit Gruß getrost: Glückauf! Glückauf!
Das ist von Grund aus wohlgemeint:
Wir sind der guten Menschen Freund.
Doch bringen wir das Gold zutag,

Damit man stehlen und kuppeln mag,
Nicht Eisen fehle dem stolzen Mann,
Der allgemeinen Mord ersann.
Und wer die drei Gebot veracht't,
Sich auch nichts aus den andern macht.
Das alles ist nicht unsre Schuld;
Drum habt so fort, wie wir, Geduld!
Riesen: Die wilden Männer sind s' genannt,
Am Harzgebirge wohlbekannt;
Natürlich-nackt in aller Kraft,
Sie kommen sämtlich riesenhaft
Den Fichtenstamm in rechter Hand
Und um den Leib ein wulstig Band,
Den derbsten Schurz von Zweig und Blatt:
Leibwache, wie der Papst nicht hat.
Nymphen im Chor *(sie umschließen den großen Pan):*
Auch kommt er an! —
Das All der Welt
Wird vorgestellt
Im großen Pan.
Ihr Heitersten, umgebet ihn,
Im Gaukeltanz umschwebet ihn!
Denn weil er ernst und gut dabei,
So will er, daß man fröhlich sei.
Auch unterm blauen Wölbedach
Verhielt er sich beständig wach;
Doch rieseln ihm die Bäche zu,
Und Lüftlein wiegen ihn mild in Ruh.
Und wenn er zu Mittage schläft,
Sich nicht das Blatt am Zweige regt;
Gesunder Pflanzen Balsamduft
Erfüllt die schweigsam-stille Luft;
Die Nymphe darf nicht munter sein,
Und wo sie stand, da schläft sie ein.
Wenn unerwartet mit Gewalt
Dann aber seine Stimm erschallt
Wie Blitzes Knattern, Meergebraus,
Dann niemand weiß, wo ein noch aus,
Zerstreut sich tapfres Heer im Feld,
Und im Getümmel bebt der Held.
So Ehre dem, dem Ehre gebührt!
Und Heil ihm, der uns hergeführt!
Deputation der Gnomen *(an den großen Pan):*
Wenn das glänzend-reiche Gute

Fadenweis durch Klüfte streicht,
Nur der klugen Wünschelrute
Seine Labyrinthe zeigt,
Wölben wir in dunklen Grüften
Troglodytisch unser Haus,
Und an reinen Tageslüften
Teilst du Schätze gnädig aus.

Nun entdecken wir hieneben
Eine Quelle wunderbar,
Die bequem verspricht zu geben,
Was kaum zu erreichen war.

Die vermagst du zu vollenden;
Nimm es, Herr, in deine Hut:
Jeder Schatz in deinen Händen
Kommt der ganzen Welt zugut.

Plutus *(zum Herold):* Wir müssen uns im hohen Sinne fassen
  Und, was geschieht, getrost geschehen lassen,
    Du bist ja sonst des stärksten Mutes voll.
  Nun wird sich gleich ein Greulichstes ereignen,
  Hartnäckig wird es Welt und Nachwelt leugnen:
    Du schreib es treulich in dein Protokoll!

Herold *(den Stab anfassend, welchen Plutus in der Hand behält):*
  Die Zwerge führen den großen Pan
  Zur Feuerquelle sacht heran;
  Sie siedet auf vom tiefsten Schlund,
  Dann sinkt sie wieder hinab zum Grund,
  Und finster steht der offne Mund,
  Wallt wieder auf in Glut und Sud.
  Der große Pan steht wohlgemut,
  Freut sich des wundersamen Dings,
  Und Perlenschaum sprüht rechts und links.
  Wie mag er solchem Wesen traun?
  Er bückt sich, tief hineinzuschaun. —
  Nun aber fällt sein Bart hinein! —
  Wer mag das glatte Kinn wohl sein?
  Die Hand verbirgt es unserm Blick. —
  Nun folgt ein großes Ungeschick:
  Der Bart entflammt und fliegt zurück,
  Entzündet Kranz und Haupt und Brust,
  Zu Leiden wandelt sich die Lust! —
  Zu löschen läuft die Schar herbei;
  Doch keiner bleibt von Flammen frei,
  Und wie es patscht und wie es schlägt,

Wird neues Flammen aufgeregt:
Verflochten in das Element,
Ein ganzer Maskenklump verbrennt.
Was aber hör ich, wird uns kund
Von Ohr zu Ohr, von Mund zu Mund?
O ewig unglückselge Nacht,
Was hast du uns für Leid gebracht!
Verkünden wird der nächste Tag,
Was niemand willig hören mag;
Doch hör ich allerorten schrein:
„Der Kaiser leidet solche Pein!"
O wäre doch ein andres wahr!
Der Kaiser brennt und seine Schar!
Sie sei verflucht, die ihn verführt,
In harzig Reis sich eingeschnürt,
Zu toben her mit Brüllgesang
Zu allerseitigem Untergang!
O Jugend, Jugend, wirst du nie
Der Freude reines Maß bezirken?
o Hoheit, Hoheit, wirst du nie
Vernünftig wie allmächtig wirken?
Schon geht der Wald in Flammen auf,
Sie züngeln leckend spitz hinauf
Zum holzverschränkten Deckenband:
Uns droht ein allgemeiner Brand!
Des Jammers Maß ist übervoll,
Ich weiß nicht, wer uns retten soll.
Ein Aschenhaufen einer Nacht
Liegt morgen reiche Kaiserpracht!
Plutus: Schrecken ist genug verbreitet,
Hilfe sei nun eingeleitet! —
Schlage, heilgen Stabs Gewalt,
Daß der Boden bebt und schallt!
Du geräumig-weite Luft,
Fülle dich mit kühlem Duft!
Zieht heran, umherzuschweifen,
Nebeldünste, schwangre Streifen,
Deckt ein flammendes Gewühl
Rieselt, säuselt, Wölkchen kräuselt,
Schlüpfet wallend, leise dämpfet,
Löschend überall bekämpfet:
Ihr, die Lindernden, die Feuchten,
Wandelt in ein Wetterleuchten
Solcher eitlen Flamme Spiel! —

Drohen Geister, uns zu schädigen,
Soll sich die Magie betätigen.

Lustgarten

Morgensonne
Der Kaiser, Hofleute
Faust, Mephistopheles, anständig, nicht auffallend, nach Sitte gekleidet; beide knien

Faust: Verzeihst du, Herr, das Flammengaukelspiel?
Kaiser *(zum Aufstehn winkend):*
  Ich wünsche mir dergleichen Scherze viel. —
  Auf einmal sah ich mich in glühnder Sphäre:
  Es schien mir fast, als ob ich Pluto wäre.
  Aus Nacht und Kohlen lag ein Felsengrund,
  Von Flämmchen glühend. Dem und jenem Schlund
  Aufwirbelten viel tausend wilde Flammen
  Und flackerten in Ein Gewölb zusammen.
  Zum höchsten Dome züngelt es empor,
  Der immer ward und immer sich verlor.
  Durch fernen Raum gewundner Feuersäulen
  Sah ich bewegt der Völker lange Zeilen;
  Sie drängten sich im weiten Kreis heran
  Und huldigten, wie sie es stets getan.
  Von meinem Hof erkannt ich ein und andern,
  Ich schien ein Fürst von tausend Salamandern.
Mephistopheles: Das bist du, Herr! weil jedes Element
  Die Majestät als unbedingt erkennt.
  Gehorsam Feuer hast du nun erprobt:
  Wirf dich ins Meer, wo es am wildsten tobt,
  Und kaum betrittst du perlenreichen Grund,
  So bildet wallend sich ein herrlich Rund,
  Siehst auf und ab lichtgrüne, schwanke Wellen
  Mit Purpursaum zur schönsten Wohnung schwellen
  Um dich, den Mittelpunkt. Bei jedem Schritt,
  Wohin du gehst, gehn die Paläste mit.
  Die Wände selbst erfreuen sich des Lebens,
  Pfeilschnellen Wimmelns, Hin- und Widerstrebens.
  Meerwunder drängen sich zum neuen milden Schein,
  Sie schießen an, und keines darf herein.
  Da spielen farbig-goldbeschuppte Drachen,
  Der Haifisch klafft: du lachst ihm in den Rachen.
  Wie sich auch jetzt der Hof um dich entzückt,
  Hast du doch nie ein solch Gedräng erblickt.
  Doch bleibst du nicht vom Lieblichsten geschieden:

Es nahen sich neugierige Nereiden
Der prächtgen Wohnung in der ewgen Frische,
Die jüngsten scheu und lüstern wie die Fische,
Die spätern klug. Schon wird es Thetis kund:
Dem zweiten Peleus reicht sie Hand und Mund. —
Den Sitz alsdann auf des Olymps Revier — —

Kaiser: Die luftgen Räume, die erlaß ich dir:
Noch früh genug besteigt man jenen Thron.

Mephistopheles: Und, höchster Herr! die Erde hast du schon.

Kaiser: Welch gut Geschick hat dich hieher gebracht,
Unmittelbar aus Tausendeiner Nacht?
Gleichst du an Fruchtbarkeit Scheherazaden,
Versichr ich dich der höchsten aller Gnaden.
Sei stets bereit, wenn eure Tageswelt,
Wie's oft geschieht, mir widerlichst mißfällt!

Marschalk *(tritt eilig auf):*
Durchlauchtigster, ich dacht in meinem Leben
Vom schönsten Glück Verkündung nicht zu geben
Als diese, die mich hoch beglückt,
In deiner Gegenwart entzückt:
Rechnung für Rechnung ist berichtigt,
Die Wucherklauen sind beschwichtigt,
Los bin ich solcher Höllenpein;
Im Himmel kann's nicht heitrer sein.

Heermeister *(folgt eilig):* Abschläglich ist der Sold entrichtet,
Das ganze Heer aufs neu verpflichtet,
Der Landsknecht fühlt sich frisches Blut,
Und Wirt und Dirnen haben's gut.

Kaiser: Wie atmet eure Brust erweitert!
Das faltige Gesicht erheitert!
Wie eilig tretet ihr heran!

Schatzmeister *(der sich einfindet):*
Befrage diese, die das Werk getan!

Faust: Dem Kanzler ziemt's, die Sache vorzutragen.

Kanzler *(der langsam herankommt):*
Beglückt genug in meinen alten Tagen. —
So hört und schaut das schicksalschwere Blatt,
Das alles Weh in Wohl verwandelt hat! *(Er liest.)*
„Zu wissen sei es jedem, der's begehrt:
Der Zettel hier ist tausend Kronen wert.
Ihm liegt gesichert, als gewisses Pfand,
Unzahl vergrabnen Guts im Kaiserland.
Nun ist gesorgt, damit der reiche Schatz,
Sogleich gehoben, diene zum Ersatz."

Kaiser: Ich ahne Frevel, ungeheuren Trug!
  Wer fälschte hier des Kaisers Namenszug?
  Ist solch Verbrechen ungestraft geblieben?
Schatzmeister: Erinnre dich: hast selbst es unterschrieben!
  Erst heute nacht! Du standst als großer Pan,
  Der Kanzler sprach mit uns zu dir heran:
  „Gewähre dir das hohe Festvergnügen,
  Des Volkes Heil, mit wenig Federzügen!"
  Du zogst sie rein, dann ward's in dieser Nacht
  Durch Tausendkünstler schnell vertausendfacht.
  Damit die Wohltat allen gleich gedeihe,
  So stempelten wir gleich die ganze Reihe:
  Zehn, Dreißig, Fünfzig, Hundert sind parat.
  Ihr denkt euch nicht, wie wohl's dem Volke tat.
  Seht eure Stadt, sonst halb im Tod verschimmelt,
  Wie alles lebt und lustgenießend wimmelt!
  Obschon dein Name längst die Welt beglückt,
  Man hat ihn nie so freundlich angeblickt.
  Das Alphabet ist nun erst überzählig,
  In diesem Zeichen wird nun jeder selig.
Kaiser: Und meinen Leuten gilt's für gutes Gold?
  Dem Heer, dem Hofe gnügt's zu vollem Sold?
  So sehr mich's wundert, muß ich's gelten lassen.
Marschalk: Unmöglich wär's, die Flüchtigen einzufassen;
  Mit Blitzeswink zerstreute sich's im Lauf.
  Die Wechslerbänke stehen sperrig auf:
  Man honoriert daselbst ein jedes Blatt
  Durch Gold und Silber, freilich mit Rabatt.
  Nun geht's von da zum Fleischer, Bäcker, Schenken:
  Die halbe Welt scheint nur an Schmaus zu denken,
  Wenn sich die andre neu in Kleidern bläht;
  Der Krämer schneidet aus, der Schneider näht.
  Bei: „Hoch dem Kaiser!" sprudelt's in den Kellern;
  Dort kocht's und brät's und klappert mit den Tellern.
Mephistopheles: Wer die Terrassen einsam abspaziert,
  Gewahrt die Schönste, herrlich aufgeziert,
  Ein Aug verdeckt vom stolzen Pfauenwedel;
  Sie schmunzelt uns und blickt nach solcher Schedel,
  Und hurtger als durch Witz und Redekunst
  Vermittelt sich die reichste Liebesgunst.
  Man wird sich nicht mit Börs und Beutel plagen:
  Ein Blättchen ist im Busen leicht zu tragen,
  Mit Liebesbrieflein paart's bequem sich hier.
  Der Priester trägt's andächtig im Brevier,

Und der Soldat, um rascher sich zu wenden,
Erleichtert schnell den Gürtel seiner Lenden.
Die Majestät verzeihe, wenn ins Kleine
Das hohe Werk ich zu erniedern scheine!

Faust: Das Übermaß der Schätze, das, erstarrt,
In deinen Landen tief im Boden harrt,
Liegt ungenutzt. Der weiteste Gedanke
Ist solches Reichtums kümmerlichste Schranke;
Die Phantasie, in ihrem höchsten Flug,
Sie strengt sich an und tut sich nie genug.
Doch fassen Geister, würdig, tief zu schauen,
Zum Grenzenlosen grenzenlos Vertrauen.

Mephistopheles:
Ein solch Papier, an Gold und Perlen Statt,
Ist so bequem, man weiß doch, was man hat;
Man braucht nicht erst zu markten noch zu tauschen,
Kann sich nach Lust in Lieb und Wein berauschen.
Will man Metall: ein Wechsler ist bereit,
Und fehlt es da, so gräbt man eine Zeit.
Pokal und Kette wird verauktioniert,
Und das Papier, sogleich amortisiert,
Beschämt den Zweifler, der uns frech verhöhnt.
Man will nichts anders, ist daran gewöhnt.
So bleibt von nun an allen Kaiserlanden
An Kleinod, Gold, Papier genug vorhanden.

Kaiser: Das hohe Wohl verdankt euch unser Reich;
Wo möglich sei der Lohn dem Dienste gleich.
Vertraut sei euch des Reiches innrer Boden,
Ihr seid der Schätze würdigste Kustoden.
Ihr kennt den weiten, wohlverwahrten Hort,
Und wenn man gräbt, so sei's auf euer Wort.
Vereint euch nun, ihr Meister unsres Schatzes,
Erfüllt mit Lust die Würden eures Platzes,
Wo mit der obern sich die Unterwelt,
In Einigkeit beglückt, zusammenstellt!

Schatzmeister:
Soll zwischen uns kein fernster Zwist sich regen!
Ich liebe mir den Zaubrer zum Kollegen. *(Ab mit Faust)*

Kaiser: Beschenk ich nun bei Hofe Mann für Mann,
Gesteh er mir, wozu er's brauchen kann.

Page *(empfangend):* Ich lebe lustig, heiter, guter Dinge.

Ein anderer *(gleichfalls):*
Ich schaffe gleich dem Liebchen Kett und Ringe.

Kämmerer *(annehmend):*
  Von nun an trink ich doppelt bess're Flasche.
Ein anderer *(gleichfalls):*
  Die Würfel jucken mich schon in der Tasche.
Bannerherr *(mit Bedacht):*
  Mein Schloß und Feld, ich mach es schuldenfrei.
Ein anderer *(gleichfalls):*
  Es ist ein Schatz, den leg ich Schätzen bei.
Kaiser: Ich hoffte Lust und Mut zu neuen Taten;
  Doch wer euch kennt, der wird euch leicht erraten.
  Ich merk es wohl: bei aller Schätze Flor,
  Wie ihr gewesen, bleibt ihr nach wie vor.
Narr: Ihr spendet Gnaden: gönnt auch mir davon!
Kaiser: Und lebst du wieder, du vertrinkst sie schon.
Narr: Die Zauberblätter! Ich versteh's nicht recht.
Kaiser: Das glaub ich wohl; denn du gebrauchst sie schlecht.
Narr: Da fallen andere; weiß nicht, was ich tu.
Kaiser: Nimm sie nur hin! sie fielen dir ja zu. *(Ab)*
Narr: Fünftausend Kronen wären mir zuhanden!
Mephistopheles:
  Zweibeiniger Schlauch, bist wieder auferstanden?
Narr: Geschieht mir oft, doch nicht so gut als jetzt.
Mephistopheles: Du freust dich so, daß dich's in Schweiß versetzt.
Narr: Da seht nur her: ist das wohl Geldes wert?
Mephistopheles: Du hast dafür, was Schlund und Bauch begehrt.
Narr: Und kaufen kann ich Acker, Haus und Vieh?
Mephistopheles: Versteht sich! biete nur: das fehlt dir nie.
Narr: Und Schloß mit Wald und Jagd und Fischbach?
Mephistopheles: Traun!
  Ich möchte dich gestrengen Herrn wohl schaun!
Narr: Heut abend wieg ich mich im Grundbesitz! *(Ab)*
Mephistopheles *(solus):*
  Wer zweifelt noch an unseres Narren Witz!

Finstere Galerie

Faust. Mephistopheles

Mephistopheles:
  Was ziehst du mich in diese düstern Gänge?
  Ist nicht da drinnen Lust genug?
  Ich dichten, bunten Hofgedränge
  Gelegenheit zu Spaß und Trug?

Faust: Sag mir das nicht! du hast's in alten Tagen
  Längst an den Sohlen abgetragen!
  Doch jetzt dein Hin- und Wiedergehn
  Ist nur, um mir nicht Wort zu stehn.
  Ich aber bin gequält zu tun,
  Der Marschalk und der Kämmrer treibt mich nun.
  Der Kaiser will, es muß sogleich geschehn,
  Will Helena und Paris vor sich sehn;
  Das Musterbild der Männer so der Frauen
  In deutlichen Gestalten will er schauen.
  Geschwind ans Werk! ich darf mein Wort nicht brechen.
Mephistopheles: Unsinnig war's, leichtsinnig zu versprechen.
Faust: Du hast, Geselle, nicht bedacht,
  Wohin uns deine Künste führen:
  Erst haben wir ihn reich gemacht,
  Nun sollen wir ihn amüsieren.
Mephistopheles: Du wähnst, es füge sich sogleich;
  Hier stehen wir vor steilern Stufen,
  Greifst in ein fremdestes Bereich,
  Machst frevelhaft am Ende neue Schulden,
  Denkst Helenen so leicht hervorzurufen
  Wie das Papiergespenst der Gulden. —
  Mit Hexenfexen, mit Gespenstgespinsten,
  Kielkröpfigen Zwergen steh ich gleich zu Diensten;
  Doch Teufelsliebchen, wenn auch nicht zu schelten,
  Sie können nicht für Heroinen gelten.
Faust: Da haben wir den alten Leierton!
  Bei dir gerät man stets ins Ungewisse.
  Der Vater bist du aller Hindernisse,
  Für jedes Mittel willst du neuen Lohn.
  Mit wenig Murmeln, weiß ich, ist's getan;
  Wie man sich umschaut, bringst du sie zur Stelle.
Mephistopheles: Das Heidenvolk geht mich nichts an:
  Es haust in seiner eignen Hölle;
  Doch gibt's ein Mittel.
Faust: Sprich, und ohne Säumnis!
Mephistopheles: Ungern entdeck ich höheres Geheimnis. —
  Göttinnen thronen hehr in Einsamkeit,
  Um sie kein Ort, noch weniger eine Zeit;
  Von ihnen sprechen ist Verlegenheit.
  Die Mütter sind es!
Faust (*aufgeschreckt*): Mütter!
Mephistopheles: Schaudert's dich?
Faust: Die Mütter! Mütter! — 's klingt so wunderlich!

Mephistopheles: Das ist es auch. Göttinnen, ungekannt
Euch Sterblichen, von uns nicht gern genannt.
Nach ihrer Wohnung magst ins Tiefste schürfen;
Du selbst bist schuld, daß ihrer wir bedürfen.
Faust: Wohin der Weg?
Mephistopheles: Kein Weg! Ins Unbetretene,
Nicht zu Betretende! Ein Weg ans Unerbetene,
Nicht zu Erbittende! Bist du bereit? —
Nicht Schlösser sind, nicht Riegel wegzuschieben,
Von Einsamkeiten wirst umhergetrieben.
Hast du Begriff von Öd und Einsamkeit?
Faust: Du spartest, dächt ich, solche Sprüche!
Hier witterts nach der Hexenküche,
Nach einer längst vergangnen Zeit.
Mußt ich nicht mit der Welt verkehren?
Das Leere lernen, Leeres lehren?
Sprach ich vernünftig, wie ich's angeschaut,
Erklang der Widerspruch gedoppelt laut.
Mußt ich sogar vor widerwärtigen Streichen
Zur Einsamkeit, zur Wildernis entweichen
Und, um nicht ganz versäumt, allein zu leben,
Mich doch zuletzt dem Teufel übergeben!
Mephistopheles:
Und hättest du den Ozean durchschwommen,
Das Grenzenlose dort geschaut,
So sähst du dort doch Well auf Welle kommen,
Selbst wenn es dir vorm Untergange graut.
Du sähst doch etwas! sähst wohl in der Grüne
Gestillter Meere streichende Delphine,
Sähst Wolken ziehen, Sonne, Mond und Sterne —
Nichts wirst du sehn in ewig leerer Ferne,
Den Schritt nicht hören, den du tust,
Nichts Festes finden, wo du ruhst!
Faust: Du sprichst als erster aller Mystagogen,
Die treue Neophyten je betrogen;
Nur umgekehrt. Du sendest mich ins Leere,
Damit ich dort so Kunst als Kraft vermehre,
Behandelst mich, daß ich, wie jene Katze,
Dir die Kastanien aus den Gluten kratze.
Nur immer zu! wir wollen es ergründen:
In deinem Nichts hoff ich das All zu finden.
Mephistopheles: Ich rühme dich, eh du dich von mir trennst,
Und sehe wohl, daß du den Teufel kennst.
Hier diesen Schlüssel nimm!

Faust: Das kleine Ding!
Mephistopheles: Erst faß ihn an und schätz ihn nicht gering!
Faust: Er wächst in meiner Hand! er leuchtet! blitzt!
Mephistopheles: Merkst du nun bald, was man an ihm besitzt?
 Der Schlüssel wird die rechte Stelle wittern;
 Folg ihm hinab: er führt dich zu den Müttern!
Faust *(schaudernd)*:
 Den Müttern! Trifft's mich immer wie ein Schlag!
 Was ist das Wort, das ich nicht hören mag?
Mephistopheles:
 Bist du beschränkt, daß neues Wort dich stört?
 Willst du nur hören, was du schon gehört?
 Dich störe nichts, wie es auch weiter klinge,
 Schon längst gewohnt der wunderbarsten Dinge.
Faust: Doch im Erstarren such ich nicht mein Heil:
 Das Schaudern ist der Menschheit bestes Teil;
 Wie auch die Welt ihm das Gefühl verteure,
 Ergriffen, fühlt er tief das Ungeheure.
Mephistopheles:
 Versinke denn! Ich könnt auch sagen: steige!
 's ist einerlei. Entfliehe dem Entstandnen
 In der Gebilde losgebundne Reiche!
 Ergötze dich am längst nicht mehr Vorhandnen!
 Wie Wolkenzüge schlingt sich das Getreibe:
 Den Schlüssel schwinge, halte sie vom Leibe!
Faust *(begeistert)*: Wohl! fest ihn fassend, fühl ich neue Stärke,
 Die Brust erweitert, hin zum großen Werke.
Mephistopheles: Ein glühnder Dreifuß tut dir endlich kund,
 Du seist im tiefsten, allertiefsten Grund.
 Bei seinem Schein wirst du die Mütter sehn:
 Die einen sitzen, andre stehn und gehn,
 Wie's eben kommt. Gestaltung, Umgestaltung
 Des ewigen Sinnes ewige Unterhaltung.
 Umschwebt von Bildern aller Kreatur,
 Sie sehn dich nicht, denn Schemen sehn sie nur.
 Da faß ein Herz, denn die Gefahr ist groß,
 Und gehe grad auf jenen Dreifuß los,
 Berühr ihn mit dem Schlüssel!

Faust macht eine entschieden-gebietende Attitüde mit dem Schlüssel

Mephistopheles *(ihn betrachtend)*: So ist's recht!
 Er schließt sich an, er folgt als treuer Knecht;
 Gelassen steigst du, dich erhebt das Glück,
 Und eh sie's merken, bist mit ihm zurück.

Und hast du ihn einmal hierher gebracht,
So rufst du Held und Heldin aus der Nacht,
Der erste, der sich jener Tat erdreistet:
Sie ist getan, und du hast es geleistet.
Dann muß fortan nach magischem Behandeln
Der Weihrauchsnebel sich in Göttern wandeln.
Faust: Und nun was jetzt?
Mephistopheles: Dein Wesen strebe nieder!
  Versinke stampfend, stampfend steigst du wieder.

Faust stampft und versinkt

Mephistopheles:
Wenn ihm der Schlüssel nur zum besten frommt!
Neugierig bin ich, ob er wiederkommt.

Hell erleuchtete Säle

Kaiser und Fürsten
Hof in Bewegung

Kämmerer *(zu Mephistopheles):*
  Ihr seid uns noch die Geisterszene schuldig;
  Macht euch daran! der Herr ist ungeduldig.
Marschalk: Soeben fragt der Gnädigste danach;
  Ihr, zaudert nicht der Majestät zur Schmach!
Mephistopheles:
  Ist mein Kumpan doch deshalb weggegangen;
  Er weiß schon, wie es anzufangen,
  Und laboriert verschlossen-still,
  Muß ganz besonders sich befleißen;
  Denn wer den Schatz, das Schöne, heben will,
  Bedarf der höchsten Kunst: Magie der Weisen.
Marschalk: Was ihr für Künste braucht, ist einerlei:
  Der Kaiser will, daß alles fertig sei.
Blondine *(zu Mephistopheles):*
  Ein Wort, mein Herr! Ihr seht ein klar Gesicht,
  Jedoch so ist's im ledigen Sommer nicht!
  Da sprossen hundert bräunlich-rote Flecken,
  Die zum Verdruß die weiße Haut bedecken.
  Ein Mittel!
Mephistopheles: Schade! so ein leuchtend Schätzchen
  Im Mai getupft wie euere Pantherkätzchen!
  Nehmt Froschlaich, Krötenzungen, kohobiert,
  Im vollsten Mondlicht sorglich destilliert
  Und, wenn er abnimmt, reinlich aufgestrichen:
  Der Frühling kommt, die Tupfen sind entwichen.

Braune: Die Menge drängt heran, Euch zu umschranzen.
  Ich bitt um Mittel! Ein erfrorner Fuß
  Verhindert mich am Wandeln wie am Tanzen;
  Selbst ungeschickt beweg ich mich zum Gruß.
Mephistopheles: Erlaubet einen Tritt von meinem Fuß!
Braune: Nun, das geschieht wohl unter Liebesleuten.
Mephistopheles: Mein Fußtritt, Kind! hat Größres zu bedeuten
  Zu Gleichem Gleiches, was auch einer litt!
  Fuß heilet Fuß: so ist's mit allen Gliedern.
  Heran! Gebt acht! Ihr sollt es nicht erwidern.
Braune *(schreiend):*
  Weh! weh! das brennt! das war ein harter Tritt,
  Wie Pferdehuf!
Mephistopheles: Die Heilung nehmt Ihr mit.
  Du kannst nunmehr den Tanz nach Lust verüben;
  Bei Tafel schwelgend, füßle mit dem Lieben.
Dame *(herandringend):*
  Laßt mich hindurch! — Zu groß sind meine Schmerzen,
  Sie wühlen siedend mir im tiefsten Herzen:
  Bis genstern sucht Er Heil in meinen Blicken,
  Er schwatzt mit Ihr und wendet mir den Rücken.
Mephistopheles: Bedenklich ist es, aber höre mich:
  An ihn heran mußt du dich leise drücken;
  Nimm diese Kohle, streich ihm einen Strich
  Auf Ärmel, Mantel, Schulter, wie sich's macht:
  Er fühlt im Herzen holden Reuestich.
  Die Kohle doch mußt du sogleich verschlingen,
  Nicht Wein, nicht Wasser an die Lippen bringen:
  Er seufzt vor deiner Tür noch heute nacht.
Dame: Ist doch kein Gift?
Mephistopheles *(entrüstet):* Respekt, wo sich's gebührt!
  Weit müßtet Ihr nach solcher Kohle laufen;
  Sie kommt von einem Scheiterhaufen,
  Den wir sonst emsiger angeschürt.
Page: Ich bin verliebt, man hält mich nicht für voll.
Mephistopheles *(beiseite):*
  Ich weiß nicht mehr, wohin ich hören soll.

Zum Pagen

Müßt Euer Glück nicht auf die Jüngste setzen.
Die Angejahrten wissen Euch zu schätzen. —

Andre drängen sich herzu

Schon wieder Neue! welch ein harter Strauß!
Ich helfe mir zuletzt mit Wahrheit aus:

Der schlechteste Behelf! Die Not ist groß. —
O Mütter, Mütter! laßt nur Fausten los! *(Umherschauend)*
Die Lichter brennen trübe schon im Saal,
Der ganze Hof bewegt sich auf einmal.
Anständig seh ich sie in Folge ziehn
Durch lange Gänge, ferne Galerien.
Nun! sie versammeln sich im weiten Raum
Des alten Rittersaals, er faßt sie kaum.
Auf breite Wände Teppiche spendiert,
Mit Rüstung Eck und Nischen ausgeziert.
Hier braucht es, dächt ich, keine Zauberworte:
Die Geister finden sich von selbst zum Orte.

Rittersaal

Dämmernde Beleuchtung
Kaiser und Hof sind eingezogen

Herold: Mein alt Geschäft, das Schauspiel anzukünden,
  Verkümmert mir der Geister heimlich Walten;
  Vergebens wagt man, aus verständigen Gründen
  Sich zu erklären das verworrene Schalten.
  Die Sessel sind, die Stühle schon zur Hand;
  Den Kaiser setzt man grade vor die Wand;
  Auf den Tapeten mag er da die Schlachten
  Der großen Zeit bequemlichstens betrachten.
  Hier sitzt nun alles, Herr und Hof im Runde,
  Die Bänke drängen sich im Hintergrunde;
  Auch Liebchen hat in düstern Geisterstunden
  Zur Seite Liebchens lieblich Raum gefunden.
  Und so, da alle schicklich Platz genommen,
  Sind wir bereit: die Geister mögen kommen! *(Posaunen)*
Astrolog: Beginne gleich das Drama seinen Lauf!
  Der Herr befiehlt's: ihr Wände, tut euch auf!
  Nichts hindert mehr, hier ist Magie zur Hand:
  Die Tepp'che schwinden, wie gerollt vom Brand;
  Die Mauer spaltet sich, sie kehrt sich um,
  Ein tief Theater scheint sich aufzustellen,
  Geheimnisvoll ein Schein uns zu erhellen,
  Und ich besteige das Proszenium.
Mephistopheles *(aus dem Souffleurloche auftauchend):*
  Von hier aus hoff ich allgemeine Gunst;
  Einbläsereien sind des Teufels Redekunst.
  Zum Astrologen

  Du kennst den Takt, in dem die Sterne gehn,
  Und wirst mein Flüstern meisterlich verstehn.

Astrolog: Durch Wunderkraft erscheint allhier zur Schau,
  Massiv genug ein alter Tempelbau.
  Dem Atlas gleich, der einst den Himmel trug,
  Stehn reihenweis der Säulen hier genug;
  Sie mögen wohl der Felsenlast genügen,
  Da zweie schon ein groß Gebäude trügen.
Architekt: Das wär antik! ich wüßt es nicht zu preisen!
  Es sollte plump und überlästig heißen.
  Roh nennt man edel, unbehülflich groß.
  Schmalpfeiler lieb ich, strebend, grenzenlos;
  Spitzbögiger Zenit erhebt den Geist;
  Solch ein Gebäu erbaut uns allermeist.
Astrolog: Empfangt mit Ehrfurcht sterngegönnte Stunden!
  Durch magisch Wort sei die Vernunft gebunden;
  Dagegen weitheran bewege frei
  Sich herrliche, verwegne Phantasei!
  Mit Augen schaut nur, was ihr kühn begehrt!
  Unmöglich ist's, drum eben glaubenswert.

Faust steigt auf der andern Seite des Proszeniums herauf

Astrolog: Im Priesterkleid, bekränzt, ein Wundermann,
  Der nun vollbringt, was er getrost begann!
  Ein Dreifuß steigt mit ihm aus hohler Gruft,
  Schon ahn ich aus der Schale Weihrauchduft.
  Er rüstet sich, das hohe Werk zu segnen;
  Es kann fortan nur Glückliches begegnen.
Faust *(großartig):* In eurem Namen, Mütter, die ihr thront
  Im Grenzenlosen, ewig einsam wohnt,
  Und doch gesellig! Euer Haupt umschweben
  Des Lebens Bilder, regsam, ohne Leben.
  Was einmal war in allem Glanz und Schein,
  Es regt sich dort; denn es will ewig sein.
  Und ihr verteilt es, allgewaltige Mächte,
  Zum Zelt des Tages, zum Gewölb der Nächte.
  Die einen faßt des Lebens holder Lauf,
  Die andern sucht der kühne Magier auf;
  In reicher Spende läßt er voll Vertrauen,
  Was jeder wünscht, das Wunderwürdige schauen.
Astrolog: Der glühnde Schlüssel rührt die Schale kaum,
  Ein dunstiger Nebel deckt sogleich den Raum;
  Er schleicht sich ein, er wogt nach Wolkenart,
  Gedehnt, geballt, verschränkt, geteilt, gepaart.
  Und nun erkennt ein Geister-Meisterstück:
  So wie sie wandeln, machen sie Musik!

Aus luftgen Tönen quillt ein Weißnichtwie;
Indem sie ziehn, wird alles Melodie.
Der Säulenschaft, auch die Triglyphe klingt;
Ich glaube gar, der ganze Tempel singt!
Das Dunstige senkt sich; aus dem leichten Flor
Ein schöner Jüngling tritt im Takt hervor.
Hier schweigt mein Amt, ich brauch ihn nicht zu nennen:
Wer sollte nicht den holden Paris kennen!

Dame: Oh! welch ein Glanz aufblühender Jugendkraft!
Zweite: Wie eine Pfirsche frisch und voller Saft!
Dritte: Die fein gezognen, süß geschwollnen Lippen!
Vierte: Du möchtest wohl an solchem Becher nippen?
Fünfte: Er ist gar hübsch, wenn auch nicht eben fein.
Sechste: Ein bißchen könnt er doch gewandter sein.
Ritter: Den Schäferknecht glaub ich allhier zu spüren,
Vom Prinzen nichts und nichts von Hofmanieren.
Andrer: Eh nun! halb nackt ist wohl der Junge schön;
Doch müßten wir ihn erst im Harnisch sehn!
Dame: Er setzt sich nieder, weichlich, angenehm.
Ritter: Auf seinem Schoße wär Euch wohl bequem?
Andre: Er lehnt den Arm so zierlich übers Haupt.
Kämmerer: Die Flegelei! das find ich unerlaubt!
Dame: Ihr Herren wißt an allem was zu mäkeln.
Derselbe: In Kaisers Gegenwart sich hinzuräkeln!
Dame: Er stellt's nur vor! er glaubt sich ganz allein.
Derselbe: Das Schauspiel selbst, hier sollt es höflich sein!
Dame: Sanft hat der Schlaf den Holden übernommen.
Derselbe: Er schnarcht nun gleich! natürlich ist's, vollkommen!
Junge Dame *(entzückt)*:
Zum Weihrauchsdampf was duftet so gemischt,
Das mir das Herz zum innigsten erfrischt?
Ältere: Fürwahr! es dringt ein Hauch tief ins Gemüte:
Er kommt von ihm!
Älteste: Es ist des Wachstums Blüte,
Im Jüngling als Ambrosia bereitet
Und atmosphärisch ringsumher verbreitet.

Helena hervortretend

Mephistopheles:
Das wär sie denn! Vor dieser hätt ich Ruh:
Hübsch ist sie wohl, doch sagt sie mir nicht zu.
Astrolog: Für mich ist diesmal weiter nichts zu tun,
Als Ehrenmann gesteh, bekenn ich's nun.
Die Schöne kommt, und hätt ich Feuerzungen —

Von Schönheit ward von jeher viel gesungen;
Wem sie erscheint, wird aus sich selbst entrückt,
Wem sie gehörte, ward zu hoch beglückt.
Faust: Hab ich noch Augen? Zeigt sich tief im Sinn
Der Schönheit Quelle reichlichstens ergossen?
Mein Schreckensgang bringt seligsten Gewinn.
Wie war die Welt mir nichtig, unerschlossen!
Was ist sie nun seit meiner Priesterschaft?
Erst wünschenswert, gegründet, dauerhaft!
Verschwinde mir des Lebens Atemkraft,
Wenn ich mich je von dir zurückgewöhne! —
Die Wohlgestalt, die mich voreinst entzückte,
In Zauberspiegelung beglückte,
War nur ein Schaumbild solcher Schöne! —
Du bist's, der ich die Regung aller Kraft,
Den Inbegriff der Leidenschaft,
Dir Neigung, Lieb, Anbetung, Wahnsinn zolle!
Mephistopheles *(aus dem Kasten):*
So faßt Euch doch und fallt nicht aus der Rolle!
Ältere Dame: Groß, wohlgestaltet, nur der Kopf zu klein.
Jüngere: Seht nur den Fuß! Wie könnt er plumper sein!
Diplomat: Fürstinnen hab ich dieser Art gesehn;
Mich deucht, sie ist von Kopf zum Fuße schön.
Hofmann: Sie nähert sich dem Schläfer listig-mild.
Dame: Wie häßlich neben jugendreinem Bild!
Poet: Von ihrer Schönheit ist er angestrahlt.
Dame: Endymion und Luna! wie gemalt!
Derselbe: Ganz recht! Die Göttin scheint herabzusinken,
Sie neigt sich über, seinen Hauch zu trinken:
Beneidenswert! — Ein Kuß! — Das Maß ist voll.
Duenna: Vor allen Leuten! Das ist doch zu toll!
Faust: Furchtbare Gunst dem Knaben! —
Mephistopheles: Ruhig! still!
Laß das Gespenst doch machen, was es will!
Hofmann: Sie schleicht sich weg, leichtfüßig; er erwacht.
Dame: Sie sieht sich um! Das hab ich wohl gedacht.
Hofmann: Er staunt! Ein Wunder ist's, was ihm geschieht.
Dame: Ihr ist kein Wunder, was sie vor sich sieht.
Hofmann: Mit Anstand kehrt sie sich zu ihm herum.
Dame: Ich merke schon, sie nimmt ihn in die Lehre;
In solchem Fall sind alle Männer dumm:
Er glaubt wohl auch, daß er der Erste wäre.
Ritter: Laßt mir sie gelten! Majestätisch-fein!
Dame: Die Buhlerin! Das nenn ich doch gemein!

Page: Ich möchte wohl an seiner Stelle sein!
Hofmann: Wer würde nicht in solchem Netz gefangen!
Dame: Das Kleinod ist durch manche Hand gegangen,
  Auch die Verguldung ziemlich abgebraucht.
Andre: Vom zehnten Jahr an hat sie nichts getaugt.
Ritter: Gelegentlich nimmt jeder sich das Beste;
  Ich hielte mich an jene schönen Reste.
Gelehrter: Ich seh sie deutlich, doch gesteh ich frei:
  Zu zweiflen ist, ob sie die rechte sei.
  Die Gegenwart verführt ins Übertriebne,
  Ich halte mich vor allem ans Geschriebne.
  Da les ich denn, sie habe wirklich allen
  Graubärten Trojas sonderlich gefallen,
  Und wie mich dünkt, vollkommen paßt das hier:
  Ich bin nicht jung, und doch gefällt sie mir.
Astrolog: Nicht Knabe mehr! Ein kühner Heldenmann,
  Umfaßt er sie, die kaum sich wehren kann.
  Gestärkten Arms hebt er sie hoch empor —
  Entführt er sie wohl gar?
Faust: Verwegner Tor!
  Du wagst! du hörst nicht! Halt! das ist zuviel!
Mephistopheles:
  Machst du's doch selbst, das Fratzengeisterspiel!
Astrolog: Nur noch ein Wort! Nach allem, was geschah,
  Nenn ich das Stück den Raub der Helena.
Faust: Was Raub! Bin ich für nichts an dieser Stelle?
  Ist dieser Schlüssel nicht in meiner Hand?
  Er führte mich durch Graus und Wog und Welle
  Der Einsamkeiten her zum festen Strand.
  Hier faß ich Fuß! Hier sind es Wirklichkeiten,
  Von hier aus darf der Geist mit Geistern streiten,
  Das Doppelreich, das große, sich bereiten.
  So fern sie war, wie kann sie näher sein!
  Ich rette sie, und sie ist doppelt mein.
  Gewagt! Ihr Mütter! Mütter! müßt's gewähren!
  Wer sie erkannt, der darf sie nicht entbehren.
Astrolog: Was tust du, Fauste! Fauste — mit Gewalt
  Faßt er sie an, schon trübt sich die Gestalt.
  Den Schlüssel kehrt er nach dem Jüngling zu,
  Berührt ihn! — Weh uns, Wehe! Nu! im Nu!

Explosion, Faust liegt auf dem Boden
Die Geister gehen in Dunst auf

Mephistopheles *(der Fausten auf die Schulter nimmt):*

Da habt ihr's nun! Mit Narren sich beladen,
Das kommt zuletzt dem Teufel selbst zu Schaden.

Finsternis, Tumult

Zweiter Akt

Hochgewölbtes, enges gotisches Zimmer

ehemals Faustens, unverändert

Mephistopheles, hinter einem Vorhang hervortretend. Indem er ihn aufhebt u zurücksieht, erblickt man Fausten hingestreckt auf einem altväterischen Bette

Mephistopheles: Hier lieg, Unseliger! verführt
Zu schwergelöstem Liebesbande!
Wen Helena paralysiert,
Der kommt so leicht nicht zu Verstande. *(Sich umschauend)*
Blick ich hinauf, hierher, hinüber,
Allunverändert ist es, unversehrt;
Die bunten Scheiben sind, so dünkt mich, trüber,
Die Spinneweben haben sich vermehrt,
Die Tinte starrt, vergilbt ist das Papier,
Doch alles ist am Platz geblieben;
Sogar die Feder liegt noch hier,
Mit welcher Faust dem Teufel sich verschrieben.
Ja, tiefer in dem Rohre stockt
Ein Tröpflein Blut, wie ich's ihm abgelockt!
Zu einem solchen einzigen Stück
Wünscht ich dem größten Sammler Glück.
Auch hängt der alte Pelz am alten Haken,
Erinnert mich an jene Schnaken,
Wie ich den Knaben einst belehrt,
Woran er noch vielleicht als Jüngling zehrt.
Es kommt mir wahrlich das Gelüsten,
Rauchwarme Hülle, dir vereint
Mich als Dozent noch einmal zu erbrüsten,
Wie man so völlig recht zu haben meint.
Gelehrte wissen's zu erlangen,
Dem Teufel ist es längst vergangen.

Er schüttelt den herabgenommenen Pelz;
Zikaden, Käfer und Farfarellen fahren heraus

Chor der Insekten: Willkommen! willkommen,
Du alter Patron!
Wir schweben und summen
Und kennen dich schon.
Nur einzeln im stillen

Du hast uns gepflanzt;
Zu Tausenden kommen wir,
Vater, getanzt.
Der Schalk in dem Busen
Verbirgt sich so sehr,
Vom Pelze die Läuschen
Enthüllen sich eh'r.

Mephistopheles:
Wie überraschend mich die junge Schöpfung freut!
Man säe nur, man erntet mit der Zeit.
Ich schüttle noch einmal den alten Flaus:
Noch eines flattert hier und dort hinaus. —
Hinauf! umher! in hunderttausend Ecken
Eilt euch, ihr Liebchen, zu verstecken,
Dort, wo die alten Schachteln stehn,
Hier im gebräunten Pergamen,
In staubigen Scherben alter Töpfe,
Dem Hohlaug jener Totenköpfe!
In solchem Wust und Moderleben
Muß es für ewig Grillen geben.

Schlüpft in den Pelz

Komm, decke mir die Schultern noch einmal!
Heut bin ich wieder Prinzipal.
Doch hilft es nichts, mich so zu nennen:
Wo sind die Leute, die mich anerkennen?

Er zieht die Glocke, die einen gellenden, durchdringenden Ton erschallen läßt, wovon die Hallen erbeben und die Türen aufspringen

Famulus *(den langen, finstern Gang herwankend):*
Welch ein Tönen! welch ein Schauer!
Treppe schwankt, es bebt die Mauer;
Durch der Fenster buntes Zittern
Seh ich wetterleuchtend Wittern.
Springt das Estrich, und von oben
Rieselt Kalk und Schutt verschoben.
Und die Türe, fest verriegelt,
Ist durch Wunderkraft entsiegelt! —
Dort! wie fürchterlich! Ein Riese
Steht in Faustens altem Vliese!
Seinen Blicken, seinem Winken
Möcht ich in die Kniee sinken.
Soll ich fliehen? soll ich stehn?
Ach, wie wird es mir ergehn!

Mephistopheles *(winkend):*
    Heran, mein Freund! — Ihr heißet Nikodemus.
Famulus: Hochwürdiger Herr, so ist mein Nam. — Oremus.
Mephistopheles: Das lassen wir!
Famulus: Wie froh, daß Ihr mich kennt!
Mephistopheles:
    Ich weiß es wohl: bejahrt und noch Student,
    Bemooster Herr! Auch ein gelehrter Mann
    Studiert so fort, weil er nicht anders kann.
    So baut man sich ein mäßig Kartenhaus,
    Der größte Geist baut's doch nicht völlig aus.
    Doch Euer Meister, das ist ein Beschlagner:
    Wer kennt ihn nicht, den edlen Doktor Wagner,
    Den Ersten jetzt in der glehrten Welt!
    Er ist's allein, der sie zusammenhält,
    Der Weisheit täglicher Vermehrer.
    Allwißbegierige Horcher, Hörer
    Versammeln sich um ihn zuhauf.
    Er leuchtet einzig vom Katheder;
    Die Schlüssel übt er wie Sankt Peter,
    Das Untre wie das Obre schließt er auf.
    Wie er vor allen glüht und funkelt,
    Kein Ruf, kein Ruhm hält weiter stand:
    Selbst Faustus' Name wird verdunkelt;
    Er ist es, der allein erfand.
Famulus: Verzeiht, hochwürdiger Herr! wenn ich Euch sage,
    Wenn ich zu widersprechen wage:
    Von allem dem ist nicht die Frage;
    Bescheidenheit ist sein beschieden Teil.
    Ins unbegreifliche Verschwinden
    Des hohen Manns weiß er sich nicht zu finden;
    Von dessen Wiederkunft erfleht er Torst und Heil.
    Das Zimmer, wie zu Doktor Faustus' Tagen,
    Noch unberührt, seitdem er fern,
    Erwartet seinen alten Herrn.
    Kaum wag ich's, mich hereinzuwagen. —
    Was muß die Sternenstunde sein?
    Gemäuer scheint mir zu erbangen;
    Türpfosten bebten, Riegel sprangen,
    Sonst kamt Ihr selber nicht herein.
Mephistopheles: Wo hat der Mann sich hingetan?
    Führt mich zu ihm! bringt ihn heran!
Famulus: Ach, sein Verbot ist gar zu scharf!
    Ich weiß nicht, ob ich's wagen darf.

Monatelang, des großen Werkes willen,
Lebt er im allerstillsten Stillen.
Der zarteste gelehrter Männer,
Er sieht aus wie ein Kohlenbrenner,
Geschwärzt vom Ohre bis zur Nasen,
Die Augen rot vom Feuerblasen:
So lechzt er jedem Augenblick;
Geklirr der Zange gibt Musik.

Mephistopheles: Sollt er den Zutritt mir verneinen?
　Ich bin der Mann, das Glück ihm zu beschleunen.

Der Famulus geht ab, Mephistopheles setzt sich gravitätisch nieder

Kaum hab ich Posto hier gefaßt,
Regt sich dort hinten, mir bekannt, ein Gast.
Doch diesmal ist er von den Neusten:
Er wird sich grenzenlos erdreusten.

Baccalaureus *(den Gang herstürmend)*:
　Tor und Türe find ich offen!
　Nun, da läßt sich endlich hoffen,
　Daß nicht wie bisher im Moder
　Der Lebendige wie ein Toter
　Sich verkümmere, sich verderbe
　Und am Leben selber sterbe.

Diese Mauern, diese Wände
Neigen, senken sich zum Ende,
Und wenn wir nicht bald entweichen,
Wird uns Fall und Sturz erreichen.
Bin verwegen wie nicht einer;
Aber weiter bringt mich keiner.

Doch was soll ich heut erfahren!
War's nicht hier vor so viel Jahren,
Wo ich, ängstlich und bekommen,
War als guter Fuchs gekommen?
Wo ich diesen Bärtigen traute?
Mich an ihrem Schnack erbaute?

Aus den alten Bücherkrusten
Logen sie mir, was sie wußten,
Was sie wußten, selbst nicht glaubten,
Sich und mir das Leben raubten.

Wie? Dort hinten in der Zelle
Sitzt noch einer dunkel-helle!
Nahend seh ich's mit Erstaunen:

Sitzt er noch im Pelz, dem braunen,
Wahrlich, wie ich ihn verließ,
Noch gehüllt im rauhen Vlies!
Damals schien er zwar gewandt,
Als ich ihn noch nicht verstand;
Heute wird es nicht verfangen!
Frisch an ihn herangegangen!

Wenn, alter Herr! nicht Lethes trübe Fluten
Das schiefgesenkte, kahle Haupt durchschwommen,
Seht anerkennend hier den Schüler kommen,
Entwachsen akademischen Ruten!
Ich find Euch noch, wie ich Euch sah;
Ein anderer bin ich wieder da.

Mephistopheles: Mich freut, daß ich Euch hergeläutet.
Ich schätzt Euch damals nicht gering;
Die Raupe schon, die Chrysalide deutet
Den künftigen bunten Schmetterling.
Am Lockenkopf und Spitzenkragen
Empfandet Ihr ein kindliches Behagen, —
Ihr trugt wohl niemals einen Zopf? —
Heut schau ich Euch im Schwedenkopf.
Ganz resolut und wacker seht Ihr aus;
Kommt nur nicht absolut nach Haus!

Baccalaureus: Mein alter Herr! wir sind am alten Orte;
Bedenkt jedoch erneuter Zeiten Lauf
Und sparet doppelsinnige Worte!
Wir passen nun ganz anders auf.
Ihr hänseltet den guten, treuen Jungen:
Das ist Euch ohne Kunst gelungen,
Was heutzutage niemand wagt.

Mephistopheles:
Wenn man der Jugend reine Wahrheit sagt,
Die gelben Schnäbeln keineswegs behagt,
Sie aber hinterdrein nach Jahren
Das alles derb an eigner Haut erfahren
Dann dünkeln sie, es käm aus eignem Schopf;
Da heißt es denn: der Meister war ein Tropf.

Baccalaureus:
Ein Schelm vielleicht! Denn welcher Lehrer spricht
Die Wahrheit uns direkt ins Angesicht?
Ein jeder weiß zu mehren wie zu mindern,
Bald ernst, bald heiter-klug zu frommen Kindern.

Mephistopheles: Zum Lernen gibt es freilich eine Zeit;

Zum Lehren seid Ihr, merk ich, selbst bereit.
Seit manchen Monden, einigen Sonnen
Erfahrungsfülle habt Ihr wohl gewonnen.
Baccalaureus: Erfahrungswesen! Schaum und Duft!
Und mit dem Geist nicht ebenbürtig!
Gesteht: was man von je gewußt,
Es ist durchaus nicht wissenswürdig!
Mephistopheles *(nach einer Pause):*
Mich deucht es längst! Ich war ein Tor,
Nun komm ich mir recht schal und albern vor.
Baccalareus:
Das freut mich sehr! da hör ich doch Verstand!
Der erste Greis, den ich vernünftig fand!
Mephistopheles: Ich suchte nach verborgen-goldnem Schatze,
Und schauerliche Kohlen trug ich fort.
Baccalaureus: Gesteht nur: Euer Schädel, Eure Glatze
Ist nicht mehr wert als jene hohlen dort?
Mephistopheles *(gemütlich):*
Du weißt wohl nicht, mein Freund! wie grob du bist?
Baccalaurens:
Im Deutschen lügt man, wenn man höflich ist.
Mephistopheles *(der mit seinem Rollstuhle immer näher ins Proszenium rückt, zum Parterre):*
Hier oben wird mir Licht und Luft benommen;
Ich finde wohl bei Euch ein Unterkommen?
Baccalaureus: Anmaßlich find ich, daß zur schlechsten Frist
Man etwas sein will, wo man nichts mehr ist.
Des Menschen Leben lebt im Blut, und wo
Bewegt das Blut sich wie im Jüngling so?
Das ist lebendig Blut in frischer Kraft,
Das neues Leben sich aus Leben schafft.
Da regt sich alles, da wird was getan,
Das Schwache fällt, das Tüchtige tritt heran.
Indessen wir die halbe Welt gewonnen,
Was habt ihr denn getan? Genickt, gesonnen,
Geträumt, erwogen, Plan und immer Plan!
Gewiß, das Alter ist ein kaltes Fieber
Im Frost von grillenhafter Not.
Hat einer dreißig Jahr vorüber,
So ist er schon so gut wie tot.
Am besten wär's, euch zeitig totzuschlagen.
Mephistopheles: Der Teufel hat hier weiter nichts zu sagen.
Baccalaureus: Wenn ich nicht will, so darf kein Teufel sein.

Mephistopheles *(abseits):*
　Der Teufel stellt dir nächstens doch ein Bein.
Baccalaureus: Dies ist der Jugend edelster Beruf:
　Die Welt, sie war nicht, eh ich sie erschuf!
　Die Sonne führt ich aus dem Meer herauf;
　Mit mir begann der Mond des Wechsels Lauf.
　Da schmückte sich der Tag auf meinen Wegen,
　Die Erde grünte, blühte mir entgegen.
　Auf meinen Wink, in jener ersten Nacht,
　Entfaltete sich aller Sterne Pracht.
　Wer, außer mir, entband euch aller Schranken
　Philisterhaft einklemmender Gedanken?
　Ich aber, frei, wie mir's im Geiste spricht,
　Verfolge froh mein innerliches Licht
　Und wandle rasch, im eigensten Entzücken,
　Das Helle vor mir, Finsternis im Rücken. *(Ab)*
Mephistopheles: Original, fahr hin in deiner Pracht! —
　Wie würde dich die Einsicht kränken:
　Wer kann was Dummes, wer was Kluges denken,
　Das nicht die Vorwelt schon gedacht! —
　Doch sind wir auch mit diesem nicht gefährdet,
　In wenig Jahren wird es anders sein:
　Wenn sich der Most auch ganz absurd gebärdet,
　Es gibt zuletzt doch noch e' Wein.

Zu dem jüngern Parterre, das nicht applaudiert

Ihr bleibt bei meinem Worte kalt,
Euch guten Kindern laß ich's gehen;
Bedenkt: der Teufel, der ist alt;
So werdet alt, ihn zu verstehen!

Laboratorium

im Sinne des Mittelalters; weitläufige, unbehilfliche Apparate zu phantastischen Zwecken

Wagner *(am Herde):* Die Glocke tönt, die fürchterliche,
　Durchschauert die berußten Mauern.
　Nicht länger kann das Ungewisse
　Der ernstesten Erwartung dauern.
　Schon hellen sich die Finsternisse;
　Schon in der innersten Phiole
　Erglüht es wie lebendige Kohle,
　Ja, wie der herrlichste Karfunkel,
　Verstrahlend Blitze durch das Dunkel:
　Ein helles, weißes Licht erscheint!

O daß ich's diesmal nicht verliere! —
Ach Gott! was rasselt an der Türe?
Mephistopheles *(eintretend):*
Willkommen! es ist gut gemeint.
Wagner *(ängstlich):* Willkommen zu dem Stern der Stunde!
(Leise.) Doch haltet Wort und Atem fest im Munde!
Ein herrlich Werk ist gleich zustand gebracht.
Mephistopheles *(leiser):* Was gibt es denn?
Wagner *(leiser):* Es wird ein Mensch gemacht.
Mephistopheles: Ein Mensch? Und welch verliebtes Paar
Habt Ihr ins Rauchloch eingeschlossen?
Wagner: Behüte Gott! wie sonst das Zeugen Mode war,
Erklären wir für eitel Possen.
Der zarte Punkt, aus dem das Leben sprang,
Die holde Kraft, die aus dem Innern drang
Und nahm und gab, bestimmt, sich selbst zu zeichnen,
Erst Nächstes, dann sich Fremdes anzueignen,
Die ist von ihrer Würde nun entsetzt;
Wenn sich das Tier noch weiter dran ergötzt,
So muß der Mensch mit seinen großen Gaben
Doch künftig höhern, höhern Ursprung haben.

Zum Herd gewendet

Es leuchtet! seht! — Nun läßt sich wirklich hoffen,
Daß, wenn wir aus viel hundert Stoffen
Durch Mischung — denn auf Mischung kommt es an —
Den Menschenstoff gemächlich komponieren.
In einen Kolben verlutieren
Und ihn gehörig kohobieren,
So ist das Werk im stillen abgetan.

Zum Herd gewendet

Es wird! die Masse regt sich klarer!
Die Überzeugung wahrer, wahrer:
Was man an der Natur Geheimnisvolles pries,
Das wagen wir verständig zu probieren,
Und was sie sonst organisieren ließ,
Das lassen wir kristallisieren.
Mephistopheles: Wer lange lebt, hat viel erfahren,
Nichts Neues kann für ihn auf dieser Welt geschehn.
Ich habe schon in meinen Wanderjahren
Kristallisiertes Menschenvolk gesehn.
Wagner *(bisher immer aufmerksam auf die Phiole):*
Es steigt, es blitzt, es häuft sich an,
Im Augenblick ist es getan.

Ein großer Vorsatz scheint im Anfang toll;
Doch wollen wir des Zufalls künftig lachen,
Und so ein Hirn, das trefflich denken soll,
Wird künftig auch ein Denker machen.

Entzückt die Phiole betrachtend

Das Glas erklingt von lieblicher Gewalt,
Es trübt, es klärt sich: also muß es werden!
Ich seh in zierlicher Gestalt
Ein artig Männlein sich gebärden.
Was wollen wir, was will die Welt nun mehr?
Denn das Geheimnis liegt am Tage:
Gebt diesem Laute nur Gehör,
Er wird zur Stimme, wird zur Sprache.

Homunculus *(in der Phiole zu Wagner):*
Nun, Väterchen! wie steht's? es war kein Scherz.
Komm, drücke mich recht zärtlich an dein Herz!
Doch nicht zu fest, damit das Glas nicht springe!
Das ist die Eigenschaft der Dinge:
Natürlichem genügt das Weltall kaum;
Was künstlich ist, verlangt geschloßnen Raum.

Zu Mephistopheles

Du aber, Schalk, Herr Vetter, bist du hier?
Im rechten Augenblick! ich danke dir.
Ein gut Geschick führt dich zu uns herein;
Dieweil ich bin, muß ich auch tätig sein.
Ich möchte mich sogleich zur Arbeit schürzen;
Du bist gewandt, die Wege mir zu kürzen.

Wagner: Nur noch Ein Wort! Bisher mußt ich mich schämen;
Denn alt und jung bestürmt mich mit Problemen.
Zum Beispiel nur: noch niemand konnt es fassen,
Wie Seel und Leib so schön zusammenpassen,
So fest sich halten, als um nie zu scheiden,
Und doch den Tag sich immerfort verleiden.
Sodann —

Mephistopheles: Halt ein! ich wollte lieber fragen:
Warum sich Mann und Frau so schlecht vertragen?
Du kommst, mein Freund, hierüber nie ins reine.
Hier gibt's zu tun! das eben will der Kleine.

Homunculus: Was gibt's zu tun?

Mephistopheles *(auf eine Seitentüre deutend):*
Hier zeige deine Gabe!

Wagner *(immer in die Phiole schauend):*
Fürwahr, du bist ein allerliebster Knabe!

Die Seitentür öffnet sich, man sieht Faust auf dem Lager hingestreckt

Homunculus *(erstaunt):* Bedeutend! —

Die Phiole entschlüpft aus Wagners Händen, schwebt über Faust und beleuchtet ihn

Schön umgeben! Klar Gewässer
Im dichten Haine! Fraun, die sich entkleiden,
Die allerliebsten! Das wird immer besser.
Doch eine läßt sich glänzend unterscheiden:
Aus höchstem Helden-, wohl aus Götterstamme!
Sie setzt den Fuß in das durchsichtige Helle;
Des elden Körpers holde Lebensflamme
Kühlt sich im schmiegsamen Kristall der Welle. —
Doch welch Getöse rasch bewegter Flügel?
Welch Sausen, Plätschern wühlt im glatten Spiegel?
Die Mädchen fliehn verschüchtert; doch allein
Die Königin, sie blickt gelassen drein
Und sieht mit stolzem, weiblichem Vergnügen
Der Schwäne Fürsten ihrem Knie sich schmiegen,
Zudringlich-zahm. Er scheint sich zu gewöhnen. —
Auf einmal aber steigt ein Dunst empor
Und deckt mit dichtgewebtem Flor
Die lieblichste von allen Szenen.

Mephistopheles: Was du nicht alles zu erzählen hast!
So klein du bist, so groß bist du Phantast.
Ich sehe nichts! —

Homunculus: Das glaub ich! Du aus Norden,
Im Nebelalter jung geworden,
Im Wust von Rittertum und Pfäfferei,
Wo wäre da dein Auge frei!
Im Düstern bist du nur zu Hause. *(Umherschauend)*
Verbräunt Gestein, bemodert, widrig,
Spitzbögig, schnörkelhaftest, niedrig! —
Erwacht uns dieser, gibt es neue Not:
Er bleibt gleich auf der Stelle tot.
Waldquellen, Schwäne, nackte Schönen,
Das war sein ahnungsvoller Traum;
Wie wollt er sich hierher gewöhnen!
Ich, der Bequemste, duld es kaum.
Nun fort mit ihm!

Mephistopheles: Der Ausweg soll mich freuen.

Homunculus: Befiehl den Krieger in die Schlacht,
Das Mädchen führe du zum Reihen,
So ist gleich alles abgemacht.

    Jetzt eben, wie ich schnell bedacht,
    Ist klassische Walpurgisnacht:
    Das Beste, was begegnen könnte,
    Bringt ihn zu seinem Elemente.
Mephistopheles: Dergleichen hab ich nie vernommen.
Homunculus: Wie wollt es auch zu euren Ohren kommen?
    Romantische Gespenster kennt ihr nur allein;
    Ein echt Gespenst, auch klassisch hat's zu sein.
Mephistopheles: Wohin denn aber soll die Fahrt sich regen?
    Mich widern schon antikische Kollegen.
Homunculus: Nordwestlich, Satan, ist dein Luftrevier,
    Südöstlich diesmal aber segeln wir:
    An großer Fläche fließt Peneios frei,
    Umbuscht, umbaumt, in still- und feuchten Buchten;
    Die Ebne dehnt sich zu der Berge Schluchten,
    Und oben liegt Pharsalus, alt und neu.
Mephistopheles: O weh! hinweg! und laßt mir jene Streite
    Von Tyrranei und Sklaverei beiseite!
    Mich langeweilt's; denn kaum ist's abgetan,
    So gangen sie von vorne wieder an,
    Und keiner merkt: er ist doch nur geneckt
    Vom Asmodeus, der dahintersteckt.
    Sie streiten sich, so heißt's, um Freiheitsrechte:
    Genau besehn, sind's Knechte gegen Knechte.
Homunculus: Den Menschen laß ihr widerspenstig Wesen!
    Ein jeder muß sich wehren, wie er kann,
    Vom Knaben auf, so wird's zuletzt ein Mann.
    Hier fragt sich's nur, wie dieser kann genesen.
    Hast du ein Mittel, so erprob es hier;
    Vermagst du's nicht, so überlaß es mir!
Mephistopheles: Manch Brockenstückchen wäre durchzuproben;
    Doch Heidenriegel find ich vorgeschoben.
    Das Griechenvolk, es taugte nie recht viel!
    Doch blendet's euch mit freiem Sinnenspiel,
    Verlockt des Menschen Brust zu heitern Sünden;
    Die unsern wird man immer düster finden.
    Und nun was soll's?
Homunculus: Du bist ja sonst nicht blöde,
    Und wenn ich von thessalischen Hexen rede,
    So, denk ich, hab ich was gesagt.
Mephistopheles *(lüstern)*:
    Thessalische Hexen! Wohl! das sind Personen,
    Nach denen hab ich lang gefragt.

Mit ihnen Nacht für Nacht zu wohnen,
Ich glaube nicht, daß es behagt;
Doch zum Besuch, Versuch —
Homunculus: Den Mantel her
Und um den Ritter umgeschlagen!
Der Lappen wird euch, wie bisher,
Den einen mit dem andern tragen;
Ich leuchte vor.
Wagner *(ängstlich):* Und ich?
Homunculus: Eh nun,
Du bleibst zu Hause, Wichtigstes zu tun.
Entfalte du die alten Pergamente,
Nach Vorschrift sammle Lebenselemente
Und füge sie mit Vorsicht eins ans andre,
Das Was bedenke, mehr bedenke Wie!
Indessen ich ein Stückchen Welt durchwandre,
Entdeck ich wohl das Tüpfchen auf das i.
Dann ist der große Zweck erreicht;
Solch einen Lohn verdient ein solches Streben:
Gold, Ehre, Ruhm, gesundes, langes Leben,
Und Wissenschaft und Tugend — auch vielleicht.
Leb wohl!
Wagner *(betrübt):* Leb wohl! Das drückt das Herz mir nieder.
Ich fürchte schon, ich seh dich niemals wieder.
Mephistopheles: Nun zum Peneios frisch hinab!
Herr Vetter ist nicht zu verachten.

Ad spectatores

Am Ende hängen wir doch ab
Von Kreaturen, die wir machten.

Klassische Walpurgisnacht

Pharsalische Felder

Finsternis

Erichtho: Zum Schauderfest dieser Nacht, wie öfter schon,
Tret ich einher, Erichtho, ich, die Düstere:
Nicht so abscheulich, wie die leidigen Dichter mich
Im Übermaß verlästern. — Endigen sie doch nie
In Lob und Tadel! — Überbleicht erscheint mir schon
Von grauer Zelten Woge weit das Tal hinein,
Als Nachgesicht der sorg- und grauenvollsten Nacht.
Wie oft schon wiederholt sich's! wird sich immerfort

Ins Ewige wiederholen! Keiner gönnt das Reich
Dem andern, dem gönnt's keiner, der's mit Kraft erwarb
Und kräftig herrscht. Denn jeder, der sein innres Selbst
Nicht zu regieren weiß, regierte gar zu gern
Des Nachbars Willen, eignem stolzen Sinn gemäß.
Hier aber ward ein großes Beispiel durchgekämpft:
Wie sich Gewalt Gewaltigerem entgegenstellt,
Der Freiheit holder, tausendblumiger Kranz zerreißt,
Der starre Lorbeer sich ums Haupt des Herrschers biegt.
Hier träumte Magnus früher Größe Blütentag,
Dem schwanken Zünglein lauschend, wachte Cäsar dort!
Das wird sich messen. Weiß die Welt doch, wems gelang!

Wachfeuer glühen, rote Flammen spendende;
Der Boden haucht vergoßnen Blutes Widerschein,
Und angelockt von seltnem Wunderglanz der Nacht,
Versammelt sich hellenischer Sage Legion.
Um alle Feuer schwankt unsicher oder sitzt
Behaglich alter Tage fabelhaft Gebild. —
Der Mond, zwar unvollkommen, aber leuchtend-hell,
Erhebt sich, milden Glanz verbreitend überall;
Der Zelten Trug verschwindet, Feuer brennen blau.
Doch, über mir! welch unerwartet Meteor?
Es leuchtet und beleuchtet körperlichen Ball.
Ich wittre Leben. Da geziemen will mir's nicht,
Lebendigem zu nahen, dem ich schädlich bin:
Das bringt mir bösen Ruf und frommt mir nicht.
Schon sinkt es nieder. Weich ich aus mit Wohlbedacht!

Entfernt sich
Die Luftfahrer oben

Homunculus: Schwebe noch einmal die Runde
   Über Flamm- und Schaudergrauen;
   Ist es doch in Tal und Grunde
   Gar gespenstisch anzuschauen.
Mephistopheles: Seh ich, wie durchs alte Fenster
   In des Nordens Wust und Graus,
   Ganz abscheuliche Gespenster,
   Bin ich hier wie dort zu Haus.
Homunculus: Sieh! da schreitet eine Lange
   Weiten Schrittes vor uns hin.
Mephistopheles: Ist es doch, als wär ihr bange:
   Sah uns durch die Lüfte ziehn.
Homunculus: Laß sie schreiten! — Setz ihn nieder,
   Deinen Ritter, und sogleich

Kehret ihm das Leben wieder;
Denn er sucht's im Fabelreich.
Faust *(den Boden berührend):* Wo ist sie?
Homunculus: Wüßten's nicht zu sagen,
  Doch hier wahrscheinlich zu erfragen.
  In Eile magst du, eh es tagt,
  Von Flamm zu Flamme spürend gehen:
  Wer zu den Müttern sich gewagt,
  Hat weiter nichts zu überstehen.
Mephistopheles: Auch ich bin hier an meinem Teil;
  Doch wüßt ich Besseres nicht zu unserm Heil
  Als: jeder möge durch die Feuer
  Versuchen sich sein eigen Abenteuer.
  Dann, um uns wieder zu vereinen,
  Laß deine Leuchte, Kleiner, tönend scheinen!
Homunculus: So soll es blitzen, soll es klingen!

Das Glas dröhnt und leuchtet gewaltig

  Nun frisch zu neuen Wunderdingen!
Faust *(allein):* Wo ist sie? — Frage jetzt nicht weiter nach!
  Wär's nicht die Scholle, die sie trug,
  Die Welle nicht, die ihr entgegenschlug,
  So ist's die Luft, die ihre Sprache sprach.
  Hier! durch ein Wunder, hier in Griechenland!
  Ich fühlte gleich den Boden, wo ich stand.
  Wie mich, den Schläfer, frisch ein Geist durchglühte,
  So steh ich, ein Antäus an Gemüte,
  Und find ich hier das Seltsamste beisammen,
  Durchforsch ich ernst dies Labyrinth der Flammen.

Entfernt sich

(Am obern Peneios)

Mephistopheles *(umherspürend):*
  Und wie ich diese Feuerchen durchschweife,
  So find ich mich doch ganz und gar entfremdet:
  Fast alles nackt, nur hie und da behemdet,
  Die Sphinxe schamlos, unverschämt die Greise,
  Und was nicht alles, lockig und beflügelt,
  Von vorn und hinten sich im Auge spiegelt! —
  Zwar sind auch wir von Herzen unanständig,
  Doch das Antike find ich zu lebendig;
  Das müßte man mit neuestem Sinn bemeistern
  Und mannigfaltig modisch überkleistern
  Ein widrig Volk! Doch darf mich's nicht verdrießen,

Als neuer Gast anständig sie zu grüßen. —
Glückzu den schönen Fraun, den klugen Greisen!
Greif *(schnarrend):*
Nicht Greisen! Greifen! — Niemand hört es gern,
Das man ihn Greis nennt. Jedem Worte klingt
Der Ursprung nach, wo es sich her bedingt:
Grau, grämlich, griesgram, greulich, Gräber, grimmig,
Etymologisch gleicherweise stimmig,
Verstimmen uns.
Mephistopheles: Und doch, nicht abzuschweifen,
Gefällt das Grei im Ehrentitel Greifen.
Greif *(wie oben und immer so fort):*
Natürlich! Die Verwandtschaft ist erprobt,
Zwar oft gescholten, mehr jedoch gelobt;
Man greife nun nach Mädchen, Kronen, Gold,
Dem Greifenden ist meist Fortuna hold.
Ameisen *(von der kolossalen Art):*
Ihr sprecht von Gold: wir hatten viel gesammelt,
In Fels und Höhlen heimlich eingerammelt!
Das Arimaspenvolk hat's ausgespürt;
Sie lachen dort, wie weit sie's weggeführt.
Greife: Wir wollen sie schon zum Geständnis bringen.
Arimaspen: Nur nicht zur freien Jubelnacht!
Bis morgen ist's alles durchgebracht,
Es wird uns diesmal wohl gelingen.
Mephistopheles *(hat sich zwischen die Sphinxe gesetzt):*
Wie leicht und gern ich mich hierher gewöhne!
Denn ich verstehe Mann für Mann.
Sphinx: Wir hauchen unsre Geistertöne,
Und ihr verkörpert sie alsdann.
Jetzt nenne dich, bis wir dich weiter kennen!
Mephistopheles:
Mit vielen Namen glaubt man mich zu nennen! —
Sind Briten hier? Sie reisen sonst so viel,
Schlachtfeldern nachzuspüren, Wasserfällen,
Gestürzten Mauern, klassisch-dumpfen Stellen;
Das wäre hier für sie ein würdig Ziel.
Sie zeugten auch: im alten Bühnenspiel
Sah man mich dort als Old Iniquity.
Sphinx: Wie kam man drauf?
Mephistopheles: Ich weiß es selbst nicht, wie.
Sphinx: Mag sein! Hast du von Sternen einige Kunde?
Was sagst du zu der gegenwärtigen Stunde?
Mephistopheles *(aufschauend):*

Stern schießt nach Stern, beschnittner Mond scheint helle,
Und mir ist wohl an dieser trauten Stelle,
Ich wärme mich an deinem Löwenfelle.
Hinauf sich zu versteigen, wär zum Schaden;
Gib Rätsel auf, gib allenfals Charaden!

Sphinx: Sprich nur dich selbst aus, wird schon Rätsel sein.
Versuch einmal, dich innigst aufzulösen:
„Dem frommen Manne nötig wie dem bösen,
Dem ein Plastron, asketisch zu rapieren,
Kumpan dem andern, Tolles zu vollführen,
Und beides nur, um Zeus zu amüsieren."

Erster Greif *(schnarrend):* Den mag ich nicht!
Zweiter Greif *(stärker schnarrend):* Was will uns Der?
Beide: Der Garstige gehöret nicht hierher!

Mephistopheles *(brutal):*
Du glaubst vielleicht, des Gastes Nägel krauen
Nicht auch so gut wie deine scharfen Klauen?
Versuch's einmal!

Sphinx *(milde):* Du magst nur immer bleiben,
Wird dich's doch selbst aus unsrer Mitte treiben;
In deinem Lande tust dir was zugute,
Doch, irr ich nicht, hier ist dir schlecht zumute.

Mephistopheles: Du bist recht appetitlich oben anzuschauen;
Doch untenhin — die Bestie macht mir Grauen.

Sphinx: Du Falscher kommst zu deiner bittern Buße:
Denn unsre Tatzen sind gesund,
Dir mit verschrumptem Pferdefuße
Behagt es nicht in unserem Bund.

Sirenen präludieren oben

Mephistopheles: Wer sind die Vögel, in den Ästen
Des Pappelstromes hingewiegt?

Sphinx: Gewahrt Euch nur! Die Allerbesten
Hat solch ein Singsang schon besiegt.

Sirenen: Ach, was wollt ihr euch verwöhnen
In den Häßlich-Wunderbaren!
Horcht, wir kommen hier zu Scharen
Und in wohlgestimmten Tönen:
So geziemet es Sirenen!

Sphinxe *(sie verspottend in derselben Melodie):*
Nötigt sie herabzusteigen!
Sie verbergen in den Zwiegen
Ihre garstigen Habichtskrallen,

Euch verderblich anzufallen,
Wenn ihr euer Ohr verleiht.
Sirenen: Weg das Hassen, weg das Neiden!
Sammeln wir die klarsten Freuden,
Unterm Himmel ausgestreut!
Auf dem Wasser, auf der Erde
Sei's die heiterste Gebärde,
Die man dem Willkommnen beut.
Mephistopheles: Das sind die saubern Neuigkeiten,
Wo aus der Kehle, von den Saiten
Ein Ton sich um den andern flicht.
Das Trallern ist bei mir verloren:
Es krabbelt wohl mir um die Ohren,
Allein zum Herzen dringt es nicht.
Sphinxe: Sprich nicht vom Herzen! das ist eitel:
Ein lederner, verschrumpfter Beutel,
Das paßt dir eher zu Gesicht!
Faust *(herantretend)*:
Wie wunderbar! das Anschaun tut mir Gnüge:
Im Widerwärtigen große, tüchtige Züge.
Ich ahne schon ein günstiges Geschick;
Wohin versetzt mich dieser ernste Blick!

Auf Sphinxe bezüglich

Vor solchen hat einst Ödipus gestanden!

Auf Sirenen bezüglich

Vor solchen krümmte sich Ulyß in hänfnen Banden!

Auf Ameisen bezüglich

Von solchen war der höchste Schatz gespart,

Auf Greife bezüglich

Von diesen treu und ohne Fehl bewahrt!
Vom frischen Geiste fühl ich mich durchdrungen:
Gestalten groß, groß die Erinnerungen.
Mephistopheles: Sonst hättest du dergleichen weggeflucht,
Doch jetzo scheint es dir zu frommen;
Denn wo man die Geliebte sucht,
Sind Ungeheuer selbst willkommen.
Faust *(zu den Sphinxen)*:
Ihr Frauenbilder müßt mir Rede stehn:
Hat eins der euren Helena gesehn?
Sphinxe: Wir reichen nicht hinauf zu ihren Tagen,
Die letztesten hat Herkules erschlagen.

Von Chiron könntest du's erfragen;
Der sprengt herum in dieser Geisternacht;
Wenn er dir steht, so hast du's weit gebracht.
Sirenen: Sollte dir's doch auch nicht fehlen!
  Wie Ulyß bei uns verweilte,
  Schmähend nicht vorübereilte,
  Wußt er vieles zu erzählen;
  Würden alles dir vertrauen,
  Wolltest du zu unsern Gauen
  Dich ans grüne Meer verfügen.
Sphinxe: Laß dich, Edler, nicht betrügen!
  Statt daß Ulyß sich binden ließ,
  Laß unsern guten Rat dich binden!
  Kannst du den hohen Chiron finden,
  Erfährst du, was ich dir verhieß.

Faust entfernt sich

Mephistopheles *(verdrießlich):*
  Was krächzt vorbei mit Flügelschlag,
  So schnell, daß man's nicht sehen mag,
  Und immer eins dem andern nach?
  Den Jäger würden sie ermüden.
Sphinxe: Dem Sturm des Winterwinds vergleichbar,
  Alcides' Pfeilen kaum erreichbar:
  Es sind die raschen Stymphaliden,
  Und wohlgemeint ihr Krächzegruß,
  Mit Geierschnabel und Gänsefuß.
  Sie möchten gern in unsern Kreisen
  Als Stammverwandte sich erweisen.
Mephistopheles *(wie verschüchtert):*
  Noch andres Zeug zischt zwischendrein.
Sphinxe: Vor diesen sei Euch ja nicht bange!
  Es sind die Köpfe der Lernäischen Schlange,
  Vom Rumpf getrennt, und glauben was zu sein. —
  Doch sagt: was soll nur aus Euch werden?
  Was für unruhige Gebärden?
  Wo wollt Ihr hin? — Begebt Euch fort:
  Ich sehe, jener Chorus dort
  Macht Euch zum Wendehals. Bezwingt Euch nicht,
  Geht hin! begrüßt manch reizendes Gesicht!
  Die Lamien sind's! lustfeine Dirnen,
  Mit Lächelmund und frechen Stirnen,
  Wie sie dem Satyrvolk behagen;
  Ein Bocksfuß darf dort alles wagen.

Mephistopheles:
: Ihr bleibt doch hier, daß ich euch wiederfinde?
Sphinx: Ja! Mische dich zum luftigen Gesinde!
: Wir, von Ägypten her, sind längst gewohnt,
: Daß unsereins in tausend Jahre thront.
: Und respektiert nur unsre Lage:
: So regeln wir die Mond- und Sonnentage.
: Sitzen vor den Pyramiden
: Zu der Völker Hochgericht,
: Überschwemmung, Krieg und Frieden —
: Und verziehen kein Gesicht.

Am untern Peneios

Peneios, umgeben von Gewässern und Nymphen

Peneios: Rege dich, du Schilfgeflüster!
: Hauche leise, Rohrgeschwister,
: Säuselt, leichte Weidensträuche,
: Lispelt, Pappelzitterzweige,
: Unterbrochnen Träumen zu!
: Weckt mich doch ein grauslich Wittern,
: Heimlich-allbewegend Zittern
: Aus dem Wallestrom und Ruh.
Faust *(an den Fluß tretend):* Hör ich recht, so muß ich glauben:
: Hinter den verschränkten Lauben
: Dieser Zweige, dieser Stauden
: Tönt ein menschenähnlich Lauten.
: Scheint die Welle doch ein Schwätzen,
: Lüftlein wie ein Scherzergötzen.
Nymphen *(zu Faust):* Am besten geschäh dir,
: Du legtest dich nieder,
: Erholtest im Kühlen
: Ermüdete Glieder,
: Genössest der immer
: Dich meidenden Ruh;
: Wir säuseln, wir rieseln,
: Wir flüstern dir zu.
Faust: Ich wache ja! O laßt sie walten,
: Die unvergleichlichen Gestalten,
: Wie sie dorthin mein Auge schickt!
: So wunderbar bin ich durchdrungen!
: Sind's Träume? sind's Erinnerungen?
: Schon einmal warst du so beglückt.
: Gewässer schleichen durch die Frische

Der dichten, sanft bewegten Büsche,
Nicht rauschen sie, sie rieseln kaum;
Von allen Seiten hundert Quellen
Vereinen sich im reinlich-hellen,
Zum Bade flach vertieften Raum.
Gesunde, junge Frauenglieder,
Vom feuchten Spiegel doppelt wieder
Ergötztem Auge zugebracht!
Gesellig dann und fröhlich badend,
Erdreistet schwimmend, furchtsam watend;
Geschrei zuletzt und Wasserschlacht.
Begnügen sollt ich mich an diesen,
Mein Auge sollte hier genießen;
Doch immer weiter strebt mein Sinn.
Der Blick dringt scharf nach jener Hülle:
Das reiche Laub der grünen Fülle
Verbirgt die hohe Königin.
Wundersam! auch Schwäne kommen
Aus den Buchten hergeschwommen,
Majestätisch-rein bewegt,
Ruhig schwebend, zart gesellig,
Aber stolz und selbstgefällig:
Wie sich Haupt und Schnabel regt! —
Einer aber scheint vor allen
Brüstend kühn sich zu gefallen,
Segelnd rasch durch alle fort;
Sein Gefieder bläht sich schwellend,
Welle selbst, auf Wogen wellend,
Dringt er zu dem heiligen Ort. —
Die andern schwimmen hin und wieder
Mit ruhig glänzendem Gefieder,
Bald auch in regem prächtigen Streit
Die scheuen Mädchen abzulenken,
Daß sie an ihren Dienst nicht denken,
Nur an die eigne Sicherheit.

Nymphen: Leget, Schwestern, euer Ohr
An des Ufers grüne Stufe!
Hör ich recht, so kommt mir's vor
Als der Schall von Pferdes Hufe.
Wüßt ich nur, wer dieser Nacht
Schnelle Botschaft zugebracht!

Faust: Ist mir doch, als dröhnt' die Erde,
Schallend unter eiligem Pferde!
Dorthin mein Blick!

Ein günstiges Geschick,
Soll es mich schon erreichen?
O Wunder ohnegleichen!
Ein Reiter kommt herangetrabt,
Er scheint von Geist und Mut begabt,
Von blendend weißem Pferd getragen —
Ich irre nicht, ich kenn ihn schon:
Der Philyra berühmter Sohn! —
Halt, Chiron! halt! Ich habe dir zu sagen —

Chiron: Was gibt's? was ist's?

Faust: Bezähme deinen Schritt!

Chiron: Ich raste nicht!

Faust: So, bitte, nimm mich mit!

Chiron: Sitz auf! so kann ich nach Belieben fragen:
Wohin des Wegs? Du stehst am Ufer hier,
Ich bin bereit, dich durch den Fluß zu tragen.

Faust *(aufsitzend):* Wohin du willst. Für ewig dank ich's dir! —
Der große Mann, der edle Pädagog,
Der, sich zum Ruhm, ein Heldenvolk erzog,
Den schönen Kreis der edlen Argonauten
Und alle, die des Dichters Welt erbauten —

Chiron: Das lassen wir an seinem Ort!
Selbst Pallas kommt als Mentor nicht zu Ehren;
Am Ende treiben sie's nach ihrer Weise fort,
Als wenn sie nicht erzogen wären.

Faust: Den Arzt, der jede Pflanze nennt,
Die Wurzeln bis ins Tiefste kennt,
Dem Kranken Heil, dem Wunden Lindrung schafft,
Umarm ich hier in Geist- und Körperkraft!

Chiron: Ward neben mir ein Held verletzt,
Da wußt ich Hilf und Rat zu schaffen;
Doch ließ ich meine Kunst zuletzt
Den Wurzelweibern und den Pfaffen.

Faust: Du bist der wahre große Mann,
Der Lobeswort nicht hören kann:
Er sucht bescheiden auszuweichen
Und tut, als gäb es seinesgleichen.

Chiron: Du scheinest mir geschickt, zu heucheln,
Dem Fürsten wie dem Volk zu schmeicheln.

Faust: So wirst du mir denn doch gestehn:
Du hast die Größten deiner Zeit gesehn,
Dem Edelsten in Taten nachgestrebt,
Halbgöttlich-ernst die Tage durchgelebt.

Doch unter den heroischen Gestalten
Wen hast du für den Tüchtigsten gehalten?
Chiron: Im hehren Argonautenkreise
War jeder brav nach seiner eignen Weise,
Und nach der Kraft, die ihn beseelte,
Konnt er genügen, wo's den andern fehlte.
Die Dioskuren haben stets gesiegt,
Wo Jugendfüll und Schönheit überwiegt.
Entschluß und schnelle Tat zu andrer Heil,
Den Boreaden ward's zum schönen Teil.
Nachsinnend, kräftig, klug, im Rat bequem,
So herrschte Jason, Frauen angenehm.
Dann Orpheus: zart und immer still-bedächtig,
Schlug er die Leier, allen übermächtig.
Scharfsichtig Lynkeus, der bei Tag und Nacht
Das heilge Schiff durch Klipp und Strand gebracht.
Gesellig nur läßt sich Gefahr erproben:
Wenn einer wirkt, die andern alle loben.
Faust: Von Herkules willst nichts erwähnen?
Chiron: O weh! errege nicht mein Sehnen!
Ich hatte Phöbus nie gesehn,
Noch Ares, Hermes, wie sie heißen;
Da sah ich mir vor Augen stehn,
Was alle Menschen göttlich preisen.
So war er ein geborner König,
Als Jüngling herrlichst anzuschaun,
Dem älteren Bruder untertänig
Und auch den allerliebsten Fraun.
Den zweiten zeugt nicht Gäa wieder,
Nicht führt ihn Hebe himmelein;
Vergebens mühen sich die Lieder,
Vergebens quälen sie den Stein.
Faust: So sehr auch Bildner auf ihn pochen,
So herrlich kam er nie zur Schau.
Vom schönsten Mann hast du gesprochen,
Nun sprich auch von der schönsten Frau!
Chiron: Was! Frauenschönheit will nichts heißen,
Ist gar zu oft ein starres Bild;
Nur solch ein Wesen kann ich preisen,
Das froh und lebenslustig quillt.
Die Schöne bleibt sich selber selig;
Die Anmut macht unwiderstehlich,
Wie Helena, da ich sie trug.
Faust: Du trugst sie?

Chiron: Ja, auf diesem Rücken!
Faust: Bin ich nicht schon verwirrt genug,
　Und solch ein Sitz muß mich beglücken!
Chiron: Sie faßte so mich in das Haar,
　Wie du es tust.
Faust: O ganz und gar
　Verlier ich mich! Erzähle: wie?
　Sie ist mein einziges Begehren!
　Woher, wohin, ach! trugst du sie?
Chiron: Die Frage läßt sich leicht gewähren.
　Die Dioskuren hatten jener Zeit
　Das Schwesterchen aus Räuberfaust befreit.
　Doch diese, nicht gewohnt, besiegt zu sein,
　Ermannten sich und stürmten hinterdrein.
　Da hielten der Geschwister eiligen Lauf
　Die Sümpfe bei Eleusis auf;
　Die Brüder wateten, ich patschte, schwamm hinüber;
　Da sprang sie ab und streichelte
　Die feuchte Mähne, schmeichelte
　Und dankte lieblich-klug und selbstbewußt.
　Wie war sie reizend! jung! des Alten Lust!
Faust: Erst zehn Jahr!
Chiron: Ich seh, die Philologen,
　Sie haben dich so wie sich selbst betrogen.
　Ganz eigen ist's mit mythologischer Frau:
　Der Dichter bringt sie, wie er's braucht, zur Schau;
　Nie wird sie mündig, wird nicht alt,
　Stets appetitlicher Gestalt,
　Wird jung entführt, im Alter noch umfreit;
　Gnug, den Poeten bindet keine Zeit.
Faust: So sei auch sie durch keine Zeit gebunden!
　Hat doch Achill auf Pherä sie gefunden,
　Selbst außer aller Zeit! Welch seltnes Glück:
　Errungene Liebe gegen das Geschick!
　Und sollt ich nicht, sehnsüchtigster Gewalt,
　Ins Leben ziehn die einzigste Gestalt?
　Das ewige Wesen, Göttern ebenbürtig,
　So groß als zart, so hehr als liebenswürdig?
　Du sahst sie einst, heut hab ich sie gesehn,
　So schön wie reizend, wie ersehnt so schön!
　Nun ist mein Sinn, mein Wesen streng umfangen:
　Ich lebe nicht, kann ich sie nicht erlangen!
Chiron: Mein fremder Mann, als Mensch bist du entzückt;
　Doch unter Geistern scheinst du wohl verrückt.

Nun trifft sich's hier zu deinem Glücke;
Denn alle Jahr, nur wenig Augenblicke,
Pfleg ich bei Manto vorzutreten,
Der Tochter Äskulaps; im stillen Beten
Fleht sie zum Vater, daß, zu seiner Ehre,
Er endlich doch der Ärzte Sinn verkläre
Und vom verwegnen Totschlag sie bekehre —
Die liebste mir aus der Sibyllengilde:
Nicht fratzenhaft bewegt, wohltätig-milde;
Ihr glückt es wohl, bei einigem Verweilen,
Mit Wurzelkräften dich von Grund zu heilen.
Faust: Geheilt will ich nicht sein, mein Sinn ist mächtig;
Da wär ich ja wie andre niederträchtig.
Chiron: Versäume nicht das Heil der edlen Quelle!
Geschwind herab! Wir sind zur Stelle.
Faust: Sag an: wohin hast du in grauser Nacht
Durch Kiesgewässer mich ans Land gebracht?
Chiron: Hier trotzen Rom und Griechenland im Streite,
Peneios rechts, links den Olymp zur Seite,
Das größte Reich, das sich im Sand verliert:
Der König flieht, der Bürger triumphiert.
Blick auf! hier steht, bedeutend-nah,
Im Mondenschein der ewige Tempel da.
Manto *(inwendig träumend):* Von Pferdes Hufe
Erklingt die heilige Stufe,
Halbgötter treten heran.
Chiron: Ganz recht! Nur die Augen aufgetan!
Manto *(erwachend):* Willkommen! Ich seh, du bleibst nicht aus.
Chiron: Steht dir doch auch dein Tempelhaus!
Manto: Streifst du noch immer unermüdet?
Chiron: Wohnst du noch immer still umfriedet,
Indes zu kreisen mich erfreut.
Manto: Ich harre, mich umkreist die Zeit. —
Und dieser?
Chiron: Die verrufene Nacht
Hat strudelnd ihn hierher gebracht.
Helenen, mit verrückten Sinnen,
Helenen will er sich gewinnen
Und weiß nicht, wie und wo beginnen:
Asklepischer Kur vor andern wert.
Manto: Den lieb ich, der Unmögliches begehrt.

Chiron ist schon weit weg

Manto: Tritt ein, Verwegner, sollst dich freuen!

Der dunkle Gang führt zu Persephoneien.
In des Olympus hohlem Fuß
Lauscht sie geheim-verbotnem Gruß.
Hier hab ich einst den Orpheus eingeschwärzt;
Benutz es besser! Frisch! beherzt! *(Sie steigen hinab)*

Am obern Peneios wie zuvor

Sirenen: Stürzt euch in Peneios Flut!
Stürzt euch in Peneios Flut!
Plätschernd ziemt es da zu schwimmen,
Lied um Lieder anzustimmen,
Dem unseligen Volk zugut.
Ohne Wasser ist kein Heil!
Führen wir mit hellem Heere
Eilig zum Ägäischen Meere,
Würd uns jede Lust zuteil. *(Erdbeben)*
Schäumend kehrt die Welle wieder,
Fließt nicht mehr im Bett darnieder;
Grund erbebt, das Wasser staucht,
Kies und Ufer berstend raucht.
Flüchten wir! Kommt alle, kommt!
Niemand, dem das Wunder frommt!
Fort, ihr edlen, frohen Gäste,
Zu dem seelisch-heitern Feste,
Blinkend wo die Zitterwellen,
Ufernetzend, leise schwellen,
Da, wo Luna doppelt leuchtet,
Uns mit heilgem Tau befeuchtet!
Dort ein freibewegtes Leben,
Hier ein ängstlich Erdebeben!
Eile jeder Kluge fort!
Schauderhaft ist's um den Ort.
Seismos *(in der Tiefe brummend und polternd):*
Einmal noch mit Kraft geschoben,
Mit den Schultern brav gehoben!
So gelangen wir nach oben,
Wo uns alles weichen muß.
Sphinxe: Welch ein widerwärtig Zittern,
Häßlich-grausenhaftes Wittern!
Welch ein Schwanken, welches Beben,
Schaukelnd Hin- und Widerstreben!
Welch unleidlicher Verdruß!
Doch wir ändern nicht die Stelle
Bräche los die ganze Hölle.

Nun erhebt sich ein Gewölbe
Wundersam. Es ist derselbe,
Jener Alte, längst Ergraute,
Der die Insel Delos baute,
Einer Kreißenden zulieb
Aus der Wog empor sie trieb.
Er, mit Streben, Drängen, Drücken,
Arme straff, gekrümmt den Rücken,
Wie ein Atlas an Gebärde,
Hebt er Boden, Rasen, Erde,
Kies und Grieß und Sand und Letten,
Unsres Ufers stille Betten.
So zerreißt er eine Strecke
Quer des Tales ruhige Decke.
Angestrengtest, nimmer müde,
Kollossale Karyatide,
Trägt ein furchtbar Steingerüste,
Noch im Boden bis zur Büste;
Weiter aber soll's nicht kommen:
Sphinxe haben Platz genommen.
Seismos: Das hab ich ganz allein vermittelt,
Man wird mir's endlich zugestehn,
Und hätt ich nicht geschüttelt und gerüttelt,
Wie wäre diese Welt so schön!
Wie ständen eure Berge droben
In prächtig-reinem Ätherblau,
Hätt ich sie nicht hervorgeschoben
Zu malerisch-entzückter Schau!
Als, angesichts der höchsten Ahnen,
Der Nacht, des Chaos, ich mich stark betrug
Und in Gesellschaft von Titanen
Mit Pelion und Ossa als mit Ballen schlug:
Wir tollten fort in jugendlicher Hitze,
Bis, überdrüssig, noch zuletzt
Wir dem Parnaß als eine Doppelmütze
Die beiden Berge frevelnd aufgesetzt —
Apollen hält ein froh Verweilen
Dort nun mit seliger Musen Chor.
Selbst Jupitern und seinen Donnerkeilen
Hob ich den Sessel hoch empor.
Jetzt so, mit ungeheurem Streben,
Drang aus dem Abgrund ich herauf
Und fordere laut zu neuem Leben
Mir fröhliche Bewohner auf.

Sphinxe: Uralt, müßte man gestehen,
  Sei das hier Emporgebürgte,
  Hätten wir nicht selbst gesehen,
  Wie sich's aus dem Boden würgte.
  Bebuschter Wald verbreitet sich hinan,
  Noch drängt sich Fels auf Fels bewegt heran;
  Ein Sphinx wird sich daran nicht kehren:
  Wir lassen uns im heiligen Sitz nicht stören.
Greife: Gold in Blättchen, Gold in Flittern
  Durch die Ritzen seh ich zittern.
  Laßt euch solchen Schatz nicht rauben!
  Imsen, auf! es auszuklauben.
Chor der Ameisen: Wie ihn die Riesigen
  Emporgeschoben,
  Ihr Zappelfüßigen,
  Geschwind nach oben!
  Behendest aus und ein!
  In solchen Ritzen
  Ist jedes Bröselein
  Wert zu besitzen.
  Das Allermindeste
  Müßt ihr entdecken
  Auf das geschwindeste
  In allen Ecken!
  Allemsig müßt ihr sein,
  Ihr Wimmelscharen:
  Nur mit dem Gold herein!
  Den Berg laßt fahren!
Greise: Herein! herein! Nur Gold zuhauf!
  Wir legen unsre Klauen drauf;
  Sind Riegel von der besten Art:
  Der größte Schatz ist wohl verwahrt.
Pygmäen: Haben wirklich Platz genommen,
  Wissen nicht, wie es geschah.
  Fraget nicht, woher wir kommen;
  Denn wir sind nun einmal da!
  Zu des Lebens lustigem Sitze
  Eignet sich ein jedes Land;
  Zeigt sich eine Felsenritze,
  Ist auch schon der Zwerg zur Hand.
  Zwerg und Zwergin, rasch zum Fleiße,
  Musterhaft ein jedes Paar;
  Weiß nicht, ob es gleicherweise
  Schon im Paradiese war.

Doch wir finden's hier zum besten,
Segnen dankbar unsern Stern;
Denn im Osten wie im Westen
Zeugt die Mutter Erde gern.
Daktyle: Hat sie in Einer Nacht
  Die Kleinen hervorgebracht,
  Sie wird die Kleinsten erzeugen;
  Finden auch ihresgleichen.
Pygmäen-Älteste: Eilet, bequemen
  Sitz einzunehmen!
  Eilig zum Werke!
  Schnelle für Stärke!
  Noch ist es Friede:
  Baut euch die Schmiede,
  Harnisch und Waffen
  Dem Heer zu schaffen!
  Ihr Imsen alle,
  Rührig im Schwalle,
  Schafft uns Metalle!
  Und ihr Daktyle,
  Kleinste, so viele,
  Euch sei befohlen,
  Hölzer zu holen!
  Schichtet zusammen
  Heimliche Flammen:
  Schaffet uns Kohlen!
Generalissimus: Mit Pfeil und Bogen
  Frisch ausgezogen!
  An jenem Weiher
  Schießt mir die Reiher,
  Unzählig nistende,
  Hochmütig brüstende,
  Auf Einen Ruck
  Alle wie Einen,
  Daß wir erscheinen
  Mit Helm und Schmuck!
Imsen und Daktyle: Wer wird uns retten!
  Wir schaffen's Eisen,
  Sie schmieden Ketten.
  Uns loszureißen,
  Ist noch nicht zeitig;
  Drum seid geschmeidig!
Die Kraniche des Ibykus:
  Mordgeschrei und Sterbeklagen!

Ängstlich Flügelflatterschlagen!
Welch ein Ächzen, welch Gestöhn
Dringt herauf zu unsern Höhn!
Alle sind sie schon ertötet,
See von ihrem Blut gerötet!
Mißgestaltete Begierde
Raubt des Reihers edle Zierde.
Weht sie doch schon auf dem Helme
Dieser Fettbauch-Krummbein-Schelme!
Ihr Genossen unsres Heeres,
Reihenwanderer des Meeres,
Euch berufen wir zur Rache
In so nahverwandter Sache.
Keiner spare Kraft und Blut:
Ewige Feindschaft dieser Brut!

Zerstreuen sich krächzend in den Lüften

Mephistopheles *(in der Ebne):*
Die nordischen Hexen wußt ich wohl zu meistern,
Mir wird's nicht just mit diesen fremden Geistern.
Der Blocksberg bleibt ein gar bequem Lokal:
Wo man auch sei, man findet sich zumal.
Frau Ilse wacht für uns auf ihrem Stein,
Auf seiner Höh wird Heinrich munter sein,
Die Schnarcher schnauzen zwar das Elend an,
Doch alles ist für tausend Jahr getan.
Wer weiß denn hier nur, wo er geht und steht,
Ob unter ihm sich nicht der Boden bläht?
Ich wandle lustig durch ein glattes Tal,
Und hinter mir erhebt sich auf einmal
Ein Berg, zwar kaum ein Berg zu nennen,
Von meinen Sphinxen mich jedoch zu trennen,
Schon hoch genug! — Hier zuckt noch manches Feuer
Das Tal hinab und flammt ums Abenteuer:
Noch tanzt und schwebt mir lockend, weichend vor,
Spitzbübisch gaukelnd, der galante Chor.
Nur sachte drauf! Allzu gewohnt ans Naschen,
Wo es auch sei, man sucht was zu erhaschen.

Lamien *(Mephistopheles nach sich ziehend):*
Geschwind! geschwinder!
Und immer weiter!
Dann wieder zaudernd,
Geschwätzig plaudernd!
Es ist so heiter,

Den alten Sünder
Uns nachzuziehen
Zu schwerer Buße!
Mit starrem Fuße
Kommt er geholpert,
Einhergestolpert;
Er schleppt das Bein,
Wie wir ihn fliehen,
Uns hinterdrein!

Mephistopheles *(stillstehend):*
Verflucht Geschick! Betrogne Mannsen!
Von Adam her verführte Hansen!
Alt wird man wohl, wer aber klug?
Warst du nicht schon vernarrt genug?
Man weiß: das Volk taugt aus dem Grunde nichts,
Geschnürten Leibs, geschminkten Angesichts.
Nichts haben sie Gesundes zu erwidern,
Wo man sie anfaßt, morsch in allen Gliedern.
Man weiß, man sieht's, man kann es greifen,
Und dennoch tanzt man, wenn die Luder pfeifen!

Lamien *(innehaltend):* Halt! er besinnt sich, zaudert, steht!
Entgegnet ihm, daß er euch nicht entgeht!

Mephistopheles *(fortschreitend):*
Nur zu! und laß dich ins Gewebe
Der Zweifelei nicht töricht ein;
Denn wenn es keine Hexen gäbe,
Wer Teufel möchte Teufel sein!

Lamien *(anmutigst):* Kreisen wir um diesen Helden!
Liebe wird in seinem Herzen
Sich gewiß für Eine melden.

Mephistopheles: Zwar mit ungewissem Schimmer
Scheint ihr hübsche Frauenzimmer,
Und so möcht ich euch nicht schelten.

Empuse *(eindringend):* Auch nicht mich! als eine solche
Laßt mich ein in eure Folge!

Lamien: Die ist in unserm Kreis zuviel,
Verdirbt doch immer unser Spiel.

Empuse *(zu Mephistopheles):*
Begrüßt von Mühmichen Empuse,
Der Trauten mit dem Eselsfuße!
Du hast nur einen Pferdefuß,
Und doch, Herr Vetter, schönsten Gruß!

Mephistopheles: Hier dacht ich lauter Unbekannte
Und finde leider Nahverwandte;

Es ist ein altes Buch zu blättern:
Vom Harz bis Hellas immer Vettern!
Empuse: Entschieden weiß ich gleich zu handeln,
In vieles könnt ich mich verwandeln;
Doch Euch zu Ehren hab ich jetzt
Das Eselsköpfchen aufgesetzt.
Mephistopheles: Ich merk, es hat bei diesen Leuten
Verwandtschaft Großes zu bedeuten;
Doch mag sich, was auch will, ereignen,
Den Eselskopf möcht ich verleugnen.
Lamien: Laß diese Garstige! sie verscheucht,
Was irgend schön und lieblich deucht;
Was irgend schön und lieblich wär,
Sie kommt heran: es ist nicht mehr!
Mephistopheles:
Auch diese Mühmchen, zart und schmächtig,
Sie sind mir allesamt verdächtig,
Und hinter solcher Wänglein Rosen
Fürcht ich doch auch Metamorphosen.
Lamien: Versuch es doch! sind unsrer viele.
Greif zu! und hast du Glück im Spiele,
Erhasche dir das beste Los!
Was soll das lüsterne Geleier?
Du bist ein miserabler Freier,
Stolzierst einher und tust so groß! —
Nun mischt er sich in unsre Scharen:
Laßt nach und nach die Masken fahren
Und gebt ihm euer Wesen bloß!
Mephistopheles: Die Schönste hab ich mir erlesen —

Sie umfassend

O weh mir! welch ein dürrer Besen!

eine andere ergreifend

Und diese? — Schmähliches Gesicht!
Lamien: Verdienst du's besser? dünk es nicht!
Mephistopheles:
Die Kleine möcht ich mir verpfänden —
Lazerte schlüpft mir aus den Händen
Und schlangenhaft der glatte Zopf!
Dagegen faß ich mir die Lange —
Da pack ich eine Thyrsusstange,
Den Pinienapfel als den Kopf!
Wo will's hinaus? — Noch eine Dicke,
An der ich mich vielleicht erquicke!

Zum letztenmal gewagt! Es sei!
Recht quammig, quappig: das bezahlen
Mit hohem Preis Orientalen —
Doch ach! der Bovist platzt entzwei!
Lamien: Fahrt auseinander! schwankt und schwebet
Blitzartig! schwarzen Flugs umgebet
Den eingedrungenen Hexensohn!
Unsichre, schauderhafte Kreise!
Schweigsamen Fittichs, Fledermäuse!
Zu wohlfeil kommt er doch davon.
Mephistopheles *(sich schüttelnd):*
Viel klüger, scheint es, bin ich nicht geworden;
Absurd ist's hier, absurd im Norden,
Gespenster hier wie dort vertrackt,
Volk und Poeten abgeschmackt.
Ist eben hier eine Mummenschanz
Wie überall ein Sinnentanz.
Ich griff nach holden Maskenzügen
Und faßte Wesen, daß mich's schauerte —
Ich möchte gerne mich betrügen,
Wenn es nur länger dauerte.
Wo bin ich denn? wo will's hinaus?
Das war ein Pfad, nun ist's ein Graus.
Ich kam daher auf glatten Wegen,
Und jetzt steht mir Geröll entgegen.
Vergebens klettr ich auf und nieder:
Wo find ich meine Sphinxe wieder?
So toll hätt ich mir's nicht gedacht:
Ein solch Gebirg in Einer Nacht!
Das heiß ich frischen Hexenritt:
Die bringen ihren Blocksberg mit.
Oreas *(vom Naturfels):* Herauf hier! Mein Gebirg ist alt,
Steht in ursprünglicher Gestalt.
Verehre schroffe Felsensteige,
Des Pindus letztgedehnte Zweige!
Schon stand ich unerschüttert so,
Als über mich Pompejus floh.
Daneben das Gebild des Wahns
Verschwindet schon beim Krähn des Hahns.
Dergleichen Märchen seh ich oft entstehn
Und plötzlich wieder untergehn.
Mephistopheles: Sei Ehre dir, ehrwürdiges Haupt,
Von hoher Eichenkraft umlaubt!
Der allerklarste Mondenschein

Dringt nicht zur Finsternis herein. —
Doch neben am Gebüsche zieht
Ein Licht, das gar bescheiden glüht.
Wie sich das alles fügen muß!
Fürwahr, es ist Homunculus!
Woher des Wegs, du Kleingeselle!
Homunculus: Ich schwebe so von Stell zu Stelle
  Und möchte gern im besten Sinn entstehn,
  Voll Ungeduld, mein Glas entzweizuschlagen;
  Allein was ich bisher gesehn,
  Hinein da möcht ich mich nicht wagen.
  Nur, um dir's im Vertraun zu sagen:
  Zwei Philosophen bin ich auf der Spur!
  Ich horchte zu, es hieß: „Natur! Natur!"
  Von diesen will ich mich nicht trennen,
  Sie müssen doch das irdische Wesen kennen,
  Und ich erfahre wohl am Ende,
  Wohin ich mich am allerklügsten wende.
Mephistopheles: Das tu auf deine eigne Hand!
  Denn wo Gespenster Platz genommen,
  Ist auch der Philosoph willkommen.
  Damit man seiner Kunst und Gunst sich freue,
  Erschafft er gleich ein Dutzend neue.
  Wenn du nicht irrst, kommst du nicht zu Verstand!
  Willst du entstehn, entsteh auf eigne Hand!
Homunculus: Ein guter Rat ist auch nicht zu verschmähn.
Mephistopheles: So fahre hin! Wir wollen's weiter sehn.

Trennen sich

Anaxagoras *(zu Thales)*:
  Dein starrer Sinn will sich nicht beugen;
  Bedarf es weitres, dich zu überzeugen?
Thales: Die Welle beugt sich jedem Winde gern;
  Doch hält sie sich vom schroffen Felsen fern.
Anaxagoras: Durch Feuerdunst ist dieser Fels zu Handen.
Thales: Im Feuchten ist Lebendiges erstanden.
Homunculus *(zwischen beiden)*:
  Laßt mich an eurer Seite gehn!
  Mir selbst gelüstet's zu entstehn.
Anaxagoras: Hast du, o Thales, je ein Einer Nacht
  Solch einen Berg aus Schlamm hervorgebracht?
Thales:
  Nie war Natur und ihr lebendiges Fließen
  Auf Tag und Nacht und Stunden angewiesen.

Sie bildet regelnd jegliche Gestalt,
Und selbst im Großen ist es nicht Gewalt.
Anaxagoras: Hier aber war's! Plutonisch-grimmig Feuer,
Äolischer Dünste Knallkraft, ungeheuer,
Durchbrach des flachen Bodens alte Kruste,
Daß neu ein Berg sogleich entstehen mußte.
Thales: Was wird dadurch nun weiter fortgesetzt?
Er ist auch da, und das ist gut zuletzt.
Mit solchem Streit verliert man Zeit und Weile
Und führt doch nur geduldig Volk am Seile.
Anaxagoras: Schnell quillt der Berg von Myrmidonen,
Die Felsenspalten zu bewohnen:
Pygmäen, Imsen, Däumerlinge
Und andre tätig-kleine Dinge.

Zum Homunculus

Nie hast du Großem nachgestrebt,
Einsiedlerisch beschränkt gelebt;
Kannst du zur Herrschaft dich gewöhnen,
So laß ich dich als König krönen.
Homunculus: Was sagt mein Thales?
Thales: Will's nicht raten!
Mit Kleinen tut man kleine Taten,
Mit Großen wird der Kleine groß.
Sieh hin! die schwarze Kranichwolke!
Sie droht dem aufgeregten Volke
Und würde so dem König drohn.
Mit scharfen Schnäbeln, krallen Beinen,
Sie stechen nieder auf die Kleinen;
Verhängnis wetterleuchtet schon.
Ein Frevel tötete die Reiher,
Umstellend ruhigen Friedensweiher.
Doch jener Mordgeschosse Regen
Schafft grausam-blutgen Rachesegen,
Erregt der Nahverwandten Wut
Nach der Pygmäen frevlem Blut.
Was nützt nun Schild und Helm und Speer?
Was hilft der Reiherstrahl den Zwergen?
Wie sich Daktyl und Imse bergen!
Schon wankt, es flieht, es stürzt das Heer.

Anaxagoras *(nach einer Pause feierlich):*
Konnt ich bisher die Unterirdischen loben,
So wend ich mich in diesem Fall nach oben. —
Du droben, ewig Unveraltete,

Dreinamig-Dreigestaltete,
Dich ruf ich an bei meines Volkes Weh,
Diane, Luna, Hekate!
Du Brusterweiternde, im Tiefsten Sinnige,
Du Ruhigscheinende, Gewaltsam-Innige,
Eröffne deiner Schatten grausen Schlund!
Die alte Macht sei ohne Zauber kund!

Pause

Bin ich zu schnell erhört?
Hat mein Flehn
Nach jenen Höhn
Die Ordnung der Natur gestört?
Und größer, immer größer nahet schon
Der Göttin rundumschriebner Thron,
Dem Auge furchtbar, ungeheuer!
Ins Düstre rötet sich sein Feuer. —
Nicht näher! drohend-mächtige Runde,
Du richtest uns und Land und Meer zugrunde!
So wär es wahr, daß dich thessalische Frauen
In frevelnd-magischem Vertrauen
Von deinem Pfad herabgesungen?
Verderblichstes dir abgerungen? —
Das lichte Schild hat sich umdunkelt:
Auf einmal reißt's und blitzt und funkelt
Welch ein Geprassel! welch ein Zischen!
Ein Donnern, Windgetüm dazwischen! —
Demütig zu des Thrones Stufen! —
Verzeiht! ich hab es hergerufen!

Wirft sich aufs Angesicht

Thales: Was dieser Mann nicht alles hört' und sah!
Ich weiß nicht recht, wie uns geschah,
Auch hab ich's nicht mit ihm empfunden.
Gestehen wir: es sind verrückte Stunden,
Und Luna wiegt sich ganz bequem
An ihrem Platz so wie vordem.
Homunculus: Schaut hin nach der Pygmäen Sitz:
Der Berg war rund, jetzt ist er spitz!
Ich spürt ein ungeheures Prallen,
Der Fels war aus dem Mond gefallen;
Gleich hat er, ohne nachzufragen,
So Freund als Feind gequetscht, erschlagen.
Doch muß ich solche Künste loben,
Die schöpferisch, in Einer Nacht,

Zugleich von unten und von oben
Dies Berggebräu zustand gebracht.
Thales: Sei ruhig! Es war nur gedacht.
Sie fahre hin, die garstige Brut!
Daß du nicht König warst, ist gut.
Nun fort zum heitern Meeresfeste!
Dort hofft und ehrt man Wundergäste.

Entfernen sich

Mephistopheles *(an der Gegenseite kletternd):*
Da muß ich mich durch steile Felsentreppen,
Durch alter Eichen starre Wurzeln schleppen!
Auf meinem Harz der harzige Dunst
Hat was vom Pech, und das hat meine Gunst
Zunächst dem Schwefel. — Hier, bei diesen Griechen,
Ist von dergleichen kaum die Spur zu riechen;
Neugierig aber wär ich, nachzuspüren,
Womit sie Höllenqual und -flamme schüren.
Dryas: In deinem Lande sei einheimisch klug,
Im fremden bist du nicht gewandt genug.
Du solltest nicht den Sinn zur Heimat kehren,
Der heiligen Eichen Würde hier verehren!
Mephistopheles:
Man denkt an das, was man verließ;
Was man gewohnt war, bleibt ein Paradies. —
Doch sagt: was in der Höhle dort
Bei schwachem Licht sich dreifach hingekauert?
Dryas: Die Phorkyaden! Wage dich zum Ort
Und sprich sie an, wenn dich nicht schauert!
Mephistopheles:
Warum denn nicht! — Ich sehe was — und staune!
So stolz ich bin, muß ich mir selbst gestehn:
Dergleichen hab ich nie gesehn!
Die sind ja schlimmer als Alraune!
Wird man die urverworfnen Sünden
Im mindesten noch häßlich finden,
Wenn man dies Dreigetüm erblickt?
Wir litten sie nicht auf den Schwellen
Der grauenvollsten unsrer Höllen;
Hier wurzelt's in der Schönheit Land,
Das wird mit Ruhm antik genannt! —
Sie regen sich, sie scheinen mich zu spüren,
Sie zwitschern pfeifend, Fledermaus-Vampyren.
Phorkyaden: Gebt mir das Auge, Schwestern, daß es frage,

Wer sich so nah an unsre Tempel wage!
Mephistopheles: Verehrteste! erlaubt mir, euch zu nahen
Und euren Segen dreifach zu empfahen!
Ich trete vor, zwar noch als Unbekannter,
Doch, irr ich nicht, weitläufiger Verwandter.
Altwürdige Götter hab ich schon erblickt,
Vor Ops und Rhea tiefstens mich gebückt;
Die Parzen selbst, des Chaos, eure Schwestern,
Ich sah sie gestern — oder ehegestern;
Doch euresgleichen hab ich nie erblickt!
Ich schweige nun und fühle mich entzückt.
Phorkyaden: Er scheint Verstand zu haben, dieser Geist.
Mephistopheles:
Nur wundert's mich, daß euch kein Dichter preist.
Und sagt: wie kam's, wie konnte das geschehn:
Im Bilde hab ich nie euch Würdigste gesehn!
Versuch's der Meißel doch, euch zu erreichen,
Nicht Juno, Pallas, Venus und dergleichen!
Phorkyaden: Verschenkt in Einsamkeit und stillste Nacht.
Hat unser Drei noch nie daran gedacht!
Mephistopheles:
Wie sollt es auch, da ihr, der Welt entrückt,
Hier niemand seht und niemand euch erblickt!
Da müßtet ihr an solchen Orten wohnen,
Wo Pracht und Kunst auf gleichem Sitze thronen,
Wo jeden Tag, behend, im Doppelschritt,
Ein Marmorblock als Held ins Leben tritt,
Wo —
Phorkyaden: Schweige still und gib uns kein Gelüsten!
Was hülf es uns, und wenn wir's besser wüßten?
In Nacht geboren, Nächtlichem verwandt,
Beinah uns selbst, ganz allen unbekannt!
Mephistopheles:
In solchem Fall hat es nicht viel zu sagen,
Man kann sich selbst auch andern übertragen.
Euch dreien gnügt Ein Auge, gnügt Ein Zahn;
Da ging es wohl auch mythologisch an,
In zwei die Wesenheit der drei zu fassen,
Der dritten Bildnis mir zu überlassen,
Auf kurze Zeit.
Eine: Wie dünkt's euch? ging es an?
Die andern: Versuchen wir's, — Doch ohne Aug und Zahn.
Mephistopheles:

Nun habt ihr grad das Beste weggenommen;
Wie würde da das strengste Bild vollkommen!
Eine: Drück du ein Auge zu, 's ist leicht geschehn,
Laß alsofort den einen Raffzahn sehn,
Und im Profil wirst du sogleich erreichen,
Geschwisterlich vollkommen uns zu gleichen.
Mephistopheles: Viel Ehr! Es sei!
Phorkyaden: Es sei!
Mephistopheles *(als Phorkyas im Profil):*
Da steh ich schon,
Des Chaos vielgeliebter Sohn!
Phorkyaden: Des Chaos Töchter sind wir unbestritten.
Mephistopheles:
Man schilt mich nun, o Schmach! Hermaphroditen.
Phorkyaden: Im neuen Drei der Schwestern welche Schöne!
Wir haben zwei der Augen, zwei der Zähne!
Mephistopheles:
Vor aller Augen muß ich mich verstecken,
Im Höllenpfuhl die Teufel zu erschrecken. *(Ab)*

Felsbuchten des Ägäischen Meers

Mond, im Zenit verharrend

Sirenen *(auf den Klippen umhergelagert, flötend und singend):*
Haben sonst bei nächtigem Grauen
Dich thessalische Zauberfrauen
Frevelhaft herabgezogen,
Blicke ruhig von dem Bogen
Deiner Nacht auf Zitterwogen
Mildeblitzend Glanzgewimmel
Und erleuchte das Getümmel,
Das sich aus den Wogen hebt!
Dir zu jedem Dienst erbötig,
Schöne Luna, sei uns gnädig!
Nereiden und Tritonen *(als Meerwunder):*
Tönet laut in schärfern Tönen,
Die das breite Meer durchdröhnen:
Volk der Tiefe ruft fortan!
Vor des Sturmes grausen Schlünden
Wichen wir zu stillsten Gründen:
Holder Sang zieht uns heran.

Seht, wie wir im Hochentzücken
Uns mit goldnen Ketten schmücken,
Auch zu Kron und Edelsteinen

           Spang und Gürtelschmuck vereinen!
           Alles das ist eure Frucht:
           Schätze, scheiternd hier verschlungen,
           Habt ihr uns herangesungen,
           Ihr Dämonen unsrer Bucht.
Sirenen: Wissen's wohl, in Meeresfrische
           Glatt behagen sich die Fische,
           Schwanken Lebens ohne Leid;
           Doch, ihr festlich regen Scharen,
           Heute möchten wir erfahren,
           Daß ihr mehr als Fische seid.
Nereiden und Tritonen:
           Ehe wir hieher gekommen,
           Haben wir's zu Sinn genommen;
           Schwestern, Brüder, jetzt geschwind!
           Heut bedarf's der kleinsten Reise
           Zum vollgültigsten Beweise,
           Daß wir mehr als Fische sind.

Entfernen sich

Sirenen: Fort sind sie im Nu!
           Nach Samothrake grade zu,
           Verschwunden mit günstigem Wind.
           Was denken sie zu vollführen
           Im Reiche der hohen Kabiren?
           Sind Götter, wundersam eigen,
           Die sich immerfort selbst erzeugen
           Und niemals wissen, was sie sind!
           Bleibe auf deinen Höhn,
           Holde Luna, gnädig stehn,
           Daß es nächtig verbleibe,
           Uns der Tag nicht vertreibe!

Thales *(am Ufer zu Homunculus):*
           Ich führte dich zum alten Nereus gern;
           Zwar sind wir nicht von seiner Höhle fern,
           Doch hat er einen harten Kopf,
           Der widerwärtige Sauertopf.
           Das ganze menschliche Geschlecht
           Macht's ihm, dem Griesgram, nimmer recht.
           Doch ist die Zukunft ihm entdeckt,
           Dafür hat jedermann Respekt
           Und ehret ihn auf seinem Posten;
           Auch er hat manchem wohlgetan.
Homunculus: Probieren wir's und klopfen an!

Nicht gleich wird's Glas und Flamme kosten!
Nereus: Sind's Menschenstimmen, die mein Ohr vernimmt?
 Wie es mir gleich im tiefsten Herzen grimmt!
 Gebilde, strebsam, Götter zu erreichen,
 Und doch verdammt, sich immer selbst zu gleichen!
 Seit alten Jahren konnt ich göttlich ruhn,
 Doch trieb mich's an, den Besten wohlzutun,
 Und schaut ich dann zuletzt vollbrachte Taten,
 So war es ganz, als hätt ich nicht geraten.
Thales: Und doch, o Greis des Meers, vertraut man dir;
 Du bist der Weise, treib uns nicht von hier!
 Schau diese Flamme: menschenähnlich zwar,
 Sie deinem Rat ergibt sich ganz und gar!
Nereus: Was Rat! Hat Rat bei Menschen je gegolten?
 Ein kluges Wort erstarrt im harten Ohr.
 Sooft auch Tat sich grimmig selbst gescholten,
 Bleibt doch das Volk selbstwillig wie zuvor.
 Wie hab ich Paris väterlich gewarnt,
 Eh sein Gelüst ein fremdes Weib umgarnt!
 Am griechischen Ufer stand er kühnlich da,
 Ihm kündet ich, was ich im Geiste sah:
 Die Lüfte qualmend, überströmend Rot,
 Gebälke glühend, unten Mord und Tod,
 Trojas Gerichtstag, rhythmisch festgebannt,
 Jahrtausenden so schrecklich als gekannt.
 Des Alten Wort, dem Frechen schien's ein Spiel,
 Er folgte seiner Lust, und Ilios fiel —
 Ein Riesenleichnam, starr nach langer Qual,
 Des Pindus Adlern gar willkommnes Mahl!
 Ulyssen auch! sagt ich ihm nicht voraus
 Der Circe Listen, des Cyklopen Graus?
 Das Zaudern sein, der Seinen leichten Sinn?
 Und was nicht alles! Bracht ihm das Gewinn?
 Bis vielgeschaukelt ihn, doch spät genug,
 Der Woge Gunst an gastlich Ufer trug.
Thales: Dem weisen Mann gibt solch Betragen Qual;
 Der gute doch versucht es noch einmal.
 Ein Quentchen Danks wird, hoch ihn zu vergnügen,
 Die Zentner Undanks völlig überwiegen.
 Denn nichts Geringes haben wir zu flehn:
 Der Knabe da wünscht weislich zu entstehn.
Nereus: Verderbt mir nicht den seltensten Humor!
 Ganz andres steht mir heute noch bevor:
 Die Töchter hab ich alle herbeschieden,

Die Grazien des Meeres, die Doriden.
Nicht der Olymp, nicht euer Boden trägt
Ein schön Gebild, das sich so zierlich regt.
Sie werfen sich anmutigster Gebärde
Vom Wasserdrachen auf Neptunus Pferde,
Dem Element aufs zarteste vereint,
Daß selbst der Schaum sie noch zu heben scheint.

Im Farbenspiel von Venus' Muschelwagen
Kommt Galatee, die Schönste nun, getragen,
Die, seit sich Kypris von uns abgekehrt,
In Paphos wird als Göttin selbst verehrt.
Und so besitzt die Holde lange schon
Als Erbin Tempelstadt und Wagenthron.
Hinweg! Es ziemt in Vaterfreudenstunde
Nicht Haß dem Herzen, Scheltwort nicht dem Munde.
Hinweg zu Proteus! Fragt den Wundermann,
Wie man entstehn und sich verwandeln kann!
Entfernt sich gegen das Meer

Thales: Wir haben nichts durch diesen Schritt gewonnen:
Trifft man auch Proteus, gleich ist er zerronnen,
Und steht er euch, so sagt er nur zuletzt,
Was staunen macht und in Verwirrung setzt.
Du bist einmal bedürftig solchen Rats;
Versuchen wir's und wandlen unsres Pfads!
Entfernen sich

Sirenen *(oben auf den Felsen):*
Was sehen wir von weiten
Das Wellental durchgleiten?
Als wie nach Windes Regel
Anzögen weiße Segel,
So hell sind sie zu schauen,
Verklärte Meeresfrauen!
Laßt uns hinunterklimmen!
Vernehmt ihr doch die Stimmen.
Nereiden und Tritonen:
Was wir auf Händen tragen,
Soll allen euch behagen.
Chelonens Riesenschilde
Entglänzt ein streng Gebilde:
Sind Götter, die wir bringen!
Müßt hohe Lieder singen.
Sirenen: Klein von Gestalt,
Groß von Gewalt,

Der Scheiternde Retter,
Uralt-verehrte Götter!
Nereiden und Tritonen:
　Wir bringen die Kabiren,
　Ein friedlich Fest zu führen;
　Denn wo sie heilig walten,
　Neptun wird freundlich schalten.
Sirenen: Wir stehen euch nach:
　Wenn ein Schiff zerbrach,
　Unwiderstehbar an Kraft,
　Schützt ihr die Mannschaft.
Nereiden und Tritonen:
　Drei haben wir mitgenommen,
　Der vierte wollte nicht kommen;
　Er sagte, er sei der Rechte;
　Der für sie alle dächte.
Sirenen: Ein Gott den andern Gott
　Macht wohl zu Spott.
　Ehrt ihr alle Gnaden!
　Fürchtet jeden Schaden!
Nereiden und Tritonen:
　Sind eigentlich ihrer sieben!
Sirenen: Wo sind die drei geblieben?
Nereiden und Tritonen:
　Wir wüßten's nicht zu sagen,
　Sind im Olymp zu erfragen;
　Dort west auch wohl der achte,
　An den noch niemand dachte!
　In Gnaden uns gewärtig,
　Doch alle noch nicht fertig.

Diese Unvergleichlichen
Wollen immer weiter:
Sehnsuchtsvolle Hungerleider
Nach dem Unerreichlichen.

Sirenen: Wir sind gewohnt,
　Wo es auch thront,
　In Sonn und Mond
　Hinzubeten: es lohnt!
Nereiden und Tritonen:
　Wie unser Ruhm zum höchsten prangt,
　Dieses Fest anzuführen!
Sirenen: Die Helden des Altertums
　Ermangeln des Ruhms,

Wo und wie er auch prangt,
Wenn sie das Goldene Vlies erlangt,
Ihr die Kabiren.

Wiederholt als Allgesang

Wenn sie das Goldne Vlies erlangt,
Ihr
Wir die Kabiren!

Nereiden und Tritonen ziehen vorüber

Homunculus: Die Ungestalten seh ich an
  Als irden-schlechte Töpfe;
  Nun stoßen sich die Weisen dran
  Und brechen harte Köpfe.
Thales: Das ist es ja, was man begehrt:
  Der Rost macht erst die Münze wert.
Proteus *(unbemerkt)*: So etwas freut mich alten Fabler!
  Je wunderlicher, desto respektabler.
Thales: Wo bist du, Proteus?
Proteus *(bauchrednerisch, bald nah, bald fern)*:
  Hier! und hier!
Thales: Den alten Scherz verzeih ich dir;
  Doch einem Freund nicht eitle Worte!
  Ich weiß: du sprichst vom falschen Orte.
Proteus *(als aus der Ferne)*: Leb wohl!
Thales *(leise zu Homunculus)*:
  Er ist ganz nah. Nun leuchte frisch!
  Er ist neugierig wie ein Fisch,
  Und wo er auch gestaltet stockt,
  Durch Flammen wird er hergelockt.
Homunculus: Ergieß ich gleich des Lichtes Menge,
  Bescheiden doch, daß ich das Glas nicht sprenge.
Proteus *(in Gestalt einer Riesenschildkröte)*:
  Was leuchtet so anmutig-schön?
Thales *(den Homunculus verhüllend)*:
  Gut! Wenn du Lust hast, kannst du's näher sehn.
  Die kleine Mühe laß dich nicht verdrießen
  Und zeige dich auf menschlich beiden Füßen!
  Mit unsern Gunsten sei's, mit unserm Willen,
  Wer schauen will, was wir verhüllen.
Proteus *(edel gestaltet)*:
  Weltweise Kniffe sind dir noch bewußt.
Thales: Gestalt zu wechseln bleibt noch deine Lust.

Hat den Homunculus enthüllt

Proteus *(erstaunt)*:
 Ein leuchtend Zwerglein! Niemals noch gesehn!
Thales: Es fragt um Rat und möchte gern entstehn.
 Er ist, wie ich von ihm vernommen,
 Gar wundersam nur halb zur Welt gekommen:
 Ihm fehlt es nicht an geistigen Eigenschaften,
 Doch gar zu sehr am Greiflich-Tüchtighaften.
 Bis jetzt gibt ihm das Glas allein Gewicht;
 Doch wär er gern zunächst verkörperlicht.
Proteus: Du bist ein wahrer Jungfernsohn:
 Eh du sein solltest, bist du schon!
Thales *(leise)*: Auch scheint es mir von andrer Seite kritisch:
 Er ist, mich dünkt, hermaphroditisch.
Proteus: Da muß es desto eher glücken;
 So wie er anlangt, wird sich's schicken.
 Doch gilt es hier nicht viel Besinnen:
 Im weiten Meere mußt du anbeginnen!
 Da fängt man erst im Kleinen an
 Und freut sich, Kleinste zu verschlingen,
 Man wächst so nach und nach heran
 Und bildet sich zu höherem Vollbringen.
Homunculus: Hier weht gar eine weiche Luft,
 Es grunelt so, und mir behagt der Duft!
Proteus: Das glaub ich, allerliebster Junge!
 Und weiterhin wird's viel behäglicher,
 Auf dieser schmalen Strandeszunge
 Der Dunstkreis noch unsäglicher.
 Da vorne sehen wir den Zug,
 Der eben herschwebt, nah genug.
 Kommt mit dahin!
Thales: Ich gehe mit.
Homunculus: Dreifach merkwürdiger Geisterschritt!

*Telchinen von Rhodus auf Hippokampen und Meerdrachen,
Neptunens Dreizack handhabend*

Chor: Wir haben den Dreizack Neptunen geschmiedet,
 Womit er die regesten Wellen begütet.
 Entfaltet der Donnrer die Wolken, die vollen,
 Entgegnet Neptunus dem greulichen Rollen,
 Und wie auch von oben es zackig erblitzt,
 Wird Woge nach Woge von unten gespritzt;
 Und was auch dazwischen in Ängsten gerungen,
 Wird, lange geschleudert, vom Tiefsten verschlungen;
 Weshalb er uns heute den Zepter gereicht:
 Nun schweben wir festlich, beruhigt und leicht.

Sirenen: Euch, dem Helios Geweihten,
  Heiteren Tags Gebenedeiten,
  Gruß zur Stunde, die bewegt
  Lunas Hochverehrung regt!

Telchinen: Allieblichste Göttin am Bogen da droben,
  Du hörst mit Entzücken den Bruder beloben!
  Der seligen Rhodus verleihst du ein Ohr,
  Dort steigt ihm ein ewiger Päan hervor.
  Beginnt er den Tagslauf und ist es getan,
  Er blickt uns mit feurigem Strahlenblick an.
  Die Berge, die Städte, die Ufer, die Welle
  Gefallen dem Gotte, sind lieblich und helle.
  Kein Nebel umschwebt uns, und schleicht er sich ein,
  Ein Strahl und ein Lüftchen: die Insel ist rein!
  Da schaut sich der Hohe in hundert Gebilden,
  Als Jüngling, als Riesen, den Großen, den Milden.
  Wir ersten, wir waren's, die Göttergewalt
  Aufstellten in würdiger Menschengestalt.

Proteus: Laß du sie singen, laß sie prahlen!
  Der Sonne heiligen Lebestrahlen
  Sind tote Werke nur ein Spaß.
  Das bildet schmelzend, unverdrossen,
  Und haben sie's in Erz gegossen,
  Dann denken sie, es wäre was.
  Was ist's zuletzt mit diesen Stolzen?
  Die Götterbilder standen groß:
  Zerstörte sie ein Erdestoß —
  Längst sind sie wieder eingeschmolzen!

  Das Erdetreiben, wie's auch sei,
  Ist immer doch nur Plackerei;
  Dem Leben frommt die Welle besser;
  Dich trägt ins ewige Gewässer
  Proteus-Delphin.

  Er verwandelt sich

  Schon ist's getan!
  Da soll es dir zum schönsten glücken:
  Ich nehme dich auf meinen Rücken,
  Vermähle dich dem Ozean.

Thales: Gib nach dem löblichen Verlangen,
  Von vorn die Schöpfung anzufangen!
  Zu raschem Wirken sei bereit!
  Da regst du dich nach ewigen Normen

Durch tausend, aber tausend Formen,
Und bis zum Menschen hast du Zeit.

Homunculus besteigt den Proteus-Delphin

Proteus: Komm geistig mit in feuchte Weite!
 Da lebst du gleich in Läng und Breite,
 Beliebig regest du dich hier;
 Nur strebe nicht nach höheren Orden:
 Denn bist du erst ein Mensch geworden,
 Dann ist es völlig aus mit dir.
Thales: Nachdem es kommt! 's ist auch wohl fein,
 Ein wackrer Mann zu seiner Zeit zu sein.
Proteus *(zu Thales):* So einer wohl von deinem Schlag!
 Das hält noch eine Weile nach;
 Denn unter bleichen Geisterscharen
 Seh ich dich schon seit vielen hundert Jahren.
Sirenen *(auf dem Felsen):*
 Welch ein Ring von Wölkchen ründet
 Um den Mond so reichen Kreis?
 Tauben sind es, liebentzündet,
 Fittiche, wie Licht so weiß.
 Paphos hat sie hergesendet,
 Ihre brünstige Vogelschar;
 Unser Fest, es ist vollendet:
 Heitre Wonne voll und klar!
Nereus *(zu Thales tretend):*
 Nennte wohl ein nächtiger Wanderer
 Diesen Mondhof Lufterscheinung;
 Doch wir Geister sind ganz anderer
 Und der einzig richtigen Meinung:
 Tauben sind es, die begleiten
 Meiner Tochter Muschelfahrt,
 Wunderflugs besondrer Art,
 Angelernt vor alten Zeiten.
Thales: Auch ich halte das fürs Beste,
 Was dem wackern Mann gefällt,
 Wenn im stillen, warmen Neste
 Sich ein Heiliges lebend hält.
Psyllen und Marsen
 (auf Meerstieren, Meerkälbern und -widdern):
 In Cyperns rauhen Höhlegrüften,
 Vom Meergott nicht verschüttet,
 Vom Seismos nicht zerrüttet,
 Umweht von ewigen Lüften,

Und, wie in den ältesten Tagen,
In still-bewußtem Behagen
Bewahren wir Cypriens Wagen
Und führen beim Säufeln der Nächte
Durch liebliches Wellengeflechte,
Unsichtbar dem neuen Geschlechte,
Die lieblichste Tochter heran.
Wir leise Geschäftigen scheuen
Weder Adler noch geflügelten Leuen,
Weder Kreuz noch Mond,
Wie es oben wohnt und thront,
Sich wechselnd wegt und regt,
Sich vertreibt und totschlägt,
Saaten und Städte niederlegt.
Wir, so fortan,
Bringen die lieblichste Herrin heran.
Sirenen: Leichtbewegt, in mäßiger Eile,
Um den Wagen, Kreis um Kreis,
Bald verschlungen Zeil an Zeile,
Schlangenartig reihenweis,
Naht euch, rüstige Nereiden,
Derbe Faun, gefällig-wild,
Bringet, zärtliche Doriden,
Galateen, der Mutter Bild:
Ernst, den Göttern gleich zu schauen,
Würdiger Unsterblichkeit,
Doch wie holde Menschenfrauen
Lockender Anmutigkeit.
Doriden:
(im Chor am Nereus vorbeiziehend, sämtlich auf Delphinen):
Leih uns, Luna, Licht und Schatten,
Klarheit diesem Jugendflor!
Denn wir zeigen liebe Gatten
Unserm Vater bittend vor. *(Zu Nereus)*
Knaben sind's, die wir gerettet
Aus der Brandung grimmem Zahn,
Sie, auf Schilf und Moos gebettet,
Aufgewärmt zum Licht heran,
Die es nun mit heißen Küssen
Treulich uns verdanken müssen:
Schau die Holden günstig an!
Nereus: Hoch ist der Doppelgewinn zu schätzen:
Barmherzig sein und sich zugleich ergötzen.

Doriden: Lobst du, Vater, unser Walten,
　　Gönnst uns wohlerworbene Lust;
　　Laß uns fest, unsterblich halten
　　Sie an ewiger Jugendbrust!
Nereus: Mögt euch des schönen Fanges freuen,
　　Den Jüngling bildet euch als Mann!
　　Allein ich könnte nicht verleihen,
　　Was Zeus allein gewähren kann.
　　Die Welle, die euch wogt und schaukelt,
　　Läßt auch der Liebe nicht Bestand,
　　Und hat die Neigung ausgegaukelt,
　　So setzt gemächlich sie ans Land!
Doriden: Ihr, holde Knaben, seid uns wert,
　　Doch müssen wir traurig scheiden:
　　Wir haben ewige Treue begehrt,
　　Die Götter wollen's nicht leiden.
Die Jünglinge: Wenn ihr uns nur so ferner labt,
　　Uns wackre Schifferknaben!
　　Wir haben's nie so gut gehabt
　　Und wollen's nicht besser haben.
　　Galatee auf dem Muschelwagen nähert sich
Nereus: Du bist es, mein Liebchen!
Galatee: O Vater! das Glück!
　　Delphine, verweilet! mich fesselt der Blick.
Nereus: Vorüber schon, sie ziehen vorüber
　　In kreisenden Schwunges Bewegung;
　　Was kümmert sie die innre, herzliche Regung!
　　Ach, nähmen sie mich mit hinüber!
　　Doch ein einziger Blick ergötzt,
　　Daß er das ganze Jahr ersetzt.
Thales: Heil! Heil aufs neue!
　　Wie ich mich blühend freue,
　　Vom Schönen, Wahren durchdrungen:
　　Alles ist aus dem Wasser entsprungen!
　　Alles wird durch das Wasser erhalten!
　　Ozean, gönn uns dein ewiges Walten!
　　Wenn du nicht Wolken sendetest,
　　Nicht reiche Bäche spendetest,
　　Hin und her nicht Flüsse wendetest,
　　Die Ströme nicht vollendetest,
　　Was wären Gebirge, was Ebnen und Welt!
　　Du bist's, dem das frischeste Leben entquellt!
Echo (*Chorus der sämtlichen Kreise*):
　　Du bist's, der das frischeste Leben erhält!

Nereus: Sie kehren schwankend fern zurück,
　Bringen nicht mehr Blick zu Blick;
　In gedehnten Kettenkreisen
　Sich festgemäß zu erweisen,
　Windet sich die unzählige Schar.
　Aber Galateas Muschelthron
　Seh ich schon und aber schon:
　Er glänzt wie ein Stern
　Durch die Menge!
　Geliebtes leuchtet durchs Gedränge:
　Auch noch so fern
　Schimmerts hell und klar,
　Immer nah und wahr.
Homunculus: In dieser holden Feuchte,
　Was ich auch hier beleuchte,
　Ist alles reizend schön.
Proteus: In dieser Lebensfeuchte
　Erglänzt erst deine Leuchte
　Mit herrlichem Getön.

Nereus: Welch neues Geheimnis in Mitte der Scharen
　Will unseren Augen sich offenbaren?
　Was flammt um die Muschel, um Galatees Füße?
　Bald lodert es mächtig, bald lieblich, bald süße,
　Als wär es von Pulsen der Liebe gerührt.

Thales: Homunculus ist es, von Proteus verführt!
　Es sind die Symptome des herrischen Sehnens,
　Mir ahnet das Ächzen beängsteten Dröhnens;
　Er wird sich zerschellen am glänzenden Thron:
　Jetzt flammt es, nun blitzt es, ergießet sich schon!

Sirenen: Welch feuriges Wunder verklärt uns die Wellen,
　Die gegeneinander sich funkelnd zerschellen?
　So leuchtet's und schwanket und hellet hinan:
　Die Körper, sie glühen auf nächtlicher Bahn,
　Und ringsum ist alles vom Feuer umronnen.
　So herrsche denn Eros, der alles begonnen!
　Heil dem Meere! Heil den Wogen,
　Von dem heiligen Feuer umzogen!
　Heil dem Wasser! Heil dem Feuer!
　Heil dem seltnen Abenteuer!

All-Alle! Heil den mildgewogenen Lüften!
　Heil geheimnisreichen Grüften!
　Hochgefeiert sind allhier,
　Element ihr alle vier!

Dritter Akt

Vor dem Palaste des Menelas zu Sparta

Helena tritt auf und Chor gefangener Trojanerinnen
Panthalis, Chorführerin

Helena: Bewundert viel und viel gescholten, Helena,
Vom Strande komm ich, wo wir erst gelandet sind,
Noch immer trunken von des Gewoges regsamem
Geschaukel, das vom phrygischen Blachgefild uns her
Auf sträubig-hohem Rücken durch Poseidons Gunst
Und Euros' Kraft in vaterländische Buchten trug.
Dortunten freuet nun der König Menelas
Der Rückkehr samt den tapfersten seiner Krieger sich.
Du aber heiße mich willkommen, hohes Haus,
Das Tyndareos, mein Vater, nah dem Hange sich
Von Pallas' Hügel wiederkehrend aufgebaut
Und, als ich hier mit Klytämnestren schwesterlich,
Mit Castor auch und Pollux fröhlich spielend wuchs,
Vor allen Häusern Spartas herrlich ausgeschmückt.
Gegrüßt seid mir, der ehrnen Pforte Flügel ihr!
Durch euer gastlich ladendes Weit-Eröffnen einst
Geschah's, daß mir, erwählt aus vielen, Menelas
In Bräutigamsgestalt entgegenleuchtete.
Eröffnet mir sie wieder, daß ich ein Eilgebot
Des Königs treu erfülle, wie der Gattin ziemt!
Laßt mich hinein! und alles bleibe hinter mir,
Was mich umstürmte bis hierher, verhängnisvoll!
Denn seit ich diese Schwelle sorgenlos verließ,
Cytherens Tempel besuchend, heiliger Pflicht gemäß,
Mich aber dort ein Räuber griff, der phrygische,
Ist viel geschehen, was die Menschen weit und breit
So gern erzählen, aber der nicht gerne hört,
Von dem die Sage wachsend sich zum Märchen spann.
Chor: Verschmähe nicht, o herrliche Frau,
Des höchsten Gutes Ehrenbesitz!
Denn das größte Glück ist dir einzig beschert:
Der Schönheit Ruhm, der vor allen sich hebt.
Dem Helden tönt sein Name voran,
Drum schreitet er stolz;
Doch beugt sogleich hartnäckigster Mann
Vor der allbezwingenden Schöne den Sinn.
Helena: Genug! mit meinem Gatten bin ich hergeschifft
Und nun von ihm zu seiner Stadt vorausgesandt;
Doch welchen Sinn er hegen mag, errat ich nicht.

Komm ich als Gattin? komm ich eine Königin?
Komm ich ein Opfer für des Fürsten bittern Schmerz
Und für den Griechen langerduldetes Mißgeschick?
Erobert bin ich; ob gefangen, weiß ich nicht!
Denn Ruf und Schicksal bestimmten fürwahr die Unsterblichen
Zweideutig mir, der Schöngestalt bedenkliche
Begleiter, die an dieser Schwelle mir sogar
Mit düster drohender Gegenwart zur Seite stehn.
Denn schon im hohlen Schiffe blickte mich der Gemahl
Nur selten an, auch sprach er kein erquicklich Wort.
Als wenn er Unheil sänne, saß er gegen mir.
Nun aber, als, des Eurotas tiefem Buchtgestad
Hinangefahren, der vordern Schiffe Schnäbel kaum
Das Land begrüßten, sprach er, wie vom Gott bewegt:
„Hier steigen meine Kriger nach der Ordnung aus;
Ich mustre sie, am Strand des Meeres hingereiht.
Du aber ziehe weiter, ziehe des heiligen
Eurotas furchtbegabtem Ufer immer auf,
Die Rosse lenkend auf der feuchten Wiese Schmuck,
Bis daß zur schönen Ebene du gelangen magst,
Wo Lakedämon, einst ein fruchtbar-weites Feld,
Von ernsten Bergen nah umgeben, angebaut.
Betrete dann das hochgetürmte Fürstenhaus
Und mustre mir die Mägde, die ich dort zurück
Gelassen, samt der klugen, alten Schaffnerin!
Die zeige dir der Schätze reiche Sammlung vor,
Wie sie dein Vater hinterließ und die ich selbst
In Krieg und Frieden, stets vermehrend, aufgehäuft.
Du findest alles nach der Ordnung stehen: denn
Das ist des Fürsten Vorrecht, daß er alles treu
In seinem Hause, wiederkehrend, finde, noch
An seinem Platze jedes, wie er's dort verließ;
Denn nichts zu ändern hat für sich der Knecht Gewalt."
Chor: Erquicke nun am herrlichen Schatz,
  Dem stets vermehrten, Augen und Brust!
  Denn der Kette Zier, der Krone Geschmuck,
  Da ruhn sie stolz, und sie bedünken sich was.
  Doch tritt nur ein und fordre sie auf:
  Sie rüsten sich schnell!
  Mich freuet zu sehn Schönheit in dem Kampf
  Gegen Gold und Perlen und Edelgestein.
Helena: Sodann erfolgte des Herren ferneres Herrscherwort:
  „Wenn du nun alles nach der Ordnung durchgesehn,

Dann nimm so manchen Dreifuß, als du nötig glaubst,
Und mancherlei Gefäße, die der Opfrer sich
Zur Hand verlangt, vollziehend heiligen Festgebrauch,
Die Kessel, auch die Schalen, wie das flache Rund!
Das reinste Wasser aus der heiligen Quelle sei
In hohen Krügen! ferner auch das trockne Holz,
Der Flammen schnell empfänglich, halte da bereit!
Ein wohlgeschliffnes Messer fehle nicht zuletzt;
Doch alles andre geb ich deiner Sorge hin."
So sprach er, mich zum Scheiden drängend; aber nichts
Lebendigen Atems zeichnet mir der Ordnende,
Das er, die Olympier zu verehren, schlachten will.
Bedenklich ist es; doch ich sorge weiter nicht,
Und alles bleibe hohen Göttern heimgestellt,
Die das vollenden, was in ihrem Sinn sie deucht,
Es möge gut von Menschen oder möge bös
Geachtet sein; die Sterblichen, wir, ertragen das.
Schon manchmal hob das schwere Beil der Opfernde
Zu des erdgebeugten Tieres Nacken weihend auf
Und konnt es nicht vollbringen; denn ihn hinderte
Des nahen Feindes oder Gottes Zwischenkunft.
Chor: Was geschehen werde, sinnst du nicht aus!
  Königin, schreite dahin
  Guten Muts!
  Gutes und Böses kommt
  Unerwartet dem Menschen;
  Auch verkündet, glauben wir's nicht.
  Brannte doch Troja, sahen wir doch
  Tod vor Augen, schmählichen Tod,
  Und sind wir nicht hier
  Dir gesellt, dienstbar-freudig,
  Schauen des Himmels blendende Sonne
  Und das Schönste der Erde,
  Huldvoll, dich, uns Glücklichen?
Helena: Sei's, wie es sei! Was auch bevorsteht, mir geziemt,
  Hinaufzusteigen ungesäumt in das Königshaus,
  Das, lang entbehrt und viel ersehnt und fast verscherzt,
  Mir abermals vor Augen steht, ich weiß nicht wie.
  Die Füße tragen mich so mutig nicht empor
  Die hohen Stufen, die ich kindisch übersprang.
Chor: Werfet, o Schwestern, ihr
  Traurig gefangenen,
  Alle Schmerzen ins Weite!
  Teilet der Herrin Glück,

Teilet Helenens Glück,
Welche zu Vaterhauses Herd,
Zwar mit spät zurückkehrendem,
Aber mit desto festerem
Fuße freudig herannaht!
Preiset die heiligen,
Glücklich herstellenden
Und heimführenden Götter!
Schwebt der Entbundene
Doch wie auf Fittichen
Über das Rauhste, wenn umsonst
Der Gefangene sehnsuchtsvoll
Über die Zinne des Kerkers hin
Armausbreitend sich abhärmt.
Aber sie ergriff ein Gott,
Die Entfernte,
Und aus Ilios' Schutt
Trug er hierher sie zurück
In das alte, das neugeschmückte
Vaterhaus,
Nach unsäglichen
Freuden und Qualen
Früher Jugendzeit
Angefrischt zu gedenken.

Panthalis *(als Chorführerin):*
Verlasset nun des Gesanges freudumgebnen Pfad
Und wendet nach der Türe Flügeln euren Blick!
Was seh ich, Schwestern? Kehret nicht die Königin
Mit heftigen Schrittes Regung wieder zu uns her?
Was ist es, große Königin? Was konnte dir
In deines Hauses Hallen, statt der Deinen Gruß,
Erschütterndes begegnen? Du verbirgst es nicht;
Denn Widerwillen seh ich an der Stirne dir,
Ein edles Zürnen, das mit Überraschung kämpft.

Helena *(welche die Türflügel offen gelassen hat, bewegt):*
Der Tochter Zeus' geziemet nicht gemeine Furcht,
Und flüchtig-leise Schreckenshand berührt sie nicht;
Doch das Entsetzen, das, dem Schoß der alten Nacht
Vom Urbeginn entsteigend, vielgestaltet noch
Wie glühende Wolken aus des Berges Feuerschlund
Herauf sich wälzt, erschüttert auch des Helden Brust.
So haben heute grauenvoll die Stygischen
Ins Haus den Eintritt mir bezeichnet, daß ich gern
Von oftbetretner, langersehnter Schwelle mich,

Entlaßnem Gaste gleich, entfernend scheiden mag.
Doch nein! gewichen bin ich her ans Licht, und sollt
Ihr weiter nicht mich treiben, Mächte, wer ihr seid!
Auf Weihe will ich sinnen; dann gereinigt mag
Des Herdes Glut die Frau begrüßen wie den Herrn.

Chorführerin: Entdecke deinen Dienerinnen, edle Frau,
  Die dir verehrend beistehn, was begegnet ist!
Helena: Was ich gesehen, sollt ihr selbst mit Augen sehn,
  Wenn ihr Gebilde nicht die alte Nacht sogleich
  Zurückgeschlungen in ihrer Tiefe Wunderschoß.
  Doch daß ihr's wisset, sag ich's euch mit Worten an:
  Als ich des Königshauses ernsten Binnenraum,
  Der nächsten Pflicht gedenkend, feierlich betrat,
  Erstaunt ich ob der öden Gänge Schweigsamkeit.
  Nicht Schall der emsig Wandelnden begegnete
  Dem Ohr, nicht rasch-geschäftiges Eiligtun dem Blick,
  Und keine Magd erschien mir, keine Schaffnerin,
  Die jeden Fremden freundlich sonst Begrüßenden.
  Als aber ich dem Schoße des Herdes mich genaht,
  Da sah ich, bei verglommner Asche lauem Rest,
  Am Boden sitzen welch verhülltes großes Weib,
  Der Schlafenden nicht vergleichbar, wohl der Sinnenden.
  Mit Herrscherworten ruf ich sie zur Arbeit auf,
  Die Schaffnerin mir vermutend, die indes vielleicht
  Des Gatten Vorsicht hinterlassend angestellt;
  Doch eingefaltet sitzt die Unbewegliche.
  Nur endlich rührt sie auf mein Dräun den rechten Arm,
  Als wiese sie von Herd und Halle mich hinweg.
  Ich wende zürnend mich ab von ihr und eile gleich
  Den Stufen zu, worauf empor der Thalamos
  Geschmückt sich hebt und nah daran das Schatzgemach;
  Allein das Wunder reißt sich schnell vom Boden auf:
  Gebietrisch mir den Weg vertretend, zeigt es sich
  In hagrer Größe, hohlen, blutig-trüben Blicks,
  Seltsamer Bildung, wie sie Aug und Geist verwirrt.
  Doch red ich in die Lüfte; denn das Wort bemüht
  Sich nur umsonst, Gestalten schöpferisch aufzubauen.
  Da seht sie selbst! sie wagt sogar sich ans Licht hervor!
  Hier sind wir Meister, bis der Herr und König kommt.
  Die grausen Nachtgeburten drängt der Schönheitsfreund,
  Phöbus, hinweg in Höhlen oder bändigt sie.

Phorkyas, auf der Schwelle zwischen den Türpfosten auftretend

Chor: Vieles erlebt ich, obgleich die Locke

Jugendlich wallet mir um die Schläfe!
Schreckliches hab ich vieles gesehen:
Kriegerischen Jammer, Ilios' Nacht,
Als es fiel.

Durch das umwölkte, staubende Tosen
Drängender Krieger hört ich die Götter
Fürchterlich rufen, hört ich der Zwietracht
Eherne Stimme schallen durchs Feld,
Mauerwärts.

Ach, sie standen noch, Ilios'
Mauern; aber die Flammenglut
Zog vom Nachbar zum Nachbar schon,
Sich verbreitend von hier und dort
Mit des eignen Sturmes Wehn
Über die nächtliche Stadt hin.

Flüchtend sah ich durch Rauch und Glut
Und der züngelnden Flamme Loh'n
Gräßlich zürnender Götter Rahn,
Schreitend Wundergestalten,
Riesengroß, durch düsteren,
Feuerumleuchteten Qualm hin.

Sah ich's? oder bildete
Mir der angstumschlungene Geist
Solches Verworrene? Sagen kann
Nimmer ich's, doch daß ich dies
Gräßliche hier mit Augen schau,
Solches gewiß ja weiß ich;
Könnt es mit Händen fassen gar,
Hielte von dem Gefährlichen
Nicht zurücke die Furcht mich!

Welche von Phorkys'
Töchtern nur bist du?
Denn ich vergleiche dich
Diesem Geschlechte.
Bist du vielleicht der graugebornen,
Eines Auges und Eines Zahns
Wechselweis teilhaftigen
Graien eine gekommen?

Wagest du Scheusal,
Neben der Schönheit
Dich vor dem Kennerblick

Phöbus' zu zeigen?
Tritt du dennoch hervor nur immer!
Denn das Häßliche schaut Er nicht,
Wie sein heilig Auge noch
Nie erblickte den Schatten.

Doch uns Sterbliche nötigt, ach!
Leider trauriges Mißgeschick
Zu dem unsäglichen Augenschmerz,
Den das Verwerfliche, ewig-Unselige
Schönheitliebenden rege macht.

Ja, so höre denn, wenn du frech
Uns entgegenest, höre Fluch,
Hör jeglicher Schelte Drohn
Aus dem verwünschenden Munde der Glücklichen,
Die von Göttern gebildet sind!
Phorkyas: Alt ist das Wort, doch bleibet hoch und wahr der Sinn:
Daß Scham und Schönheit nie zusammen, Hand in Hand,
Den Weg verfolgen über der Erde grünen Pfad.
Tief eingewurzelt wohnt in beiden alter Haß,
Daß, wo sie immer irgend auch des Weges sich
Begegnen, jede der Gegnerin den Rücken kehrt.
Dann eilet jede wieder heftiger, weiter fort,
Die Scham betrübt, die Schönheit aber frech gesinnt,
Bis sie zuletzt des Orkus hohle Nacht umfängt,
Wenn nicht das Alter sie vorher gebändigt hat. —
Euch find ich nun, ihr Frechen, aus der Fremde her
Mit Übermut ergossen, gleich der Kraniche
Laut-heiser klingendem Zug, der über unser Haupt
In langer Wolke krächzend sein Getön herab
Schickt, das den stillen Wandrer über sich hinauf
Zu blicken lockt; doch ziehn sie ihren Weg dahin,
Er geht den seinen: also wird's mit uns geschehn.
Wer seid denn ihr, daß ihr des Königs Hochpalast
Mänadisch wild, Betrunknen gleich, umtoben dürft?
Wer seid ihr denn, daß ihr des Hauses Schaffnerin
Entgegenheulet wie dem Mond der Hunde Schar?
Wähnt ihr, verborgen sei mir, welch Geschlecht ihr seid,
Du kriegerzeugte, schlachterzogne junge Brut?
Mannlustige du, so wie verführt, verführende,
Entnervend beide, Kriegers auch und Bürgers Kraft!
Zu Hauf euch sehend, scheint mir ein Zikadenschwarm
Herabzustürzen, deckend grüne Feldersaat.

Verzehrerinnen fremden Fleißes! naschende
Vernichterinnen aufgekeimten Wohlstands ihr!
Erobert-marktverkauft-vertauschte Ware du!
Helena: Wer gegenwarts der Frau die Dienerinnen schilt,
Der Gebietrin Hausrecht tastet er vermessen an;
Denn ihr gebührt allein, das Lobenswürdige
Zu rühmen, wie zu strafen, was verwerflich ist.
Auch bin des Dienstes ich wohl zufrieden, den sie mir
Geleistet, als die hohe Kraft von Ilios
Umlagert stand und fiel und lag, nicht weniger,
Als wir der Irrfahrt kummervolle Wechselnot
Ertrugen, wo sonst jeder sich der Nächste bleibt.
Auch hier erwart ich gleiches von der muntern Schar;
Nicht, was der Knecht sei, fragt der Herr, nur, wie er dient.
Drum schweige du und grinse sie nicht länger an!
Hast du das Haus des Königs wohl verwahrt bisher
Anstatt der Hausfrau, solches dient zum Ruhme dir;
Damit nicht Strafe werde statt verdienten Lohns!
Phorkyas: Den Hausgenossen drohen bleibt ein großes Recht,
Das gottbeglückten Herrschers hohe Gattin sich
Durch langer Jahre weise Leitung wohl verdient.
Da du, nun Anerkannte, neu den alten Platz
Der Königin und Hausfrau wiederum betrittst,
So fasse längst erschlaffte Zügel, herrsche nun,
Nimm in Besitz den Schatz und sämtlich uns dazu!
Vor allem aber schütze mich, die Ältere,
Vor dieser Schar, die neben deiner Schönheit Schwan
Nur schlechtbefitticht-schnatterhafte Gänse sind!
Chorführerin: Wie häßlich neben Schönheit zeigt sich Häßlichkeit!
Phorkyas: Wie unverständig neben Klugheit Unverstand!

Von hier an erwidern die Choretiden, einzeln aus dem Chor heraustretend

Choretide 1:
Von Vater Erebus melde, melde von Mutter Nacht!
Phorkyas: So sprich von Scylla, leiblich dir Geschwisterkind!
Choretide 2: An deinem Stammbaum steigt manch Ungeheur empor.
Phorkyas: Zum Orkus hin! da suche deine Sippschaft auf!
Choretide 3: Die dort wohnten, sind dir alle viel zu jung.
Phorkyas: Tiresias, den Alten, gehe buhlend an!
Choretide 4: Orions Amme war die Ururenkelin.
Phorkyas: Harpyen, wähn ich, fütterten dich im Unflat auf.
Choretide 5: Mit was ernährst du so gepflegte Magerkeit?

Phorkyas: Mit Blute nicht, wonach du allzu lüstern bist!
Choretide 6: Begierig du auf Leichen, ekle Leiche selbst!
Phorkyas: Vampyrenzähne glänzen dir im frechen Maul.
Chorführerin: Das deine stopf ich, wenn ich sage, wer du seist.
Phorkyas: So nenne dich zuerst! das Rätsel hebt sich auf.
Helena: Nicht zürnend, aber traurend schreit ich zwischen euch,
  Verbietend solchen Wechselstreites Ungestüm.
  Denn Schädlicheres begegnet nichts dem Herrscherherrn
  Als treuer Diener heimlich-unterschworner Zwist.
  Das Echo seiner Befehle kehrt alsdann nicht mehr
  In schnell vollbrachter Tat wohlstimmig ihm zurück,
  Nein, eigenwillig brausend tost es um ihn her,
  Den selbst Verirrten, ins Vergebne Scheltenden.
  Dies nicht allein! Ihr habt in sittelosem Zorn
  Unselger Bilder Schreckgestallten hergebannt,
  Die mich umdrängen, daß ich selbst zum Orkus mich
  Gerissen fühle, vaterländschen Flur zum Trutz.
  Ist's wohl Gedächtnis? war es Wahn, der mich ergreift?
  War ich das alles? bin ich's? werd ich's künftig sein,
  Das Traum- und Schreckbild jener Städteverwüstenden?
  Die Mädchen schaudern; aber du, die Älteste,
  Du stehst gelassen: rede mir verständig Wort!
Phorkyas: Wer langer Jahre mannigfaltigen Glücks gedenkt,
  Ihm scheint zuletzt die höchste Göttergunst ein Traum.
  Du aber, hochbegünstigt, sonder Maß und Ziel,
  In Lebensreihe sahst nur Liebesbrünstige,
  Entzündet rasch zum kühnsten Wagstück jeder Art.
  Schon Theseus haschte früh dich, gierig aufgeregt,
  Wie Herakles stark, ein herrlich schön geformter Mann.
Helena: Entführte mich, ein zehnjährig-schlankes Reh,
  Und mich umschloß Aphidnus' Burg in Attika.
Phorkyas: Durch Castor und durch Pollux aber bald befreit,
  Umworben standst du ausgesuchter Heldenschar.
Helena: Doch stille Gunst vor allen, wie ich gern gesteh,
  Gewann Patroklus, er, des Peliden Ebenbild.
Phorkyas: Doch Vaterwille traute dich an Menelas,
  Den kühnen Seedurchstreicher, Hausbewahrer auch.
Helena: Die Tochter gab er, gab des Reichs Bestellung ihm.
  Aus ehlichem Beisein sproßte dann Hermione.
Phorkyas: Doch als er fern sich Kretas Erbe kühn erstritt,
  Dir Einsamen da erschien ein allzu schöner Gast.
Helena: Warum gedenkst du jener halben Witwenschaft,
  Und welch Verderben gräßlich mir daraus erwuchs!

Phorkyas: Auch jene Fahrt, mir freigebornen Kreterin
 Gefangenschaft erschuf sie, lange Sklaverei.
Helena: Als Schaffnerin bestellt er dich sogleich hieher,
 Vertrauend vieles, Burg und kühn erworbnen Schatz.
Porkyas: Die du verließest, Ilios' umtürmter Stadt
 Und unerschöpften Liebesfreuden zugewandt!
Helena: Gedenke nicht der Freuden! allzu herben Leids
 Unendlichkeit ergoß sich über Brust und Haupt.
Phorkyas: Doch sagt man: du erschienst ein doppelhaft Gebild,
 In Ilios gesehn und in Ägypten auch.
Helena: Verwirre wüsten Sinnes Aberwitz nicht gar!
 Selbst jetzo, welche denn ich sei, ich weiß es nicht.
Phorkyas: Dann sagen sie: aus hohlem Schattenreich herauf
 Gesellte sich inbrünstig noch Achill zu dir,
 Dich früher liebend gegen allen Geschicks Beschluß!
Helena: Ich als Idol ihm dem Idol verband ich mich.
 Es war ein Traum, so sagen ja die Worte selbst.
 Ich schwinde hin und werde selbst mir ein Idol.

Sinkt dem Halbchor in die Arme

Chor: Schweige! schweige,
 Mißblickende, Mißredende du!
 Aus so gräßlichen, einzahnigen
 Lippen, was enthaucht wohl
 Solchem furchtbaren Greuelschlund!

Denn der Bösartige, wohltätig erscheinend,
Wolfesgrimm unter schafwolligem Vlies,
Mir ist er weit schrecklicher als des dreiköpfigen Hundes
Rachen.
Ängstlich lauschend stehn wir da:
Wann, wie? wo nur bricht's hervor,
Solcher Tücke
Tiefauflauerndes Ungetüm?

Nun denn statt freundlich mit Trost reichbegabten,
Letheschenkenden, hold-mildesten Worts
Regest du auf aller Vergangenheit
Bösestes mehr denn Gutes
Und verdüsterst allzugleich
Mit dem Glanz der Gegenwart
Auch der Zukunft
Mild aufschimmerndes Hoffnungslicht.

Schweige! schweige!
Daß der Königin Seele,

Schon zu entfliehen bereit,
Sich noch halte, festhalte
Die Gestalt aller Gestalten,
Welche die Sonne jemals beschien.
Helena hat sich erholt und steht wieder in der Mitte
Phorkyas:
Tritt hervor aus flüchtigen Wolken, hohe Sonne dieses Tags,
Die verschleiert schon entzückte, blendend nun im Glanze herrscht!
Wie die Welt sich dir entfaltet, schaust du selbst mit holdem Blick.
Schelten sie mich auch für häßlich, kenn ich doch das Schöne wohl.
Helena:
Tret ich schwankend aus der Öde, die im Schwindel mich umgab,
Pflegt ich gern der Ruhe wieder, denn so müd ist mein Gebein;
Doch es ziemet Königinnen, allen Menschen ziemt es wohl,
Sich zu fassen, zu ermannen, was auch drohend überrascht.
Phorkyas:
Stehst du nun in deiner Großheit, deiner Schöne vor uns da,
Sagt dein Blick, daß du befiehlest! Was befiehlst du? sprich es aus!
Helena:
Eures Haders frech Versäumnis auszugleichen, seid bereit!
Eilt, ein Opfer zu bestellen, wie der König mir gebot!
Phorkyas:
Alles ist bereit im Hause: Schale, Dreifuß, scharfes Beil,
Zum Besprengen, zum Beräuchern! das zu Opfernde zeig an!
Helena: Nicht bezeichnet' es der König.
Phorkyas: Sprach's nicht aus? O Jammerwort!
Helena: Welch ein Jammer überfällt dich?
Phorkyas: Königin, du bist gemeint!
Helena: Ich?
Phorkyas: Und diese!
Chor: Weh und Jammer!
Phorkyas: Fallen wirst du durch das Beil!
Helena: Gräßlich! doch geahnt! Ich Arme!
Phorkyas: Unvermeidlich scheint es mir.
Chor: Ach! und uns? was wird begegnen?
Phorkyas: Sie stirbt einen edlen Tod;
Doch am hohen Balken drinnen, der des Daches Giebel trägt,
Wie im Vogelfang die Drosseln zappelt ihr der Reihe nach.

*Helena und Chor stehen erstaunt und erschreckt,
in bedeutender, wohlvorbereiteter Gruppe*

Phorkyas:
  Gespenster! — Gleich erstarrten Bildern steht ihr da,
  Geschreckt, vom Tag zu scheiden, der euch nicht gehört.
  Die Menschen, die Gespenster sämtlich gleich wie ihr,
  Entsagen auch nicht willig hehrem Sonnenschein;
  Doch bittet oder rettet niemand sie vom Schluß:
  Sie wissen's alle, wenigen doch gefällt es nur.
  Genug, ihr seid verloren! Also frisch ans Werk!

*Klatscht in die Hände; darauf erscheinen an der Pforte vermummte Zwerggestalten,
welche die ausgesprochenen Befehle alsobald mit Behendigkeit ausführen*

  Herbei, du düstres, kugelrundes Ungetüm!
  Wälzt euch hieher: zu schaden gibt es hier nach Lust!
  Dem Tragaltar, dem goldgehörnten, gebet Platz!
  Das Beil, es liege blinkend über dem Silberrand!
  Die Wasserkrüge füllet, abzuwaschen gibt's
  Des schwarzen Blutes greuelvolle Besudelung!
  Den Teppich breitet köstlich hier am Staube hin,
  Damit das Opfer niederkniee königlich
  Und, eingewickelt, zwar getrennten Haupts, sogleich,
  Anständig-würdig aber doch, bestattet sei!

Chorführerin: Die Königin steht sinnend an der Seite hier,
  Die Mädchen welken gleich gemähtem Wiesengras;
  Mir aber deucht, der Ältesten, heiliger Pflicht gemäß,
  Mit dir das Wort zu wechseln, Ururälteste.
  Du bist erfahren, weise, scheinst uns gut gesinnt,
  Obschon verkennend hirnlos diese Schar dich traf.
  Drum sage, was du möglich noch von Rettung weißt!

Phorkyas:
  Ist leicht gesagt! Von der Königin hängt allein es ab,
  Sich selbst zu erhalten, euch Zugaben auch mit ihr.
  Entschlossenheit ist nötig und die behendeste.

Chor: Ehrenwürdigste der Parzen, weiseste Sibylle du,
  Halte gesperrt die goldne Schere, dann verkünd uns Tag und Heil!
  Denn wir fühlen schon im Schweben, Schwanken, Bammeln unergetzlich
  Unsere Gliederchen, die lieber erst im Tanze sich ergetzten,
  Ruhten drauf an Liebchens Brust.

Helena: Laß diese bangen! Schmerz empfind ich, keine Furcht;
  Doch kennst du Rettung, dankbar sei sie anerkannt!

Dem Klugen, Weitumsichtigen zeigt fürwahr sich oft
Unmögliches noch als möglich. Sprich und sag es an!
Chor:
Sprich und sage, sag uns eilig: wie entrinnen wir den grausen,
Garstigen Schlingen, die bedrohlich, als die schlechtesten Geschmeide,
Sich um unsre Hälse ziehen? Vorempfinden wir's, die Armen,
Zum Entatmen, zum Ersticken, wenn du, Rhea, aller Götter
Hohe Mutter, dich nicht erbarmst!
Phorkyas: Habt ihr Geduld, des Vortrags langgedehnten Zug
Still anzuhören? Mancherlei Geschichten sind's.
Chor: Geduld genug! Zuhörend leben wir indes.
Phorkyas: Dem, der zu Hause verharrend edlen Schatz bewahrt
Und hoher Wohnung Mauern auszukitten weiß,
Wie auch das Dach zu sichern vor des Regens Drang,
Dem wird es wohlgehn lange Lebenstage durch;
Wer aber seiner Schwelle heilige Richte leicht
Mit flüchtigen Sohlen überschreitet freventlich,
Der findet wiederkehrend wohl den alten Platz,
Doch umgeändert alles, wo nicht gar zerstört.
Helena: Wozu dergleichen wohlbekannte Sprüche hier?
Du willst erzählen: rege nicht an Verdrießliches!
Phorkyas: Geschichtlich ist es, ist ein Vorwurf keineswegs.
Raubschiffend ruderte Menelas von Bucht zu Bucht;
Gestad und Inseln, alles streift er feindlich an,
Mit Beute wiederkehrend, wie sie drinnen starrt.
Vor Ilios verbracht er langer Jahre zehn;
Zur Heimfahrt aber weiß ich nicht, wie viel es war.
Allein wie steht es hier am Platz um Tyndareos'
Erhabnes Haus? wie stehet es mit dem Reich umher?
Helena: Ist dir denn so das Schelten gänzlich einverleibt,
Daß ohne Tadeln du keine Lippe regen kannst?
Phorkyas: So viele Jahre stand verlassen das Talgebirg,
Das hinter Sparta nordwärts in die Höhen steigt,
Taygetos im Rücken, wo als muntrer Bach
Herab Eurotas rollt und dann, durch unser Tal
An Rohren breit hinfließend, eure Schwäne nährt.
Dorthinten still im Gebirgstal hat ein kühn Geschlecht
Sich angesiedelt, dringend aus cimmerischer Nacht,
Und unersteiglich-feste Burg sich aufgetürmt,
Von da sie Land und Leute placken, wie's behagt.
Helena: Das konnten sie vollführen? Ganz unmöglich scheint's.
Phorkyas: Sie hatten Zeit: vielleicht an zwanzig Jahre sind's.
Helena: Ist Einer Herr? sind's Räuber viel, verbündete?

Phorkyas: Nicht Räuber sind es, Einer aber ist der Herr.
  Ich schelt ihn nicht, und wenn er schon mich heimgesucht.
  Wohl konnt er alles nehmen; doch begnügt er sich
  Mit wenigen Freigeschenken, nannt er's nicht Tribut.
Helena: Wie sieht er aus?
Phorkyas: Nicht übel! mir gefällt er schon.
  Es ist ein munterer, kecker, wohlgebildeter,
  Wie unter Griechen wenig, ein verständger Mann.
  Man schilt das Volk Barbaren; doch ich dächte nicht,
  Daß grausam einer wäre, wie vor Ilios
  Gar mancher Held sich menschenfresserisch erwies.
  Ich acht auf seine Großheit, ihm vertrau ich mich.
  Und seine Burg! die solltet ihr mit Augen sehn!
  Das ist was anderes gegen plumpes Mauerwerk,
  Das eure Väter, mir nichts dir nichts, aufgewälzt,
  Cyklopisch wie Cyklopen, rohen Stein sogleich
  Auf rohe Steine stürzend! Dort hingegen, dort
  Ist alles senk- und waagerecht und regelhaft.
  Von außen schaut sie: himmelan sie strebt empor,
  So starr, so wohl in Fugen, spiegelglatt wie Stahl!
  Zu klettern hier — ja selbst der Gedanke gleitet ab!
  Und innen großer Höfe Raumgelasse, rings
  Mit Baulichkeit umgeben aller Art und Zweck.
  Da sehr ihr Säulen, Säulchen, Bogen, Bögelchen,
  Altane, Galerien, zu schauen aus und ein,
  Und Wappen.
Chor: Was sind Wappen?
Phorkyas: Ajax führte ja
  Geschlungne Schlang im Schilde, wie ihr selbst gesehn.
  Die Sieben dort vor Theben trugen Bildnerein
  Ein jeder auf seinem Schilde, reich-bedeutungsvoll.
  Da sah man Mond und Stern am nächtigen Himmelsraum,
  Auch Göttin, Held und Leiter, Schwerter, Fackeln auch,
  Und was Bedrängliches guten Städten grimmig droht.
  Ein solch Gebilde führt auch unsre Heldenschar
  Von seinen Urururahnen her in Farbenglanz.
  Da seht ihr Löwen, Adler, Klau und Schnabel auch,
  Dann Büffelhörner, Flügel, Rosen, Pfauenschweif,
  Auch Streifen, gold und schwarz und silbern, blau und rot.
  Dergleichen hängt in Sälen Reih an Reihe fort,
  In Sälen, grenzenlosen, wie die Welt so weit:
  Da könnt ihr tanzen!
Chor: Sage: gibt's auch Tänzer da?
Phorkyas: Die besten! Goldgelockte, frische Bubenschar!

Die duften Jugend! Paris duftete einzig so,
Als er der Königin zu nahe kam.
Helena: Du fällst
Ganz aus der Rolle; sage mir das letzte Wort!
Phorkyas:
Du sprichst das letzte, sagst mit Ernst vernehmlich Ja!
Sogleich umgeb ich dich mit jener Burg!
Chor: O sprich!
Das kurze Wort und rette dich und uns zugleich!
Helena: Wie? sollt ich fürchten, daß der König Menelas
So grausam sich verginge, mich zu schädigen?
Phorkyas: Hast du vergessen, wie er deinen Deiphobus,
Des totgekämpfen Paris Bruder, unerhört
Verstümmelte, der starrsinnig Witwe dich erstritt
Und glücklich kebste? Nas und Ohren schnitt er ab
Und stümmelte mehr so: Greuel war es anzuschaun.
Helena: Das tat er jenem, meinetwegen tat er das.
Phorkyas: Um jenes willen wird er dir das gleiche tun!
Unteilbar ist die Schönheit; der sie ganz besaß,
Zerstört sie lieber, fluchend jedem Teilbesitz.

Trompeten in der Ferne; der Chor fährt zusammen

Wie scharf der Trompete Schmettern Ohr und Eingeweid
Zerreißend anfaßt, also krallt sich Eifersucht
Im Busen fest des Mannes, der das nie vergißt,
Was einst er besaß und nun verlor, nicht mehr besitzt.
Chor: Hörst du nicht die Hörner schallen? siehst der Waffen
Blitze nicht?
Phorkyas: Sei willkommen, Herr und König! gerne geb ich
Rechenschaft.
Chor: Aber wir?
Phorkyas: Ihr wißt es deutlich: seht vor Augen ihren Tod,
Merkt den eurigen dadrinne! nein, zu helfen ist euch nicht.

Pause

Helena: Ich sann mir aus das Nächste, was ich wagen darf.
Ein Widerdämon bist du, das empfind ich wohl,
Und fürchte, Gutes wendest du zum Bösen um.
Vor allem aber folgen will ich dir zur Burg;
Das andre weiß ich; was die Königin dabei
In tiefem Busen geheimnisvoll verbergen mag,
Sei jedem unzugänglich! — Alte, geh voran!
Chor: O wie gern gehen wir hin,
Eilenden Fußes!

Hinter uns Tod,
Vor uns abermals
Ragender Feste
Unzugängliche Mauer!
Schütze sie eben so gut,
Eben wie Ilios' Burg,
Die doch endlich nur
Niederträchtiger List erlag!

Nebel verbreiten sich, umhüllen den Hintergrund, auch die Nähe, nach Belieben

Wie? aber wie?
Schwestern, schaut euch um!
War es nicht heiterer Tag?
Nebel schwanken streifig empor
Aus Eurotas heilger Flut:
Schon entschwand das liebliche,
Schilfumkränzte Gestade dem Blick!
Auch die frei, zierlich-stolz,
Sanft hingleitenden Schwäne
In geselliger Schwimmlust
Seh ich, ach, nicht mehr!

Doch, aber doch
Tönen hör ich sie,
Tönen fern heiseren Ton!
Tod verkündenden, sagen sie!
Ach, daß uns er nur nicht auch
Statt verheißener Rettung Heil
Untergang verkünde zuletzt,
Uns, den Schwangleichen, Lang-
Schön-Weißhalsigen, und ach!
Unsrer Schwanerzeugten!
Weh uns, weh, weh!

Alles deckte sich schon
Rings mit Nebel umher.
Sehen wir doch einander nicht!
Was geschieht? gehen wir?
Schweben wir nur
Trippelnden Schrittes am Boden hin?
Siehst du nichts? schwebt nicht etwa gar
Hermes voran? blinkt nicht der goldne Stab
Heischend, gebietend uns wieder zurück
Zu dem unerfreulichen, grautagenden,
Ungreifbarer Gebilde vollen,

Überfüllten, ewig leeren Hades?

Ja, auf einmal wird es düster, ohne Glanz entschwebt der Nebel,
Dunkelgräulich, mauerbräunlich. Mauern stellen sich dem Blicke,
Freiem Blicke, starr entgegen. Ist's ein Hof? ist's tiefe Grube?
Schauerlich in jedem Falle! Schwestern, ach! wir sind gefangen,
So gefangen wie nur je!

Innerer Burghof

Umgeben von reichen, phantastischen Gebäuden des Mittelalters

Chorführerin:
 Vorschnell und töricht, echt-wahrhaftes Weibsgebild!
 Vom Augenblick abhängig, Spiel der Witterung,
 Des Glücks und Unglücks: keines von beiden wißt ihr je
 Zu bestehn mit Gleichmut! Eine widerspricht ja stets
 Der andern heftig, überquer die andern ihr;
 In Freud und Schmerz nur heult und lacht ihr gleichen Tons.
 Nun schweigt und wartet horchend, was die Herrscherin
 Hochsinnig hier beschließen mag für sich und uns!
Helena: Wo bist du, Pythonissa? heiße, wie du magst,
 Aus diesen Gewölben tritt hervor der düstern Burg!
 Gingst etwa du, dem wunderbaren Heldenherrn
 Mich anzukündigen, Wohlempfang bereitend mir,
 So habe Dank und führe schnell mich ein zu ihm!
 Beschluß der Irrfahrt wünsch ich, Ruhe wünsch ich nur.
Chorführerin:
 Vergebens blickst du, Königin, allseits um dich her:
 Verschwunden ist das leidige Bild, verblieb vielleicht
 Im Nebel dort, aus dessen Busen wir hierher,
 Ich weiß nicht wie, gekommen, schnell und sonder Schritt.
 Vielleicht auch irrt sie zweifelhaft im Labyrinth
 Der wundersam aus vielen einsgewordenen Burg,
 Den Herrn erfragend fürstlicher Hochbegrüßung halb.
 Doch sieh: dort oben regt in Menge allbereits,
 In Galerien, am Fenster, in Portalen rasch
 Sich hin und herbewegend, viele Dienerschaft;
 Vornehm-willkommnen Gastempfang verkündet es.
Chor: Aufgeht mir das Herz! o seht nur dahin,
 Wie so sittig herab mit verweilendem Tritt
 Jungholdeste Schar anständig bewegt
 Den geregelten Zug! Wie, auf wessen Befehl

Nur erscheinen, gereiht und gebildet so früh,
Von Jünglingsknaben das herrliche Volk?
Was bewundr ich zumeist? Ist es zierlicher Gang,
Etwa des Haupts Lockhaar um die blendende Stirn,
Etwa der Wänglein Paar, wie die Pfirsiche rot
Und eben auch so weichwollig beflaumt?
Gern biß ich hinein; doch ich schaudre davor:
Denn in ähnlichem Fall, da erfüllte der Mund
Sich, gräßlich zu sagen! mit Asche.

Aber die Schönsten,
Sie kommen daher:
Was tragen sie nur?
Stufen zum Thron,
Teppich und Sitz,
Umhang und zelt-
artigen Schmuck!
Überüberwallt er,
Wolkenkränze bildend,
Unsrer Königin Haupt;
Denn schon bestieg sie,
Eingeladen, herrlichen Pfühl.
Tretet heran,
Stufe für Stufe
Reihet euch ernst!
Würdig, o würdig, dreifach würdig
Sei gesegnet ein solcher Empfang!

Alles vom Chor Ausgesprochene geschieht nach und nach

Faust

Nachdem Knaben und Knappen in langem Zug herabgestiegen, erscheint er oben an der Treppe in ritterlicher Hofkleidung des Mittelalters und kommt langsam-würdig herunter

Chorführerin *(ihn aufmerksam beschauend)*:
 Wenn diesem nicht die Götter, wie sie öfter tun,
 Für wenige Zeit nur wundernswürdige Gestalt,
 Erhabnen Anstand, liebenswerte Gegenwart
 Vorübergänglich liehen, wird ihm jedesmal,
 Was er beginnt, gelingen, sei's in Männerschlacht,
 So auch im kleinen Kriege mit den schönsten Fraun.
 Er ist fürwahr gar vielen andern vorzuziehn,
 Die ich doch auch als hochgeschätzt mit Augen sah.
 Mit langsam-ernstem, ehrfurchtsvoll gehaltnem Schritt
 Seh ich den Fürsten: wende dich, o Königin!

Faust *(herantretend, einen Gefesselten zur Seite):*
Statt feierlichsten Grußes, wie sich ziemte,
Statt ehrfurchtsvollem Willkomm bring ich dir
In Ketten hart geschlossen solchen Knecht,
Der, Pflicht verfehlend, mir die Pflicht entwand.
Hier kniee nieder, dieser höchsten Frau
Bekenntnis abzulegen deiner Schuld!
Dies ist, erhabne Herrscherin, der Mann,
Mit seltnem Augenblitz vom hohen Turm
Umherzuschaun bestellt, dort Himmelsraum
Und Erdenbreite scharf zu überspähn,
Was etwa da und dort sich melden mag,
Vom Hügelkreis ins Tal zur festen Burg
Sich regen mag, der Herden Woge sei's,
Ein Heereszug vielleicht: wir schützen jene,
Begegnen diesem. Heute: welch Versäumnis!
Du kommst heran, er meldet's nicht! verfehlt
Ist ehrenvoller, schuldigster Empfang
So hohen Gastes. Freventlich verwirkt
Das Leben hat er, läge schon im Blut
Verdienten Todes; doch nur du allein
Bestrafst, begnadigst, wie dir's wohlgefällt.

Helena: So hohe Würde, wie du sie vergönnst,
Als Richterin, als Herrscherin, und wär's
Versuchend nur, wie ich vermuten darf —
So üb ich nun des Richters erste Pflicht:
Beschuldigte zu hören: Rede denn!

Turmwärter Lynkeus:
Laß mich knieen, laß mich schauen,
Laß mich sterben, laß mich leben,
Denn schon bin ich hingegeben
Dieser gottgegebnen Frauen!
Harrend auf des Morgens Wonne,
Östlich spähend ihren Lauf,
Ging auf einmal mir die Sonne
Wunderbar im Süden auf.

Zog den Blick nach jener Seite,
Statt der Schluchten, statt der Höhn,
Statt der Erd- und Himmelsweite
Sie, die Einzige, zu spähn.

Augenstrahl ist mir verliehen
Wie dem Luchs auf höchstem Baum;

Doch nun mußt ich mich bemühen
Wie aus tiefem, düsterm Traum.

Wüßt ich irgend mich zu finden?
Zinne? Turm? geschlossnes Tor?
Nebel schwanken, Nebel schwinden,
Solche Göttin tritt hervor!

Aug und Brust ihr zugewendet,
Sog ich an den milden Glanz;
Diese Schönheit, wie sie blendet,
Blendete mich Armen ganz.

Ich vergaß des Wächters Pflichten,
Völlig das beschworne Horn —
Drohe nur, mich zu vernichten!
Schönheit bändigt allen Zorn.

Helena: Das Übel, das ich brachte, darf ich nicht
Bestrafen. Wehe mir! welch streng Geschick
Verfolgt mich, überall der Männer Busen
So zu betören, daß sie weder sich
Noch sonst ein Würdiges verschonen. Raubend jetzt,
Verführend, fechtend, hin und her entrückend,
Halbgötter, Helden, Götter, ja Dämonen,
Sie führten mich im Irren her und hin.
Einfach die Welt verwirrt ich, doppelt mehr;
Nun dreifach, vierfach bring ich Not auf Not. —
Entferne diesen Guten, laß ihn frei!
Den Gottbetörten treffe keine Schmach!

Faust: Erstaunt, o Königin, seh ich zugleich
Die sicher Treffende, hier den Getroffnen:
Ich seh den Bogen, der den Pfeil entsandt,
Verwundet jenen. Pfeile folgen Pfeilen,
Mich treffend! Allwärts ahn ich überquer
Gefiedert schwirrend sie in Burg und Raum.
Was bin ich nun? Auf einmal machst du mir
Rebellisch die Getreusten, meine Mauern
Unsicher. Also fürcht ich schon: mein Heer
Gehorcht der siegend-unbesiegten Frau.
Was bleibt mir übrig, als mich selbst und alles
Im Wahn das Meine, dir anheimzugeben?
Zu deinen Füßen laß mich, frei und treu,
Dich Herrin anerkennen, die sogleich
Auftretend sich Besitz und Thron erwarb!

Lynkeus *(mit einer Kiste und Männer, die ihm andere nachtragen):*
Du siehst mich, Königin, zurück!
Der Reiche bettelt einen Blick,
Er sieht dich an und fühlt sogleich
Sich bettelarm und fürstenreich.

Was war ich erst? was bin ich nun?
Was ist zu wollen? was zu tun?
Was hilft der Augen schärfster Blitz!
Er prallt zurück an deinem Sitz.

Von Osten kamen wir heran,
Und um den Westen war's getan;
Ein lang und breites Volksgewicht:
Der erste wußte vom letzten nicht.

Der erste fiel, der zweite stand,
Des dritten Lanze zwar zur Hand;
Ein jeder hundertfach gestärkt,
Erschlagne Tausend unbemerkt.

Wir drängten fort, wir stürmten fort,
wir waren Herrn von Ort zu Ort,
Und wo ich herrisch heut befahl,
Ein andrer morgen raubt und stahl.

Wir schauten — eilig war die Schau:
Der griff die allerschönste Frau,
Der griff den Stier von festem Tritt,
Die Pferde mußten alle mit.

Ich aber liebte, zu erspähn
Das Seltenste, was man gesehn,
Und was ein andrer auch besaß,
Das war für mich gedörrtes Gras.

Den Schätzen war ich auf der Spur,
Den scharfen Blicken folgt ich nur,
In alle Taschen blickt ich ein,
Durchsichtig war mir jeder Schrein.

Und Haufen Goldes waren mein,
Am herrlichsten der Edelstein:
Nun der Smaragd allein verdient,
Daß er an deinem Herzen grünt.

Nun schwanke zwischen Ohr und Mund
Das Tropfenei aus Meeresgrund!

Rubinen werden gar verscheucht:
Das Wangenrot sie niederbleicht.

Und so den allergrößten Schatz
Versetz ich hier auf deinen Platz;
Zu deinen Füßen sei gebracht
Die Ernte mancher blutgen Schlacht.

So viele Kisten schlepp ich her,
Der Eisenkisten hab ich mehr;
Erlaube mich auf deiner Bahn,
Und Schatzgewölbe füll ich an.

Denn du bestiegest kaum den Thron,
So neigen schon, so beugen schon
Verstand und Reichtum und Gewalt
Sich vor der einzigen Gestalt.

Das alles hielt ich fest und mein:
Nun aber, lose, wird es dein!
Ich glaubt es würdig, hoch und bar:
Nun seh ich, daß es nichtig war!

Verschwunden ist, was ich besaß,
Ein abgemähtes, welkes Gras.
O gib mit einem heitern Blick
Ihm seinen ganzen Wert zurück!

Faust: Entferne schnell die kühn erworbne Last,
Zwar nicht getadelt, aber unbelohnt!
Schon ist Ihr alles eigen, was die Burg
Im Schoß verbirgt: Besondres Ihr zu bieten,
Ist unnütz. Geh und häufe Schatz auf Schatz
Geordnet an! Der ungesehnen Pracht
Erhabnes Bild stell auf! Laß die Gewölbe
Wie frische Himmel blinken! Paradiese
Von lebelosem Leben richte zu!
Voreilend ihren Tritten, laß beblümt
An Teppich Teppiche sich wälzen: ihrem Tritt
Begegne sanfter Boden, ihrem Blick,
Nur Göttliche nicht blendend, höchster Glanz!
Lynkeus: Schwach ist, was der Herr befiehlt;
Tut's der Diener, es ist gespielt:
Herrscht doch über Gut und Blut
Dieser Schönheit Übermut.

Schon das ganze Heer ist zahm,
Alle Schwerter stumpf und lahm,

Vor der herrlichen Gestalt
Selbst die Sonne matt und kalt,
Vor dem Reichtum des Gesichts
Alles leer und alles nichts. *(Ab)*
Helena *(zu Faust):* Ich wünsche dich zu sprechen, doch herauf
  An meine Seite komm! der leere Platz
  Beruft den Herrn und sichert mir den meinen.
Faust: Erst knieend laß die treue Widmung dir
  Gefallen, hohe Frau! die Hand, die mich
  An deine Seite hebt, laß mich sie küssen!
  Bestärke mich als Mitregenten deines
  Grenzenunbewußten Reichs, gewinne dir
  Verehrer, Diener, Wächter all in einem!
Helena: Vielfache Wunder seh ich, hör ich an.
  Erstaunen trifft mich, fragen möcht ich viel.
  Doch wünscht ich Unterricht, warum die Rede
  Des Mannes mir seltsam klang, seltsam und freundlich:
  Ein Ton scheint sich dem andern zu bequemen,
  Und hat ein Wort zum Ohre sich gesellt,
  Ein andres kommt, dem ersten liebzukosen.
Faust: Gefällt dir schon die Sprechart unsrer Völker,
  O so gewiß entzückt auch der Gesang,
  Befriedigt Ohr und Sinn im tiefsten Grunde.
  Doch ist am sichersten, wir üben's gleich:
  Die Wechselrede lockt es, ruft's hervor.
Helena: So sage denn: wie sprech ich auch so schön?
Faust: Das ist gar leicht: es muß von Herzen gehn!
  Und wenn die Brust von Sehnsucht überfließt,
  Man sieht sich um und fragt —
Helena: Wer mitgenießt.
Faust: Nun schaut der Geist nicht vorwärts, nicht zurück;
  Die Gegenwart allein —
Helena: Ist unser Glück.
Faust: Schatz ist sie, Hochgewinn, Besitz und Pfand;
  Bestätigung, wer gibt sie?
Helena: Meine Hand!
Chor: Wer verdächt es unsrer Fürstin,
  Gönnet sie dem Herrn der Burg
  Freundliches Erzeigen?
  Denn gesteht: sämtliche sind wir
  Ja Gefangene, wie schon öfter
  Seit dem schmählichen Untergang
  Ilios' und der ängstlich-
  labyrintischen Kummerfahrt.

Fraun, gewöhnt an Männerliebe,
Wählerinnen sind sie nicht,
Aber Kennerinnen!
Und wie goldlockigen Hirten
Vielleicht schwarzborstigen Faunen,
Wie es bringt die Gelegenheit,
Über die schwellenden Glieder
Voll erteilen sie gleiches Recht.
Nah und näher sitzen sie schon,
Aneinander gelehnet,
Schulter an Schulter, Knie an Knie;
Hand in Hand wiegen sie sich
Über des Throns
Aufgepolsterter Herrlichkeit.
Nicht versagt sich die Majestät
Heimlicher Freuden
Vor den Augen des Volkes
Übermütiges Offenbarsein.
Helena: Ich fühle mich so fern und doch so nah,
  Und sage nur zu gern: da bin ich! da!
Faust: Ich atme kaum, mir zittert, stockt das Wort;
  Es ist ein Traum, verschwunden Tag und Ort.
Helena: Ich scheine mir verlebt und doch so neu,
  In dich verwebt, dem Unbekannten treu.
Faust: Durchgrüble nicht das einzigste Geschick!
  Dasein ist Pflicht, und wär's ein Augenblick.
Phorkyas *(heftig eintretend)*:
  Buchstabiert in Liebesfibeln,
  Tändelnd grübelt nur am Liebeln,
  Müßig liebelt fort im Grübeln!
  Doch dazu ist keine Zeit.
  Fühlt ihr nicht ein dumpfes Wettern?
  Hört nur die Trompete schmettern!
  Das Verderben ist nicht weit:
  Menelas mit Volkeswogen
  Kommt auf euch herangezogen —
  Rüstet euch zu herbem Streit!
  Von der Siegerschar umwimmelt,
  Wie Deiphobus verstümmelt,
  Büßest du das Fraungeleit.
  Bammelt erst die leichte Ware,
  Dieser gleich ist am Altare
  Neugeschliffnes Beil bereit.
Faust: Verwegne Störung! widerwärtig dringt sie ein!

Auch nicht in Gefahren mag ich sinnlos Ungestüm.
Den schönsten Boten, Unblücksbotschaft häßlicht ihn;
Du Häßlichste gar, nur schlimme Botschaft bringst du gern.
Doch diesmal soll dir's nicht geraten; leeren Hauchs
Erschüttere du die Lüfte! Hier ist nicht Gefahr,
Und selbst Gefahr erschiene nur als eitles Dräun.

Signale, Explosionen von den Türmen, Trompeten und Zinken, kriegerische Musik, Durchmarsch gewaltiger Heereskraft

Faust: Nein, gleich sollst du versammelt schauen
Der Helden ungetrennten Kreis:
Nur der verdient die Gunst der Frauen,
Der kräftigst sie zu schützen weiß.

Zu den Heerführern, die sich von den Kolonnen absondern und herantreten

Mit angehaltnem stillen Wüten,
Das euch gewiß den Sieg verschafft,
Ihr, Nordens jugendliche Blüten,
Ihr, Ostens blumenreiche Kraft —

In Stahl gehüllt, vom Strahl umwittert,
Die Schar, die Reich um Reich zerbrach,
Sie treten auf, die Erde schüttert,
Sie schreiten fort, es donnert nach.

An Pylos traten wir zu Lande,
Der alte Nestor ist nicht mehr,
Und alle kleine Königsbande
Zersprengt das ungebundne Heer.

Drängt ungesäumt von diesen Mauern
Jetzt Menelas dem Meer zurück!
Dort irren mag er, rauben, lauern:
Ihm war es Neigung und Geschick.

Herzoge soll ich euch begrüßen,
Gebietet Spartas Königin;
Nun legt ihr Berg und Tal zu Füßen,
Und euer sei des Reichs Gewinn!

Germane du, Korinthus Buchten
Verteidige mit Wall und Schutz!
Achaja dann mit hundert Schluchten
Empfehl ich, Gote, deinem Trutz.

Nach Elis ziehn der Franken Heere,
Messene sei der Sachsen Los!
Normanne reinige die Meere
Und Argolis erschaff er groß!

Dann wird ein jeder häuslich wohnen,
Nach außen richten Kraft und Blitz;
Doch Sparta soll euch überthronen,
Der Königin verjährter Sitz.

All-Einzeln sieht sie euch genießen
Des Landes, dem kein Wohl gebricht!
Ihr sucht getrost zu ihren Füßen
Bestätigung und Recht und Licht.

*Faust steigt herab, die Fürsten schließen einen Kreis um ihn.
Befehl und Anordnung näher zu vernehmen*

Chor: Wer die Schönste für sich begehrt,
Tüchtig vor allen Dingen
Seh er nach Waffen weise sich um!
Schmeichelnd wohl gewann er sich,
Was auf Erden das Höchste;
Aber ruhig besitzt er's nicht:
Schleicher listig entschmeicheln sie ihm,
Räuber kühnlich entreißen sie ihm;
Dieses zu hindern, sei er bedacht!

Unsern Fürsten lob ich drum,
Schätz ihn höher vor andern;
Wie er so tapfer-klug sich verband,
Daß die Starken gehorchend stehn,
Jeden Winkes gewärtig.
Seinen Befehl vollziehn sie treu,
Jeder sich selbst zu eignem Nutz
Wie dem Herrscher zu lohnendem Dank,
Beiden zu höchlichem Ruhmesgewinn.

Denn wer entreißet sie jetzt
Dem gewaltgen Besitzer?
Ihm gehört sie, ihm sei sie gegönnt,
Doppelt von uns gegönnt, die er
Samt ihr zugleich innen mit sicherster Mauer,
Außen mit mächtigstem Heer umgab.
Faust: Die Gaben, diesen hier verliehen —
An jeglichen ein reiches Land! —
Sind groß und herrlich: laß sie ziehen!
Wir halten in der Mitte stand.

Und sie beschützen um die Wette,
Ringsum von Wellen angehüpft,
Nichtinsel dich, mit leichter Hügelkette
Europens letztem Bergast angeknüpft.

Das Land, vor aller Länder Sonnen,
Sei ewig jedem Stamm beglückt,
Nun meiner Königin gewonnen,
Das früh an ihr hinaufgeblickt,

Als mit Eurotas' Schilfgeflüster
Sie leuchtend aus der Schale brach,
Der hohen Mutter, dem Geschwister
Das Licht der Augen überstach.

Dies Land, allein zu dir gekehret,
Entbietet seinen höchsten Flor;
Dem Erdkreis, der dir angehöret,
Dein Vaterland, o zieh es vor!

Und duldet auch auf seiner Berge Rücken
Das Zackenhaupt der Sonne kalten Pfeil,
Läßt nun der Fels sich angegrünt erblicken,
Die Ziege nimmt genäschig kargen Teil.

Die Quelle springt, vereinigt stürzen Bäche,
Und schon sind Schluchten, Hänge, Matten grün.
Auf hundert Hügeln unterbrochner Fläche
Siehst Wollenherden ausgebreitet ziehn.

Verteilt, vorsichtig-abgemessen schreitet
Gehörntes Rind hinan zum jähen Rand;
Doch Obdach ist den sämtlichen bereitet:
Zu hundert Höhlen wölbt sich Felsenwand.

Pan schützt sie dort, und Lebensnymphen wohnen
In buschiger Klüfte feucht-erfrischtem Raum,
Und, sehnsuchtsvoll nach höhern Regionen,
Erhebt sich zweighaft Baum gedrängt an Baum.

Altwälder sind's! Die Eiche starret mächtig,
Und eigensinnig zackt sich Ast an Ast;
Der Ahorn, mild, von süßem Safte trächtig,
Steigt rein empor und spielt mit seiner Last.

Und mütterlich im stillen Schattenkreise
Quillt laue Milch bereit für Kind und Lamm;
Obst ist nicht weit, der Ebnen reife Speise,
Und Honig trieft vom ausgehöhlten Stamm.

Hier ist das Wohlbehagen erblich,
Die Wange heitert wie der Mund,
Ein jeder ist an seinem Platz unsterblich:
Sie sind zufrieden und gesund.

Und so entwickelt sich am reinen Tage
Zu Vaterkraft das holde Kind.
Wir staunen drob; noch immer bleibt die Frage:
Ob's Götter, ob es Menschen sind!

So war Apoll den Hirten zugestaltet,
Daß ihm der der schönsten einer glich;
Denn wo Natur im reinen Kreise waltet,
Ergreifen alle Welten sich.

Neben ihr sitzend

So ist es mir, so ist es dir gelungen;
Vergangenheit sei hinter uns getan!
O fühle dich vom höchsten Gott entsprungen!
Der ersten Welt gehörst du einzig an.

Nicht feste Burg soll dich umschreiben!
Noch zirkt in ewiger Jugendkraft,
Für uns zu wonnevollem Bleiben,
Arkadien in Spartas Nachbarschaft.

Gelockt, auf selgem Grund zu wohnen,
Du flüchtetest ins heitere Geschick!
Zur Laube wandeln sich die Thronen:
Arkadisch frei sei unser Glück!

Der Schauplatz verwandelt sich durchaus
*An eine Reihe von Felsenhöhlen lehnen sich geschlossene Lauben
Schattiger Hain bis an die rings umgebenden Felsenteile hinan
Faust und Helena werden nicht gesehen
Der Chor liegt schlafend verteilt umher*

Phorkyas: Wie lange Zeit die Mädchen schlafen, weiß ich nicht;
  Ob sie sich träumen ließen, was ich hell und klar
  Vor Augen sah, ist ebenfalls mir unbekannt.
  Drum weck ich sie. Erstaunen soll das junge Volk,
  Ihr Bärtigen auch, die ihr dadrunten sitzend harrt,
  Glaubhafter Wunder Lösung endlich anzuschaun.
  Hervor! hervor! und schüttelt eure Locken rasch!
  Schlaf aus den Augen! Blinzt nicht so und hört mich an!
Chor:
  Rede nur, erzähl, erzähle, was sich Wunderliches begeben!
  Hören möchten wir am liebsten, was wir gar nicht glauben
  können;
  Denn wir haben lange Weile, diese Felsen anzusehn.
Phorkyas:
  Kaum die Augen ausgerieben, Kinder, langeweilt ihr schon?

So vernehmet: in diesen Höhlen, diesen Grotten, diesen Lauben
Schutz und Schirmung war verliehen, wie idyllischem Liebespaare,
Unserm Herrn und unsrer Frauen.
Wie? dadrinnen?
Phorkyas: Abgesondert
Von der Welt, nur mich, die Eine, riefen sie zu stillem Dienste.
Hochgeehrt stand ich zur Seite; doch wie es Vertrauten ziemet,
Schaut ich um nach etwas andrem, wendete mich hier- und dorthin,
Suchte Wurzeln, Moos und Rinden, kundig aller Wirksamkeiten:
Und so blieben sie allein.
Chor:
Tust du doch, als ob dadrinnen ganze Weltenräume wären,
Wald und Wiese, Bäche, Seen! welche Märchen spinnst du ab!
Phorkyas:
Allerdings, ihr Unerfahrnen! das sind unerforschte Tiefen:
Saal an Sälen, Hof an Höfen; diese spürt ich sinnend aus.
Doch auf einmal ein Gelächter echot in den Höhlenräumen;
Schau ich hin: da springt ein Knabe von der Frauen Schoß zum Manne,
Von dem Vater zu der Mutter! das Gekose, das Getändel,
Töriger Liebe Neckereien, Scherzgeschrei und Lustgejauchze
Wechselnd übertäuben mich.
Nackt, ein Genius ohne Flügel, faunenartig ohne Tierheit,
Springt er auf den festen Boden; doch der Boden, gegenwirkend,
Schnellt ihn zu der luftgen Höhe, und im zweiten, dritten Sprunge
Rührt er an das Hochgewölb.
Ängstlich ruft die Mutter: „Springe wiederholt und nach Belieben,
Aber hüte dich zu fliegen! freier Flug ist dir versagt."
Und so mahnt der treue Vater: „In der Erde liegt die Schnellkraft,
Die dich aufwärts treibt; berühre mit der Zehe nur den Boden,
Wie der Erdensohn Antäus bist du alsobald gestärkt."

Und so hüpft er auf die Masse dieses Felsens, von der Kante
Zu dem andern und umher so, wie ein Ball geschlagen springt.
Doch auf einmal in der Spalte rauher Schlucht ist er verschwunden,
Und nun scheint er uns verloren! Mutter jammert, Vater tröstet,
Achselzuckend steh ich ängstlich. Doch nun wieder welch Erscheinen!
Liegen Schätze dort verborgen? Blumenstreifige Gewande
Hat er würdig angetan.
Quasten schwanken von den Armen, Binden flattern um den Busen;
In der Hand die goldne Leier, völlig wie ein kleiner Phöbus,
Tritt er wohlgemut zur Kante, zu dem Überhang: wir staunen,
Und die Eltern vor Entzücken werfen wechselnd sich ans Herz.
Denn wie leuchtet's ihm zu Häupten? Was erglänzt, ist schwer zu sagen:
Ist es Goldschmuck? ist es Flamme übermächtiger Geisteskraft?
Und so regt er sich gebärdend, sich als Knabe schon verkündend
Künftigen Meister alles Schönen, dem die ewigen Melodieen
Durch die Glieder sich bewegen, und so werdet ihr ihn hören,
Und so werdet ihr ihn sehn zu einzigster Bewunderung.

Chor: Nennst du ein Wunder dies,
   Kretas Erzeugte?
Dichtend belehrendem Wort
Hast du gelauscht wohl nimmer?
Niemals noch gehört Ioniens,
Nie vernommen auch Hellas'
Urväterlicher Sagen
Göttlich-heldenhaften Reichtum?

Alles, was je geschieht
Heutigen Tages,
Trauriger Nachklang ist's
Herrlicher Ahnherrntage!
Nicht vergleicht sich dein Erzählen
Dem, was liebliche Lüge,
Glaubhaftiger als Wahrheit,
Von dem Sohn sang der Maja.

Diesen zierlich und kräftig, doch
Kaum geborenen Säugling

Faltet in reinster Windeln Flaum,
Strenget in köstlicher Wickeln Schmuck
Klatschender Wärterinnen Schar,
Unvernünftigen Wähnens.

Kräftig und zierlich aber zieht
Schon der Schalk die geschmeidigen,
Doch elastischen Glieder
Listig heraus, die purpurne,
Ängstlich drückende Schale
Lassend ruhig an seiner Statt,
Gleich dem fertigen Schmetterling,
Der aus starrem Puppenzwang,
Flügel entfaltend, behendig schlüpft,
Sonnedurchstrahlten Äther kühn
Und mutwillig durchflatternd.

So auch er, der Behendeste,
Daß er Dieben und Schälken,
Vorteilsuchenden allen auch
Ewig günstiger Dämon sei!
Dies betätigt er alsobald
Durch gewandteste Künste:
Schnell des Meeres Beherrscher stiehlt
Er den Trident, ja dem Ares selbst
Schlau das Schwert aus der Scheide,
Bogen und Pfeil dem Phöbus auch,
Wie dem Hephästos die Zange;
Selber Zeus', des Vaters, Blitz
Nähm er, schreckt ihn das Feuer nicht;
Doch dem Eros siegt er ob
In beinstellendem Ringerspiel,
Raubt auch Cyprien, wie sie ihm kost,
Noch vom Busen den Gürtel.

Ein reizendes, rein-melodisches Saitenspiel erklingt aus der Höhle. Alle merken auf und scheinen bald innig gerührt. Von hier an bis zur bemerkten Pause durchaus mit vollstimmiger Musik

Phorkyas: Höret allerliebste Klänge!
Macht euch schnell von Fabeln frei!
Eurer Götter alt Gemenge,
Laßt es hin! es ist vorbei.

Niemand will euch mehr verstehen,
Fordern wir doch höhern Zoll:
Denn es muß von Herzen gehen,
Was auf Herzen wirken soll.

Sie zieht sich nach den Felsen zurück

Chor: Bist du, fürchterliches Wesen,
Diesem Schmeichelton geneigt,
Fühlen wir, als frisch genesen,
Uns zur Tränenlust erweicht.
Laß der Sonne Glanz verschwinden,
Wenn es in der Seele tagt:
Wir im eignen Herzen finden,
Was die ganze Welt versagt.

Helena, Faust, Euphorion in dem oben beschriebenen Kostüm

Euphorion: Hört ihr Kindeslieder singen,
Gleich ist's euer eigner Scherz;
Seht ihr mich im Takte springen,
Hüpft euch elterlich das Herz.
Helena: Liebe, menschlich zu beglücken,
Nähert sie ein edles Zwei;
Doch zu göttlichem Entzücken
Bildet sie ein köstlich Drei.
Faust: Alles ist sodann gefunden:
Ich bin dein, und du bist mein,
Und so stehen wir verbunden;
Dürft es doch nicht anders sein!
Chor: Wohlgefallen vieler Jahre
In des Knaben mildem Schein
Sammelt sich auf diesem Paare:
O wie rührt mich der Verein!
Euphorion: Nun laßt mich hüpfen,
Nun laßt mich springen!
Zu allen Lüften
Hinaufzudringen,
Ist mir Begierde:
Sie faßt mich schon.
Faust: Nur mäßig! mäßig
Nicht ins Verwegne,
Daß Sturz und Unfall
Dir nicht begegne,
Zugrunde uns richte
Der teure Sohn!
Euphorion: Ich will nicht länger
Am Boden stocken:
Laßt meine Hände,
Laßt meine Locken,

Laßt meine Kleider!
Sie sind ja mein.
Helena: O denk, o denke,
Wem du gehörest,
Wie es uns kränke,
Wie du zerstörest
Das schön errungene
Mein, Dein und Sein!
Chor: Bald löst, ich fürchte,
Sich der Verein!
Helena und Faust: Bändige, bändige,
Eltern zuliebe,
Überlebendige,
Heftige Triebe!
Ländlich im stillen
Ziere den Plan!
Euphorion: Nur euch zu Willen
Halt ich mich an.

Durch den Chor sich schlingend und ihn zum Tanze fortziehend

Leichter umschweb ich hie
Muntres Geschlecht.
Ist nun die Melodie,
Ist die Bewegung recht?
Helena: Ja, das ist wohlgetan!
Führe die Schönen an
Künstlichem Reihn!
Faust: Wäre das doch vorbei!
Mich kann die Gaukelei
Gar nicht erfreun.

Euphorion und Chor, tanzend und singend, bewegen sich in verschlungenen Reihen

Chor: Wenn du der Arme Paar
Lieblich bewegest,
Im Glanz dein lockig Haar
Schüttelnd erregest,
Wenn dir der Fuß so leicht
Über die Erde schleicht,
Dort und da wieder hin
Glieder um Glied sich ziehn,
Hast du dein Ziel erreicht,
Liebliches Kind!
All unsre Herzen sind
All dir geneigt.

Pause

Euphorion: Ihr seid so viele
 Leichtfüßige Rehe,
 Zu neuem Spiele
 Frisch aus der Nähe!
 Ich bin der Jäger,
 Ihr seid das Wild.
Chor: Willst du uns fangen,
 Sei nicht behende!
 Denn wir verlangen
 Doch nur am Ende,
 Dich zu umarmen,
 Du schönes Bild!
Euphorion: Nur durch die Haine!
 Zu Stock und Steine!
 Das leicht Errungene,
 Das widert mir,
 Nur das Erzwungene
 Ergötzt mich schier.
Helena und Faust: Welch ein Mutwill! welch ein Rasen!
 Keine Mäßigung ist zu hoffen!
 Klingt es doch wie Hörnerblasen
 Über Tal und Wälder dröhnend:
 Welch ein Unfug! welch Geschrei!
Chor *(einzeln schnell eintretend)*:
 Uns ist er vorbeigelaufen!
 Mit Verachtung uns verhöhnend
 Schleppt er von dem ganzen Haufen
 Nun die Wildeste herbei.
Euphorion *(ein junges Mädchen hereintragend)*:
 Schlepp ich her die derbe Kleine
 Zu erzwungenem Genusse!
 Mir zur Wonne, mir zur Lust
 Drück ich die widerspenstige Brust,
 Küß ich widerwärtigen Mund,
 Tue Kraft und Willen kund.
Mädchen: Laß mich los! In dieser Hülle
 Ist auch Geistes Mut und Kraft;
 Deinem gleich, ist unser Wille
 Nicht so leicht hinweggerafft.
 Glaubst du wohl mich im Gedränge?
 Deinem Arm vertraust du viel!
 Halte fest, und ich versenge
 Dich, den Toren, mir zum Spiel.

Sie flammt auf und lodert in die Höhe

    Folge mir in leichte Lüfte,
    Folge mir in starre Grüfte,
    Hasche das verschwundne Ziel!
Euphorion *(die letzten Flammen abschüttelnd):*
    Felsengedränge hier
    Zwischen dem Waldgebüsch!
    Was soll die Enge mir?
    Bin ich doch jung und frisch!
    Winde, sie sausen ja,
    Wellen, sie brausen da,
    Hör ich doch beides fern:
    Nah wär ich gern!

Er springt immer höher felsauf

Helena, Faust und Chor:
    Wolltest du den Gemsen gleichen?
    Vor dem Falle muß uns graun.
Euphorion: Immer höher muß ich steigen,
    Immer weiter muß ich schaun!
    Weiß ich nun, wo ich bin:
    Mitten der Insel drin,
    Mitten in Pelops' Land,
    Erde- wie seeverwandt!
Chor: Magst nicht in Berg und Wald
    Friedlich verweilen,
    Suchen wir alsobald
    Reben in Zeilen,
    Reben am Hügelrand,
    Feigen und Apfelgold.
    Ach, in dem holden Land
    Bleibe du hold!
Euphorion: Träumt ihr den Friedenstag?
    Träume, wer träumen mag!
    Krieg ist das Losungswort!
    Sieg! und so klingt es fort.
Chor: Wer im Frieden
    Wünscht sich Krieg zurück,
    Der ist geschieden
    Vom Hoffnungsglück.
Euphorion: Welche dies Land gebar
    Aus Gefahr in Gefahr,
    Frei, unbegrenzten Muts,
    Verschwendrisch eignen Bluts,

　　　　Den nicht zu Dämpfenden
　　　　Heiligen Sinn
　　　　Alle den Kämpfenden
　　　　Bring es Gewinn!
　　Chor: Seht hinauf wie hoch gestiegen!
　　　　Und erscheint uns doch nicht klein:
　　　　Wie im Harnisch, wie zum Siegen,
　　　　Wie von Erz und Stahl der Schein!
　　Euphorion: Keine Wälle, keine Mauern,
　　　　Jeder nur sich selbst bewußt!
　　　　Feste Burg, um auszudauern,
　　　　Ist des Mannes ehrne Brust.
　　　　Wollt ihr unerobert wohnen,
　　　　Leicht bewaffnet rasch ins Feld!
　　　　Frauen werden Amazonen
　　　　Und ein jedes Kind ein Held.
　　Chor: Heilige Poesie,
　　　　Himmelan steige sie!
　　　　Glänze, der schönste Stern,
　　　　Fern und so weiter fern!
　　　　Und sie erreicht uns doch
　　　　Immer, man hört sie noch,
　　　　Vernimmt sie gern.
　　Euphorion: Nein, nicht ein Kind bin ich erschienen:
　　　　In Waffen kommt der Jüngling an!
　　　　Gesellt zu Starken, Freien, Kühnen,
　　　　Hat er im Geiste schon getan.
　　　　Nun fort!
　　　　Nun dort
　　　　Eröffnet sich zum Ruhm die Bahn.
　　Helena und Faust: Kaum ins Leben eingerufen,
　　　　Heitrem Tag gegeben kaum,
　　　　Sehnest du von Schwindelstufen
　　　　Dich zu schmerzenvollem Raum.
　　　　Sind denn wir
　　　　Gar nichts dir?
　　　　Is der holde Bund ein Traum?
　　Euphorion: Und hört ihr donnern auf dem Meere?
　　　　Dort widerdonnern Tal um Tal,
　　　　In Staub und Wellen Heer dem Heere
　　　　In Drang um Drang zu Schmerz und Qual!
　　　　Und der Tod
　　　　Ist Gebot:
　　　　Das versteht sich nun einmal.

Helena, Faust und Chor:
  Welch Entsetzen! welches Grauen!
  Ist der Tod denn dir Gebot?
Euphorion: Sollte ich aus der Ferne schauen?
  Nein, ich teile Sorg und Not!
Die Vorigen: Übermut und Gefahr!
  Tödliches Los!
Euphorion: Doch! — Und ein Flügelpaar
  Faltet sich los!
  Dorthin! Ich muß! ich muß!
  Gönnt mir den Flug!

Er wirft sich in die Lüfte, die Gewande tragen ihn einen Augenblick, sein Haupt strahlt, ein Lichtschweif zieht nach

Chor: Ikarus! Ikarus!
  Jammer genug!

Ein schöner Jüngling stürzt zu der Eltern Füßen, man glaubt in dem Toten eine bekannte Gestalt zu erblicken; doch das Körperliche verschwindet sogleich, die Aureole steigt wie ein Komet zum Himmel auf, Kleid, Mantel und Lyra bleiben liegen

Helena und Faust: Der Freude folgt sogleich
  Grimmige Pein.
Euphorions Stimme *(aus der Tiefe)*:
  Laß mich im düstern Reich,
  Mutter, mich nicht allein!

Pause

Chor *(Trauergesang)*: Nicht allein! — wo du auch weilest!
  Denn wir glauben dich zu kennen;
  Ach, wenn du dem Tag enteilest,
  Wird kein Herz von dir sich trennen.
  Wüßten wir doch kaum zu klagen,
  Neidend singen wir dein Los:
  Dir in klar- und trüben Tagen
  Lied und Mut war schön und groß.

  Ach, zum Erdenglück geboren,
  Hoher Ahnen großer Kraft,
  Leider früh dir selbst verloren,
  Jugendblüte weggerafft!
  Scharfer Blick, die Welt zu schauen,
  Mitsinn jedem Herzensdrang,
  Liebesglut der besten Frauen
  Und ein eigenster Gesang.

  Doch du ranntest unaufhaltsam

Frei ins willenlose Netz:
So entzweitest du gewaltsam
Dich mit Sitte, mit Gesetz;
Doch zuletzt das höchste Sinnen
Gab dem reinen Mut Gewicht,
Wolltest Herrliches gewinnen,
Aber es gelang dir nicht.

Wem gelingt es? — Trübe Frage,
Der das Schicksal sich vermummt,
Wenn am unglückseligsten Tage
Blutend alles Volk verstummt.
Doch erfrischet neue Lieder,
Steht nicht länger tief gebeugt:
Denn der Boden zeugt sie wieder,
Wie von je er sie gezeugt.

Völlige Pause. Die Musik hört auf

Helena *(zu Faust)*:
Ein altes Wort bewährt sich leider auch an mir:
Daß Glück und Schönheit dauerhaft sich nicht vereint.
Zerrissen ist des Lebens wie der Liebe Band;
Bejammernd beide, sag ich schmerzlich Lebewohl
Und werfe mich noch einmal in die Arme dir. —
Persephoneia, nimmt den Knaben auf und mich!

Sie umarmt Faust, das Körperliche verschwindet, Kleid und Schleier bleiben ihm in den Armen

Phorkyas *(zu Faust)*:
Halte fest, was dir von allem übrigblieb!
Das Kleid, laß es nicht los! Da zupfen schon
Dämonen an den Zipfeln, möchten gern
Zur Unterwelt es reißen. Halte fest!
Die Göttin ist's nicht mehr, die du verlorst,
Doch göttlich ist's! Bediene dich der hohen,
Unschätzbaren Gunst und hebe dich empor:
Es trägt dich über alles Gemeine rasch
Am Äther hin, solange du dauern kannst. —
Wir sehn uns wieder, weit, gar weit von hier.

Helenens Gewande lösen sich in Wolken auf, umgeben Faust, heben ihn in die Höhe und ziehen mit ihm vorüber

Phorkyas *(nimmt Euphorions Kleid, Mantel und Lyra von der Erde, tritt ins Proszenium, hebt die Exuvien in die Höhe und spricht)*:
Noch immer glücklich aufgefunden!

Die Flamme freilich ist verschwunden,
Doch ist mir um die Welt nicht leid.
Hier bleibt genug, Poeten einzuweihen,
Zu stiften Gild- und Handwerksneid,
Und kann ich die Talente nicht verleihen,
Verborg ich wenigstens das Kleid.

Sie setzt sich im Proszenium an eine Säule nieder

Panthalis:
  Nun eilig, Mädchen! Sind wir doch den Zauber los,
  Der altthessalischen Vettel wüsten Geisteszwang,
  So des Geklimpers vielverworrner Töne Rausch,
  Das Ohr verwirrend, schlimmer noch den innern Sinn.
  Hinab zum Hades! Eilte doch die Königin
  Mit ernstem Gang hinunter. Ihrer Sohle sei
  Unmittelbar getreuer Mägde Schritt gefügt!
  Wir finden sie am Throne der Unerforschlichen.

Chor: Königinnen freilich, überall sind sie gern;
  Auch im Hades stehen sie obenan,
  Stolz zu ihresgleichen gesellt,
  Mit Persephonen innigst vertraut;
  Aber wir, im Hintergrunde
  Tiefer Asphodeloswiesen,
  Langgestreckten Pappeln,
  Unfruchtbaren Weiden zugesellt,
  Welchen Zeitvertreib haben wir?
  Fledermausgleich zu piepsen,
  Geflüster, unerfreulich, gespenstig.

Panthalis:
  Wer keinen Namen sich erwarb noch Edles will,
  Gehört den Elementen an: so fahret hin!
  Mit meiner Königin zu sein, verlangt mich heiß;
  Nicht nur Verdienst, auch Treue wahrt uns die Person. *(Ab)*

Alle: Zurückgegeben sind wir dem Tageslicht,
  Zwar Personen nicht mehr,
  Das fühlen, das wissen wir,
  Aber zum Hades kehren wir nimmer!
  Ewig lebendige Natur
  Macht auf uns Geister,
  Wir auf sie vollgültigen Anspruch.

Ein Teil des Chors:
  Wir in dieser tausend Äste Flüsterzittern, Säuselschweben,
  Reizen tändlend, locken leise wurzelauf des Lebens Quellen

Nach den Zweigen; bald mit Blättern, bald mit Blüten überschwenglich
Zieren wir die Flatterhaare frei zu luftigem Gedeihn.
Fällt die Frucht, sogleich versammeln lebenslustig Volk und Herden
Sich zum Greifen, sich zum Naschen, eilig kommend, emsig drängend,
Und wie vor den ersten Göttern bückt sich alles um uns her.

Ein anderer Teil:

Wir, an dieser Felsenwände weithinleuchtend-glattem Spiegel
Schmiegen wir, in sanften Wellen uns bewegend, schmeichelnd an;
Horchen, lauschen jedem Laute, Vogelsängen, Röhrigflöten,
Sei es Pans furchtbarer Stimme: Antwort ist sogleich bereit.
Säuselt's, säuseln wir erwidernd, donnert's, rollen unsre Donner
In erschütterndem Verdoppeln dreifach, zehnfach hintennach.

Ein dritter Teil:

Schwestern, wir, bewegtern Sinnes, eilen mit den Bächen weiter;
Denn es reizen jener Ferne reichgeschmückte Hügelzüge.
Immer abwärts, immer tiefer wässern wir, mäandrisch wallend,
Jetzt die Wiese, dann die Matten, gleich den Garten um das Haus.
Dort bezeichnen's der Zypressen schlanke Wipfel, über Landschaft,
Uferzug und Wellenspiegel nach dem Äther steigende.

Ein vierter Teil:

Wallt ihr andern, wo's beliebet: wir umzingeln, wir umrauschen
Den durchaus bepflanzten Hügel, wo am Stab die Rebe grünt;
Dort zu aller Tage Stunden läßt die Leidenschaft des Winzers
Uns des liebevollsten Fleißes zweifelhaft Gelingen sehn.
Bald mit Hacke, bald mit Spaten, bald mit Häufeln, Schneiden, Binden
Betet er zu allen Göttern, fördersamst zum Sonnengott.
Bacchus kümmert sich, der Weichling, wenig um den treuen Diener,
Ruht in Lauben, lehnt in Höhlen, faselnd mit dem jüngsten Faun.
Was zu seiner Träumereien halbem Rausch er je bedurfte,
Immer bleibt es ihm in Schläuchen, ihm in Krügen und Gefäßen,

Rechts und links der kühlen Grüfte, ewige Zeiten aufbewahrt.
Haben aber alle Götter, hat nun Helios vor allen,
Lüftend, feuchtend, wärmend, glutend, Beerenfüllhorn aufgehäuft,
Wo der stille Winzer wirkte, dort auf einmal wird's lebendig,
Und es rauscht in jedem Laube, raschelt um von Stock zu Stock.
Körbe knarren, Eimer klappern, Tragebutten ächzen hin.
Alles nach der großen Kufe zu der Keltrer kräftgem Tanz.
Und so wird die heilige Fülle reingeborner, saftiger Beeren
Frech zertreten: schäumend, sprühend, mischt sich's, widerlich zerquetscht.
Und nun gellt ins Ohr der Zimbeln mit der Becken Erzgetöne;
Denn es hat sich Dionysos aus Mysterien enthüllt,
Kommt hervor mit Ziegenfüßlern, schwenkend Ziegenfüßlerinnen,
Und dazwischen schreit unbändig grell Silenus' öhrig Tier.
Nichts geschont! Gespaltne Klauen treten alle Sitte nieder,
Alle Sinne wirbeln taumlig, gräßlich übertäubt das Ohr.
Nach der Schale tappen Trunkne, überfüllt sind Kopf und Wänste;
Sorglich ist noch ein- und andrer, doch vermehrt er die Tumulte:
Denn um neuen Most zu bergen, leert man rasch den alten Schlauch!

Der Vorhang fällt
Phorkyas, im Proszenium, richtet sich riesenhaft auf, tritt aber von den Kothurnen herunter, lehnt Maske und Schleier zurück und zeigt sich als Mephistopheles, um, insofern es nötig wäre, im Epilog das Stück zu kommentieren

Vierter Akt

Hochgebirg

Starre, zackige Felsengipfel
Eine Wolke zieht herbei, lehnt sich an, senkt sich auf eine vorstehende Platte herab
Sie teilt sich

Faust (*tritt hervor*):
Der Einsamkeiten tiefste schauend unter meinem Fuß,
Betret ich wohlbedächtig dieser Gipfel Saum,
Entlassend meiner Wolke Tragwerk, die mich sanft
An klaren Tagen über Land und Meer geführt.

Sie löst sich langsam, nicht zerstiebend, von mir ab.
Nach Osten strebt die Masse mit geballtem Zug;
Ihr strebt das Auge staunend in Bewunderung nach.
Sie teilt sich wandelnd, wogenhaft, veränderlich;
Doch will sich's modeln. — Ja, das Auge trügt mich nicht!
Auf sonnbeglänzten Pfühlen herrlich hingestreckt,
Zwar riesenhaft, ein göttergleiches Fraungebild,
Ich seh's! Junonen ähnlich, Ledan, Helenen,
Wie majestätisch-lieblich mir's im Auge schwankt!
Ach! Schon verrückt sich's! Formlos-breit und aufgetürmt
Ruht es im Osten, fernen Eisgebirgen gleich,
Und spiegelt blendend flüchtger Tage großen Sinn.

Doch mir umschwebt ein zarter, lichter Nebelstreif
Noch Brust und Stirn, erheiternd, kühl und schmeichelhaft.
Nun steigt es leicht und zaudernd hoch und höher auf,
Fügt sich zusammen. — Täuscht mich ein entzückend Bild
Als jugenderstes, längstentbehrtes höchstes Gut?
Des tiefsten Herzens früh'ste Schätze quellen auf:
Aurorens Liebe, leichten Schwungs bezeichnet's mir,
Den schnellempfundnen, ersten, kaum verstandnen Blick,
Der, festgehalten, überglänzte jeden Schatz.
Wie Seelenschönheit steigert sich die holde Form,
Löst sich nicht auf, erhebt sich in den Äther hin
Und zieht das Beste meines Innern mit sich fort.

Ein Siebenmeilenstiefel tappt auf. Ein anderer folgt alsbald
Mephistopheles steigt ab. Die Stiefel schreiten eilig weiter

Mephistopheles: Das heiß ich endlich vorgeschritten!
Nun aber sag: was fällt dir ein?
Stiegst ab in solcher Greuel Mitten,
Im gräßlich gähnenden Gestein?
Ich kenn es wohl, doch nicht an dieser Stelle;
Denn eigentlich war das der Grund der Hölle.
Faust: Es fehlt dir nie an närrischen Legenden;
Fängst wieder an, dergleichen auszuspenden!
Mephistopheles *(ernsthaft)*:
Als Gott der Herr — ich weiß auch wohl, warum —
Uns aus der Luft in tiefste Tiefen bannte,
Da, wo, zentralisch glühend, um und um,
Ein ewig Feuer flammend sich durchbrannte,
Wir fanden uns bei allzu großer Hellung
In sehr gedrängter, unbequemer Stellung.
Die Teufel fingen sämtlich an zu husten,
Von oben und von unten auszupusten;

Die Hölle schwoll von Schwefelstank und -säure:
Das gab ein Gas! das ging ins Ungeheure,
So daß gar bald der Länder flache Kruste,
So dick sie war, zerkrachend bersten mußte.
Nun haben wir's an einem andern Zipfel:
Was ehmals Grund war, ist nun Gipfel.
Sie gründen auch hierauf die rechten Lehren,
Das Unterste ins Oberste zu kehren.
Denn wir entrannen knechtisch-heißer Gruft
Ins Übermaß der Herrschaft freier Luft.
Ein offenbar Geheimnis, wohl verwahrt,
Und wird nur spät den Völkern offenbart. *(Ephes. 6, 12.)*
Faust: Gebirgesmasse bleibt mir edel-stumm;
Ich frage nicht: woher? und nicht: warum?
Als die Natur sich in sich selbst gegründet,
Da hat sie rein den Erdball abgeründet,
Der Gipfel sich, der Schluchten sich erfreut
Und Fels an Fels und Berg an Berg gereiht,
Die Hügel dann bequem hinabgebildet,
Mit sanftem Zug sie in das Tal gemildet.
Da grünt's und wächst's, und um sich zu erfreuen,
Bedarf sie nicht der tollen Strudeleien.
Mephistopheles:
Das sprecht Ihr so! das scheint Euch sonnenklar;
Doch weiß es anders, der zugegen war.
Ich war dabei, als noch dadrunten siedend
Der Abgrund schwoll und strömend Flammen trug,
Als Molochs Hammer, Fels an Felsen schmiedend,
Gebirgestrümmer in die Ferne schlug.
Noch starrt das Land von fremden Zentnermassen:
Wer gibt Erklärung solcher Schleudermacht?
Der Philosoph, er weiß es nicht zu fassen:
Da liegt der Fels, man muß ihn liegen lassen,
Zuschanden haben wir uns schon gedacht.
Das treu-gemeine Volk allein begreift
Und läßt sich im Begriff nicht stören;
Ihm ist die Weisheit längst gereift:
Ein Wunder ist's, der Satan kommt zu Ehren.
Mein Wandrer hinkt an seiner Glaubenskrücke
Zum Teufelsstein, zur Teufelsbrücke.
Faust: Es ist doch auch bemerkenswert zu achten,
Zu sehn, wie Teufel die Natur betrachten.
Mephistopheles:
Was geht mich's an! Natur sei, wie sie sei,

's ist Ehrenpunkt: der Teufel war dabei!
Wir sind die Leute, Großes zu erreichen!
Tumult, Gewalt und Unsinn! sieh das Zeichen! —
Doch daß ich endlich ganz verständlich spreche:
Gefiel dir nichts an unsrer Oberfläche?
Du übersahst in ungemessnen Weiten
Die Reiche der Welt und ihre Herrlichkeiten; *(Matth. 4.)*
Doch, ungenügsam, wie du bist,
Empfandest du wohl kein Gelüst?
Faust: Und doch! Ein Großes zog mich an.
  Errate!
Mephistopheles: Das ist bald getan.
  Ich suchte mir so eine Hauptstadt aus,
Im Kerne Bürgernahrungsgraus,
Krumm-enge Gäßchen, spitze Giebeln,
Beschränkten Markt, Kohl, Rüben, Zwiebeln,
Fleischbänke, wo die Schmeißen hausen,
Die fetten Braten anzuschmausen:
Da findest du zu jeder Zeit
Gewiß Gestank und Tätigkeit.
Dann weite Plätze, breite Straßen,
Vornehmen Schein sich anzumaßen,
Und endlich, wo kein Tor beschränkt,
Vorstädte, grenzenlos verlängt.
Da freut ich mich an Rollekutschen,
Am lärmigen Hin- und Widerrutschen,
Am ewigen Hin- und Widerlaufen
Zerstreuter Ameiswimmelhaufen,
Und wenn ich führe, wenn ich ritte,
Erschien ich immer ihre Mitte,
Von Hunderttausenden verehrt.
Faust: Das kann mich nicht zufrieden stellen!
Man freut sich, daß das Volk sich mehrt,
Nach seiner Art behäglich nährt,
Sogar sich bildet, sich belehrt,
Und man erzieht sich nur Rebellen.
Mephistopheles:
  Dann baut ich, grandios, mir selbst bewußt
Am lustigen Ort ein Schloß zur Lust.
Wald, Hügel, Flächen, Wiesen, Feld
Zum Garten prächtig umbestellt:
Vor grünen Wänden Sammetmatten,
Schnurwege, kunstgerechte Schatten,
Kaskadensturz, durch Fels zu Fels gepaart,

Und Wasserstrahlen aller Art:
Ehrwürdig steigt es dort; doch an den Seiten,
Da zischt's und pißt's in tausend Kleinigkeiten.
Dann aber ließ ich allerschönsten Frauen
Vertraut-bequeme Häuslein bauen,
Verbrächte da grenzenlose Zeit
In allerliebst-geselliger Einsamkeit.
Ich sage: Fraun! denn ein für allemal
Denk ich die Schönen im Plural.
Faust: Schlecht und modern! Sardanapal!
Mephistopheles: Errät man wohl, wornach du strebtest?
Es war gewiß erhaben-kühn!
Der du dem Mond um so viel näher schwebtest,
Dich zog wohl deine Sucht dahin?
Faust: Mitnichten! Dieser Erdenkreis
Gewährt noch Raum zu großen Taten.
Erstaunenswürdiges soll geraten!
Ich fühle Kraft zu kühnem Fleiß.
Mephistopheles: Und also willst du Ruhm verdienen?
Man merkt's: du kommst von Heroinen!
Faust: Herrschaft gewinne ich, Eigentum!
Die Tat ist alles, nichts der Ruhm.
Mephistopheles: Doch werden sich Poeten finden,
Der Nachwelt deinen Glanz zu künden,
Durch Torheit Torheit zu entzünden.
Faust: Von allem ist dir nichts gewährt.
Was weißt du, was der Mensch begehrt!
Dein widrig Wesen, bitter, scharf,
Was weiß es, was der Mensch bedarf!
Mephistopheles: Geschehe denn nach deinem Willen!
Vertraue mir den Umfang deiner Grillen!
Faust: Mein Auge war aufs hohe Meer gezogen:
Es schwoll empor, sich in sich selbst zu türmen,
Dann ließ es nach und schüttete die Wogen,
Des flachen Ufers Breite zu bestürmen.
Und das verdroß mich, wie der Übermut
Den freien Geist, der alle Rechte schätzt,
Durch leidenschaftlich aufgeregtes Blut
Ins Mißbehagen des Gefühls versetzt.
Ich hielt's für Zufall, schärfte meinen Blick:
Die Woge stand und rollte dann zurück,
Entfernte sich vom stolz erreichen Ziel;
Die Stunde kommt, sie wiederholt das Spiel.
Mephistopheles *(ad spectatores)*:

Das ist für mich nichts Neues zu erfahren;
Das kenn ich schon seit hunderttausend Jahren.
Faust *(leidenschaftlich fortfahrend):*
Sie schleicht heran, an abertausend Enden,
Unfruchtbar selbst, Unfruchtbarkeit zu spenden;
Nun schwillt's und wächst und rollt und überzieht
Der wüsten Strecke widerlich Gebiet.
Da herrschet Well auf Welle kraftbegeistet,
Zieht sich zurück, und es ist nichts geleistet!
Was zur Verzweiflung mich beängstigen könnte:
Zwecklose Kraft unbändiger Elemente!
Da wagt mein Geist, sich selbst zu überfliegen:
Hier möcht ich kämpfen, dies möcht ich besiegen!

Und es ist möglich! Flutend, wie sie sei,
An jedem Hügel schmiegt sie sich vorbei;
Sie mag sich noch so übermütig regen,
Geringe Höhe ragt ihr stolz entgegen,
Geringe Tiefe zieht sie mächtig an.
Da faßt ich schnell im Geiste Plan auf Plan:
Erlange dir das köstliche Genießen,
Das herrische Meer vom Ufer auszuschließen,
Der feuchten Breite Grenzen zu verengen
Und weit hinein sie in sich selbst zu drängen!
Schon Schritt für Schritt wußt ich mir's zu erörtern;
Das ist mein Wunsch: den wage zu befördern!

Trommeln und kriegerische Musik im Rücken der Zuschauer, aus der Ferne, von der rechten Seite her

Mephistopheles:
Wie leicht ist das! — Hörst du die Trommeln fern?
Faust: Schon wieder Krieg! Der Kluge hört's nicht gern.
Mephistopheles:
Krieg oder Frieden: klug ist das Bemühen,
Zu seinem Vorteil etwas auszuziehen.
Man paßt, man merkt auf jedes günstige Nu.
Gelegenheit ist da: nun, Fauste, greife zu!
Faust: Mit solchem Rätselkram verschone mich!
Und kurz und gut: was soll's? Erkläre dich!
Mephistopheles:
Auf meinem Zuge blieb mir nicht verborgen:
Der gute Kaiser schwebt in großen Sorgen;
Du kennst ihn ja! Als wir ihn unterhielten,
Ihm falschen Reichtum in die Hände spielten,
Da war die ganze Welt ihm feil.

Denn jung ward ihm der Thron zuteil,
Und ihm beliebt es, falsch zu schließen:
Es könne wohl zusammengehn
Und sei recht wünschenswert und schön,
Regieren und zugleich genießen.
Faust: Ein großer Irrtum! Wer befehlen soll,
Muß im Befehlen Seligkeit empfinden;
Ihm ist die Brust von hohem Willen voll,
Doch was er will, es darf's kein Mensch ergründen.
Was er den Treusten in das Ohr geraunt,
Es ist getan, und alle Welt erstaunt.
So wird er stets der Allerhöchste sein,
Der Würdigste! — Genießen macht gemein.
Mephistopheles: So ist er nicht! Er selbst genoß, und wie!
Indes zerfiel das Reich in Anarchie,
Wo groß und klein sich kreuz und quer befehdeten
Und Brüder sich vertrieben, töteten,
Burg gegen Burg, Stadt gegen Stadt,
Zunft gegen Adel Fehde hatt,
Der Bischof mit Kapitel und Gemeinde:
Was sich nur ansah, waren Feinde.
In Kirchen Mord und Totschlag, vor den Toren
Ist jeder Kauf- und Wandersmann verloren.
Und allen wuchs die Kühnheit nicht gering;
Denn leben hieß: sich wehren! — Nun, das ging.
Faust: Es ging — es hinkte, fiel, stand wieder auf!
Dann überschlug sich's, rollte plump zuhauf.
Mephistophles:
Und solchen Zustand durfte niemand schelten:
Ein jeder konnte, jeder wollte gelten.
Der Kleinste selbst, er galt für voll.
Doch war's zuletzt den Besten allzu toll.
Die Tüchtigen, sie standen auf mit Kraft
Und sagten: „Herr ist, der uns Ruhe schafft.
Der Kaiser kann's nicht, will's nicht — laßt uns wählen,
Den neuen Kaiser neu das Reich beseelen,
Indem er jeden sicherstellt,
In einer frischgeschaffnen Welt
Fried und Gerechtigkeit vermählen!"
Faust: Das klingt sehr pfäffisch.
Mephistopheles: Pfaffen waren's auch!
Sie sicherten den wohlgenährten Bauch;
Sie waren mehr als andere beteiligt.
Der Aufruhr schwoll, der Aufruhr ward geheiligt,

Und unser Kaiser, den wir froh gemacht,
Zieht sich hieher, vielleicht zur letzten Schlacht.

Faust: Er jammert mich; er war so gut und offen.

Mephistopheles:
Komm, sehn wir zu! der Lebende soll hoffen.
Befrein wir ihn aus diesem engen Tale!
Einmal gerettet, ist's für tausend Male.
Wer weiß, wie noch die Würfel fallen!
Und hat er Glück, so hat er auch Vasallen.

Sie steigen über das Mittelgebirg herüber und beschauen die Anordnungen des Heeres im Tal
Trommeln und Kriegsmusik schallt von unten auf

Mephistopheles:
Die Stellung, seh ich, gut ist sie genommen;
Wir treten zu, dann ist der Sieg vollkommen.

Faust: Was kann da zu erwarten sein?
Trug! Zauberblendwerk! hohler Schein!

Mephistopheles: Kriegslist, um Schlachten zu gewinnen!
Befestige dich bei großen Sinnen,
Indem du deinen Zweck bedenkst!
Erhalten wir dem Kaiser Thron und Lande,
So kniest du nieder und empfängst
Die Lehn von grenzenlosem Strande.

Faust: Schon manches hast du durchgemacht;
Nun, so gewinn auch eine Schlacht!

Mephistopheles: Nein, du gewinnst sie! Diesesmal
Bist du der Obergeneral.

Faust: Das wäre mir die rechte Höhe,
Da zu befehlen, wo ich nichts verstehe!

Mephistopheles: Laß du den Generalstab sorgen,
Und der Feldmarschall ist geborgen.
Kriegsunrat hab ich längst verspürt,
Den Kriegsrat gleich voraus formiert
Aus Urgebirgs Urmenschenkraft;
Wohl dem, der sie zusammenrafft!

Faust: Was seh ich dort, was Waffen trägt?
Hast du das Bergvolk aufgeregt?

Mephistopheles: Nein! aber gleich Herrn Peter Squenz
Vom ganzen Praß die Quintessenz.

Die Drei Gewaltigen treten auf
(Sam II, 23, 8)

Mephistopheles: Da kommen meine Bursche ja!
Du siehst: von sehr verschiedenen Jahren,

Verschiednem Kleid und Rüstung sind sie da;
Du wirst nicht schlecht mit ihnen fahren. *(Ad spectatores:)*
Es liebt sich jetzt ein jedes Kind
Den Harnisch und den Ritterkragen,
Und allegorisch, wie die Lumpe sind,
Sie werden nur um desto mehr behagen.

Raufbold *(jung, leicht bewaffnet, bunt gekleidet):*
Wenn einer mir ins Auge sieht,
Werd ich ihm mit der Faust gleich in die Fresse fahren,
Und eine Memme, wenn sie flieht,
Faß ich bei ihren letzten Haaren.

Habebald *(männlich, wohl bewaffnet, reich gekleidet):*
So leere Händel, das sind Possen,
Damit verdirbt man seinen Tag;
Im Nehmen sei nur unverdrossen,
Nach allem andern frag hernach!

Haltefest *(bejahrt, stark bewaffnet, ohne Gewand):*
Damit ist auch nicht viel gewonnen!
Bald ist ein großes Gut zerronnen,
Es rauscht im Lebensstrom hinab.
Zwar Nehmen ist recht gut, doch besser ist's: Behalten!
Laß du den grauen Kerl nur walten,
Und niemand nimmt dir etwas ab!

Sie steigen alle zusammen tiefer

Auf dem Vorgebirg

*Trommeln und kriegerische Musik von unten
Des Kaisers Zelt wird aufgeschlagen
Kaiser. Obergeneral. Trabanten*

Obergeneral: Noch immer scheint der Vorsatz wohlerwogen,
Daß wir in dies gelegene Tal
Das ganze Heer gedrängt zurückgezogen;
Ich hoffe fest: uns glückt die Wahl.

Kaiser: Wie es nun geht, es muß sich zeigen;
Doch mich verdrießt die halbe Flucht, das Weichen.

Obergeneral: Schau hier, mein Fürst, auf unsre rechte Flanke!
Solch ein Terrain wünscht sich der Kriegsgedanke:
Nicht steil die Hügel, doch nicht allzu gänglich,
Den Unsern vorteilhaft, dem Feind verfänglich,
Wir, halb versteckt, auf wellenförmigem Plan;
Die Reiterei, sie wagt sich nicht heran.

Kaiser: Mir bleibt nichts übrig als zu loben;
Hier kann sich Arm und Brust erproben.

Obergeneral:
  Hier, auf der Mittelwiese flachen Räumlichkeiten,
  Siehst du den Phalanx, wohlgemut zu streiten.
  Die Piken blinken flimmernd in der Luft,
  Im Sonnenglanz, durch Morgennebelduft.
  Wie dunkel wogt das mächtige Quadrat!
  Zu Tausenden glüht's hier auf große Tat.
  Du kannst daran der Masse Kraft erkennen;
  Ich trau ihr zu, der Feinde Kraft zu trennen.
Kaiser: Den schönen Blick hab ich zum erstenmal.
  Ein solches Heer gilt für die Doppelzahl.
Obergeneral: Von unsrer Linken hab ich nichts zu melden.
  Den starren Fels besetzen wackre Helden;
  Das Steingeklipp, das jetzt von Waffen blitzt,
  Den wichtigen Paß der engen Klause schützt.
  Ich ahne schon: hier scheitern Feindeskräfte
  Unvorgesehn im blutigen Geschäfte.
Kaiser: Dort ziehn sie her, die falschen Anverwandten,
  Wie sie mich Oheim, Vetter, Bruder nannten,
  Sich immer mehr und wieder mehr erlaubten,
  Dem Zepter Kraft, dem Thron Verehrung raubten,
  Dann, unter sich entzweit, das Reich verheerten
  Und nun, gesamt, sich gegen mich empörten!
  Die Menge schwankt im ungewissen Geist;
  Dann strömt sie nach, wohin der Strom sie reißt.
Obergeneral: Ein treuer Mann, auf Kundschaft ausgeschickt,
  Kommt eilig felsenab; sei's ihm geglückt!
Erster Kundschafter:
  Glücklich ist sie uns gelungen,
  Listig, mutig, unsre Kunst,
  Daß wir hin- und hergedrungen;
  Doch wir bringen wenig Gunst.
  Viele schwören reine Huldigung
  Dir, wie manche treue Schar;
  Doch Untätigkeitsentschuldigung:
  Innere Gärung, Volksgefahr.
Kaiser: Sich selbst erhalten bleibt der Selbstsucht Lehre,
  Nicht Dankbarkeit und Neigung, Pflicht und Ehre.
  Bedenkt ihr nicht, wenn eure Rechnung voll,
  Daß Nachbars Hausbrand euch verzehren soll?
Obergeneral: Der zweite kommt, nur langsam steigt er nieder:
  Dem müden Manne zittern alle Glieder.
Zweiter Kundschafter:
  Erst gewahrten wir vergnüglich

Wilden Wesens irren Lauf;
Unerwartet, unverzüglich
Trat ein neuer Kaiser auf,
Und auf vorgeschriebenen Bahnen
Zieht die Menge durch die Flur;
Den entrollten Lügenfahnen
Folgen alle! — Schafsnatur!

Kaiser: Ein Gegenkaiser kommt mir zum Gewinn:
Nun fühl ich erst, daß Ich der Kaiser bin!
Nur als Soldat legt ich den Harnisch an,
Zu höherem Zweck ist er nun umgetan.
Bei jedem Fest, wenn's noch so glänzend war,
Nichts ward vermißt: mir fehlte die Gefahr!
Wie ihr auch seid, zum Ringspiel rietet ihr,
Mir schlug das Herz, ich atmete Turnier,
Und hättet ihr mich nicht vom Kriegen abgeraten,
Jetzt glänzt ich schon in lichten Heldentaten.
Selbständig fühlt ich meine Brust besiegelt,
Als ich mich dort im Feuerreich bespiegelt:
Das Element drang gräßlich auf mich los;
Es war nur Schein, allein der Schein war groß.
Von Sieg und Ruhm hab ich verwirrt geträumt;
Ich bringe nach, was frevelhaft versäumt.

Die Herolde werden abgefertigt zur Herausforderung des Gegenkaisers
Faust, geharnischt, mit halbgeschloßnem Helme
Die Drei Gewaltigen, gerüstet und gekleidet wie oben

Faust: Wir treten auf und hoffen: ungescholten;
Auch ohne Not hat Vorsicht wohl gegolten.
Du weißt: das Bergvolk denkt und simuliert,
Ist in Natur- und Felsenschrift studiert.
Die Geister, längst dem flachen Land entzogen,
Sind mehr als sonst dem Felsgebirg gewogen.
Sie wirken still durch labyrinthische Klüfte
Im edlen Gas metallisch-reicher Düfte;
In stetem Sondern, Prüfen und Verbinden
Ihr einziger Trieb ist, Neues zu erfinden.
Mit leisem Finger geistiger Gewalten
Erbauen sie durchsichtige Gestalten;
Dann im Kristall und seiner ewigen Schweignis
Erblicken sie der Oberwelt Ereignis.

Kaiser: Vernommen hab ich's, und ich glaube dir;
Doch, wackerer Mann, sag an: was soll das hier?

Faust: Der Nekromant von Norcia, der Sabiner,
Ist dein getreuer, ehrenhafter Diener.

Welch greulich Schicksal droht ihm ungeheuer:
Das Reisig prasselte, schon züngelte das Feuer;
Die trocknen Scheite, ringsumher verschränkt,
Mit Pech und Schwefelruten untermengt;
Nicht Mensch noch Gott noch Teufel konnte retten —
Die Majestät zersprengte glühende Ketten!
Dort war's in Rom. Er bleibt dir hoch verpflichtet,
Auf deinen Gang in Sorge stets gerichtet.
Von jener Stund an ganz vergaß er sich,
Er fragt den Stern, die Tiefe nur für dich.
Er trug uns auf als eiligstes Geschäfte,
Bei dir zu stehn. Groß sind des Berges Kräfte;
Da wirkt Natur so übermächtig frei,
Der Pfaffen Stumpfsinn schilt es Zauberei.

Kaiser: Am Freudentag, wenn wir die Gäste grüßen,
Die heiter kommen, heiter zu genießen,
Da freut uns jeder, wie er schiebt und drängt
Und, Mann für Mann, der Säle Raum verengt.
Doch höchst willkommen muß der Biedre sein,
Tritt er als Beistand kräftig zu uns ein
Zur Sorgenstunde, die bedenklich waltet,
Weil über ihr des Schicksals Wage schaltet
Doch lenket hier, im hohen Augenblick,
Die starke Hand vom willigen Schwert zurück!
Ehrt den Moment, wo manche Tausend schreiten,
Für oder wider mich zu streiten!
Selbst ist der Mann! Wer Thron und Kron begehrt,
Persönlich sei er solcher Ehren wert!
Sei das Gespenst, das, gegen uns erstanden,
Sich Kaiser nennt und Herr von unsern Landen,
Des Heeres Herzog, Lehnsherr unsrer Großen,
Mit eigner Faust ins Totenreich gestoßen!

Faust: Wie es auch sei, das Große zu vollenden,
Du tust nicht wohl, dein Haupt so zu verpfänden.
Ist nicht der Helm mit Kamm und Busch geschmückt?
Er schützt das Haupt, das unsern Mut entzückt.
Was, ohne Haupt, was förderten die Glieder?
Denn schläfert jenes, alle sinken nieder;
Wird es verletzt; gleich alle sind verwundet,
Erstehen frisch, wenn jenes rasch gesundet.
Schnell weiß der Arm sein starkes Recht zu nützen,
Er hebt den Schild, den Schädel zu beschützen;
Das Schwert gewahret seiner Pflicht sogleich,
Lenkt kräftig ab und wiederholt den Streich;

Der tüchtige Fuß nimmt teil an ihrem Glück,
Setzt dem Erschlagenen frisch sich ins Genick.
Kaiser: Das ist mein Zorn, so möcht ich ihn behandeln,
Das stolze Haupt in Schemeltritt verwandeln!
Herolde *(kommen zurück):*
Wenig Ehre, wenig Geltung
Haben wir daselbst genossen;
Unsrer kräftig-edlen Meldung
Lachten sie als schaler Possen:
„Euer Kaiser ist verschollen,
Echo dort im engen Tal!
Wenn wir sein gedenken sollen,
Märchen sagt: Es war einmal."

Faust: Dem Wunsch gemäß der Besten ist's geschehn,
Die, fest und treu, an deiner Seite stehn.
Dort naht der Feind, die Deinen harren brünstig:
Befiehl den Angriff! Der Moment ist günstig.
Kaiser: Auf das Kommando leist ich hier Verzicht.

Zum Obergeneral

In deinen Händen, Fürst, sei deine Pflicht!
Obergeneral: So trete denn der rechte Flügel an!
Des Feines Linke, eben jetzt im Steigen,
Soll, eh sie noch den letzten Schritt getan,
Der Jugendkraft geprüfter Treue weichen.
Faust: Erlaube denn, daß dieser muntre Held
Sich ungesäumt in deine Reihen stellt,
Sich deinen Reihen innigst einverleibt
Und, so gesellt, sein kräftig Wesen treibt!

Er deutet zur Rechten

Raufbold *(tritt vor):*
Wer das Gesicht mir zeigt, der kehrt's nicht ab
Als mit zerschlagnen Unter- und Oberbacken;
Wer mir den Rücken kehrt, gleich liegt ihm schlapp
Hals, Kopf und Schopf hinschlotternd graß im Nacken.
Und schlagen deine Männer dann
Mit Schwert und Kolben, wie ich wüte,
So stürzt der Feind, Mann über Mann,
Ersäuft im eigenen Geblüte. *(Ab)*
Obergeneral: Der Phalanx unsrer Mitte folge sacht,
Dem Feind begegn er, klug mit aller Macht,
Ein wenig rechts! dort hat bereits, erbittert,
Der Unseren Streitkraft ihren Plan erschüttert.

Faust *(auf den Mittelsten deutend):*
 So folge denn auch dieser deinem Wort!
 Er ist behend, reißt alles mit sich fort.
Habebald *(tritt hervor):* Dem Heldenmut der Kaiserscharen
 Soll sich der Durst nach Beute paaren,
 Und allen sei das Ziel gestellt:
 Des Gegenkaisers reiches Zelt!
 Er prahlt nicht lang auf seinem Sitze;
 Ich ordne mich dem Phalanx an die Spitze.
Eilebeute *(Marketenderin, sich an ihn anschmiegend):*
 Bin ich auch ihm nicht angeweibt,
 Er mir der liebste Buhle bleibt.
 Für uns ist solch ein Herbst gereift!
 Die Frau ist grimmig, wenn sie greift,
 Ist ohne Schonung, wenn sie raubt;
 Im Sieg voran! und alles ist erlaubt. *(Beide ab)*
Obergeneral: Auf unsre Linke wie vorauszusehn,
 Stürzt ihre Rechte kräftig. Widerstehn
 Wird Mann für Mann dem wütenden Beginnen,
 Den engen Paß des Felswegs zu gewinnen.
Faust *(winkt nach der Linken):*
 So bitte, Herr, auch diesen zu bemerken:
 Es schadet nichts, wenn Starke sich verstärken.
Haltefest *(tritt vor):* Dem linken Flügel keine Sorgen!
 Da, wo ich bin, ist der Besitz geborgen;
 In ihm bewähret sich der Alte:
 Kein Strahlblitz spaltet, was ich halte. *(Ab)*
Mephistopheles *(von oben herunterkommend):*
 Nun schauet, wie im Hintergrunde
 Aus jedem zackigen Felsenschlunde
 Bewaffnete hervor sich drängen,
 Die schmalen Pfade zu verengen,
 Mit Helm und Harnisch, Schwertern, Schilden
 In unserm Rücken eine Mauer bilden,
 Den Wink erwartend, zuzuschlagen!

 Leise zu den Wissenden

 Woher das kommt, müßt ihr nicht fragen!
 Ich habe freilich nicht gesäumt,
 Die Waffensäle ringsum ausgeräumt:
 Da standen sie zu Fuß, zu Pferde,
 Als wären sie noch Herrn der Erde;
 Sonst waren's Ritter, König, Kaiser,
 Jetzt sind es nichts als leere Schneckenhäuser;

Gar manch Gespenst hat sich darein geputzt,
Das Mittelalter lebhaft aufgestutzt.
Welch Teufelchen auch drinne steckt,
Für diesmal macht es doch Effekt. *(Laut)*
Hört, wie sie sich voraus erbosen,
Blechklappernd aneinander stoßen!
Auch flattern Fahnenfetzen bei Standarten,
Die frischer Lüftchen ungeduldig harrten.
Bedenkt: hier ist ein altes Volk bereit
Und mischte gern sich auch zum neuen Streit.

Furchtbarer Posaunenschall von oben, im feindlichen Heere merkliche Schwankung

Faust: Der Horizont hat sich verdunkelt,
  Nur hie und da bedeutend funkelt
  Ein roter, ahnungsvoller Schein;
  Schon blutig blinken die Gewehre,
  Der Fels, der Wald, die Atmosphäre,
  Der ganze Himmel mischt sich ein.
Mephistopheles: Die rechte Flanke hält sich kräftig;
  Doch seh ich ragend unter diesen
  Hans Raufbold, den behenden Riesen,
  Auf seine Weise rasch-geschäftig.
Kaiser: Erst sah ich Einen Arm erhoben,
  Jetzt seh ich schon ein Dutzend toben;
  Naturgemäß geschieht es nicht.
Faust: Vernahmst du nichts von Nebelstreifen,
  Die auf Siziliens Küsten schweifen?
  Dort, schwankend-klar, im Tageslicht,
  Erhoben zu den Mittellüften,
  Gespiegelt in besonderen Düften,
  Erscheint ein seltsames Gesicht:
  Da schwanken die Städte hin und wider,
  Da steigen Gärten auf und nieder,
  Wie Bild um Bild den Äther bricht.
Kaiser: Doch wie bedenklich! Alle Spitzen
  Der hohen Speere seh ich blitzen,
  Auf unsers Phalanx blanken Lanzen
  Seh ich behende Flämmchen tanzen:
  Das scheint mir gar zu geisterhaft.
Faust: Verzeih, o Herr, das sind die Spuren
  Verschollner geistiger Naturen,
  Ein Widerschein der Dioskuren,
  Bei denen alle Schiffer schwuren:
  Sie sammeln hier die letzte Kraft.

Kaiser: Doch sage: wem sind wir verpflichtet,
    Daß die Natur, auf uns gerichtet,
    Das Seltenste zusammenrafft?
Mephistopheles: Wem als dem Meister, jenem hohen,
    Der dein Geschick im Busen trägt?
    Durch deiner Feinde starkes Drohen
    Ist er im Tiefsten aufgeregt.
    Sein Dank will dich gerettet sehen,
    Und soll er selbst daran vergehen.
Kaiser: Sie jubelten, mich pomphaft umzuführen;
    Ich war nun was, das wollt ich auch probieren
    Und fand's gelegen, ohne viel zu denken,
    Dem weißen Barte kühle Luft zu schenken.
    Dem Klerus hab ich eine Lust verdorben
    Und ihre Gunst mir freilich nicht erworben.
    Nun sollt ich seit so manchen Jahren
    Die Wirkung frohen Tuns erfahren?
Faust: Freiherzige Wohltat wuchert reich.
    Laß deinen Blick sich aufwärts wenden!
    Mich deucht, Er will ein Zeichen senden —
    Gib acht: es deutet sich sogleich!
Kaiser: Ein Adler schwebt im Himmelhohen,
    Ein Greif ihm nach mit wildem Drohen.
Faust: Gib acht: gar günstig scheint es mir!
    Greif ist ein fabelhaftes Tier;
    Wie kann er sich so weit vergessen,
    Mit echtem Adler sich zu messen!
Kaiser: Nunmehr, in weitgedehnten Kreisen,
    Umziehn sie sich — in gleichem Nu
    Sie fahren aufeinander zu,
    Sich Brust und Hälse zu zerreißen.
Faust: Nun merke, wie der leidige Greif,
    Zerzerrt, zerzaust, nur Schaden findet
    Und mit gesenktem Löwenschweif,
    Zum Gipfelwald gestürzt, verschwindet.
Kaiser: Sei's, wie gedeutet, so getan!
    Ich nehm es mit Verwunderung an.
Mephistopheles *(gegen die Rechte):*
    Dringend wiederholten Streichen
    Müssen unsre Feinde weichen,
    Und mit ungewissem Fechten
    Drängen sie nach ihrer Rechten
    Und verwirren so im Streite
    Ihrer Hauptmacht linke Seite.

Unsers Phalanx feste Spitze
Zieht sich rechts und gleich dem Blitze
Fährt sie in die schwache Stelle. —
Nun, wie sturmerregte Welle
Sprühend, wüten gleiche Mächte
Wild in doppeltem Gefechte:
Herrlichers ist nichts ersonnen,
Uns ist diese Schlacht gewonnen!
Kaiser *(an der linken Seite zu Faust):*
Schau! Mir scheint es dort bedenklich;
Unser Posten steht verfänglich.
Keine Steine seh ich fliegen,
Niedre Felsen sind erstiegen,
Obre stehen schon verlassen.
Jetzt! — Der Feind, zu ganzen Massen
Immer näher angedrungen,
Hat vielleicht den Paß errungen:
Schlußerfolg unheiligen Strebens!
Eure Künste sind vergebens! *(Pause)*
Mephistopheles: Da kommen meine beiden Raben:
Was mögen die für Botschaft haben?
Ich fürchte gar: es geht uns schlecht!
Kaiser: Was sollen diese leidigen Vögel?
Sie richten ihre schwarzen Segel
Hierher vom heißen Felsgefecht.
Mephistopheles *(zu den Raben):*
Setzt euch ganz nah zu meinen Ohren!
Wen ihr beschützt, ist nicht verloren;
Denn euer Rat ist folgerecht.
Faust *(zum Kaiser)*: Von Tauben hast du ja vernommen,
Die aus den fernsten Landen kommen
Zu ihres Nestes Brut und Kost.
Hier ist's mit wichtigen Unterschieden:
Die Taubenpost bedient den Frieden,
Der Krieg befiehlt die Rabenpost.
Mephistopheles: Es meldet sich ein schwer Verhängnis:
Seht hin! gewahret die Bedrängnis
Um unsrer Helden Felsenrand!
Die nächsten Höhen sind erstiegen,
Und würden sie den Paß besiegen,
Wir hätten einen schweren Stand.
Kaiser: So bin ich endlich doch betrogen!
Ihr habt mich in das Netz gezogen;
Mir graut, seitdem es mich umstrickt.

Mephistopheles: Nur Mut! Noch ist es nicht mißglückt.
   Geduld und Pfiff zum letzten Knoten!
   Gewöhnlich geht's am Ende scharf.
   Ich habe meine sichern Boten;
   Befehlt, daß ich befehlen darf!
Obergeneral *(der indessen herangekommen):*
   Mit diesen hast du dich vereinigt,
   Mich hat's die ganze Zeit gepeinigt;
   Das Gaukeln schafft kein festes Glück.
   Ich weiß nichts an der Schlacht zu wenden;
   Begannen sie's, sie mögen's enden:
   Ich gebe meinen Stab zurück.
Kaiser: Behalt ihn bis zu bessern Stunden,
   Die uns vielleicht das Glück verleiht!
   Mir schaudert vor dem garstigen Kunden
   Und seiner Rabentraulichkeit.

   Zu Mephistopheles

   Den Stab kann ich dir nicht verleihen,
   Du scheinst mir nicht der rechte Mann.
   Befiehl und such uns zu befreien!
   Geschehe, was geschehen kann!

   Ab ins Zelt mit dem Obergeneral

Mephistopheles: Mag ihn der stumpfe Stab beschützen!
   Uns andern könnt er wenig nützen:
   Es war so was vom Kreuz daran.
Faust: Was ist zu tun?
Mephistopheles: Es ist getan! —
   Nun, schwarze Vettern, rasch im Dienen,
   Zum großen Bergsee! grüßt mir die Undinen
   Und bittet sie um ihrer Fluten Schein!
   Durch Weiberkünste, schwer zu kennen,
   Verstehen sie, vom Sein den Schein zu trennen,
   Und jeder schwört, das sei das Sein. *(Pause)*
Faust: Den Wasserfräulein müssen unsre Raben
   Recht aus dem Grund geschmeichelt haben:
   Dort fängt es schon zu rieseln an.
   An mancher trocknen, kahlen Felsenstelle
   Entwickelt sich die volle, rasche Quelle:
   Um jener Sieg ist es getan!
Mephistopheles: Das ist ein wunderbarer Gruß!
   Die kühnsten Kletterer sind konfus.
Faust: Schon rauscht Ein Bach zu Bächen mächtig nieder,
   Aus Schluchten kehren sie gedoppelt wieder,

Ein Strom nun wirft den Bogenstrahl;
Auf einmal legt er sich in flache Felsenbreite
Und rauscht und schäumt nach der und jener Seite,
Und stufenweise wirft er sich ins Tal.
Was hilft ein tapfres, heldenmäßiges Stemmen?
Die mächtige Woge strömt, sie wegzuschwemmen.
Mir schaudert selbst vor solchem wilden Schwall.
Mephistopheles: Ich sehe nichts von diesen Wasserlügen;
Nur Menschenaugen lassen sich betrügen,
Und mich ergötzt der wunderliche Fall.
Sie stürzen fort zu ganzen hellen Haufen:
Die Narren wähnen zu ersaufen,
Indem sie frei auf festem Lande schnaufen
Und lächerlich mit Schwimmgebärden laufen!
Nun ist Verwirrung überall.

Die Raben sind wiedergekommen

Ich werd euch bei dem hohen Meister loben;
Wollt ihr euch nun als Meister selbst erproben,
So eilet zu der glühenden Schmiede,
Wo das Gezwergvolk, nimmer müde,
Metall und Stein zu Funken schlägt!
Verlangt, weitläufig sie beschwatzend,
Ein Feuer, leuchtend, blinkend, platzend,
Wie man's im hohen Sinne hegt!
Zwar Wetterleuchten in der weiten Ferne,
Blickschnelles Fallen allerhöchster Sterne
Mag jede Sommernacht geschehn;
Doch Wetterleuchten in verworrnen Büschen
Und Sterne, die am feuchten Boden zischen,
Das hat man nicht so leicht gesehn.
So müßt ihr, ohn euch viel zu quälen,
Zuvörderst bitten, dann befehlen.

Raben ab. Es geschieht wie vorgeschrieben

Mephistopheles: Den Feinden dichte Finsternisse!
Und Tritt und Schritt ins Ungewisse!
Irrfunkenblick an allen Enden,
Ein Leuchten, plötzlich zu verblenden!
Das alles wäre wunderschön;
Nun aber braucht's noch Schreckgetön.
Faust: Die hohlen Waffen aus der Säle Grüften
Empfinden sich erstarkt in freien Lüften;
Dadroben klappert's, rasselt's lange schon:
Ein wunderbarer falscher Ton.

Mephistopheles: Ganz recht! Sie sind nicht mehr zu zügeln:
Schon schallt's von ritterlichen Prügeln
Wie in der holden alten Zeit!
Armschienen wie der Beine Schienen,
Als Guelfen und als Ghibellinen,
Erneuern rasch den ewigen Streit.
Fest, im ererbten Sinne wöhnlich,
Erweisen sie sich unversöhnlich;
Schon klingt das Tosen weit und breit.
Zuletzt, bei allen Teufelsfesten,
Wirkt der Parteihaß doch zum besten,
Bis in den allerletzten Graus,
Schallt wider-widerwärtig panisch,
Mitunter grell und scharf satanisch,
Erschreckend in das Tal hinaus.

Kriegstumult im Orchester, zuletzt übergehend in militärisch-heitre Weisen

Des Gegenkaisers Zelt

Thron, reiche Umgebung
Habebald. Eilebeute

Eilebeute: So sind wir doch die ersten hier!
Habebald: Kein Rabe fliegt so schnell als wir.
Eilebeute: Oh! welch ein Schatz liegt hier zuhauf!
 Wo fang ich an? wo hör ich auf?
Habebald: Steht doch der ganze Raum so voll!
 Weiß nicht, wozu ich greifen soll.
Eilebeute: Der Teppich wär mir eben recht!
 Mein Lager ist oft gar zu schlecht.
Habebald: Hier hängt von Stahl ein Morgenstern!
 Dergleichen hätt ich lange gern.
Eilebeute: Den roten Mantel, goldgesäumt,
 So etwas hatt ich mir geträumt.
Habebald *(die Waffe nehmend):*
 Damit ist es gar bald getan:
 Man schlägt ihn tot und geht voran. —
 Du hast so viel schon aufgepackt
 Und doch nichts Rechtes eingesackt.
 Den Plunder laß an seinem Ort:
 Nehm eines dieser Kistchen fort!
 Dies ist des Heers beschiedner Sold,
 In seinem Bauche lauter Gold.
Eilebeute: Das hat ein mörderisch Gewicht!
 Ich heb es nicht, ich trag es nicht.

Habebald: Geschwinde duck dich! mußt dich bücken!
  Ich jucke dir's auf den starken Rücken.
Eilebeute: O weh! O weh! nun ist's vorbei!
  Die Last bricht mir das Kreuz entzwei.

Das Kistchen stürzt und springt auf

Habebald: Da liegt das rote Gold zuhauf:
  Geschwinde zu und raff es auf!
Eilebeute *(kauert nieder)*: Geschwinde nur zum Schoß hinein!
  Noch immer wird's zur Gnüge sein.
Habebald: Und so genug! und eile doch! *(Sieh steht auf)*
  O weh, die Schürze hat ein Loch!
  Wohin du gehst und wo du stehst,
  Verschwenderisch die Schätze säst.
Trabanten unsres Kaisers:
  Was schafft ihr hier am heiligen Platz?
  Was kramt ihr in dem Kaiserschatz?
Habebald: Wir trugen unsre Glieder feil
  Und holen unser Beuteteil.
  In Feindeszelten ist's der Brauch,
  Und wir, Soldaten sind wir auch!
Trabanten: Das passet nicht in unsern Kreis:
  Zugleich Soldat und Diebsgeschmeiß!
  Und wer sich unserm Kaiser naht,
  Der sei ein redlicher Soldat!
Habebald: Die Redlichkeit, die kennt man schon,
  Sie heißet: Kontribution.
  Ihr alle seid auf gleichem Fuß:
  „Gib her!" das ist der Handwerksgruß.

Zu Eilebeute

Mach fort und schleppe, was du hast!
  Hier sind wir nicht willkommner Gast. *(Ab)*
Erster Trabant: Sag, warum gabst du nicht sogleich
  Dem frechen Kerl einen Backenstreich?
Zweiter: Ich weiß nicht, mir verging die Kraft:
  Sie waren so gespensterhaft.
Dritter: Mir ward es vor den Augen schlecht:
  Da flimmert es, ich sah nicht recht.
Vierter: Wie ich es nicht zu sagen weiß:
  Es war den ganzen Tag so heiß,
  So bänglich, so beklommen-schwül!
  Der eine stand, der andre fiel,
  Man tappte hin und schlug zugleich,
  Der Gegner fiel vor jedem Streich;

Vor Augen schwebt es wie ein Flor,
Dann summt's und saust's und zischt im Ohr.
Das ging so fort, nun sind wir da
Und wissen selbst nicht, wie's geschah.

Kaiser mit vier Fürsten treten auf. Die Trabanten entfernen sich

Kaiser:
Es sei nun, wie ihm sei! uns ist die Schlacht gewonnen,
Des Feinds zerstreute Flucht im flachen Feld zerronnen.
Hier steht der leere Thron; verräterischer Schatz,
Von Teppichen umhüllt, verengt umher den Platz.
Wir, ehrenvoll, geschützt von eigenen Trabanten,
Erwarten kaiserlich der Völker Abgesandten;
Von allen Seiten her kommt frohe Botschaft an:
Beruhigt sei das Reich, uns freudig zugetan.
Hat sich in unsern Kampf auch Gaukelei geflochten,
Am Ende haben wir uns nur allein gefochten.
Zufälle kommen ja den Streitenden zugut:
Vom Himmel fällt ein Stein, dem Feinde regnet's Blut,
Aus Felsenhöhlen tönt's von mächtigen Wunderklängen,
Die unsre Brust erhöhn, des Feindes Brust verengen.
Der Überwundne fiel, zu stets erneutem Spott;
Der Sieger, wie er prangt, preist den gewognen Gott,
Und alles stimmt mit ein — er braucht nicht zu befehlen —
„Herr Gott, dich loben wir!" aus Millionen Kehlen.
Jedoch zum höchsten Preis wend ich den frommen Blick,
Das selten sonst geschah, zur eignen Brust zurück.
Ein junger, muntrer Fürst mag seinen Tag vergeuden,
Die Jahre lehren ihn des Augenblicks Bedeuten.
Deshalb denn ungesäumt verbind ich mich sogleich
Mit euch vier Würdigen: für Haus und Hof und Reich.

Zum ersten

Dein war, o Fürst! des Heers geordnet-kluge Schichtung,
Sodann im Hauptmoment heroisch-kühne Richtung:
Im Frieden wirke nun, wie es die Zeit begehrt!
Erzmarschall nenn ich dich, verleihe dir das Schwert.

Erzmarschall:
Dein treues Heer, bis jetzt im Innern beschäftigt,
Wenn's an der Grenze dich und deinen Thron bekräftigt,
Dann sei es uns vergönnt, bei Festesdrang im Saal
Geräumiger Väterburg zu rüsten dir das Mahl!
Blank trag ich's dir dann vor, blank halt ich dir's zur Seite,
Der höchsten Majestät zu ewigem Geleite.

Der Kaiser *(zum zweiten):*
Der sich, als tapfrer Mann, auch zartgefällig zeigt,
Du, sei Erzkämmerer! der Auftrag ist nicht leicht.
Du bist der Oberste von allem Hausgesinde,
Bei deren innerm Streit ich schlechte Diener finde;
Dein Beispiel sei fortan in Ehren aufgestellt,
Wie man dem Herrn, dem Hof und allen wohlgefällt!
Erzkämmerer:
Des Herren großen Sinn zu fördern bringt zu Gnaden:
Den Besten hülfreich sein, den Schlechten selbst nicht schaden,
Dann klar sein ohne List und ruhig ohne Trug!
Wenn du mich, Herr, durchschaust, geschieht mir schon genug.
Darf sich die Phantasie auf jenes Fest erstrecken?
Wenn du zur Tafel gehst, reich ich das goldne Becken,
Die Ringe halt ich dir, damit zur Wonnezeit
Sich deine Hand erfrischt, wie mich dein Blick erfreut.
Kaiser: Zwar fühl ich mich zu ernst, auf Festlichkeit zu sinnen;
Doch sei's! Es fördert auch frohmütiges Beginnen.

Zum dritten

Dich wähl ich zum Erztruchseß! Also sei fortan
Dir Jagd, Geflügelhof und Vorwerk untertan!
Der Lieblingsspeisen Wahl laß mir zu allen Zeiten,
Wie sie der Monat bringt, und sorgsam zubereiten!
Erztruchseß:
Streng Fasten sei für mich die angenehmste Pflicht,
Bis, vor dich hingestellt, dich freut ein Wohlgericht!
Der Küche Dienerschaft soll sich mit dir vereinigen,
Das Ferne beizuziehn, die Jahreszeit zu beschleunigen.
Dich reizt nicht Fern und Früh, womit die Tafel prangt:
Einfach und Kräftig ist's, wornach dein Sinn verlangt.
Kaiser *(zum vierten):*
Weil unausweichlich hier sich's nur von Festen handelt,
So sei mir, junger Held, zum Schenken umgewandelt!
Erzschenke, sorge nun, daß unsre Kellerei
Aufs reichlichste versorgt mit gutem Weine sei!
Du selbst sei mäßig, laß nicht über Heiterkeiten
Durch der Gelegenheit Verlocken dich verleiten!
Erzschenk:
Mein Fürst, die Jugend selbst, wenn man ihr nur vertraut,
Steht, eh man sichs versieht, zu Männern auferbaut.
Auch ich versetze mich zu jenem großen Feste:

Ein kaiserlich Büfett schmück ich aufs allerbeste
Mit Prachtgefäßen, gülden, silbern allzumal;
Doch wähl ich dir voraus den lieblichsten Pokal:
Ein blank venedisch Glas, worin Behagen lauschet,
Des Weins Geschmack sich stärkt und nimmermehr berauschet.
Auf solchen Wunderschatz vertraut man oft zu sehr;
Doch deine Mäßigkeit, du Höchster, schützt noch mehr.
Kaiser: Was ich euch zugedacht in dieser ernsten Stunde,
Vernahmt ihr mit Vertraun aus zuverlässigem Munde.
Des Kaisers Wort ist groß und sichert jede Gift;
Doch zur Bekräftigung bedarfs der edlen Schrift,
Bedarfs der Signatur. Die förmlich zu bereiten,
Seh ich den rechten Mann zu rechter Stunde schreiten.

Der Erzbischof tritt auf

Kaiser: Wenn ein Gewölbe sich dem Schlußstein anvertraut,
Dann ist's mit Sicherheit für ewige Zeit erbaut.
Du siehst vier Fürsten da! Wir haben erst erörtert,
Was den Bestand zunächst von Haus und Hof befördert.
Nun aber, was das Reich in seinem Ganzen hegt,
Sei mit Gewicht und Kraft der Fünfzahl auferlegt!
An Ländern sollen sie vor allen andern glänzen!
Deshalb erweitr ich gleich jetzt des Besitztums Grenzen
Vom Erbteil jener, die sich von uns abgewandt.
Euch Treuen sprech ich zu so manches schöne Land,
Zugleich das hohe Recht, euch nach Gelgenheiten
Durch Anfall, Kauf und Tausch ins Weitere zu verbreiten.
Dann sei bestimmt, vergönnt, zu üben ungestört,
Was von Gerechtsamen euch Landesherrn gehört:
Als Richter werdet ihr die Endurteile fällen,
Berufung gelte nicht von euern höchsten Stellen;
Dann Steuer, Zins und Beth, Lehn und Geleit und Zoll,
Berg-, Salz- und Münzregal euch angehören soll.
Denn meine Dankbarkeit vollgültig zu erproben,
Hab ich euch ganz zunächst der Majestät erhoben.
Erzbischof: Im Namen aller sei dir tiefster Dank gebracht!
Du machst uns stark und fest und stärkest deine Macht.
Kaiser: Euch fünfen will ich noch erhöhtere Würde geben.
Noch leb ich meinem Reich und habe Lust zu leben;
Doch hoher Ahnen Kette zieht bedächtigen Blick
Aus rascher Strebsamkeit ins Drohende zurück.
Auch werd ich seinerzeit mich von den Teuren trennen:
Dann sei es eure Pflicht, den Folger zu ernennen.

Gekrönt erhebt ihn hoch auf heiligem Altar,
Und friedlich ende dann, was jetzt so stürmisch war!
Erzbischof: Mit Stolz in tiefster Brust, mit Demut an Gebärde,
Stehn Fürsten dir gebeugt, die ersten auf der Erde.
Solang das treue Blut die vollen Adern regt,
Sind wir der Körper, den dein Wille leicht bewegt.
Kaiser: Und also sei zum Schluß, was wir bisher bestätigt,
Für alle Folgezeit durch Schrift und Zug bestätigt!
Zwar habt ihr den Besitz als Herren völlig frei,
Mit dem Beding jedoch, daß er unteilbar sei,
Und wie ihr auch vermehrt, was ihr von uns empfangen,
Es solls der älteste Sohn in gleichem Maß erlangen.
Erzbischof: Dem Pergament alsbald vertrau ich wohlgemut,
Zum Glück dem Reich und uns, das wichtigste Statut;
Reinschrift und Sieglung soll die Kanzlei beschäftigen,
Mit heiliger Signatur wirst du's, der Herr, bekräftigen.
Kaiser: Und so entlaß ich euch, damit den großen Tag
Gesammelt jedermann sich überlegen mag.

Die weltlichen Fürsten entfernen sich

Der Geistliche *(bleibt und spricht pathetisch):*
Der Kanzler ging hinweg, der Bischof ist geblieben,
Vom ernsten Warnegeist zu deinem Ohr getrieben!
Sein väterliches Herz, von Sorge bangt's um dich.
Kaiser: Was hast du Bängliches zur frohen Stunde? sprich!
Erzbischof:
Mit welchem bittern Schmerz find ich in dieser Stunde
Dein hochgeheiligt Haupt mit Satanas im Bunde!
Zwar, wie es scheinen will, gesichert auf dem Thron,
Doch leider! Gott dem Herrn, dem Vater Papst zum Hohn.
Wenn dieser es erfährt, schnell wird er sträflich richten,
Mit heiligem Strahl dein Reich, das sündige, zu vernichten.
Denn noch vergaß er nicht, wie du, zur höchsten Zeit,
An deinem Krönungstag, den Zauberer befreit.
Von deinem Diadem, der Christenheit zum Schaden,
Traf das verfluchte Haupt der erste Strahl der Gnaden.
Doch schlag an deine Brust und gib vom frevlen Glück
Ein mäßig Scherflein gleich dem Heiligtum zurück:
Den breiten Hügelraum, da, wo dein Zelt gestanden,
Wo böse Geister sich zu deinem Schutz verbanden,
Dem Lügenfürsten du ein horchsam Ohr geliehn,
Den stifte, fromm belehrt, zu heiligem Bemühn,
Mit Berg und dichtem Wald, soweit sie sich erstrecken,
Mit Höhen, die sich grün zu fetter Weide decken,

       Fischreichen, klaren Seen, dann Bächlein ohne Zahl,
       Wie sie sich, eilig schlängelnd, stürzen ab zutal,
       Das breite Tal dann selbst mit Wiesen, Gauen, Gründen!
       Die Reue spricht sich aus und du wirst Gnade finden.
Kaiser: Durch meinen schweren Fehl bin ich so tief erschreckt;
       Die Grenze sei von dir nach eignem Maß gesteckt!
Erzbischof:
       Erst: der entweihte Raum, wo man sich so versündigt,
       Sei alsobald zum Dienst des Höchsten angekündigt!
       Behende steigt im Geist Gemäuer stark empor:
       Der Morgensonne Blick erleuchtet schon das Chor,
       Zum Kreuz erweitert sich das wachsende Gebäude,
       Das Schiff erlängt, erhöht sich zu der Gläubigen Freude;
       Die strömen brünstig schon durchs würdige Portal:
       Der erste Glockenruf erschallt duch Berg und Tal!
       Von hohen Türmen tönt's wie sie zum Himmel streben,
       Der Büßer kommt heran zu neugeschaffnem Leben.
       Dem hohen Weihetag — er trete bald herein! —
       Wird deine Gegenwart die höchste Zierde sein.

Kaiser:
       Mag ein so großes Werk den frommen Sinn verkündigen,
       Zu preisen Gott den Herrn so wie mich zu entsündigen!
       Genug! Ich fühle schon, wie sich mein Sinn erhöht.
Erzbischof: Als Kanzler fördr ich nun Schluß und Formalität.
Kaiser: Ein förmlich Dokument, der Kirche das zu eignen,
       Du legst es vor, ich will's mit Freuden unterzeichnen.
Erzbischof *(hat sich beurlaubt, kehrt aber beim Ausgang um)*:
       Dann widmest du zugleich dem Werke, wie's entsteht,
       Gesamte Landsgefälle: Zehnten, Zinsen, Beth,
       Für ewig! Viel bedarf's zu würdiger Unterhaltung,
       Und schwere Kosten macht die sorgliche Verwaltung.
       Zum schnellen Aufbau selbst auf solchem wüsten Platz
       Reichst du uns einiges Gold aus deinem Beuteschatz.
       Daneben braucht man auch — ich kann es nicht
       verschweigen —
       Entferntes Holz und Kalk und Schiefer und dergleichen.
       Die Fuhren tut das Volk, vom Predigtstuhl belehrt:
       Die Kirche segnet den, der ihr zu Diensten fährt. *(Ab)*
Kaiser: Die Sünd ist groß und schwer, womit ich mich beladen;
       Das leidige Zaubervolk bringt mich in harten Schaden.

Erzbischof *(abermals zurückkehrend, mit tiefster Verbeugung)*:
       Verzeih, o Herr! Es ward dem sehr verrufnen Mann
       Des Reiches Strand verliehn; doch diesen trifft der Bann,

Verleihst du reuig nicht der hohen Kirchenstelle
Auch dort den Zehnten, Zins und Gaben und Gefälle.
Kaiser *(verdrießlich):*
Das Land ist noch nicht da: im Meere liegt es breit!
Erzbischof: Wers Recht hat und Geduld, für den kommt auch
die Zeit.
Für uns mög Euer Wort in seinen Kräften bleiben!
Kaiser *(allein):*
So könnt ich wohl zunächst das ganze Reich verschreiben!

Fünfter Akt

Offene Gegend

Wanderer: Ja! sie sind's, die dunklen Linden,
Dort, in ihres Alters Kraft,
Und ich soll sie wiederfinden
Nach so langer Wanderschaft!
Ist es doch die alte Stelle,
Jene Hütte, die mich barg,
Als die sturmerregte Welle
Mich an jene Dünen warf!
Meine Wirte möcht ich segnen,
Hilfsbereit, ein wackres Paar,
Das, um heut mir zu begegnen,
Alt schon jener Tage war.
Ach, das waren fromme Leute!
Poch ich? ruf ich? — Seid gegrüßt,
Wenn, gastfreundlich, auch noch heute
Ihr des Wohltuns Glück genießt!
Baucis *(Mütterchen, sehr alt):* Lieber Kömmling, leise! leise!
Ruhe! laß den Gatten ruhn!
Langer Schlaf verleiht dem Greise
Kurzen Wachens rasches Tun.
Wanderer: Sage, Mutter: bist du's eben,
Meinen Dank noch zu empfahn,
Was du für des Jünglings Leben
Mit dem Gatten einst getan?
Bist du Baucis, die geschäftig
Halberstorbnen Mund erquickt?

Der Gatte tritt auf

Du Philemon, der so kräftig
Meinen Schatz der Flut entrückt?
Eure Flammen raschen Feuers,

Eures Glöckchens Silberlaut:
Jenes grausen Abenteuers
Lösung war euch anvertraut.

Und nun laßt hervor mich treten,
Schaun das grenzenlose Meer!
Laßt mich knien, laßt mich beten!
Mich bedrängt die Brust so sehr.

Er schreitet vorwärts auf der Düne

Philemon *(zu Baucis):* Eile nur, den Tisch zu decken,
Wo's im Gärtchen munter blüht!
Laß ihn rennen, ihn erschrecken!
Denn er glaubt nicht, was er sieht.

Neben dem Wandrer stehend

Das euch grimmig mißgehandelt,
Wog auf Woge, schäumend-wild,
Seht als Garten Ihr behandelt,
Seht ein paradiesisch Bild.
Älter, war ich nicht zuhanden,
Hilfreich nicht wie sonst bereit,
Und wie meine Kräfte schwanden,
War auch schon die Woge weit.
Kluger Herren kühne Knechte
Gruben Gräben, dämmten ein,
Schmälerten des Meeres Rechte,
Herrn an seiner Statt zu sein.
Schaue grünend Wies an Wiese,
Anger, Garten, Dorf und Wald! —
Komm nun aber und genieße;
Denn die Sonne scheidet bald! —
Dort im Fernsten ziehen Segel,
Suchen nächtlich sichern Port:
Kennen doch ihr Nest die Vögel;
Denn jetzt ist der Hafen dort.
So erblickst du in der Weite
Erst des Meeres blauen Saum,
Rechts und links, in aller Breite,
Dichtgedrängt bewohnten Raum.

Am Tische zu drei, im Gärtchen

Baucis: Bleibst du stumm? und keinen Bissen
Bringst du zum verlechzten Mund?
Philemon: Möcht er doch vom Wunder wissen!
Sprichst so gerne: tu's ihm kund!

Baucis: Wohl! ein Wunder ist's gewesen!
  Läßt mich heute nicht in Ruh;
  Denn es ging das ganze Wesen
  Nicht mit rechten Dingen zu.
Philemon: Kann der Kaiser sich versündgen,
  Der das Ufer ihm verliehn?
  Tät's ein Herold nicht verkündgen
  Schmetternd im Vorüberziehn?
  Nicht entfernt von unsern Dünen
  Ward der erste Fuß gefaßt:
  Zelte, Hütten! Doch im Grünen
  Richtet bald sich ein Palast.
Baucis: Tags umsonst die Knechte lärmten,
  Hack und Schaufel, Schlag um Schlag;
  Wo die Flämmchen nächtig schwärmten,
  Stand ein Damm den andern Tag!
  Menschenopfer mußten bluten,
  Nachts erscholl des Jammers Qual;
  Meerab flossen Feuergluten:
  Morgens war es ein Kanal!
  Gottlos ist er, ihn gelüstet
  Unsre Hütte, unser Hain!
  Wie er sich als Nachbar brüstet,
  Soll man untertänig sein.

Philemon: Hat er uns doch angeboten
  Schönes Gut im neuen Land!

Baucis: Traue nicht dem Wasserboden!
  Halt auf deiner Höhe stand!

Philemon: Laßt uns zur Kapelle treten,
  Letzten Sonnenblick zu schaun!
  Laßt uns läuten, knieen, beten
  Und dem alten Gott vertraun!

Palast

Weiter Ziergarten. Großer, gradgeführter Kanal
Faust, im höchsten Alter wandelnd, nachdenkend

Lynkeus der Türmer (*durchs Sprachrohr*):
  Die Sonne sinkt, die letzten Schiffe,
  Sie ziehen munter hafenein.
  Ein großer Kahn ist im Begriffe,
  Auf dem Kanale hier zu sein.
  Die bunten Wimpel wehen fröhlich,
  Die starren Masten stehn bereit:

In dir preist sich der Bootsmann selig,
Dich grüßt das Glück zur höchsten Zeit.

Das Glöckchen läutet auf der Düne

Faust *(auffahrend):* Verdammtes Läuten! Allzu schändlich
Verwundet's, wie ein tückischer Schuß!
Vor Augen ist mein Reich unendlich,
Im Rücken neckt mich der Verdruß,
Erinnert mich durch neidische Laute:
Mein Hochbesitz, er ist nicht rein!
Der Lindenraum, die braune Baute,
Das morsche Kirchlein ist nicht mein.
Und wünscht ich, dort mich zu erholen,
Vor fremden Schatten schaudert mir,
Ist Dorn den Augen, Dorn den Sohlen —
O, wär ich weit hinweg von hier!

Türmer *(wie oben):* Wie segelt froh der bunte Kahn
Mit frischem Abendwind heran!
Wie türmt sich sein behender Lauf
In Kisten, Kasten, Säcken auf!

Prächtiger Kahn, reich und bunt beladen mit Erzeugnissen fremder Weltgegenden
Mephistopheles. Die Drei gewaltigen Gesellen

Chorus: Da landen wir,
Da sind wir schon!
Glückan dem Herren,
Dem Patron!

Die steigen aus, die Güter werden ans Land geschafft

Mephistopheles: So haben wir uns wohl erprobt,
Vergnügt, wenn der Patron es lobt.
Nur mit zwei Schiffen ging es fort,
Mit zwanzig sind wir nun im Port.
Was große Dinge wir getan,
Das sieht man unsrer Ladung an.
Das freie Meer befreit den Geist;
Wer weiß da, was Besinnen heißt!
Da fördert nur ein rascher Griff:
Man fängt den Fisch, man fängt ein Schiff,
Und ist man erst der Herr zu drei,
Dann hakelt man das vierte bei;
Da geht es denn dem fünften schlecht,
Man hat Gewalt, so hat man Recht.
Man fragt ums Was und nicht ums Wie!
Ich müßte keine Schiffahrt kennen:

Krieg, Handel und Piraterie,
Dreieinig sind sie, nicht zu trennen.
Die drei gewaltigen Gesellen:
Nicht Dank und Gruß!
Nicht Gruß und Dank!
Als brächten wir
Dem Herrn Gestank.
Er macht ein
Widerlich Gesicht:
Das Königsgut
Gefällt ihm nicht.
Mephistopheles: Erwartet weiter
Keinen Lohn!
Nahmt ihr doch
Euren Teil davon.
Die Gesellen: Das ist nur für
Die Langeweil;
Wir alle fordern
Gleichen Teil.
Mephistopheles: Erst ordnet oben,
Saal an Saal,
Die Kostbarkeiten
Allzumal!
Und tritt er zu
Der reichen Schau,
Berechnet er alles
Mehr genau,
Er sich gewiß
Nicht lumpen läßt
Und gibt der Flotte
Fest nach Fest.

Die bunten Vögel kommen morgen,
Für die werd ich zum besten sorgen.

Die Ladung wird weggeschafft

Mephistopheles *(zu Faust):*
Mit ernster Stirn, mit düstrem Blick
Vernimmst du dein erhaben Glück.
Die hohe Weisheit wird gekrönt:
Das Ufer ist dem Meer versöhnt,
Vom Ufer nimmt zu rascher Bahn
Das Meer die Schiffe willig an.
So sprich, daß hier, hier vom Palast
Dein Arm die ganze Welt umfaßt!

Von dieser Stelle ging es aus:
Hier stand das erste Bretterhaus;
Ein Gräbchen ward hinabgeritzt,
Wo jetzt das Ruder emsig spritzt.
Dein hoher Sinn, der Deinen Fleiß
Erwerb des Meers, der Erde Preis.
Von hieraus —
Faust: Das verfluchte Hier!
   Das eben, leidig lastet's mir.
Dir Vielgewandtem muß ich's sagen:
Mir gibt's im Herzen Stich um Stich,
Mir ist's unmöglich zu ertragen!
Und wie ich's sage, schäm ich mich:
Die Alten droben sollten weichen,
Die Linden wünscht ich mir zum Sitz;
Die wenig Bäume, nicht mein eigen,
Verderben mir den Weltbesitz.
Dort wollt ich, weit umherzuschauen,
Von Ast zu Ast Gerüste bauen,
Dem Blick eröffnen weite Bahn,
Zu sehn, was alles ich getan,
Zu überschaun mit einem Blick
Des Menschengeistes Meisterstück,
Betätigend mit klugem Sinn
Der Völker breiten Wohngewinn.
So sind am härtsten wir gequält:
Im Reichtum fühlend, was uns fehlt!
Des Glöckchens Klang, der Linden Duft
Umfängt mich wie in Kirch und Gruft.
Des allgewaltigen Willens Kür
Bricht sich an diesem Sande hier.
Wie schaff ich mir es vom Gemüte?
Das Glöcklein läutet, und ich wüte.
Mephistopheles: Natürlich, daß ein Hauptverdruß
   Das Leben dir vergällen muß!
Wer leugnet's? Jedem edlen Ohr
Kommt das Geklingel widrig vor,
Und das verfluchte Bim-Baum-Bimmel,
Umnebelnd heitern Abendhimmel,
Mischt sich in jegliches Begebnis
Vom ersten Bad bis zum Begräbnis,
Als wäre zwischen Bim und Baum
Das Leben ein verschollner Traum.
Faust: Das Widerstehn, der Eigensinn

Verkümmern herrlichsten Gewinn,
Daß man, zu tiefer, grimmiger Pein,
Ermüden muß, gerecht zu sein.
Mephistopheles: Was willst du dich denn hier genieren?
Muß du nicht längst kolonisieren?
Faust: So geht und schafft sie mir zur Seite! —
Das schöne Gütchen kennst du ja,
Das ich den Alten ausersah.
Mephistopheles: Man trägt sie fort und setzt sie nieder,
Eh man sich umsieht, stehn sie wieder;
nach überstandener Gewalt
Versöhnt ein schöner Aufenthalt.

Er pfeift gellend. Die Drei treten auf

Mephistopheles: Kommt, wie der Herr gebieten läßt!
Und morgen gibt's ein Flottenfest.
Die Drei: Der alte Herr empfing uns schlecht,
Ein flottes Fest ist uns zu Recht.
Mephistopheles *(ad spectatores)*:
Auch hier geschieht, was längst geschah;
Denn Naboths Weinberg war schon da. *(Regum I, 21.)*

Tiefe Nacht

Linkeus der Türmer *(auf der Schloßwarte singend)*:
Zum Sehen geboren,
Zum Schauen bestellt,
Dem Turme geschworen,
Gefällt mir die Welt.
Ich blick in die Ferne,
Ich seh in der Näh,
Den Mond und die Sterne,
Den Wald und das Reh.
So seh ich in allen
Die ewige Zier,
Und wie mirs gefallen,
Gefall ich auch mir.
Ihr glücklichen Augen,
Was je ihr gesehn,
Es sei, wie es wolle,
Es war doch so schön!

Pause

Nicht allein mich zu ergötzen,
Bin ich hier so hoch gestellt:
Welch ein greuliches Entsetzen

Droht mir aus der finstern Welt!
Funkenblicke seh ich sprühen
Durch der Linden Doppelnacht;
Immer stärker wühlt ein Glühen,
Von der Zugluft angefacht.
Ach, die innre Hütte lodert,
Die bemoost und feucht gestanden!
Schnelle Hilfe wird gefodert,
Keine Rettung ist vorhanden.
Ach, die guten alten Leute,
Sonst so sorglich um das Feuer,
Werden sie dem Qualm zur Beute!
Welch ein schrecklich Abenteuer!
Flamme flammet, rot in Gluten
Steht das schwarze Moosgestelle;
Retteten sich nur die Guten
Aus der wildentbrannten Hölle!
Züngelnd lichte Blitze steigen
Zwischen Blättern, zwischen Zweigen;
Äste, dürr, die flackernd brennen,
Glühen schnell und stürzen ein.
Sollt ihr, Augen, dies erkennen!
Muß ich so weitsichtig sein!
Das Kapellchen bricht zusammen
Von der Äste Sturz und Last.
Schlängelnd sind mit spitzen Flammen
Schon die Gipfel angefaßt.
Bis zur Wurzel glühn die hohlen
Stämme, purpurrot im Glühn. —

Lange Pause, Gesang

Was sich sonst dem Blick empfohlen,
Mit Jahrhunderten ist hin!

Faust *(auf dem Balkon, gegen die Dünen):*
Von oben welch ein singend Wimmern?
Das Wort ist hier, der Ton zu spat.
Mein Türmer jammert; mich im Innern
Verdrießt die ungeduldge Tat.
Doch sei der Lindenwuchs vernichtet
Zu halbverkohlter Stämme Graun,
Ein Luginsland ist bald errichtet
Um ins Unendliche zu schaun.
Da seh ich auch die neue Wohnung,
Die jenes alte Paar umschließt,

Das im Gefühl großmütiger Schonung
Der späten Tage froh genießt.
Mephistopheles und die Dreie *(unten):*
Da kommen wir mit vollem Trab;
Verzeih: es ging nicht gütlich ab!
Wir klopften an, wir pochten an,
Und immer ward nicht aufgetan.
Wir rüttelten, wir pochten fort:
Da lag die morsche Türe dort.
Wir riefen laut und drohten schwer;
Allein wir fanden kein Gehör,
Und wie's in solchem Fall geschicht:
Sie hörten nicht, sie wollten nicht!
Wir aber haben nicht gesäumt,
Behende dir sie weggeräumt.
Das Paar hat sich nicht viel gequält:
Vor Schrecken fielen sie entseelt.
Ein Fremder, der sich dort versteckt
Und fechten wollte, ward gestreckt.
In wilden Kampfes kurzer Zeit
Von Kohlen, ringsumher gestreut,
Entflammte Stroh: nun lodert's frei
Als Scheiterhaufen dieser drei.
Faust: Wart ihr für meine Worte taub?
Tausch wollt ich, wollte keinen Raub!
Dem unbesonnenen, wilden Streich,
Ihm fluch ich: teilt es unter euch!
Chorus: Das alte Wort, das Wort erschallt:
Gehorche willig der Gewalt!
Und bist du kühn und hältst du Stich,
So wage Haus und Hof und — dich! *(Ab)*
Faust *(auf dem Balkon):* Die Sterne bergen Blick und Schein,
Das Feuer sinkt und lodert klein;
Ein Schauerwindchen fächelt's an,
Bringt Rauch und Dunst zu mir heran.
Geboten schnell, zu schnell getan! —
Was schwebet schattenhaft heran?

Mittermacht
Vier graue Weiber treten auf

Erste: Ich heiße der Mangel.
Zweite: Ich heiße die Schuld.
Dritte: Ich heiße die Sorge.
Vierte: Ich heiße die Not.

Zu Drei: Die Tür ist verschlossen, wir können nicht ein;
  Drin wohnt ein Reicher, wir mögen nicht 'nein.
Mangel: Da werd ich zum Schatten.
Schuld: Da werd ich zunicht.
Not: Man wendet von mir das verwöhnte Gesicht.
Sorge: Ihr, Schwestern, ihr könnt nicht und dürft nicht hinein.
  Die Sorge, sie schleicht sich durchs Schlüsselloch ein.

Sorge verschwindet

Mangel: Ihr, graue Geschwister, entfernt euch von hier!
Schuld: Ganz nah an der Seite verbind ich mich dir.
Not: Ganz nah an der Ferse begleitet die Not.
Zu Drei: Es ziehen die Wolken, es schwinden die Sterne!
  Dahinten, dahinten! von ferne, von ferne,
  Da kommt er, der Bruder, da kommt er, der —— Tod.
Faust *(im Palast):* Vier sah ich kommen, drei nur gehn;
  Den Sinn der Rede konnt ich nicht verstehn.
  Es klang so nach, als hieße es: Not,
  Ein düstres Reimwort folgte: Tod!
  Es tönte hohl, gespensterhaft gedämpft.
  Noch hab ich mich ins Freie nicht gekämpft.
  Könnt ich Magie von meinem Pfad entfernen,
  Die Zaubersprüche ganz und gar verlernen,
  Stünd ich, Natur, vor dir ein Mann allein,
  Da wär's der Mühe wert, ein Mensch zu sein!

  Das war ich sonst, eh ich's im Düstern suchte,
  Mit Frevelwort mich und die Welt verfluchte.
  Nun ist die Luft von solchem Spuk so voll,
  Daß niemand weiß, wie er ihn meiden soll.
  Wenn auch Ein Tag uns klar-vernünftig lacht,
  In Traumgespinst verwickelt uns die Nacht!
  Wir kehren froh von junger Flur zurück:
  Ein Vogel krächzt! Was krächzt er? Mißgeschick!
  Von Aberglauben früh und spat umgarnt:
  Es eignet sich, es zeigt sich an, es warnt!
  Und so verschüchtert, stehen wir allein. —
  Die Pforte knarrt, und niemand kommt herein.

Erschüttert

  Ist jemand hier?
Sorge: Die Frage fordert Ja!
Faust: Und du, wer bist denn du?
Sorge: Bin einmal da.
Faust: Entferne dich!

Sorge: Ich bin am rechten Ort.
Faust *(erst ergrimmt, dann besänftigt, für sich):*
 Nimm dich in acht und sprich kein Zauberwort!
Sorge: Würde mich kein Ohr vernehmen,
 Müßt es doch im Herzen dröhnen;
 In verwandelter Gestalt
 Üb ich grimmige Gewalt:
 Auf den Pfaden, auf der Welle,
 Ewig ängstlicher Geselle,
 Stets gefunden, nie gesucht,
 So geschmeichelt wie verflucht! —

 Hast du die Sorge nie gekannt?
Faust: Ich bin nur durch die Welt gerannt!
 Ein jed Gelüst ergriff ich bei den Haaren,
 Was nicht genügte, ließ ich fahren,
 Was mir entwischte, ließ ich ziehn.
 Ich habe nur begehrt und nur vollbracht
 Und abermals gewünscht und so mit Macht
 Mein Leben durchgestürmt: erst groß und mächtig,
 Nun aber geht es weise, geht bedächtig.
 Der Erdenkreis ist mir genug bekannt.
 Nach drüben ist die Aussicht uns verrannt;
 Tor, wer dorthin die Augen blinzelnd richtet,
 Sich über Wolken seinesgleichen dichtet!
 Er stehe fest und sehe hier sich um:
 Dem Tüchtigen ist diese Welt nicht stumm!
 Was braucht er in die Ewigkeit zu schweifen?
 Was er erkennt, läßt sich ergreifen.
 Er wandle so den Erdentag entlang;
 Wenn Geister spuken, geh er seinen Gang,
 Im Weiterschreiten find er Qual und Glück,
 Er, unbefriedigt jeden Augenblick!

Sorge: Wen ich einmal mir besitze,
 Dem ist alle Welt nichts nütze:
 Ewiges Düstre steigt herunter,
 Sonne geht nicht auf noch unter,
 Bei vollkommnen äußern Sinnen
 Wohnen Finsternisse drinnen,
 Und er weiß von allen Schätzen
 Sich nicht in Besitz zu setzen.
 Glück und Unglück wird zur Grille,
 Er verhungert in der Fülle,
 Sei es Wonne, sei es Plage,

    Schiebt er's zu dem andern Tage,
    Ist der Zukunft nur gewärtig,
    Und so wird er niemals fertig.
Faust: Hör auf! so kommst du mir nicht bei!
  Ich mag nicht solchen Unsinn hören.
  Fahr hin! Die schlechte Litanei,
  Sie könnte selbst den klügsten Mann betören.
Sorge: Soll er gehen? soll er kommen?
  Der Entschluß ist ihm genommen;
  Auf gebahnten Weges Mitte
  Wankt er tastend halbe Schritte.
  Er verliert sich immer tiefer,
  Siehet alle Dinge schiefer,
  Sich und andre lästig drückend,
  Atem holend und erstickend,
  Nicht erstickt und ohne Leben,
  Nicht verzweifelnd, nicht ergeben.
  So ein unaufhaltsam Rollen,
  Schmerzlich Lassen, widrig Sollen,
  Bald Befreien, bald Erdrücken,
  Halber Schlaf und schlecht Erquicken
  Heftet ihn an seine Stelle
  Und bereitet ihn zur Hölle.
Faust: Unselige Gespenster! so behandelt ihr
  Das menschliche Geschlecht zu tausend Malen;
  Gleichgültige Tage selbst verwandelt ihr
  In garstigen Wirrwarr netzumstrickter Qualen.
  Dämonen, weiß ich, wird man schwerlich los,
  Das geistig-strenge Band ist nicht zu trennen;
  Doch deine Macht, o Sorge, schleichend-groß,
  Ich werde sie nicht anerkennen!
Sorge: Erfahre sie, wie ich geschwind
  Mich mit Verwünschung von dir wende!
  Die Menschen sind im ganzen Leben blind:
  Nun, Fauste, werde du's am Ende!

Sie haucht ihn an

Faust *(erblindet):* Die Nacht scheint tiefer tief hereinzudringen,
  Allein im Innern leuchtet helles Licht:
  Was ich gedacht, ich eil es zu vollbringen;
  Des Herren Wort, es gibt allein Gewicht.
  Vom Lager auf, ihr Knechte! Mann für Mann!
  Laßt glücklich schauen, was ich kühn ersann!
  Ergreift das Werkzeug! Schaufel rührt und Spaten!

Das Abgesteckte muß sogleich geraten.
Auf strenges Ordnen, raschen Fleiß
Erfolgt der allerschönste Preis;
Daß sich das größte Werk vollende,
Genügt Ein Geist für tausend Hände.

Großer Vorhof des Palasts
Fackeln

Mephistopheles *(als Aufseher voran):*
  Herbei! herbei! Herein, herein!
  Ihr schlotternden Lemuren,
  Aus Bändern, Sehnen und Gebein
  Geflickte Halbnaturen!
Lemuren *(im Chor):* Wir treten dir sogleich zur Hand,
  Und wie wir halb vernommen,
  Es gilt wohl gar ein weites Land,
  Das sollen wir bekommen.
  Gespitzte Pfähle, die sind da,
  Die Kette lang fürs Messen;
  Warum an uns der Ruf geschah,
  Das haben wir vergessen.
Mephistopheles: Hier gilt kein künstlerisch Bemühn!
  Verfahret nur nach eignen Maßen:
  Der Längste lege längelang sich hin!
  Ihr andern lüftet ringsumher den Rasen!
  Wie man's für unsre Väter tat,
  Vertieft ein längliches Quadrat!
  Aus dem Palast ins enge Haus:
  So dumm läuft es am Ende doch hinaus.
Lemuren *(mit neckischen Gebärden grabend):*
  Wie jung ich war und lebt und liebt,
  Mich deucht, das war wohl süße!
  Wo's fröhlich klang und lustig ging,
  Da rührten sich meine Füße.
  Nun hat das tückische Alter mich
  Mit seiner Krücke getroffen;
  Ich stolperte über Grabes Tür:
  Warum stand sie just offen!
Faust *(aus dem Palaste tretend, tastet an den Türpfosten):*
  Wie das Geklirr der Spaten mich ergötzt!
  Es ist die Menge, die mir frönet,
  Die Erde mit sich selbst versöhnet,

Den Wellen ihre Grenze setzt,
Das Meer mit strengem Band umzieht.
Mephistopheles *(beiseite):* Du bist doch nur für uns bemüht
Mit deinen Dämmen, deinen Buhnen;
Denn du bereitest schon Neptunen,
Dem Wasserteufel, großen Schmaus.
In jeder Art seid ihr verloren:
Die Elemente sind mit uns verschworen,
Und auf Vernichtung läuft's hinaus.
Faust: Aufseher!
Mephistopheles: Hier!
Faust: Wie es auch möglich sei,
Arbeiter schaffe Meng auf Menge!
Ermuntere durch Genuß und Strenge!
Bezahle, locke, presse bei!
Mit jedem Tage will ich Nachricht haben,
Wie sich verlängt der unternommene Graben.
Mephistopheles *(halblaut):*
Man spricht, wie man mir Nachricht gab,
Von keinem Graben, doch vom Grab.
Faust: Ein Sumpf zieht am Gebirge hin,
Verpestet alles schon Errungene;
Den faulen Pfuhl auch abzuziehn,
Das letzte wär das Höchsterrungene.
Eröffn ich Räume vielen Millionen,
Nicht sicher zwar, doch tätig-frei zu wohnen.
Grün das Gefilde, fruchtbar! Mensch und Herde
Sogleich behaglich auf der neusten Erde,
Gleich angesiedelt an des Hügels Kraft,
Den aufgewälzt kühn-emsige Völkerschaft!
Im Innern hier ein paradiesisch Land:
Da rase draußen Flut bis auf zum Rand!
Und wie sie nascht, gewaltsam einzuschießen,
Gemeindrang eilt, die Lücke zu verschließen.
Ja, diesem Sinne bin ich ganz ergeben,
Das ist der Weisheit letzter Schluß:
Nur der verdient sich Freiheit wie das Leben,
Der täglich sie erobern muß!
Und so verbringt, umrungen von Gefahr,
Hier Kindheit, Mann und Greis sein tüchtig Jahr.
Solch ein Gewimmel möcht ich sehn!
Auf freiem Grund mit freiem Volke stehn!
Zum Augenblicke dürft ich sagen:
„Verweile doch, du bist so schön!

Es kann die Spur von meinen Erdetagen
Nicht in Äonen untergehn." —
Im Vorgefühl von solchem hohen Glück
Genieß ich jetzt den höchsten Augenblick.

Faust sinkt zurück, die Lemuren fassen ihn auf und legen ihn auf den Boden

Mephistopheles:
  Ihn sättigt keine Lust, ihm gnügt kein Glück,
  So buhlt er fort nach wechselnden Gestalten;
  Den letzten, schlechten, leeren Augenblick,
  Der Arme wünscht ihn festzuhalten.
  Der mir so kräftig widerstand,
  Die Zeit wird Herr: der Greis hier liegt im Sand!
  Die Uhr steht still, —
Chor: Steht still! sie schweigt wie Mitternacht.
  Der Zeiger fällt —
Mephistopheles: Er fällt! es ist vollbracht.
Chor: Es ist vorbei!
Mephistopheles:
  Vorbei! ein dummes Wort. Warum vorbei?
  Vorbei und reines Nicht:vollkommnes Einerlei!
  Was soll uns denn das ewge Schaffen?
  Geschaffenes zu Nichts hinwegzuraffen?
  „Das ist's vorbei!" Was ist daran zu lesen?
  Es ist so gut, als wär es nicht gewesen,
  Und treibt sich doch im Kreis, als wenn es wäre!
  Ich liebte mir dafür das Ewigleere.

Grablegung

Lemur *(Solo):* Wer hat das Haus so schlecht gebaut
  Mit Schaufeln und mit Spaten?
Lemuren *(Chor):* Dir, dumpfer Gast im hänfnen Gewand,
  Ist's viel zu gut geraten.
Lemur *(Solo):* Wer hat den Saal so schlecht versorgt?
  Wo blieben Tisch und Stühle?
Lemuren *(Chor):* Es war auf kurze Zeit geborgt;
  Der Gläubiger sind so viele.
Mephistopheles:
  Der Körper liegt, und will der Geist entfliehn,
  Ich zeig ihm rasch den blutgeschriebnen Titel;
  Doch leider hat man jetzt so viele Mittel,
  Dem Teufel Seelen zu entziehn.
  Auf altem Wege stößt man an,
  Auf neuem sind wir nicht empfohlen;

Sonst hätt ich es allein getan,
Jetzt muß ich Helfershelfer holen.
Uns geht's in allen Dingen schlecht:
Herkömmliche Gewohnheit, altes Recht,
Man kann auf gar nichts mehr vertrauen!
Sonst mit dem letzten Atem fuhr sie aus,
Ich paßt ihr auf, und, wie die schnellste Maus,
Schnapps! hielt ich sie in festverschlossnen Klauen.
Nun zaudert sie und will den düstern Ort,
Des schlechten Leichnams ekles Haus nicht lassen;
Die Elemente, die sich hassen,
Die treiben sie am Ende schmählich fort.
Und wenn ich Tag und Stunden mich zerplage,
Wann? wie? und wo? das ist die leidige Frage;
Der alte Tod verlor die rasche Kraft:
Das Ob sogar ist lange zweifelhaft!
Oft sah ich lüstern auf die starren Glieder:
Es war nur Schein! das rührte, das regte sich wieder.

Phantastisch-flügelmännische Beschwörungsgebärden

Nur frisch heran! verdoppelt euren Schritt,
Ihr Herrn vom graden, Herrn vom krummen Horne!
Von altem Teufelsschrot und -korne,
Bringt ihr zugleich den Höllenrachen mit!
Zwar hat die Hölle Rachen viele! viele!
Nach Standsgebühr und Würden schlingt sie ein;
Doch wird man auch bei diesem letzten Spiele
Ins Künftige nicht so bedenklich sein.

Der greuliche Höllenrachen tut sich links auf

Eckzähne klaffen; dem Gewölb des Schlundes
Entquillt der Feuerstrom in Wut,
Und in dem Siedequalm des Hintergrundes
Seh ich die Flammenstadt in ewiger Glut.
Die rote Brandung schlägt hervor bis an die Zähne,
Verdammte, Rettung hoffend, schwimmen an;
Doch kolossal zerknirscht sie die Hyäne,
Und sie erneuen ängstlich heiße Bahn.
In Winkeln bleibt noch vieles zu entdecken:
So viel Erschrecklichstes im engsten Raum!
Ihr tut sehr wohl, die Sünder zu erschrecken;
Sie halten's doch für Lug und Trug und Traum.

Zu den Dickteufeln vom kurzen, graden Horne

Nun, wanstige Schuften mit den Feuerbacken,

Ihr glüht so recht vom Höllenschwefel feist!
Klotzartige, kurze, nie bewegte Nacken!
Hier unten lauert, ob's wie Phosphor gleißt!
Das ist das Seelchen, Psyche mit den Flügeln:
Die rupft ihr aus, so ist's ein garstiger Wurm!
Mit meinem Stempel will ich sie besiegeln,
Dann fort mir ihr im Feuerwirbelsturm!

Paßt auf die niedern Regionen,
Ihr Schläuche! das ist eure Pflicht.
Ob's ihr beliebte, da zu wohnen,
So akkurat weiß man das nicht.
Im Nabel ist sie gern zu Haus:
Nehmt es in acht, sie wischt euch dort heraus!

Zu den Dürrteufeln vom langen, krummen Horne

Ihr Firlefanze, flügelmännische Riesen,
Greift in die Luft! versucht euch ohne Rast!
Die Arme strack, die Klauen scharf gewiesen,
Daß ihr die Flatternde, die Flüchtige faßt!
Es ist ihr sicher schlecht im alten Haus,
Und das Genie, es will gleich obenaus.

Glorie von oben, rechts

Himmlische Heerschar: Folget, Gesandte,
Himmelsverwandte,
Gemächlichen Flugs:
Sündern vergeben,
Staub zu beleben!
Allen Naturen
Freundliche Spuren
Wirket im Schweben
Des weilenden Zugs!

Mephistopheles: Mißtöne hör ich! garstiges Geklimper,
Von oben kommt's mit unwillkommnem Tag:
Es ist das bübisch-mädchenhafte Gestümper,
Wie frömmelnder Geschmack sich's lieben mag.
Ihr wißt, wie wir in tiefverruchten Stunden
Vernichtung sannen menschlichem Geschlecht:
Das Schändlichste, was wir erfunden,
Ist ihrer Andacht eben recht.
Sie kommen gleisnerisch, die Laffen!
So haben sie uns manchen weggeschnappt!
Bekriegen uns mit unsern eignen Waffen:
Es sind auch Teufel, doch verkappt.

Hier zu verlieren, wär euch ewge Schande;
Ans Grab heran und haltet fest am Rande!
Chor der Engel *(Rosen streuend):*
Rosen, ihr blendenden,
Balsam versendenden!
Flatternde, schwebende,
Heimlich belebende,
Zweigleinbeflügelte,
Knospenentsiegelte,
Eilet zu blühn!
Frühling entsprieße,
Purpur und Grün!
Tragt Paradiese
Dem Ruhenden hin!
Mephistopheles *(zu den Satanen):*
Was duckt und zuckt ihr? ist das Höllenbrauch?
So haltet stand und laßt sie streuen!
An seinen Platz ein jeder Gauch!
Sie denken wohl, mit solchen Blümeleien
Die heißen Teufel einzuschneien;
Das schmilzt und schrumpft vor eurem Hauch.
Nun pustet, Püstriche! — Genug, genug!
Vor eurem Brodem bleicht der ganze Flug.
Nicht so gewaltsam! schließet Maul und Nasen!
Fürwahr, ihr habt zu stark geblasen.
Daß ihr doch nie die rechten Maße kennt!
Das schrumpft nicht nur: es bräunt sich, dorrt, es brennt
Schon schwebt's heran mit giftig-klaren Flammen:
Stemmt euch dagegen, drängt euch fest zusammen! —
Die Kraft erlischt! dahin ist aller Mut!
Die Teufel wittern fremde Schmeichelglut.
Chor der Engel: Blüten, die seligen,
Flammen, die fröhlichen,
Liebe verbreiten sie,
Wonne bereiten sie,
Herz wie es mag.
Worte, die wahren,
Äther im klaren
Ewigen Scharen
Überall Tag!
Mephistopheles: O Fluch! o Schande solchen Tröpfen!
Satane stehen auf den Köpfen,
Die Plumpen schlagen Rad auf Rad
Und stürzen ärschlings in die Hölle.

Gesegn euch das verdiente heiße Bad!
Ich aber bleib auf meiner Stelle. —

Sich mit den schwebenden Rosen herumschlagend

Irrlichter, fort! Du, leuchte noch so stark,
Du bleibst, gehascht, ein ekler Gallertquark.
Was flatterst du? Willst du dich packen! —
Es klemmt wie Pech und Schwefel mir im Nacken.

Chor der Engel: Was euch nicht angehört,
Müsset ihr meiden!
Was euch das Innre stört,
Dürft ihr nicht leiden!
Dringt es gewaltig ein,
Müssen wir tüchtig sein.
Liebe nur Liebende
Führet herein!

Mephistopheles:
Mir brennt der Kopf, das Herz, die Leber brennt!
Ein überteuflisch Element!
Weit spitziger als Höllenfeuer! —
Drum jammert ihr so ungeheuer,
Unglückliche Verliebte! die, verschmäht,
Verdrehten Halses nach der Liebsten späht.

Auch mir! Was zieht den Kopf auf jene Seite?
Bin ich mit ihr doch in geschwornem Streite!
Der Anblick war mir sonst so feindlich scharf.
Hat mich ein Fremdes durch und durch gedrungen?
Ich mag sie gerne sehn, die allerliebsten Jungen;
Was hält mich ab, daß ich nicht fluchen darf? —
Und wenn ich mich betören lasse,
Wer heißt denn künftighin der Tor? —
Die Wetterbuben, die ich hasse,
Sie kommen mir doch gar zu lieblich vor! —

Ihr schönen Kinder, laßt mich wissen:
Seid ihr nicht auch von Luzifers Geschlecht?
Ihr seid so hübsch: fürwahr, ich möcht euch küssen!
Mir ist's, als kämt ihr eben recht.
Es ist mir so behaglich, so natürlich,
Als hätt ich euch schon tausendmal gesehn,
So heimlich-kätzchenhaft begierlich:
Mit jedem Blick aufs neue schöner schön!
O nähert euch, o gönnt mir Einen Blick!

Chor der Engel:

Wir kommen schon, warum weichst du zurück?
Wir nähern uns, und wenn du kannst, so bleib!

Die Engel nehmen, umherziehend, den ganzen Raum ein

Mephistopheles *(der ins Proszenium gedrängt wird):*
Ihr scheltet uns verdammte Geister
Und seid die wahren Hexenmeister;
Denn ihr verführt Mann und Weib. —
Welch ein verfluchtes Abenteuer!
Ist dies das Liebeselement?
Der ganze Körper steht in Feuer,
Ich fühle kaum, daß es im Nacken brennt. —
Ihr schwanket hin und her: so senkt euch nieder!
Ein bißchen weltlicher bewegt die holden Glieder!
Fürwahr, der Ernst steht euch recht schön;
Doch möcht ich euch nur einmal lächeln sehn!
Das wäre mir ein ewiges Entzücken!
Ich meine so: wie wenn Verliebte blicken!
Ein kleiner Zug am Mund, so ist's getan!
Dich, langer Bursche, dich mag ich am liebsten leiden,
Die Pfaffenmiene will dich gar nicht kleiden,
So sieh mich doch ein wenig lüstern an!
Auch könntet ihr anständig-nackter gehen:
Das lange Faltenhemd ist übersittlich!
Sie wenden sich — Von hinten anzusehen! —
Die Racker sind doch gar zu appetitlich!

Chor der Engel: Wendet zur Klarheit
Euch, liebende Flammen!
Die sich verdammen,
Heile die Wahrheit,
Daß sie vom Bösen
Froh sich erlösen,
Um in dem Allverein
Selig zu sein!

Mephistopheles *(sich fassend):*
Wie wird mir! — Hiobsartig, Beul an Beule
Der ganze Kerl, dem's vor sich selber graut,
Und triumphiert zugleich, wenn er sich ganz durchschaut,
Wenn er auf sich und seinen Stamm vertraut:
Gerettet sind die edlen Teufelsteile,
Der Liebespuk, er wirft sich auf die Haut!
Schon ausgebrannt sind die verruchten Flammen,
Und wie es sich gehört, fluch ich euch allzusammen!

Chor der Engel: Heilige Gluten,

Wen sie umschweben,
Fühlt sich im Leben
Selig mit Guten.
Alle vereinigt
Hebt euch und preist!
Luft ist gereinigt:
Atme der Geist!

Sie erheben sich, Faustens Unsterbliches entführend

Mephistopheles *(sich umsehend):*
Doch wie? — Wo sind sie hingezogen?
Unmündiges Volk, du hast mich überrascht!
Sind mit der Beute himmelwärts entflogen;
Drum haben sie an dieser Gruft genascht!
Mir ist ein großer, einziger Schatz entwendet:
Die hohe Seele, die sich mir verpfändet,
Die haben sie mir pfiffig weggepascht.

Bei wem soll ich mich nun beklagen?
Wer schafft mir mein erworbenes Recht?
Du bist getäuscht in deinen alten Tagen,
Du hast's verdient, es geht dir grimmig schlecht!
Ich habe schimpflich mißgehandelt,
Ein großer Aufwand, schmählich! ist vertan;
Gemein Gelüste, absurde Liebschaft wandelt
Den ausgepichten Teufel an.
Und hat mit diesem kindisch-tollen Ding
Der Klugerfahrene sich beschäftigt,
So ist fürwahr die Torheit nicht gering,
Die seiner sich am Schluß bemächtigt.

Bergschluchten

Wald, Fels, Einöde
Heilige Anachoreten gebirgauf verteilt, gelagert zwischen Klüften

Chor und Echo: Waldung, sie schwankt heran,
Felsen, sie lasten dran,
Wurzeln, sie klammern an,
Stamm dicht am Stamm hinan.
Woge nach Woge spritzt,
Höhle, die tiefste, schützt.
Löwen, sie schleichen stumm-
freundlich um uns herum,
Ehren geweihten Ort,
Heiligen Liebeshort.

Pater Ecstaticus *(auf- und abschweifend):*
  Ewiger Wonnebrand,
  Glühendes Liebeband,
  Siedender Schmerz der Brust,
  Schäumende Gotteslust!
  Pfeile, durchdringet mich,
  Lanzen, bezwinget mich,
  Keulen, zerschmettert mich,
  Blitze, durchwettert mich!
  Daß ja das Nichtige
  Alles verflüchtige,
  Glänze der Dauerstern,
  Ewiger Liebe Kern!
Pater Profundus *(tiefe Region):*
  Wie Felsenabgrund mir zu Füßen
  Auf tiefem Abgrund lastend ruht,
  Wie tausend Bäche strahlend fließen
  Zum grausen Sturz des Schaums der Flut,
  Wie strack, mit eignem kräftigen Triebe,
  Der Stamm sich in die Lüfte trägt:
  So ist es die allmächtige Liebe,
  Die alles bildet, alles hegt.
  Ist um mich her ein wildes Brausen,
  Als wogte Wald und Felsengrund,
  Und doch stürzt, liebevoll im Sausen,
  Die Wasserfülle sich zum Schlund,
  Berufen, gleich das Tal zu wässern;
  Der Blitz, der flammend niederschlug,
  Die Atmosphäre zu verbessern,
  Die Gift und Dunst im Busen trug:
  Sind Liebesboten! sie verkünden,
  Was ewig schaffend uns umwallt.
  Mein Innres mög es auch entzünden,
  Wo sich der Geist, verworren-kalt,
  Verquält in stumpfer Sinne Schranken
  Scharfangeschlossnem Kettenschmerz!
  O Gott, beschwichtige die Gedanken,
  Erleuchte mein bedürftig Herz!
Pater Seraphicus *(Mittlere Region):*
  Welch ein Morgenwölkchen schwebet
  Durch der Tannen schwankend Haar?
  Ahn ich, was im Innern lebet?
  Es ist junge Geisterschar.
Chor seliger Knaben: Sag uns, Vater, wo wir wallen,

Sag uns, Guter, wer wir sind!
Glücklich sind wir: allen, allen
Ist das Dasein so gelind.
Pater Seraphicus: Knaben, Mitternachtsgeborne,
Halb erschlossen Geist und Sinn,
Für die Eltern gleich Verlorne,
Für die Engel zum Gewinn!
Daß ein Liebender zugegen,
Fühlt ihr wohl: so naht euch nur!
Doch von schroffen Erdewegen,
Glückliche! habt ihr keine Spur.
Steigt herab in meiner Augen
Welt- und erdgemäß Organ!
Könnt sie als die euern brauchen:
Schaut euch diese Gegend an!
Er nimmt sie in sich

Das sind Bäume, das sind Felsen,
Wasserstrom, der abgestürzt
Und mit ungeheuerm Wälzen
Sich den steilen Weg verkürzt.
Selige Knaben *(von innen):*
Das ist mächtig anzuschauen;
Doch zu düster ist der Ort,
Schüttelt uns mit Schreck und Grauen:
Edler, Guter, laß uns fort!
Pater Seraphicus: Steigt hinan zu höhrem Kreise,
Wachset immer unvermerkt,
Wie nach ewig reiner Weise
Gottes Gegenwart verstärkt!
Denn das ist der Geister Nahrung,
Die im freisten Äther waltet:
Ewigen Liebens Offenbarung,
Die zur Seligkeit entfaltet.
Chor seliger Knaben *(um die höchsten Gipfel kreisend):*
Hände verschlinget
Freudig zum Ringverein!
Regt euch und singet
Heilge Gefühle drein!
Göttlich belehret,
Dürft ihr vertrauen;
Den ihr verehret,
Werdet ihr schauen.
Engel *(schwebend in der höhern Atmosphäre, Faustens Unsterbliches tragend):* Gerettet ist das edle Glied

Der Geisterwelt vom Bösen:
Wer immer strebend sich bemüht,
Den können wir erlösen!
Und hat an ihm die Liebe gar
Von oben teilgenommen,
Begegnet ihm die selge Schar
Mit herzlichem Willkommen.
Die jüngeren Engel: Jene Rosen, aus den Händen
Liebend-heiliger Büßerinnen,
Halfen uns den Sieg gewinnen,
Uns das hohe Werk vollenden,
Diesen Seelenschatz erbeuten.
Böse wichen, als wir streuten,
Teufel flohen, als wir trafen.
Statt gewohnter Höllenstrafen
Fühlten Liebesqual die Geister;
Selbst der alte Satansmeister
War von spitzer Pein durchdrungen.
Jauchzet auf! es ist gelungen.
Die vollendeteren Engel: Uns bleibt ein Erdenrest
Zu tragen peinlich,
Und wär er von Asbest,
Er ist nicht reinlich.
Wenn starke Geisteskraft
Die Elemente
An sich herangerafft,
Kein Engel trennte
Geeinte Zwienatur
Der innigen beiden:
Die ewige Liebe nur
Vermag's zu scheiden.
Die jüngeren Engel: Nebelnd um Felsenhöh
Spür ich soeben
Regend sich in der Näh
Ein Geisterleben.
Die Wölkchen werden klar:
Ich seh bewegte Schar
Seliger Knaben,
Los von der Erde Druck,
Im Kreis gesellt,
Die sich erlaben
Am neuen Lenz und Schmuck
Der obern Welt.
Sei er zum Anbeginn,

Steigendem Vollgewinn
Diesen gesellt.
Die seligen Knaben: Freudig empfangen wir
Diesen im Puppenstand;
Also erlangen wir
Englisches Unterpfand.
Löset die Flocken los,
Die ihn umgeben!
Schon ist er schön und groß
Von heiligem Leben.
Doctor Marianus *(in der höchsten, reinlichsten Zelle):*
Hier ist die Aussicht frei,
Der Geist erhoben.
Dort ziehen Fraun vorbei,
Schwebend nach oben.
Die Herrliche, mitteninn,
Im Sternenkranze,
Die Himmelskönigin:
Ich seh's am Glanze.

Entzückt

Höchste Herrscherin der Welt,
Lasse mich im blauen,
Ausgespannten Himmelszelt
Dein Geheimnis schauen!
Billige, was des Mannes Brust
Ernst und zwart beweget
Und mit heiliger Liebeslust
Dir entgegenträget!

Unbezwinglich unser Mut,
Wenn du hehr gebietest;
Plötzlich mildert sich die Glut,
Wie du uns befriedest.
Jungfrau, rein im schönsten Sinn,
Mutter, Ehren würdig,
Uns erwählte Königin,
Göttern ebenbürtig.

Um sie verschlingen
Sich leichte Wölkchen:
Sind Büßerinnen,
Ein zartes Völkchen,
Um ihre Knie
Den Äther schlürfend,
Gnade bedürfend.

Dir, der Unberührbaren,
Ist es nicht benommen,
Daß die leicht Verführbaren
Traulich zu dir kommen.

In die Schwachheit hingerafft,
Sind sie schwer zu retten:
Wer zerreißt aus eigner Kraft
Der Gelüste Ketten?
Wie entgleitet schnell der Fuß
Schiefem, glattem Boden!
Wen betört nicht Blick und Gruß,
Schmeichelhafter Odem?

Mater gloriosa schwebt einher

Chor der Büßerinnen: Du schwebst zu Höhen
  Der ewigen Reiche;
  Vernimm das Flehen,
  Du Ohnegleiche,
  Du Gnadenreiche!
Magna Peccatrix *(St. Lucae VII, 36)*:
  Bei der Liebe, die den Füßen
  Deines gottverklärten Sohnes
  Tränen ließ zum Balsam fließen
  Trotz des Pharisäerhohnes,
  Beim Gefäße, das so reichlich
  Tropfte Wohlgeruch hernieder,
  Bei den Locken, die so weichlich
  Trockneten die heilgen Glieder —
Mulier Samaritana *(St. Joh. IV)*:
  Bei dem Bronn, zu dem schon weiland
  Abram ließ die Herde führen,
  Bei dem Eimer, der dem Heiland
  Kühl die Lippe durft berühren,
  Bei der reinen, reichen Quelle,
  Die nun dorther sich ergießet,
  Überflüssig, ewig helle
  Rings durch alle Welten fließet —
Maria Aegyptiaca *(Acta Sanctorum)*:
  Bei dem hochgeweihten Orte,
  Wo den Herrn man niederließ,
  Bei dem Arm, der von der Pforte
  Warnend mich zurückestieß,
  Bei der vierzigjährigen Buße,
  Der ich treu in Wüsten blieb,

Bei dem seligen Scheidegruße,
Den im Sand ich niederschrieb —
Zu Drei: Die du großen Sünderinnen
  Deine Nähe nicht verweigerst
  Und ein büßendes Gewinnen
  In die Ewigkeiten steigerst,
  Gönn auch dieser guten Seele,
  Die sich einmal nur vergesssen,
  Die nicht ahnte, daß sie fehle,
  Dein Verzeihen angemessen!
Una Poenitentium *(sich anschmiegend. Sonst Gretchen genannt):*
  Neige, neige,
  Du Ohnegleiche,
  Du Strahlenreiche,
  Dein Antlitz gnädig meinem Glück!
  Der früh Geliebte,
  Nicht mehr Getrübte,
  Er kommt zurück.
Selige Knaben *(in Kreisbewegung sich nähernd):*
  Er überwächst uns schon
  An mächtigen Gliedern,
  Wird treuer Pflege Lohn
  Reichlich erwidern.
  Wir wurden früh entfernt
  Von Lebechören;
  Doch dieser hat gelernt:
  Er wird uns lehren.
Die eine Büßerin *(sonst Gretchen genannt):*
  Vom edlen Geisterchor umgeben,
  Wird sich der Neue kaum gewahr,
  Er ahnet kaum das frische Leben,
  So gleicht er schon der heiligen Schar.
  Sieh, wie er jedem Erdenbande,
  Der alten Hülle sich entrafft
  Und aus ätherischem Gewande
  Hervortritt erste Jugendkraft!
  Vergönne mir, ihn zu belehren:
  Noch blendet ihn der neue Tag!
Mater Gloriosa: Komm, hebe dich zu höhern Sphären!
  Wenn er dich ahnet, folgt er nach.
Doktor Marianus *(auf dem Angesicht anbetend):*
  Blicket auf zum Retterblick,
  Alle reuig Zarten,
  Euch zu seligem Geschick

Dankend umzuarten!
Werde jeder bessre Sinn
Dir zum Dienst erbötig!
Jungfrau, Mutter, Königin,
Göttin, bleibe gnädig!
Chorus Mysticus: Alles Vergängliche
　Ist nur ein Gleichnis;
　Das Unzulängliche
　Hier wird's Ereignis;
　Das Unbeschreibliche,
　Hier ist es getan;
　Das Ewigweibliche
　Zieht uns hinan.

GÖTZ VON BERLICHINGEN
SCHAUSPIEL

Erster Akt

Schwarzenberg in Franken. Herberge

Metzler, Sievers am Tische. Zwei Reitersknechte beim Feuer. Wirt

Sievers: Hänsel, noch ein Glas Branntwein, und meß christlich!
Wirt: Du bist der Nimmersatt.
Metzler *(leise zu Sievers)*: Erzähl das noch einmal vom Berlichingen! Die Bemberger dort ärgern sich, sie möchten schwarz werden.
Sievers: Bamberger? Was tun die hier?
Metzler: Der Weislingen ist oben auf'm Schloß beim Herrn Grafen schon zwei Tage; dem haben sie das Gleit geben. Ich weiß nicht, wo er herkommt, sie warten auf ihn; er geht zurück nach Bamberg.
Sievers: Wer ist der Weislingen?
Metzler: Des Bischofs rechte Hand, ein gewaltiger Herr, der dem Götz auch auf 'n Dienst lauert.
Sievers: Er mag sich in acht nehmen.
Metzler *(leise)*: Nur immer zu! *(Laut)* Seit wann hat denn der Götz wieder Händel mit dem Bischof von Bamberg? Es hieß ja, alles wäre vertragen und geschlichtet.
Sievers: Ja, vertrag du mit den Pfaffen! Wie der Bischof sah, er richt nichts aus, und zieht immer den kürzern, kroch er zum Kreuz und war geschäftig, daß der Vergleich zustand käm. Und der getreuherzige Berlichingen gab unerhört nach, wie er immer tut, wenn er im Vorteil ist.
Metzler: Gott erhalt ihn! Ein rechtschaffner Herr!
Sievers: Nun denk, ist das nicht schändlich? Da werfen sie ihm einen Buben nieder, da er sich nichts weniger versieht. Wird sie aber schon wieder dafür lausen!

Metzler: Es ist doch dumm, daß ihm der letzte Streich mißglückt ist! Er wird sich garstig erbost haben.
Sievers: Ich glaub nicht, daß ihn lang was so verdrossen hat. Denk auch, alles war aufs genauste verkundschaft, wann der Bischof aus dem Bad käme, mit wieviel Reitern, welchen Weg; und wenn's nicht wär durch falsche Leut verraten worden, wollt er ihm das Bad gesegnet und ihn ausgerieben haben.
Erster Reiter: Was räsoniert ihr von unserm Bischof? Ich glaub, ihr sucht Händel.
Sievers: Kümmert euch um eure Sachen. Ihr habt an unserm Tisch nichts zu suchen.
Zweiter Reiter: Wer heißt euch von unserm Bischof despektierlich reden?
Sievers: Hab ich euch Red und Antwort zu geben? Seht doch den Fratzen!
Erster Reiter *(schlägt ihm hinter die Ohren)*.
Metzler: Schlag den Hund tot!

Sie fallen übereinander her

Zweiter Reiter: Komm her, wenn du 's Herz hast.
Wirt: *(reißt sie voneinander):* Wollt ihr Ruh haben! Tausend Schwerenot! Schert euch naus, wenn ihr was auszumachen habt. In meiner Stub soll's ehrlich und ordentlich zugehn. *(Schiebt die Reiter zur Tür hinaus)* Und ihr Esel, was fanget ihr an?
Metzler: Nur nit viel geschimpft, Hänsel, sonst kommen wir dir über die Glatze. Komm, Kamerad, wollen die draußen bleuen.

Zwei Berlichingische Reiter kommen

Erster Reiter: Was gibt's da?
Sievers: Ei guten Tag, Peter! Veit, guten Tag! Woher?
Zweiter Reiter: Daß du dich nit unterstehst zu verraten, wem wir dienen.
Sievers *(leise):* Da ist euer Herr Götz wohl auch nit weit?
Erster Reiter: Halt dein Maul! Habt ihr Händel?
Sievers: Ihr seid den Kerls begegnet draußen, sind Bamberger.
Erster Reiter: Was tun die hier?
Metzler: Der Weislingen ist droben auf'm Schloß, beim gnädigen Herrn, den haben sie geleit.
Erster Reiter: Der Weislingen?
Zweiter Reiter *(leise):* Peter! das ist ein gefundenes Fressen. *(Laut)* Wie lang ist er da?
Metzler: Schon zwei Tage. Aber er will heut noch fort, hört ich einen von den Kerls sagen.

Erster Reiter *(leise):* Sagt ich dir nicht, er wär daher! Hätten wir dort drüben eine Weile passen können. Komm, Veit.
Sievers: Helft uns doch erst die Bamberger ausprügeln.
Zweiter Reiter: Ihr seid ja auch zu zwei. Wir müssen fort. Adies! *(Ab)*
Sievers: Lumpenhunde die Reiter! wann man sie nit bezahlt, tun sie dir keinen Streich.
Metzler: Ich wollt schwören, sie haben einen Anschlag. Wem dienen sie?
Sievers: Ich soll's nit sagen. Sie dienen dem Götz.
Metzler: So! nun wollen wir über die draußen. Komm, solang ich einen Bengel hab, fürcht ich ihre Bratspieße nicht.
Sievers: Dürften wir nur so einmal an die Fürsten, die uns die Haut über die Ohren ziehen.

Herberge im Wald

Götz *(vor der Tür unter der Linde):* Wo meine Knechte bleiben! Auf und ab muß ich gehen, sonst übermannt mich der Schlaf. Fünf Tag und Nächte schon auf der Lauer. Es wird einem sauer gemacht, das bißchen Leben und Freiheit. Dafür, wenn ich dich habe, Weislingen, will ich mir's wohl sein lassen. *(Schenkt ein)* Wieder leer! Georg! Solang's daran nicht mangelt und an frischem Mut, lach ich der Fürsten Herrschsucht und Ränke. – Georg! – Schickt ihr nur euren gefälligen Weislingen herum zu Vettern und Gevattern, laßt mich anschwärzen. Nur immer zu. Ich bin wach. Du warst mir entwischt, Bischof! So mag denn dein lieber Weislingen die Zeche bezahlen. – Georg! Hört der Junge nicht! Georg! Georg!
Der Bube *(im Panzer eines Erwachsenen):* Gestrenger Herr!
Götz: Wo steckst du! Hast du geschlafen? Was zum Henker treibst du für Mummerei? Komm her, du siehst gut aus. Schäm dich nicht, Junge. Du bist brav! Ja, wenn du ihn ausfülltest! Es ist Hannsens Küraß?
Georg: Er wollt' ein wenig schlafen und schnallt' ihn aus.
Götz: Er ist bequemer als sein Herr.
Georg: Zürnt nicht. Ich nahm ihn leise weg und legt ihn an, und holte meines Vaters altes Schwert von der Wand, lief auf die Wiese und zog's aus.
Götz: Und hiebst um dich herum? Da wird's den Hecken und Dornen gut gegangen sein. Schläft Hanns?
Georg: Auf euer Rufen sprang er auf und schrie mir, daß ihr rieft. Ich wollt den Harnisch ausschnallen, da hört ich euch zwei-, dreimal.

Götz: Geh! bring ihm seinen Panzer wieder und sag ihm, er soll bereit sein, soll nach den Pferden sehen.

Georg: Die hab ich recht ausgefüttert und wieder aufgezäumt. Ihr könnt aufsitzen, wann ihr wollt.

Götz: Bring mir einen Krug Wein, gib Hannsen auch ein Glas, sag ihm, er soll munter sein, es gilt. Ich hoffe jeden Augenblick, meine Kundschafter sollen zurückkommen.

Georg: Ach, gestrenger Herr!

Götz: Was hast du?

Georg: Darf ich nicht mit?

Götz: Ein andermal, Georg, wann wir Kaufleute fangen und Fuhren wegnehmen.

Georg: Ein andermal, das habt ihr schon oft gesagt. O diesmal! diesmal! Ich will nur hinten drein laufen, nur auf der Seite lauern. Ich will euch die verschossenen Bolzen wieder holen.

Götz: Das nächstemal, Georg. Du sollst erst ein Wams haben, eine Blechhaube und einen Spieß.

Georg: Nehmt mich mit. Wär ich letzt dabei gewesen, ihr hättet die Armbrust nicht verloren.

Götz: Weißt du das?

Georg: Ihr warft sie dem Feind an Kopf, und einer von den Fußknechten hob sie auf, weg war sie! Gelt, ich weiß?

Götz: Erzählen dir das meine Knechte?

Georg: Wohl. Dafür pfeif ich ihnen auch, wann wir die Pferde striegeln, allerlei Weisen, und lehre sie allerlei lustige Lieder.

Götz: Du bist ein braver Junge.

Georg: Nehmt mich mit, daß ich's zeigen kann.

Götz: Das nächstemal, auf mein Wort. Unbewaffnet, wie du bist, sollst du nicht in Streit. Die künftigen Zeiten brauchen auch Männer. Ich sage dir, Knabe, es wird eine teure Zeit werden: Fürsten werden ihre Schätze bieten um einen Mann, den sie jetzt hassen. Geh, Georg, gib Hannsen seinen Küraß wieder, und bring mir Wein. *(Georg ab)* Wo meine Knechte bleiben! Es ist unbegreiflich. Ein Mönch! Wo kommt der noch her?

Bruder Martin kommt

Götz: Ehrwürdiger Vater, guten Abend! Woher so spät? Mann der heiligen Ruhe, Ihr beschämt viel Ritter.

Martin: Dank Euch, edler Herr! Und bin vorderhand nur demütiger Bruder, wenn's ja Titel sein soll. Augustin mit meinem Klosternamen, doch hör ich am liebsten Martin, meinen Taufnamen.

Götz: Ihr seid müde, Bruder Martin, und ohne Zweifel durstig! *(Der Bub kommt)* Da kommt der Wein eben recht.

Martin: Für mich einen Trunk Wasser. Ich darf keinen Wein trinken.

Götz: Ist das Euer Gelübde?

Martin: Nein, gnädiger Herr, es ist nicht wider mein Gelübde, Wein zu trinken; weil aber der Wein wider mein Gelübde ist, so trinke ich keinen Wein.

Götz: Wie versteht Ihr das?

Martin: Wohl Euch, daß Ihr's nicht versteht. Essen und trinken, mein ich, ist des Menschen Leben.

Götz: Wohl!

Martin: Wenn Ihr gegessen und getrunken habt, seid Ihr wie neu geboren; seid stärker, mutiger, geschickter zu Eurem Geschäft. Der Wein erfreut des Menschen Herz, und die Freudigkeit ist die Mutter aller Tugenden. Wenn Ihr Wein getrunken habt, seid Ihr alles doppelt, was Ihr sein sollt, noch einmal so leicht denkend, noch einmal so unternehmend, noch einmal so schnell ausführend.

Götz: Wie ich ihn trinke, ist es wahr.

Martin: Davon red ich auch. Aber wir —

Georg *(mit Wasser)*.

Götz *(zu Georg heimlich):* Geh auf den Weg nach Dachsbach, und leg dich mit dem Ohr auf die Erde, ob du nicht Pferde kommen hörst, und sei gleich wieder hier.

Martin: Aber wir, wenn wir gegessen und getrunken haben, sind wir grad das Gegenteil von dem, was wir sein sollen. Unsere schläfrige Verdauung stimmt den Kopf nach dem Magen, und in der Schwäche einer überfüllten Ruhe erzeugen sich Begierden, die ihrer Mutter leicht über den Kopf wachsen.

Götz: Ein Glas, Bruder Martin, wird Euch nicht im Schlaf stören. Ihr seid heute viel gegangen. *(Bringt's ihm)* Alle Streiter!

Martin: In Gottes Namen! *(Sie stoßen an)* Ich kann die müßigen Leute nicht ausstehen; und doch kann ich nicht sagen, daß alle Mönche müßig sind; sie tun, was sie können. Da komm ich von St. Veit, wo ich die letzte Nacht schlief. Der Prior führte mich in Garten; das ist nun ihr Bienenkorb. Vortrefflicher Salat! Kohl nach Herzens Lust! und besonders Blumenkohl und Artischocken, wie keine in Europa!

Götz: Das ist also Eure Sache nicht.

Er steht auf, sieht nach dem Jungen und kommt wieder

Martin: Wollte, Gott hätte mich zum Gärtner oder Laboranten gemacht! ich könnte glücklicher sein. Mein Abt liebt mich, mein Kloster ist Erfurt in Sachsen; er weiß, ich kann nicht ruhn, da schickt er mich herum, wo was zu betreiben ist. Ich geh zum Bischof von Konstanz.

Götz: Noch eins! Gute Verrichtung!

Martin: Gleichfalls.

Götz: Was seht Ihr mich so an, Bruder?

Martin: Daß ich in Euren Harnisch verliebt bin.

Götz: Hättet Ihr Lust zu einem? Es ist schwer und beschwerlich, ihn zu tragen.

Martin: Was ist nicht beschwerlich auf dieser Welt! und mir kommt nichts beschwerlicher vor als nicht Mensch sein dürfen. Armut, Keuschheit und Gehorsam — drei Gelübde, deren jedes, einzeln betrachtet, der Natur das Unausstehlichste scheint, so unerträglich sind sie alle. Und sein ganzes Leben unter dieser Last, oder der weit drückendern Bürde des Gewissens mutlos zu keuchen! O Herr! was sind die Mühseligkeiten Eures Lebens, gegen die Jämmerlichkeiten eines Standes, der die besten Triebe, durch die wir werden, wachsen und gedeihen, aus mißverstandner Begierde, Gott näher zu rücken, verdammt?

Götz: Wär Euer Gelübde nicht so heilig, ich wollte Euch bereden, einen Harnisch anzulegen, wollt Euch ein Pferd geben, und wir zögen miteinander.

Martin: Wollte Gott, meine Schultern fühlten Kraft, den Harnisch zu ertragen, und mein Arm Stärke, einen Feind vom Pferd zu stechen! — Arme schwache Hand, von jeher gewöhnt, Kreuze und Friedensfahnen zu führen und Rauchfässer zu schwingen, wie wolltest du Lanze und Schwert regieren! Meine Stimme, nur zu Ave und Halleluja gestimmt, würde dem Feind ein Herold meiner Schwäche sein, wenn ihn die Eurige überwältigte. Kein Gelübde sollte mich abhalten, wieder in den Orden zu treten, den mein Schöpfer selbst gestiftet hat!

Götz: Glückliche Wiederkehr!

Martin: Das trinke ich nur für Euch. Wiederkehr in meinen Käfig ist allemal unglücklich. Wenn Ihr wiederkehrt, Herr, in Eure Mauern, mit dem Bewußtsein Eurer Tapferkeit und Stärke, der keine Müdigkeit etwas anhaben kann, Euch zum erstenmal nach langer Zeit, sicher vor feindlichem Überfall, entwaffnet auf Euer Bette streckt und Euch nach dem Schlaf dehnt, der Euch besser schmeckt, als mir der Trunk nach langem Durst; da könnt Ihr von Glück sagen!

Götz: Dafür kommt's auch selten.
Martin *(feuriger):* Und ist, wenn's kommt, ein Vorgeschmack des Himmels. — Wenn Ihr zurückkehrt, mit der Beute Eurer Feinde beladen, und Euch erinnert: den stach ich vom Pferd, eh' er schießen konnte, und den rannt ich samt dem Pferde nieder, und dann reitet Ihr zu Eurem Schloß hinaus, und —
Götz: Was meint Ihr?
Martin: Und Eure Weiber! *(Er schenkt ein)* Auf Gesundheit Eurer Frau! *(Er wischt sich die Augen)* Ihr habt doch eine?
Götz: Ein edles vortreffliches Weib!
Martin: Wohl dem, der ein tugendsam Weib hat! des lebt er noch eins so lange. Ich kenne keine Weiber, und doch war die Frau die Krone der Schöpfung!
Götz *(vor sich):* Er dauert mich! Das Gefühl seines Standes frißt ihm das Herz.
Georg *(gesprungen):* Herr! ich höre Pferde im Galopp! Zwei! Es sind sie gewiß.
Götz: Führ mein Pferd heraus! Hanns soll aufsitzen. Lebt wohl, teurer Bruder, Gott geleit Euch! Seid mutig und geduldig. Gott wird Euch Raum geben.
Martin: Ich bitt um Euren Namen.
Götz: Verzeiht mir. Lebt wohl!

Er reicht ihm die linke Hand

Martin: Warum reicht Ihr mir die Linke? Bin ich die ritterliche Rechte nicht wert?
Götz: Und wenn Ihr der Kaiser wäret, Ihr müßtet mit dieser vorlieb nehmen. Meine Rechte, obgleich im Kriege nicht unbrauchbar, ist gegen den Druck der Liebe unempfindlich. Sie ist eins mit ihrem Handschuh; Ihr seht, er ist Eisen.
Martin: So seid Ihr Götz von Berlichingen! Ich danke dir, Gott, daß du mich ihn hast sehen lassen, diesen Mann, den die Fürsten hassen, und zu dem die Bedrängten sich wenden. *(Er nimmt ihm die rechte Hand)* Laßt mir diese Hand, laßt mich sie küssen!
Götz: Ihr sollt nicht.
Martin: Laßt mich! Du, mehr wert als Reliquienhand, durch die das heiligste Blut geflossen ist, totes Werkzeug, belebt durch des edelsten Geistes Vertrauen auf Gott!
Götz *(setzt den Helm auf und nimmt die Lanze).*
Martin: Es war ein Mönch bei uns vor Jahr und Tag, der Euch besuchte, wie sie Euch abgeschossen ward vor Landshut. Wie er uns erzählte, was Ihr littet, und wie sehr es Euch schmerzte, zu Eurem Beruf verstümmelt zu sein, und wie

Euch einfiel, von einem gehört zu haben, der auch nur eine
Hand hatte, und als tapferer Reitersmann doch noch lange
diente — ich werde das nie vergessen.

Die zwei Knechte kommen

Götz *(zu ihnen. Sie reden heimlich).*

Martin *(fährt inzwischen fort):* Ich werde das nie vergessen, wie
er im edelsten einfältigsten Vertrauen auf Gott sprach: und
wenn ich zwölf Händ hätte und deine Gnad wollt mir nicht,
was würden sie mir fruchten. So kann ich mit einer —

Götz: In den Haslacher Wald also. *(Kehrt sich zu Martin)* Leb
wohl, werter Bruder Martin. *(Er küßt ihn)*

Martin: Vergeßt mein nicht, wie ich Euer nicht vergesse. *(Götz
ab)*

Martin: Wie mir's so eng ums Herz ward, da ich ihn sah. Er redete
nichts, und mein Geist konnte doch den seinigen unterscheiden.
Es ist eine Wollust, einen großen Mann zu sehn.

Georg: Ehrwürdiger Herr, Ihr schlaft doch bei uns?

Martin: Kann ich ein Bett haben?

Georg: Nein, Herr! Ich kenne Betten nur vom Hörensagen, in
unsrer Herberg ist nichts als Stroh.

Martin: Auch gut. Wie heißt du?

Georg: Georg, ehrwürdiger Herr!

Martin: Georg! Da hast du einen tapferen Patron.

Georg: Sie sagen, er sei ein Reiter gewesen; das will ich auch
sein.

Martin: Warte! *(Er zieht ein Gebetbuch hervor und gibt dem
Buben einen Heiligen)* Da hast du ihn. Folge seinem Beispiel,
sei brav und fürchte Gott! *(Martin geht)*

Georg: Ach, ein schöner Schimmel! Wenn ich einmal so einen
hätte! — Und die goldene Rüstung! — Das ist ein garstiger
Drach' — Jetzt schieß ich nach Sperlingen — Heiliger
Georg! mach mich groß und stark, gib mir so eine Lanze,
Rüstung und Pferd, dann laß mir die Drachen kommen!

Jaxthausen. Götzens Burg

Elisabeth. Maria. Karl, sein Söhnchen

Karl: Ich bitte dich, liebe Tante, erzähl mir das noch einmal
vom frommen Kind, 's is gar zu schön.

Maria: Erzähl du mir's, kleiner Schelm, da will ich hören, ob du
acht gibst.

Karl: Wart e bis, ich will mich bedenken. — Es war einmal —
ja — es war einmal ein Kind, und sein Mutter war krank, da
ging das Kind hin —

Maria: Nicht doch. Da sagte die Mutter: Liebes Kind —
Karl: Ich bin krank —
Maria: Und kann nicht ausgehn —
Karl: Und gab ihm Geld und sagte: Geh hin, und hol dir ein Frühstück. Da kam ein armer Mann —
Maria: Das Kind ging, da begegnete ihm ein alter Mann, der war — nun Karl!
Karl: Der war — alt —
Maria: Freilich! der kaum mehr gehen konnte, und sagte: Liebes Kind —
Karl: Schenk mir was, ich hab kein Brot gessen gestern und heut. Da gab ihm 's Kind das Geld —
Maria: Das für sein Frühstück sein sollte.
Karl: Da sagte der alte Mann —
Maria: Da nahm der alte Mann das Kind —
Karl: Bei der Hand, und sagte — und ward ein schöner glänziger Heiliger, und sagte: — Liebes Kind —
Maria: Für deine Wohltätigkeit belohnt dich die Mutter Gottes durch mich: welchen Kranken du anrührst —
Karl: Mit der Hand — es war die rechte, glaub ich.
Maria: Ja.
Karl: Der wird gleich gesund.
Maria: Da lief das Kind nach Haus und konnt für Freuden nichts reden.
Karl: Und fiel seiner Mutter um den Hals und weinte für Freuden —
Maria: Da rief die Mutter: Wie ist mir! und war — nun Karl!
Karl: Und war — und war —
Maria: Du gibst schon nicht acht! — und war gesund. Und das Kind kurierte König und Kaiser, und wurde so reich, daß es ein großes Kloster bauete.
Elisabeth: Ich kann nicht begreifen, wo mein Herr bleibt. Schon fünf Tag und Nächte, daß er weg ist, und er hoffte, so bald seinen Streich auszuführen.
Maria: Mich ängstigt's lang. Wenn ich so einen Mann haben sollte, der sich immer Gefahren aussetzte, ich stürbe im ersten Jahr.
Elisabeth: Dafür dank ich Gott, daß er mich härter zusammengesetzt hat.
Karl: Aber muß dann der Vater ausreiten, wenn's so gefährlich ist?
Maria: Es ist sein guter Wille so.
Elisabeth: Wohl muß er, lieber Karl.
Karl: Warum?

Elisabeth: Weißt du noch, wie er das letztemal ausritt, da er dir Weck mitbrachte?
Karl: Bringt er mir wieder mit?
Elisabeth: Ich glaub wohl. Siehst du, da war ein Schneider von Stuttgart, der war ein trefflicher Bogenschütz, und hatte zu Köln auf 'm Schießen das Beste gewonnen.
Karl: War's viel?
Elisabeth: Hundert Taler. Und darnach wollten sie's ihm nicht geben.
Maria: Gelt, das ist garstig, Karl?
Karl: Garstige Leut!
Elisabeth: Da kam der Schneider zu deinem Vater und bat ihn, er möchte ihm zu seinem Geld verhelfen. Und da ritt er aus und nahm den Kölnern ein paar Kaufleute weg, und plagte sie so lange, bis sie das Geld herausgaben. Wärst du nicht auch ausgeritten?
Karl: Nein! da muß man durch einen dicken, dicken Wald, sind Zigeuner und Hexen drin.
Elisabeth: Ist ein rechter Bursch, fürcht sich vor Hexen.
Maria: Du tust besser, Karl, leb du einmal auf deinem Schloß, als ein frommer christlicher Ritter. Auf seinen eigenen Gütern findet man zum Wohltun Gelegenheit genug. Die rechtschaffensten Ritter begehen mehr Ungerechtigkeit als Gerechtigkeit auf ihren Zügen.
Elisabeth: Schwester, du weißt nicht, was du redst. Gebe nur Gott, daß unser Junge mit der Zeit braver wird und dem Weislingen nicht nachschlägt, der so treulos an meinem Hann handelt.
Maria: Wir wollen nicht richten, Elisabeth. Mein Bruder ist sehr erbittert, du auch. Ich bin bei der ganzen Sache mehr Zuschauer, und kann billiger sein.
Elisabeth: Er ist nicht zu entschuldigen.
Maria: Was ich von ihm gehört, hat mich eingenommen. Erzählte nicht selbst dein Mann so viel Liebes und Gutes von ihm! Wie glücklich war ihre Jugend, als sie zusammen Edelknaben des Markgrafen waren!
Elisabeth: Das mag sein. Nur sag, was kann der Mensch je Gutes gehabt haben, der seinem besten treusten Freunde nachstellt, seine Dienste den Feinden meines Mannes verkauft und unsern trefflichen Kaiser, der uns so gnädig ist, mit falschen widrigen Vorstellungen einzunehmen sucht.
Karl: Der Vater! der Vater! Der Türner bläst 's Liedel: Heisa mach's Tor auf.
Elisabeth: Da kommt er mit Beute.

Ein Reiter kommt

Reiter: Wir haben gejagt! wir haben gefangen! Gott grüß euch, edle Frauen.
Elisabeth: Habt ihr den Weislingen?
Reiter: Ihn und drei Reiter.
Elisabeth: Wie ging's zu, daß ihr so lang ausbleibt?
Reiter: Wir lauerten auf ihn zwischen Nürnberg und Bamberg, er wollte nicht kommen, und wir wußten doch, er war auf dem Wege. Endlich kundschafteten wir ihn aus, er war seitwärts gezogen und saß geruhig beim Grafen auf Schwarzenberg.
Elisabeth: Den möchten sie auch gern meinem Mann feind haben.
Reiter: Ich sagt's gleich dem Herrn. Auf! und wir ritten in Haslacher Wald. Und da war's kurios: wie wir so in die Nacht reiten, hüt't just ein Schäfer da, und fallen fünf Wölf in die Herd und packten weidlich an. Da lachte unser Herr und sagte: Glück zu, liebe Gesellen! Glück überall und uns auch! Und es freut' uns auch das gute Zeichen. Indem so kommt der Weislingen hergeritten mit vier Knechten.
Maria: Das Herz zittert mir im Leibe.
Reiter: Ich und mein Kamerad, wie's der Herr befohlen hatte, nistelten uns an ihn, als wären wir zusammengewachsen, daß er sich nicht regen noch rühren konnte, und der Herr und der Hanns fielen über die Knechte her und nahmen sie in Pflicht. Einer ist entwischt.
Elisabeth: Ich bin neugierig ihn zu sehen. Kommen sie bald?
Reiter: Sie reiten das Tal herauf, in einer Viertelstund sind sie hier.
Maria: Er wird niedergeschlagen sein.
Reiter: Finster genug sieht er aus.
Maria: Sein Anblick wird mir im Herzen weh tun.
Elisabeth: Ah! — Ich will gleich das Essen zurecht machen. Hungrig werdet ihr doch alle sein.
Reiter: Rechtschaffen.
Elisabeth: Nimm die Kellerschlüssel und hol vom besten Wein! Sie haben ihn verdient. *(Ab)*
Karl: Ich will mit, Tante.
Maria: Komm, Bursch. *(Ab)*
Reiter: Der wird nicht sein Vater, sonst ging er mit in Stall!

Götz. Weislingen. Reiterknechte

Götz *(Helm und Schwert auf den Tisch legend):* Schnallt mir den Harnisch auf und gebt mir mein Wams. Die Bequemlichkeit wird mir wohltun. Bruder Martin, du sagtest recht — Ihr habt uns in Atem erhalten, Weislingen.

Weislingen *(antwortet nichts, auf- und abgehend)*.

Götz: Seid guten Muts. Kommt, entwaffnet Euch. Wo sind Eure Kleider? Ich hoffe, es soll nichts verloren gangen sein. *(Zum Knecht)* Fragt seine Knechte, und öffnet das Gepäcke, und seht zu, daß nichts abhanden komme. Ich könnt Euch auch von den meinigen borgen.

Weislingen: Laßt mich so, es ist all eins.

Götz: Könnt Euch ein hübsches saubres Kleid geben, ist zwar nur leinen. Mir ist's zu eng worden. Ich hatt's auf der Hochzeit meines gnädigen Herrn des Pfalzgrafen an, eben damals, als Euer Bischof so giftig über mich wurde. Ich hatt ihm, vierzehn Tage vorher, zwei Schiff auf dem Main niedergeworfen. Und ich geh mit Franzen von Sickingen im Wirtshaus zum Hirsch in Heidelberg die Trepp hinauf. Eh man noch ganz droben ist, ist ein Absatz und ein eisern Geländerlein, da stund der Bischof und gab Franzen die Hand, wie er vorbeiging, und gab sie mir auch, wie ich hinten drein kam. Ich lacht in meinem Herzen, und ging zum Landgrafen von Hanau, der mir ein gar lieber Herr war, und sagte: Der Bischof hat mir die Hand geben, ich wett, er hat mich nicht gekannt. Das hört der Bischof, denn ich redt laut mit Fleiß, und kam zu uns trotzig — und sagte: Wohl, weil ich Euch nicht kannt hab, gab ich Euch die Hand. Da sagt ich: Herre, ich merkt's wohl, daß Ihr mich nicht kanntet, und hiermit habt Ihr Eure Hand wieder. Da ward das Männlein so rot am Hals wie ein Krebs vor Zorn, und lief in die Stube zu Pfalzgraf Ludwig und dem Fürsten von Nassau, und klagt's ihnen. Wir haben nachher uns oft was drüber zugute getan.

Weislingen: Ich wollt, Ihr ließt mich allein.

Götz: Warum das? Ich bitt Euch, seid aufgeräumt. Ihr seid in meiner Gewalt, und ich werd sie nicht mißbrauchen.

Weislingen: Dafür war mir's noch nicht bange. Das ist Eure Ritterpflicht.

Götz: Und Ihr wißt, daß die mir heilig ist.

Weislingen: Ich bin gefangen; das übrige ist eins.

Götz: Ihr solltet nicht so reden. Wenn Ihr's mit Fürsten zu tun hättet, und sie Euch in tiefen Turn an Ketten aufhingen, und der Wächter Euch den Schlaf wegpfeifen müßte.

Die Knechte mit den Kleidern
Weislingen zieht sich aus und an
Karl kommt

Karl: Guten Morgen, Vater.
Götz *(küßt ihn):* Guten Morgen, Junge. Wie habt ihr die Zeit gelebt?
Karl: Recht geschickt, Vater! Die Tante sagt: ich sei recht geschickt.
Götz: So.
Karl: Hast du mir was mitgebracht?
Götz: Diesmal nicht.
Karl: Ich hab viel gelernt.
Götz: Ei!
Karl: Soll ich dir vom frommen Kind erzählen?
Götz: Nach Tische.
Karl: Ich weiß noch was.
Götz: Was wird das sein?
Karl: Jaxthausen ist ein Dorf und Schloß an der Jaxt, gehört seit zweihundert Jahren den Herrn von Berlichingen erb- und eigentümlich zu.
Götz: Kennst du den Herrn von Berlichingen?
Karl *(sieht ihn starr an).*
Götz *(vor sich):* Er kennt wohl vor lauter Gelehrsamkeit seinen Vater nicht. — Wem gehört Jaxthausen?
Karl: Jaxhausen ist ein Dorf und Schloß an der Jaxt.
Götz: Das frag ich nicht. — Ich kannte alle Pfade, Weg und Furten, eh ich wußte, wie Fluß, Dorf und Burg hieß. — Die Mutter ist in der Küche?
Karl: Ja, Vater! Sie kocht weiße Rüben und ein Lammsbraten.
Götz: Weißt du's auch, Hans Küchenmeister?
Karl: Und für mich zum Nachtisch hat die Tante einen Apfel gebraten.
Götz: Kannst du sie nicht roh essen?
Karl: Schmeckt so besser.
Götz: Du mußt immer was Apartes haben. — Weislingen! ich bin gleich wieder bei Euch. Ich muß meine Frau doch sehn. Komm mit, Karl.
Karl: Wer ist der Mann?
Götz: Grüß ihn. Bitt ihn, er soll lustig sein.
Karl: Da, Mann! hast du eine Hand, sei lustig, das Essen ist bald fertig.
Weislingen *(hebt ihn in die Höh und küßt ihn):* Glückliches Kind! das kein Übel kennt, als wenn die Suppe lang ausbleibt. Gott laß Euch viel Freud am Knaben erleben, Berlichingen!
Götz: Wo viel Licht ist, ist starker Schatten — doch wär mir's willkommen. Wollen sehn, was es gibt *(Sie gehn).*

Weislingen: O daß ich aufwachte! und das alles wäre ein Traum! In Berlichingens Gewalt! von dem ich mich kaum losgearbeitet hatte, dessen Andenken ich mied wie Feuer, den ich hoffte zu überwältigen! Und er — der alte treuherzige Götz! Heiliger Gott, was will aus dem allen werden? Rückgeführt, Adelbert, in den Saal! wo wir als Buben unsere Jagd trieben — da du ihn liebtest, an ihm hingst wie an deiner Seele. Wer kann ihm nahen und ihn hassen? Ach! ich bin so ganz nichts hier! Glückselige Zeiten, ihr seid vorbei, da noch der alte Berlichingen hier am Kamin saß, da wir um ihn durcheinander spielten, und uns liebten wie die Engel. Wie wird sich der Bischof ängstigen, und meine Freunde. Ich weiß, das ganze Land nimmt teil an meinem Unfall. Was ist's! Können sie mir geben, wornach ich strebe?

Götz *(mit einer Flasche Wein und Becher):* Bis das Essen fertig wird, wollen wir eins trinken. Kommt, setzt Euch, tut als wenn Ihr zu Hause wärt! Denkt, Ihr seid wieder einmal beim Götz. Haben doch lange nicht beisammen gesessen, lang keine Flasche miteinander ausgestochen. *(Bringt's ihm)* Ein fröhlich Herz!

Weislingen: Die Zeiten sind vorbei.

Götz: Behüte Gott! Zwar vergnügtere Tage werden wir wohl nicht wieder finden, als an des Markgrafen Hof, da wir noch beisammen schliefen und miteinander herumzogen. Ich erinnere mich mit Freuden meiner Jugend. Wißt Ihr noch, wie ich mit dem Polacken Händel kriegte, dem ich sein gepicht und gekräuselt Haar von ungefähr mit dem Ärmel verwischte?

Weislingen: Es war bei Tische, und er stach nach Euch mit dem Messer.

Götz: Den schlug ich wacker aus dazumal, und darüber wurdet Ihr mit seinem Kameraden zu Unfried. Wir hielten immer redlich zusammen als gute brave Jungen, dafür erkennte uns auch jedermann. *(Schenkt ein und bringt's)* Kastor und Pollux! Mir tat's immer im Herzen wohl, wenn uns der Markgraf so nannte.

Weislingen: Der Bischof von Würzburg hatte es aufgebracht.

Götz: Das war ein gelehrter Herr, und dabei so leutselig. Ich erinnere mich seiner, solange ich lebe, wie er uns liebkoste, unsere Eintracht lobte, und den Menschen glücklich pries, der ein Zwillingsbruder seines Freundes wäre.

Weislingen: Nichts mehr davon!

Götz: Warum nicht? Nach der Arbeit wüßt ich nichts Angenehmeres, als mich des Vergangenen zu erinnern. Freilich, wenn ich wieder so bedenke, wie wir Liebs und Leids zusammen trugen, einander alles waren, und wie ich damals wähnte, so sollt's unser ganzes Leben sein! War das nicht all mein Trost, wie mir diese Hand weggeschossen ward vor Landshut, und du mein pflegtest und mehr als Bruder für mich sorgtest? Ich hoffte, Adelbert wird künftig meine rechte Hand sein. Und nun —

Weislingen: Oh!

Götz: Wenn du mir damals gefolgt hättest, da ich dir anlag, mit nach Brabant zu ziehen, es wäre alles gut geblieben. Da hielt dich das unglückliche Hofleben, und das Schlenzen und Scherwenzen mit den Weibern. Ich sagt es dir immer, wenn du dich mit den eitlen garstigen Vetteln abgabst, und ihnen erzähltest von mißvergnügten Ehen, verführten Mädchen, der rauhen Haut einer Dritten, oder was sie sonst gerne hören, du wirst ein Spitzbub, sagt ich, Adelbert.

Weislingen: Wozu soll das alles?

Götz: Wollte Gott, ich könnt's vergessen, oder es wär anders! Bist du nicht eben so frei, so edel geboren als einer in Deutschland, unabhängig, nur dem Kaiser untertan, und du schmiegst dich unter Vasallen? Was hast du von dem Bischof? Weil er dein Nachbar ist? dich necken könnte? Hast du nicht Arme und Freunde, ihn wieder zu necken? Verkennst den Wert eines freien Rittersmanns, der nur abhängt von Gott, seinem Kaiser und sich selbst! Verkriechst dich zum ersten Hofschranzen eines eigensinnigen neidischen Pfaffen!

Weislingen: Laßt mich reden.

Götz: Was hast du zu sagen?

Weislingen: Du siehst die Fürsten an, wie der Wolf den Hirten. Und doch, darfst du sie schelten, daß sie ihrer Leut und Länder Bestes wahren? Sind sie denn einen Augenblick vor den ungerechten Rittern sicher, die ihre Untertanen auf allen Straßen anfallen, ihre Dörfer und Schlösser verheeren? Wenn nun auf der andern Seite unsers teuren Kaisers Länder der Gewalt des Erbfeindes ausgesetzt sind, er von den Ständen Hilfe begehrt, und sie sich kaum ihres Lebens erwehren; ist's nicht ein guter Geist, der ihnen einrät auf Mittel zu denken, Deutschland zu beruhigen, Recht und Gerechtigkeit zu handhaben, um einen jeden, Großen und Kleinen, die Vorteile des Friedens genießen zu machen. Und uns verdenkst du's, Berlichingen, daß wir uns in ihren Schutz begeben, deren Hilfe uns nah ist, statt daß die entfernte Majestät sich selbst nicht beschützen kann.

Götz: Ja! Ja! Ich versteh! Weislingen, wären die Fürsten, wie Ihr sie schildert, wir hätten alle, was wir begehren. Ruh und

Frieden! Ich glaub's wohl! Den wünscht jeder Raubvogel, die Beute nach Bequemlichkeit zu verzehren. Wohlsein eines jeden! Daß sie sich nur darum graue Haare wachsen ließen! Und mit unserm Kaiser spielen sie auf eine unanständige Art. Er meint's gut und möcht gern bessern. Da kommt denn alle Tage ein neuer Pfannenflicker und meint so und so. Und weil der Herr geschwind was begreift, und nur reden darf, um tausend Hände in Bewegung zu setzen, so denkt er, es wär auch alles so geschwind und leicht ausgeführt. Nun ergehn Verordnungen über Verordnungen, und wird eine über die andere vergessen; und was den Fürsten in ihren Kram dient, da sind sie hinter her, und gloriieren von Ruh und Sicherheit des Reichs, bis sie die Kleinen unterm Fuß haben. Ich will darauf schwören, es dankt mancher in seinem Herzen Gott, daß der Türk dem Kaiser die Waage hält.

Weislingen: Ihr seht's von Eurer Seite.

Götz: Das tut jeder. Es ist die Frage, auf welcher Licht und Recht ist, und eure Gänge scheuen wenigstens den Tag.

Weislingen: Ihr dürft reden, ich bin der Gefangne.

Götz: Wenn Euer Gewissen rein ist, so seid Ihr frei. Aber wie war's mit dem Landfrieden? Ich weiß noch, als ein Bub von sechzehn Jahren war ich mit dem Markgrafen auf dem Reichstag. Was die Fürsten da für weite Mäuler machten, und die Geistlichen am ärgsten. Euer Bischof lärmte dem Kaiser die Ohren voll, als wenn ihm wunder wie! die Gerechtigkeit ans Herz gewachsen wäre; und jetzt wirft er mir selbst einen Buben nieder, zur Zeit da unsere Händel vertragen sind, ich an nichts Böses denke. Ist nicht alles zwischen uns geschlichtet? Was hat er mit dem Buben?

Weislingen: Es geschah ohne sein Wissen.

Götz: Warum gibt er ihn nicht wieder los?

Weislingen: Er hatte sich nicht aufgeführt, wie er sollte.

Götz: Nicht wie er sollte? Bei meinem Eid, er hat getan, wie er sollte, so gewiß er mit Eurer und des Bischofs Kundschaft gefangen ist. Meint Ihr, ich komm erst heut auf die Welt, daß ich nicht sehen sollt, wo alles hinaus will?

Weislingen: Ihr seid argwöhnisch und tut uns unrecht.

Götz: Weislingen, soll ich von der Leber weg reden? Ich bin euch ein Dorn in den Augen, so klein ich bin, und der Sickingen und Selbitz nicht weniger, weil wir fest entschlossen sind, zu sterben, eh, als jemanden die Luft zu verdanken, außer Gott, und unsere Treu und Dienst zu leisten, als dem Kaiser. Da ziehen sie nun um mich herum, verschwärzen mich bei Ihro Majestät und ihren Freunden und meinen

Nachbarn und spionieren nach Vorteil über mich. Aus dem Weg wollen sie mich haben, wie's wäre. Darum nahmt ihr meinen Buben gefangen, weil ihr wußtet, ich hatt ihn auf Kundschaft ausgeschickt; und darum tat er nicht, was er sollte, weil er mich nicht an euch verriet. Und du, Weislingen, bist ihr Werkzeug!

Weislingen: Berlichingen!

Götz: Kein Wort mehr davon! Ich bin ein Feind von Explikationen; man betrügt sich oder den andern, und meist beide.

Karl: Zu Tisch, Vater.

Götz: Fröhliche Botschaft! Kommt, ich hoffe, meine Weibsleute sollen Euch munter machen. Ihr wart sonst ein Liebhaber, die Fräulein wußten von Euch zu erzählen. Kommt! *(Ab)*

Im Bischöflichen Palaste zu Bamberg
Der Speisesaal

Bischof von Bamberg. Abt von Fulda. Olearius. Liebetraut. Hofleute
An Tafel. Der Nachtisch und die großen Pokale werden aufgetragen

Bischof: Studieren jetzt viele Deutsche von Adel zu Bologna?

Olearius: Vom Adel- und Bürgerstande. Und ohne Ruhm zu melden, tragen sie das größte Lob davon. Man pflegt im Sprichwort auf der Akademie zu sagen: So fleißig wie ein Deutscher von Adel. Denn indem die Bürgerlichen einen rühmlichen Fleiß anwenden, durch Talente den Mangel der Geburt zu ersetzen, so bestreben sich jene, mit rühmlicher Wetteiferung, ihre angeborne Würde durch die glänzendsten Verdienste zu erhöhen.

Abt: Ei!

Liebetraut: Sag einer, was man nicht erlebet. So fleißig wie ein Deutscher von Adel! Das hab ich mein Tage nicht gehört.

Olearius: Ja, sie sind die Bewunderung der ganzen Akademie. Es werden ehestens einige von den ältsten und geschicktesten als Doctores zurückkommen. Der Kaiser wird glücklich sein, die ersten Stellen damit besetzen zu können.

Bischof: Das kann nicht fehlen.

Abt: Kennen Sie nicht zum Exempel einen Junker? — er ist aus Hessen —

Olearius: Es sind viel Hessen da.

Abt: Er heißt — er ist — Weiß es keiner von euch? — Seine Mutter war eine von — Oh! Sein Vater hatte nur ein Aug — und war Marschall.

Liebetraut: Von Wildenholz?

Abt: Recht — von Wildenholz.

Olearius: Den kenn ich wohl, ein junger Herr von vielen Fähigkeiten. Besonders rühmt man ihn wegen seiner Stärke im Disputieren.

Abt: Das hat er von seiner Mutter.

Liebetraut: Nur wollte sie ihr Mann niemals drum rühmen.

Bischof: Wie sagtet ihr, daß der Kaiser hieß, der euer Corpus Juris geschrieben hat?

Olearius: Justinianus.

Bischof: Ein trefflicher Herr! Er soll leben!

Olearius: Sein Andenken! *(Sie trinken)*

Abt: Es mag ein schön Buch sein.

Olearius: Man möcht's wohl ein Buch aller Bücher nennen; eine Sammlung aller Gesetze; bei jedem Fall der Urteilsspruch bereit; und was ja noch abgängig oder dunkel wäre, ersetzen die Glossen, womit die gelehrtesten Männer das vortrefflichste Werk geschmückt haben.

Abt: Eine Sammlung aller Gesetze! Potz! Da müssen auch wohl die zehn Gebote drin sein.

Olearius: Implicite wohl, nicht explicite.

Abt: Das mein ich auch, an und vor sich, ohne weitere Explikation.

Bischof: Und was das Schönste ist, so könnte, wie ihr sagt, ein Reich in sicherster Ruhe und Frieden leben, wo es völlig eingeführt und recht gehandhabt würde.

Olearius: Ohne Frage.

Bischof: Alle Doctores Juris!

Olearius: Ich werd's zu rühmen wissen. *(Sie trinken)* Wollte Gott, man spräche so in meinem Vaterlande!

Abt: Wo seid Ihr her, hochgelahrter Herr?

Olearius: Von Frankfurt am Main, Ihro Eminenz zu dienen.

Bischof: Steht ihr Herrn da nicht wohl angeschrieben? Wie kommt das?

Olearius: Sonderbar genug. Ich war da, meines Vaters Erbschaft abzuholen; der Pöbel hätte mich fast gesteinigt, wie er hörte, ich sei ein Jurist.

Abt: Behüte Gott!

Olearius: Aber das kommt daher: der Schöppenstuhl, der in großem Ansehen weit umher steht, ist mit lauter Leuten besetzt, die der Römischen Rechte unkundig sind. Man glaubt, es sei genug, durch Alter und Erfahrung sich eine genaue Kenntnis des innern und äußern Zustandes der Stadt zu erwerben. So werden, nach altem Herkommen und wenigen Statuten, die Bürger und die Nachbarschaft gerichtet.

Abt: Das ist wohl gut.

Olearius: Aber lange nicht genug. Der Menschen Leben ist kurz, und in einer Generation kommen nicht alle Kasus vor. Eine Sammlung solcher Fälle von vielen Jahrhunderten ist unser Gesetzbuch. Und dann ist der Wille und die Meinung der Menschen schwankend; dem deucht heute das recht, was der andere morgen mißbilliget; und so ist Verwirrung und Ungerechtigkeit unvermeidlich. Das alles bestimmen die Gesetze; und die Gesetze sind unveränderlich.

Abt: Das ist freilich besser.

Olearius: Das erkennt der Pöbel nicht, der, so gierig er auf Neuigkeiten ist, das Neue höchst verabscheuet, das ihn aus seinem Gleise leiten will, und wenn er sich noch so sehr dadurch verbessert. Sie halten den Juristen so arg, als einen Verwirrer des Staats, einen Beutelschneider, und sind wie rasend, wenn einer dort sich niederzulassen gedenkt.

Liebetraut: Ihr seid von Frankfurt! Ich bin wohl da bekannt. Bei Kaiser Maximilians Krönung haben wir euren Bräutigams was vorgeschmaust. Euer Name ist Olearius? Ich kenne so niemanden.

Olearius: Mein Vater hieß Öhlmann. Nur, den Mißstand auf dem Titel meiner lateinischen Schriften zu vermeiden, nenne ich mich, nach dem Beispiel und auf Anraten würdiger Rechtslehrer, Olearius.

Liebetraut: Ihr tatet wohl, daß Ihr Euch übersetztet. Ein Prophet gilt nichts in seinem Vaterlande, es hätt Euch in Eurer Muttersprache auch so gehen können.

Olearius: Es war nicht darum.

Liebetraut: Alle Dinge haben ein paar Ursachen.

Abt: Ein Prophet gilt nichts in seinem Vaterlande!

Liebetraut: Wißt Ihr auch warum, hochwürdiger Herr?

Abt: Weil er da geboren und erzogen ist.

Liebetraut: Wohl! Das mag die eine Ursache sein. Die andere ist: weil, bei einer näheren Bekanntschaft mit den Herrn, der Nimbus von Ehrwürdigkeit und Heiligkeit wegschwindet, den uns eine neblichte Ferne um sie herum lügt; und dann sind sie ganz kleine Stümpfchen Unschlitt.

Olearius: Es scheint, Ihr seid dazu bestellt, Wahrheiten zu sagen.

Liebetraut: Weil ich's Herz dazu hab, so fehlt mir's nicht am Maul.

Olearius: Aber doch an Geschicklichkeit, sie wohl anzubringen.

Liebetraut: Schröpfköpfe sind wohl angebracht, wo sie ziehen.

Olearius: Bader erkennt man an der Schürze und nimmt in

ihrem Amte ihnen nichts übel. Zur Vorsorge tätet Ihr wohl, wenn Ihr eine Schellenkappe trügt.

Liebetraut: Wo habt Ihr promoviert? Es ist nur zur Nachfrage, wenn mir einmal der Einfall käme, daß ich gleich vor die rechte Schmiede ginge.

Olearius: Ihr seid verwegen.

Liebetraut: Und Ihr sehr breit.

Bischof und Abt lachen

Bischof: Von was anders! — Nicht so hitzig, ihr Herrn. Bei Tisch geht alles drein. — Einen andern Diskurs, Liebetraut!

Liebetraut: Gegen Frankfurt liegt ein Ding über, heißt Sachsenhausen —

Olearius *(zum Bischof):* Was spricht man vom Türkenzug, Ihro Fürstliche Knaden?

Bischof: Der Kaiser hat nichts Angelegners, als vorerst das Reich zu beruhigen, die Fehden abzuschaffen, und das Ansehn der Gerichte zu befestigen. Dann, sagt man, wird er persönlich gegen die Feinde des Reichs und der Christenheit ziehen. Jetzt machen ihm seine Privathändel noch zu tun, und das Reich ist, trotz ein vierzig Landfrieden, noch immer eine Mördergrube. Franken, Schwaben, der Oberrhein und die angrenzenden Länder werden von übermütigen und kühnen Rittern verheeret. Sickingen, Selbitz mit einem Fuß, Berlichingen mit der eisernen Hand, spotten in diesen Gegenden des kaiserlichen Ansehens —

Abt: Ja, wenn Ihro Majestät nicht bald dazu tun, so stecken einen die Kerl am End in Sack.

Liebetraut: Das müßt ein Kerl sein, der das Weinfaß von Fuld in den Sack schieben wollte.

Bischof: Besonders ist der letztere seit vielen Jahren mein unversöhnlicher Feind und molestiert mich unsäglich; aber es soll nicht lang mehr währen, hoff ich. Der Kaiser hält jetzt seinen Hof zu Augsburg. Wir haben unsere Maßregeln genommen, es kann uns nicht fehlen. — Herr Doktor, kennt Ihr Adelberten von Weislingen?

Olearius: Nein, Ihro Eminenz.

Bischof: Wenn Ihr die Ankunft dieses Mannes erwartet, werdet Ihr Euch freuen, den edelsten, verständigsten und angenehmsten Ritter in einer Person zu sehen.

Olearius: Es muß ein vortrefflicher Mann sein, der solche Lobeserhebungen aus solch einem Munde verdient.

Liebetraut: Er ist auf keiner Akademie gewesen.

Bischof: Das wissen wir. *(Die Bedienten laufen ans Fenster)* Was gibt's?
Ein Bedienter: Eben reit Färber, Weislingens Knecht, zum Schloßtor herein.
Bischof: Seht, was er bringt, er wird ihn melden.

Liebetraut geht. Sie stehn auf und trinken noch eins. Liebetraut kommt zurück

Bischof: Was für Nachrichten?
Liebetraut: Ich wollt, es müßt sie Euch ein anderer sagen. Weislingen ist gefangen.
Bischof: Oh!
Liebetraut: Berlichingen hat ihn und drei Knechte bei Haslach weggenommen. Einer ist entronnen, Euch's anzusagen.
Abt: Eine Hiobspost.
Olearius: Es tut mir von Herzen leid.
Bischof: Ich will den Knecht sehn, bringt ihn herauf. — Ich will ihn selbst sprechen. Bringt ihn in mein Kabinett. *(Ab)*
Abt *(setzt sich):* Noch einen Schluck.

Die Knechte schenken ein

Olearius: Belieben Ihro Hochwürden nicht eine kleine Promenade in den Garten zu machen? Post coenam stabis seu passus mille meabis.
Liebetraut: Wahrhaftig, das Sitzen ist Ihnen nicht gesund. Sie kriegen noch einen Schlagfluß.

Abt hebt sich auf

Liebetraut *(vor sich):* Wann ich ihn nur draußen hab, will ich ihm fürs Exerzitium sorgen. *(Gehn ab)*

Jaxthausen

Maria. Weislingen

Maria: Ihr liebt mich, sagt Ihr. Ich glaub es gerne, und hoffe mit Euch glücklich zu sein, und Euch glücklich zu machen.
Weislingen: Ich fühle nichts, als nur daß ich ganz dein bin. *(Er umarmt sie)*
Maria: Ich bitte Euch, laßt mich. Einen Kuß hab ich Euch zum Gottespfennig erlaubt; Ihr scheinet aber schon von dem Besitz nehmen zu wollen, was nur unter Bedingungen Euer ist.
Weislingen: Ihr seid zu streng, Maria! Unschuldige Liebe erfreut die Gottheit, statt sie zu beleidigen.
Maria: Es sei! Aber ich bin nicht dadurch erbaut. Man lehrte mich: Liebkosungen sei'n wie Ketten, stark durch ihre Ver-

wandtschaft, und Mädchen, wenn sie liebten, sei'n schwächer als Simson nach dem Verlust seiner Locken.

Weislingen: Wer lehrte Euch das?

Maria: Die Äbtissin meines Klosters. Bis in mein sechzehntes Jahr war ich bei ihr, und nur mit Euch empfind ich das Glück, das ich in ihrem Umgang genoß. Sie hatte geliebt, und durfte reden. Sie hatte ein Herz voll Empfindung! Sie war eine vortreffliche Frau.

Weislingen: Da glich sie dir! *(Er nimmt ihre Hand)* Wie wird mir's werden, wenn ich Euch verlassen soll!

Maria *(zieht ihre Hand zurück):* Ein bißchen eng, hoff ich, denn ich weiß, wie's mir sein wird. Aber Ihr sollt fort.

Weislingen: Ja, meine Teuerste, und ich will. Denn ich fühle, welche Seligkeiten ich mir durch dies Opfer erwerbe. Gesegnet sei dein Bruder, und der Tag, an dem er auszog, mich zu fangen!

Maria: Sein Herz war voll Hoffnung für ihn und dich. Lebt wohl! sagt' er beim Abschied, ich will sehen, daß ich ihn wiederfinde.

Weislingen: Er hat's. Wie wünscht ich die Verwaltung meiner Güter und ihre Sicherheit nicht durch das leidige Hofleben so versäumt zu haben! Du könntest gleich die Meinige sein.

Maria: Auch der Aufschub hat seine Freuden.

Weislingen: Sage das nicht, Maria, ich muß sonst fürchten, du empfindest weniger stark als ich. Doch ich büße verdient, und welche Hoffnungen werden mich auf jedem Schritt begleiten! Ganz der Deine zu sein, nur in dir und dem Kreise von Guten zu leben, von der Welt entfernt, getrennt, alle Wonne zu genießen, die so zwee Herzen einander gewähren! Was ist die Gnade des Fürsten, was der Beifall der Welt gegen diese einfache einzige Glückseligkeit? Ich habe viel gehofft und gewünscht; das widerfährt mir über alles Hoffen und Wünschen.

Götz kommt

Götz: Euer Knab ist wieder da. Er konnte vor Müdigkeit und Hunger kaum etwas vorbringen. Meine Frau gibt ihm zu essen. So viel hab ich verstanden: der Bischof will den Knaben nicht herausgeben, es sollen kaiserliche Kommissarien ernannt, und ein Tag ausgesetzt werden, wo die Sache dann verglichen werden mag. Dem sei, wie ihm wolle, Adelbert, Ihr seid frei; ich verlange weiter nichts als Eure Hand, daß Ihr inskünftige meinen Feinden weder öffentlich noch heimlich Vorschub tun wollt.

Weislingen: Hier faß ich Eure Hand. Laßt, von diesem Augenblick an, Freundschaft und Vertrauen, gleich einem ewigen Gesetz der Natur, unveränderlich unter uns sein! Erlaubt mir zugleich diese Hand zu fassen *(er nimmt Mariens Hand)* und den Besitz des edelsten Fräuleins.
Götz: Darf ich Ja für Euch sagen?
Maria: Wenn Ihr es mit mir sagt.
Götz: Es ist ein Glück, daß unsere Vorteile diesmal miteinander gehn. Du brauchst nicht rot zu werden. Deine Blicke sind Beweis genug. Ja denn, Weislingen! Gebt euch die Hände, und so sprech ich Amen! — Mein Freund und Bruder! — Ich danke dir, Schwester! Du kannst mehr als Hanf spinnen. Du hast einen Faden gedreht, diesen Paradiesvogel zu fesseln. Du siehst nicht ganz frei! Was fehlt dir? — Ich — bin ganz glücklich; was ich nur träumend hoffte, seh ich, und bin wie träumend. Ach! nun ist mein Traum aus. Mir war's heute nacht, ich gäb dir meine rechte eiserne Hand, und du hieltest mich so fest, daß sie aus den Armschienen ging wie abgebrochen. Ich erschrak und wachte drüber auf. Ich hätte nur fortträumen sollen, da würd ich gesehen haben, wie du mir eine neue lebendige Hand ansetztest. — Du sollst mir jetzo fort, dein Schloß und deine Güter in vollkommnen Stand zu setzen. Der verdammte Hof hat dich beides versäumen machen. Ich muß meiner Frau rufen. Elisabeth!
Maria: Mein Bruder ist in voller Freude.
Weislingen: Und doch darf ich ihm den Rang streitig machen.
Götz: Du wirst anmutig wohnen.
Maria: Franken ist ein gesegnetes Land.
Weislingen: Und ich darf wohl sagen, mein Schloß liegt in der gesegnetsten und anmutigsten Gegend.
Götz: Das dürft Ihr, und ich will's behaupten. Hier fließt der Main, und allmählich hebt der Berg an, der mit Äckern und Weinbergen bekleidet, von Eurem Schloß gekrönt wird, dann biegt sich der Fluß schnell um die Ecke hinter dem Felsen Eures Schlosses hin. Die Fenster des großen Saals gehen steil herab aufs Wasser, eine Aussicht viel Stunden weit.

Elisabeth kommt

Elisabeth: Was schafft ihr?
Götz: Du sollst deine Hand auch dazu geben, und sagen: Gott segne euch! Sie sind ein Paar.
Elisabeth: So geschwind!
Götz: Aber nicht unvermutet.

Elisabeth: Möget Ihr euch so immer nach ihr sehnen als bisher, da Ihr um sie warbt! Und dann! Möchtet Ihr so glücklich sein, als Ihr sie lieb behaltet!

Weislingen: Amen! Ich begehre kein Glück als unter diesem Titel.

Götz: Der Bräutigam, meine liebe Frau, tut eine kleine Reise; denn die große Veränderung zieht viel geringe nach sich. Er entfernt sich zuerst vom bischöflichen Hof, um diese Freundschaft nach und nach erkalten zu lassen. Dann reißt er seine Güter eigennützigen Pachtern aus den Händen. Und — kommt Schwester, kommt Elisabeth! Wir wollen ihn allein lassen. Sein Knab hat ohne Zweifel geheime Aufträge an ihn.

Weislingen: Nichts, als was Ihr wissen dürft.

Götz: Braucht's nicht. — Franken und Schwaben! Ihr seid nun verschwisterter als jemals. Wie wollen wir den Fürsten den Daumen auf dem Aug halten! *(Die drei gehn)*

Weislingen: Gott im Himmel! Konntest du mir Unwürdigen solch eine Seligkeit bereiten? Es ist zu viel für mein Herz. Wie ich von den elenden Menschen abhing, die ich zu beherrschen glaubte, von den Blicken des Fürsten, von dem ehrerbietigen Beifall umher! Götz, teurer Götz, du hast mich mir selbst wiedergegeben, und Maria, du vollendest meine Sinnesänderung. Ich fühle mich so frei wie in heiterer Luft. Bamberg will ich nicht mehr sehen, will alle die schändlichen Verbindungen durchschneiden, die mich unter mir selbst hielten. Mein Herz erweitert sich, hier ist kein beschwerliches Streben nach versagter Größe. So gewiß ist der allein glücklich und groß, der weder zu herrschen noch zu gehorchen braucht, um etwas zu sein!

Franz tritt auf

Franz: Gott grüß Euch, gestrenger Herr! Ich bring Euch so viele Grüße, daß ich nicht weiß, wo anzufangen. Bamberg und zehn Meilen in die Runde entbieten Euch ein tausendfaches: Gott grüß Euch!

Weislingen: Willkommen, Franz! Was bringst du mehr?

Franz: Ihr steht in einem Andenken bei Hof und überall, daß es nicht zu sagen ist.

Weislingen: Das wird nicht lange dauern.

Franz: Solang Ihr lebt! und nach Eurem Tod wird's heller blinken als die messingenen Buchstaben auf einem Grabstein. Wie man sich Euren Unfall zu Herzen nahm!

Weislingen: Was sagte der Bischof?

Franz: Er war so begierig zu wissen, daß er mit geschäftiger

Geschwindigkeit der Fragen meine Antwort verhinderte. Er wußt es zwar schon; denn Färber, der von Haslach entrann, brachte ihm die Botschaft. Aber er wollte alles wissen. Er fragte so ängstlich, ob Ihr nicht versehrt wäret? Ich sagte: Er ist ganz, von der äußersten Haarspitze bis zum Nagel des kleinen Zehs.

Weislingen: Was sagte er zu den Vorschlägen?

Franz: Er wollte gleich alles herausgeben, den Knaben und noch Geld darauf, nur Euch zu befreien. Da er aber hörte, Ihr solltet ohne das loskommen, und nur Euer Wort das Äquivalent gegen den Buben sein, da wollte er absolut den Berlichingen vertagt haben. Er sagte mir hundert Sachen an Euch — ich hab sie wieder vergessen. Es war eine lange Predigt über die Worte: Ich kann Weislingen nicht entbehren.

Weislingen: Er wird's lernen müssen!

Franz: Wie meint Ihr? Er sagte: Mach ihn eilen, es wartet alles auf ihn.

Weislingen: Es kann warten. Ich gehe nicht nach Hof.

Franz: Nicht nach Hof? Herr! Wie kommt Euch das? Wenn Ihr wüßtet, was ich weiß. Wenn Ihr nur träumen könntet, was ich gesehen habe.

Weislingen: Wie wird dir's?

Franz: Nur von der bloßen Erinnerung komm ich außer mir. Bamberg ist nicht mehr Bamberg, ein Engel in Weibesgestalt macht es zum Vorhofe des Himmels.

Weislingen: Nichts weiter?

Franz: Ich will ein Pfaff werden, wenn Ihr sie seht und nicht außer Euch kommt.

Weislingen: Wer ist's denn?

Franz: Adelheid von Walldorf.

Weislingen: Die! Ich habe viel von ihrer Schönheit gehört.

Franz: Gehört? Das ist eben als wenn Ihr sagtet: ich hab die Musik gesehen. Es ist der Zunge so wenig möglich, eine Linie ihrer Vollkommenheiten auszudrücken, da das Aug sogar in ihrer Gegenwart sich nicht selbst genug ist.

Weislingen: Du bist nicht gescheit.

Franz: Das kann wohl sein. Das letztemal, da ich sie sahe, hatte ich nicht mehr Sinne als ein Trunkener. Oder vielmehr, kann ich sagen, ich fühlte in dem Augenblick, wie's den Heiligen bei himmlischen Erscheinungen sein mag. Alle Sinne stärker, höher, vollkommener, und doch den Gebrauch von keinem.

Weislingen: Das ist seltsam.

Franz: Wie ich von dem Bischof Abschied nahm, saß sie bei ihm. Sie spielten Schach. Er war sehr gnädig, reichte mir

seine Hand zu küssen und sagte mir vieles, davon ich nichts vernahm. Denn ich sah seine Nachbarin, sie hatte ihr Auge aufs Brett geheftet, als wenn sie einem großen Streich nachsänne. Ein feiner lauernder Zug um Mund und Wange! Ich hätte der elfenbeinerne König sein mögen. Adel und Freundlichkeit herrschten auf ihrer Stirne. Und das blendende Licht des Angesichts und des Busens, wie es von den finstern Haaren erhoben ward!
Weislingen: Du bist drüber gar zum Dichter geworden.
Franz: So fühl ich denn in dem Augenblick, was den Dichter macht, ein volles, ganz von einer Empfindung volles Herz! Wie der Bischof endigte und ich mich neigte, sah sie mich an, und sagte: Auch von mir einen Gruß unbekannterweise! Sag ihm, er mag ja bald kommen. Es warten neue Freunde auf ihn; er soll sie nicht verachten, wenn er schon an alten so reich ist. — Ich wollte was antworten, aber der Paß vom Herzen nach der Zunge war versperrt, ich neigte mich. Ich hätte mein Vergnügen gegeben, die Spitze ihres kleinen Fingers küssen zu dürfen! Wie ich so stund, warf der Bischof einen Bauern herunter, ich fuhr darnach und berührte im Aufheben den Saum ihres Kleides, das fuhr mir durch alle Glieder, und ich weiß nicht, wie ich zur Tür hinausgekommen bin.
Weislingen: Ist ihr Mann bei Hofe?
Franz: Sie ist schon vier Monat Witwe. Um sich zu zerstreuen, hält sie sich in Bamberg auf. Ihr werdet sie sehen. Wenn sie einen ansieht, ist's, als wenn man in der Frühlingssonne stünde.
Weislingen: Es würde eine schwächere Wirkung auf mich haben.
Franz: Ich höre, Ihr seid so gut als verheiratet.
Weislingen: Wollte ich wär's. Meine sanfte Marie wird das Glück meines Lebens machen. Ihre süße Seele bildet sich in ihren blauen Augen. Und weiß wie ein Engel des Himmels, gebildet aus Unschuld und Liebe, leitet sie mein Herz zur Ruhe und Glückseligkeit. Pack zusammen! und dann auf mein Schloß! Ich will Bamberg nicht sehen, und wenn Sankt Veit in Person meiner begehrte. *(Geht ab)*
Franz: Da sei Gott vor! Wollen das Beste hoffen! Maria ist liebreich und schön, und einem Gefangenen und Kranken kann ich's nicht übelnehmen, der sich in sie verliebt. In ihren Augen ist Trost, gesellschaftliche Melancholie. — Aber um dich, Adelheid, ist Leben, Feuer, Mut. — Ich würde! — Ich

bin ein Narr — dazu machte mich ein Blick von ihr. Mein Herr muß hin! Ich muß hin! Und da will ich mich wieder gescheit oder völlig rasend gaffen.

Zweiter Akt

Bamberg. Ein Saal
Bischof, Adelheid spielen Schach. Liebetraut mit einer Zither Frauen, Hofleute um ihn herum am Kamin

Liebetraut *(spielt und singt)*:
Mit Pfeilen und Bogen
Kupido geflogen,
Die Fackel in Brand,
Wollt mutilich kriegen
Und männilich siegen
Mit stürmender Hand.

Auf! Auf
An! An!

Die Waffen erklirrten,
Die Flügelein schwirrten,
Die Augen entbrannt.

Da fand er die Busen
Ach leider so bloß,
Sie nahmen so willig
Ihn all auf den Schoß.
Er schüttet die Pfeile
Zum Fenster hinein,
Sie herzten und drückten
Und wiegten ihn ein.

Hei ei o! Popeio!

Adelheid: Ihr seid nicht bei Eurem Spiele. Schach dem König!
Bischof: Es ist noch Auskunft.
Adelheid: Lange werdet Ihr's nicht mehr treiben. Schach dem König!
Liebetraut: Dies Spiel spielt ich nicht, wenn ich ein großer Herr wär, und verböt's am Hofe und im ganzen Land.
Adelheid: Es ist wahr, dies Spiel ist ein Probierstein des Gehirns.
Liebetraut: Nicht darum! Ich wollte lieber das Geheul der Totenglocke und ominöser Vögel, lieber das Gebell des knur-

rischen Hofhunds Gewissen, lieber wollt ich sie durch den tiefsten Schlaf hören, als von Laufern, Springern und andern Bestien das ewige: Schach dem König!

Bischof: Wem wird auch das einfallen!

Liebetraut: Einem zum Exempel, der schwach wäre und ein stark Gewissen hätte, wie denn das meistenteils beisammen ist. Sie nennen's ein königlich Spiel und sagen, es sei für einen König erfunden worden, der den Erfinder mit einem Meer von Überfluß belohnt habe. Wenn das wahr ist, so ist mir's, als wenn ich ihn sähe. Er war minorenn an Verstand oder an Jahren, unter der Vormundschaft seiner Mutter oder seiner Frau, hatte Milchhaare im Bart und Flachshaare um die Schläfe, er war so gefällig wie ein Weidenschößling und spielte gern Dame und mit den Damen, nicht aus Leidenschaft, behüte Gott! nur zum Zeitvertreib. Sein Hofmeister, zu tätig, um ein Gelehrter, zu unlenksam, ein Weltmann zu sein, erfand das Spiel in usum Delphini, das so homogen mit Seiner Majestät war — und so ferner.

Adelheid: Schach dem König, und nun ist's aus! Ihr solltet die Lücken unsrer Geschichtsbücher ausfüllen, Liebetraut.

Sie stehen auf

Liebetraut: Die Lücken unsrer Geschlechtsregister, das wäre profitabler. Seitdem die Verdienste unserer Vorfahren mit ihren Porträts zu einerlei Gebrauch dienen, die leeren Seiten nämlich unsrer Zimmer und unsres Charakters zu tapezieren; da wäre was zu verdienen.

Bischof: Er will nicht kommen, sagtet Ihr!

Adelheid: Ich bitt Euch, schlagt's Euch aus dem Sinn.

Bischof: Was das sein mag?

Liebetraut: Was? Die Ursachen lassen sich herunterbeten wie ein Rosenkranz. Er ist in eine Art von Zerknirschung gefallen, von der ich ihn leicht kurieren wollt.

Bischof: Tut das, reitet zu ihm.

Liebetraut: Meinen Auftrag!

Bischof: Er soll unumschränkt sein. Spare nichts, wenn du ihn zurückbringst.

Liebetraut: Darf ich Euch auch hineinmischen, gnädige Frau?

Adelheid: Mit Bescheidenheit.

Liebetraut: Das ist eine weitläufige Kommission.

Adelheid: Kennt Ihr mich so wenig, oder seid Ihr so jung, um nicht zu wissen, in welchem Ton Ihr mit Weislingen von mir zu reden habt?

Liebetraut: Im Ton einer Wachtelpfeife, denk ich.

Adelheid: Ihr werdet nie gescheit werden!
Liebetraut: Wird man das, gnädige Frau?
Bischof: Geht, geht. Nehmt das beste Pferd aus meinem Stall, wählt Euch Knechte, und schafft mir ihn her!
Liebetraut: Wenn ich ihn nicht herbanne, so sagt, ein altes Weib, das Warzen und Sommerflecken vertreibt, verstehe mehr von der Sympathie als ich.
Bischof: Was wird das helfen! Der Berlichingen hat ihn ganz eingenommen. Wenn er herkommt, wird er wieder fort wollen.
Liebetraut: Wollen, das ist keine Frage, aber ob er kann. Der Händedruck eines Fürsten, und das Lächeln einer schönen Frau! Da reißt sich kein Weisling los. Ich eile und empfehle mich zu Gnaden.
Bischof: Reist wohl.
Adelheid: Adieu. *(Er geht)*
Bischof: Wenn er einmal hier ist, verlaß ich mich auf Euch.
Adelheid: Wollt Ihr mich zur Leimstange brauchen?
Bischof: Nicht doch.
Adelheid: Zum Lockvogel denn.
Bischof: Nein, den spielt Liebetraut. Ich bitt Euch, versagt mir nicht, was mir sonst niemand gewähren kann.
Adelheid: Wollen sehn.

Jaxthausen

Hanns von Selbitz. Götz

Selbitz: Jedermann wird Euch loben, daß Ihr denen von Nürnberg Fehd angekündigt habt.
Götz: Es hätte mir das Herz abgefressen, wenn ich's ihnen hätte lang schuldig bleiben sollen. Es ist am Tag, sie haben den Bambergern meinen Buben verraten. Sie sollen an mich denken!
Selbitz: Sie haben ein alten Groll gegen Euch.
Götz: Und ich wider sie; mir ist gar recht, daß sie angefangen haben.
Selbitz: Die Reichsstädte und Pfaffen halten doch von jeher zusammen.
Götz: Sie haben's Ursach.
Selbitz: Wir wollen ihnen die Hölle heiß machen.
Götz: Ich zählte auf Euch. Wollte Gott, der Burgemeister von Nürnberg, mit der güldenen Kett um den Hals, käm uns in Wurf, er sollt sich mit all seinem Witz verwundern.
Selbitz: Ich höre, Weislingen ist wieder auf Eurer Seite. Tritt er zu uns?

Götz: Noch nicht; es hat seine Ursachen, warum er uns noch nicht öffentlich Vorschub tun darf; doch ist's eine Weile genug, daß er nicht wider uns ist. Der Pfaff ist ohne ihn, was das Meßgewand ohne den Pfaffen.
Selbitz: Wann ziehen wir aus?
Götz: Morgen oder übermorgen. Es kommen nun bald Kaufleute von Bamberg und Nürnberg aus der Frankfurter Messe. Wir werden einen guten Fang tun.
Selbitz: Will's Gott. *(Ab)*

Bamberg. Zimmer der Adelheid

Adelheid. Kammerfräulein

Adelheid: Er ist da! sagst du. Ich glaub es kaum.
Fräulein: Wenn ich ihn nicht selbst gesehn hätte, würd ich sagen: ich zweifle.
Adelheid: Den Liebetraut mag der Bischof in Gold einfassen, er hat ein Meisterstück gemacht.
Fräulein: Ich sah ihn, wie er zum Schloß hereinreiten wollte, er saß auf einem Schimmel. Das Pferd scheute, wie's an die Brücke kam, und wollte nicht von der Stelle. Das Volk war aus allen Straßen gelaufen ihn zu sehn. Sie freuten sich über des Pferdes Unart. Von allen Seiten ward er gegrüßt, und er dankte allen. Mit einer angenehmen Gleichgültigkeit saß er droben, und mit Schmeicheln und Drohen bracht er es endlich zum Tor herein, der Liebetraut mit, und wenig Knechte.
Adelheid: Wie gefällt er dir?
Fräulein: Wie mir nicht leicht ein Mann gefallen hat. Er glich dem Kaiser hier *(deutet auf Maximilians Porträt),* als wenn er sein Sohn wäre. Die Nase nur etwas kleiner, ebenso freundliche lichtbraune Augen, ebenso ein blondes schönes Haar, und gewachsen wie eine Puppe. Ein halb trauriger Zug auf seinem Gesicht — ich weiß nicht — gefiel mir so wohl!
Adelheid: Ich bin neugierig, ihn zu sehen.
Fräulein: Das wär ein Herr für Euch.
Adelheid: Närrin!
Fräulein: Kinder und Narren —

Liebetraut kommt

Liebetraut: Nun, gnädige Frau, was verdien ich?
Adelheid: Hörner von deinem Weibe. Denn nach dem zu rechnen, habt Ihr schon manches Nachbars ehrliches Hausweib aus ihrer Pflicht hinausgeschwatzt.

Liebetraut: Nicht doch, gnädige Frau! Auf ihre Pflicht, wollt Ihr sagen; denn wenn's ja geschah, schwätzt ich sie auf ihres Mannes Bette.
Adelheid: Wie habt Ihr's gemacht, ihn herzubringen?
Liebetraut: Ihr wißt zu gut, wie man Schnepfen fängt; soll ich Euch meine Kunststückchen noch dazu lehren? — Erst tat ich, als wüßt ich nichts, verstünd nichts von seiner Aufführung, und setzt ihn dadurch in den Nachteil, die ganze Historie zu erzählen. Die sah ich nun gleich von einer ganz andern Seite an als er, konnte nicht finden — nicht einsehen — und so weiter. Dann redete ich von Bamberg allerlei durcheinander, Großes und Kleines, erweckte gewisse alte Erinnerungen, und wie ich seine Einbildungskraft beschäftigt hatte, knüpfte ich wirklich eine Menge Fädchen wieder an, die ich zerrissen fand. Er wußte nicht, wie ihm geschah, fühlte einen neuen Zug nach Bamberg, er wollte — ohne zu wollen. Wie er nun in sein Herz ging, und das zu entwickeln suchte, und viel zu sehr mit sich beschäftigt war, um auf sich achtzugeben, warf ich ihm ein Seil um den Hals, aus drei mächtigen Stricken, Weiber-, Fürstengunst und Schmeichelei gedreht, und so hab ich ihn hergeschleppt.
Adelheid: Was sagtet Ihr von mir?
Liebetraut: Die lautre Wahrheit. Ihr hättet wegen Eurer Güter Verdrießlichkeiten — hättet gehofft, da er beim Kaiser so viel gelte, werde er das leicht enden können.
Adelheid: Wohl.
Liebetraut: Der Bischof wird ihn Euch bringen.
Adelheid: Ich erwarte sie. *(Liebetraut ab)* Mit einem Herzen, wie ich selten Besuch erwarte.

Im Spessart

Berlichingen. Selbitz. Georg als Reitersknecht

Götz: Du hast ihn nicht angetroffen, Georg!
Georg: Er war tags vorher mit Liebetraut nach Bamberg geritten, und zwei Knechte mit.
Götz: Ich seh nicht ein, was das geben soll.
Selbitz: Ich wohl. Eure Versöhnung war ein wenig zu schnell, als daß sie dauerhaft hätte sein sollen. Der Liebetraut ist ein pfiffiger Kerl; von dem hat er sich beschwätzen lassen.
Götz: Glaubst du, daß er bundbrüchig werden wird?
Selbitz: Der erste Schritt ist getan.
Götz: Ich glaub's nicht. Wer weiß, wie nötig es war, an Hof zu gehen; man ist ihm noch schuldig; wir wollen das Beste hoffen.

Selbitz: Wollte Gott, er verdient' es, und täte das Beste!
Götz: Mir fällt eine List ein. Wir wollen Georgen des Bamberger Reiters erbeuteten Kittel anziehen, und ihm das Geleitzeichen geben; er mag nach Bamberg reiten und sehen, wie's steht.
Georg: Da hab ich lang drauf gehofft.
Götz: Es ist dein erster Ritt. Sei vorsichtig, Knabe! Mir wäre leid, wenn dir ein Unfall begegnen sollt.
Georg: Laßt nur, mich irrt's nicht, wenn noch so viel um mich herumkrabbeln, mir ist's, als wenn's Ratten und Mäuse wären. *(Ab)*

Bamberg
Bischof. Weislingen

Bischof: Du willst dich nicht länger halten lassen!
Weislingen: Ihr werdet nicht verlangen, daß ich meinen Eid brechen soll.
Bischof: Ich hätte verlangen können, du solltest ihn nicht schwören. Was für ein Geist regierte dich? Konnt ich dich ohne das nicht befreien? Gelt ich so wenig am kaiserlichen Hofe?
Weislingen: Es ist geschehen; verzeiht mir, wenn Ihr könnt.
Bischof: Ich begreif nicht, was nur im geringsten dich nötigte, den Schritt zu tun! Mir zu entsagen? Waren denn nicht hundert andere Bedingungen, loszukommen? Haben wir nicht seinen Buben? Hätt ich nicht Geld genug gegeben, und ihn wieder beruhigt? Unsere Anschläge auf ihn und seine Gesellen wären fortgegangen. — Ach ich denke nicht, daß ich mit seinem Freunde rede, der nun wider mich arbeitet, und die Minen leicht entkräften kann, die er selbst gegraben hat.
Weislingen: Gnädiger Herr!
Bischof: Und doch — wenn ich wieder dein Angesicht sehe, deine Stimme höre. Es ist nicht möglich, nicht möglich.
Weislingen: Lebt wohl, gnädiger Herr.
Bischof: Ich gebe dir meinen Segen. Sonst, wenn du gingst, sagt' ich: Auf Wiedersehn! Jetzt — Wollte Gott, wir sähen einander nie wieder!
Weislingen: Es kann sich vieles ändern.
Bischof: Es hat sich leider nur schon zu viel geändert. Vielleicht seh ich dich noch einmal, als Feind vor meinen Mauern, die Felder verheeren, die ihren blühenden Zustand dir jetzo danken.
Weislingen: Nein, gnädiger Herr.

Bischof: Du kannst nicht Nein sagen. Die weltlichen Stände, meine Nachbarn, haben alle einen Zahn auf mich. Solang ich dich hatte — Geht, Weislingen! Ich habe Euch nichts mehr zu sagen. Ihr habt vieles zunichte gemacht. Geht!
Weislingen: Und ich weiß nicht, was ich sagen soll.

Bischof ab. Franz tritt auf

Franz: Adelheid erwartet Euch. Sie ist nicht wohl. Und doch will sie Euch ohne Abschied nicht lassen.
Weislingen: Komm.
Franz: Gehn wir denn gewiß?
Weislingen: Noch diesen Abend.
Franz: Mir ist, als wenn ich aus der Welt sollte.
Weislingen: Mir auch, und noch dazu, als wüßt ich nicht wohin.

Adelheidens Zimmer

Adelheid. Fräulein

Fräulein: Ihr seht blaß, gnädige Frau.
Adelheid: — Ich lieb ihn nicht und wollt doch, daß er bliebe. Siehst du, ich könnte mit ihm leben, ob ich ihn gleich nicht zum Manne haben möchte.
Fräulein: Glaubt Ihr, er geht?
Adelheid: Er ist zum Bischof, um Lebewohl zu sagen.
Fräulein: Er hat darnach noch einen schweren Stand.
Adelheid: Wie meinst du?
Fräulein: Was fragt Ihr, gnädige Frau? Ihr habt sein Herz geangelt, und wenn er sich losreißen will, verblutet er.

Adelheid. Weislingen

Weislingen: Ihr seid nicht wohl, gnädige Frau?
Adelheid: Das kann Euch einerlei sein. Ihr verlaßt uns, verlaßt uns auf immer. Was fragt Ihr, ob wir leben oder sterben.
Weislingen: Ihr verkennt mich.
Adelheid: Ich nehme Euch, wie Ihr Euch gebt.
Weislingen: Das Ansehn trügt.
Adelheid: So seid Ihr ein Chamäleon?
Weislingen: Wenn Ihr in mein Herz sehen könntet!
Adelheid: Schöne Sachen würden mir vor die Augen kommen.
Weislingen: Gewiß! Ihr würdet Euer Bild drin finden.
Adelheid: In irgendeinem Winkel bei den Porträten ausgestorbener Familien. Ich bitt Euch, Weislingen, bedenkt, Ihr redet mit mir. Falsche Worte gelten zum höchsten, wenn sie Masken unserer Taten sind. Ein Vermummter, der kenntlich

ist, spielt eine armselige Rolle. Ihr leugnet Eure Handlungen nicht und redet das Gegenteil; was soll man von Euch halten?
Weislingen: Was Ihr wollt. Ich bin so geplagt mit dem, was ich bin, daß mir wenig bang ist, für was man mich nehmen mag.
Adelheid: Ihr kommt, um Abschied zu nehmen.
Weislingen: Erlaubt mir, Eure Hand zu küssen, und ich will sagen: lebt wohl. Ihr erinnert mich! Ich bedachte nicht — Ich bin beschwerlich, gnädige Frau.
Adelheid: Ihr legt's falsch aus; ich wollte Euch fort helfen. Denn Ihr wollt fort.
Weislingen: O sagt: ich muß. Zöge mich nicht die Ritterpflicht, der heilige Handschlag —
Adelheid: Geht! Geht! Erzählt das Mädchen, die den Theuerdank lesen, und sich so einen Mann wünschen. Ritterpflicht! Kinderspiel!
Weislingen: Ihr denkt nicht so.
Adelheid: Bei meinem Eid, Ihr verstellt Euch. Was habt Ihr versprochen? Und wem? Einem Mann, der seine Pflicht gegen den Kaiser und das Reich verkennt, in eben dem Augenblick Pflicht zu leisten, da er durch Eure Gefangennehmung in die Strafe der Acht verfällt. Pflicht zu leisten! die nicht gültiger sein kann als ein ungerechter gezwungener Eid. Entbinden nicht unsre Gesetze von solchen Schwüren? Macht das Kindern weis, die den Rübezahl glauben. Es stecken andere Sachen dahinter. Ein Feind des Reichs zu werden, ein Feind der bürgerlichen Ruh und Glückseligkeit! Ein Feind des Kaisers! Geselle eines Räubers! du, Weislingen, mit deiner sanften Seele!
Weislingen: Wenn Ihr ihn kenntet —
Adelheid: Ich wollt ihm Gerechtigkeit widerfahren lassen. Er hat eine hohe unbändige Seele. Eben darum wehe dir, Weislingen! Geh und bilde dir ein, Geselle von ihm zu sein! Geh! und laß dich beherrschen. Du bist freundlich, gefällig —
Weislingen: Er ist's auch.
Adelheid: Aber du bist nachgebend und er nicht! Unversehens wird er dich wegreißen, du wirst ein Sklave eines Edelmanns werden, da du Herr von Fürsten sein könntest. — Doch es ist Unbarmherzigkeit, dir deinen zukünftigen Stand zu verleiden.
Weislingen: Hättest du gefühlt, wie liebreich er mir begegnete.
Adelheid: Liebreich! Das rechnest du ihm an? Es war seine Schuldigkeit; und was hättest du verloren, wenn er widerwärtig gewesen wäre? Mir hätte das willkommner sein sollen. Ein übermütiger Mensch wie der —
Weislingen: Ihr redet von Eurem Feind.

Adelheid: Ich redete für Eure Freiheit. — Und weiß überhaupt nicht, was ich für einen Anteil dran nehme. Lebt wohl.
Weislingen: Erlaubt noch einen Augenblick.

Er nimmt ihre Hand und schweigt

Adelheid: Habt Ihr mir noch etwas zu sagen?
Weislingen: — — Ich muß fort.
Adelheid: So geht.
Weislingen: Gnädige Frau! — Ich kann nicht.
Adelheid: Ihr müßt.
Weislingen: Soll das Euer letzter Blick sein?
Adelheid: Geht! Ich bin krank, sehr zur ungelegnen Zeit.
Weislingen: Seht mich nicht so an.
Adelheid: Willst du unser Feind sein, und wir sollen dir lächeln? Geh!
Weislingen: Adelheid!
Adelheid: Ich hasse Euch!

Franz kommt

Franz: Gnädiger Herr! Der Bischof läßt Euch rufen.
Adelheid: Geht! Geht!
Franz: Er bittet Euch eilend zu kommen.
Adelheid: Geht! Geht!
Weislingen: Ich nehme nicht Abschied, ich sehe Euch wieder. *(Ab)*
Adelheid: Mich wieder? Wir wollen dafür sein. Margarete, wenn er kommt, weis ihn ab. Ich bin krank, habe Kopfweh, ich schlafe. — Weis ihn ab. Wenn er noch zu gewinnen ist, so ist's auf diesem Weg. *(Ab)*

Vorzimmer

Weislingen. Franz

Weislingen: Sie will mich nicht sehn?
Franz: Es wird Nacht, soll ich die Pferde satteln?
Weislingen: Sie will mich nicht sehn!
Franz: Wann befehlen Ihre Gnaden die Pferde?
Weislingen: Es ist zu spät! Wir bleiben hier.
Franz: Gott sei Dank! *(Ab)*
Weislingen: Du bleibst! Sei auf deiner Hut, die Versuchung ist groß. Mein Pferd scheute, wie ich zum Schloßtor herein wollte, mein guter Geist stellte sich ihm entgegen, er kannte die Gefahren, die mein hier warteten. — Doch ist's nicht recht, die vielen Geschäfte, die ich dem Bischof unvollendet liegen ließ, nicht wenigstens so zu ordnen, daß ein Nach-

folger da anfangen kann, wo ich's gelassen habe. Das kann ich doch alles tun, unbeschadet Berlichingens und unserer Verbindung. Denn halten sollen sie mich hier nicht. — Wäre doch besser gewesen, wenn ich nicht gekommen wäre. Aber ich will fort — morgen oder übermorgen. *(Geht ab)*

Im Spessart

Götz. Selbitz. Georg

Selbitz: Ihr seht, es ist gegangen, wie ich gesagt habe.

Götz: Nein! Nein! Nein!

Georg: Glaubt, ich berichte Euch mit der Wahrheit. Ich tat, wie Ihr befahlt, nahm den Kittel des Bambergischen und sein Zeichen, und damit ich doch mein Essen und Trinken verdiente, geleitete ich Reineckische Bauern hinauf nach Bamberg.

Selbitz: In der Verkappung? Das hätte dir übel geraten können.

Georg: So denk ich auch hintendrein. Ein Reitersmann, der das voraus denkt, wird keine weiten Sprünge machen. Ich kam nach Bamberg, und gleich im Wirtshaus hörte ich erzählen: Weislingen und der Bischof seien ausgesöhnt, und man redete viel von einer Heirat mit der Witwe des von Walldorf.

Götz: Gespräche.

Georg: Ich sah ihn, wie er sie zur Tafel führte. Sie ist schön, bei meinem Eid, sie ist schön. Wir bückten uns alle, sie dankte uns allen, er nickte mit dem Kopf, sah sehr vergnügt, sie gingen vorbei, und das Volk murmelte: ein schönes Paar!

Götz: Das kann sein.

Georg: Hört weiter. Da er des andern Tags in die Messe ging, paßt ich meine Zeit ab. Er war allein mit einem Knaben. Ich stund unten an der Treppe und sagte leise zu ihm: Ein paar Worte von Eurem Berlichingen. Er ward bestürzt; ich sahe das Geständnis seines Lasters in seinem Gesicht, er hatte kaum das Herz, mich anzusehen, mich, einen schlechten Reitersjungen.

Selbitz: Das macht, sein Gewissen war schlechter als dein Stand.

Georg: Du bist Bambergisch! sagt er. Ich bring einen Gruß vom Ritter Berlichingen, sagt ich, und soll fragen — Komm morgen früh, sagt er, an mein Zimmer, wir wollen weiter reden.

Götz: Kamst du?

Georg: Wohl kam ich, und mußt im Vorsaal stehn, lang, lang. Und die seidnen Buben beguckten mich von vorn und hinten. Ich dachte, guckt ihr — Endlich führte man mich hinein, er schien böse, mir war's einerlei. Ich trat zu ihm und legte meine Kommission ab. Er tat feindlich böse, wie einer, der kein Herz hat und 's nit will merken lassen. Er verwunderte sich, daß Ihr ihn durch einen Reitersjungen zur Rede setzen ließt. Das verdroß mich. Ich sagte, es gäbe nur zweierlei Leut, brave und Schurken, und ich diente Götzen von Berlichingen. Nun fing er an, schwatzte allerlei verkehrtes Zeug, das darauf hinausging: Ihr hättet ihn übereilt, er sei Euch keine Pflicht schuldig, und wollte nichts mit Euch zu tun haben.

Götz: Hast du das aus seinem Munde?

Georg: Das und noch mehr. — Er drohte mir —

Götz: Es ist genug! Der wäre nun auch verloren! Treu und Glaube, du hast mich wieder betrogen. Arme Marie! Wie werd ich dir's beibringen!

Selbitz: Ich wollte lieber mein ander Bein dazu verlieren als so ein Hundsfott sein. *(Ab)*

Bamberg

Adelheid. Weislingen

Adelheid: Die Zeit fängt mir an unerträglich lang zu werden; reden mag ich nicht, und ich schäme mich, mit Euch zu spielen. Langeweile, du bist ärger als ein kaltes Fieber.

Weislingen: Seid Ihr mich schon müde?

Adelheid: Euch nicht sowohl als Euren Umgang. Ich wollte, Ihr wärt, so Ihr hin wolltet, und wir hätten Euch nicht gehalten.

Weislingen: Das ist Weibergunst! Erst brütet sie, mit Mutterwärme, unsere liebsten Hoffnungen an; dann, gleich einer unbeständigen Henne, verläßt sie das Nest, und übergibt ihre schon keimende Nachkommenschaft dem Tode und der Verwesung.

Adelheid: Scheltet die Weiber! Der unbesonnene Spieler zerbeißt und zerstampft die Karten, die ihn unschuldigerweise verlieren machten. Aber laßt mich Euch was von Mannsleuten erzählen. Was seid denn ihr, um von Wankelmut zu sprechen? Ihr, die ihr selten seid, was ihr sein wollt, niemals was ihr sein solltet. Könige im Festtagsornat, vom Pöbel beneidet. Was gäb eine Schneidersfrau drum, eine Schnur Perlen um ihren Hals zu haben, von dem Saum Eures Kleids, den Eure Absätze verächtlich zurückstoßen!

Weislingen: Ihr seid bitter.

Adelheide: Es ist die Antistrophe von Eurem Gesang. Eh ich Euch kannte, Weislingen, ging mir's wie der Schneidersfrau. Der Ruf, hundertzüngig, ohne Metapher gesprochen, hatte Euch so zahnarztmäßig herausgestrichen, daß ich mich überreden ließ zu wünschen: möchtest du doch diese Quintessenz des männlichen Geschlechts, den Phönix Weislingen zu Gesicht kriegen! Ich ward meines Wunsches gewährt.

Weislingen: Und der Phönix präsentierte sich als ein ordinärer Haushahn.

Adelheid: Nein, Weislingen, ich nahm Anteil an Euch.

Weislingen: Es schien so —

Adelheid: Und war. Denn wirklich, Ihr übertraft Euren Ruf. Die Menge schätzt nur den Widerschein des Verdienstes. Wie mir's denn nun geht, daß ich über die Leute nicht denken mag, denen ich wohl will; so lebten wir eine Zeitlang nebeneinander, es fehlte mir was, und ich wußte nicht, was ich an Euch vermißte. Endlich gingen mir die Augen auf. Ich sah statt des aktiven Mannes, der die Geschäfte eines Fürstentums belebte, der sich und seinen Ruhm dabei nicht vergaß, der auf hundert großen Unternehmungen, wie auf übereinandergewälzten Bergen, zu den Wolken hinauf gestiegen war; den sah ich auf einmal, jammernd wie einen kranken Poeten, melancholisch wie ein gesundes Mädchen, und müßiger als einen alten Junggesellen. Anfangs schrieb ich's Eurem Unfall zu, der Euch noch neu auf dem Herzen lag, und entschuldigte Euch, so gut ich konnte. Jetzt, da es von Tag zu Tag schlimmer mit Euch zu werden scheint, müßt Ihr mir verzeihen, wenn ich Euch meine Gunst entreiße. Ihr besitzt sie ohne Recht, ich schenkte sie einem andern auf Lebenslang, der sie Euch nicht übertragen konnte.

Weislingen: So laßt mich los.

Adelheid: Nicht, bis alle Hoffnung verloren ist. Die Einsamkeit ist in diesen Umständen gefährlich. — Armer Mensch! Ihr seid so mißmutig, wie einer, dem sein erstes Mädchen untreu wird, und eben darum geb ich Euch nicht auf. Gebt mir die Hand, verzeiht mir, was ich aus Liebe gesagt habe.

Weislingen: Könntest du mich lieben, könntest du meiner heißen Leidenschaft einen Tropfen Linderung gewähren! Adelheid! Deine Vorwürfe sind höchst ungerecht. Könntest du den hundertsten Teil ahnen von dem, was die Zeit her in mir arbeitet, du würdest mich nicht mit Gefälligkeit, Gleichgültigkeit und Verachtung so unbarmherzig hin und her zerrissen haben. — Du lächelst! — Nach dem übereilten Schritt wieder mit mir selbst einig zu werden, kostet mehr als einen Tag. Wider den Menschen zu arbeiten, dessen Andenken so lebhaft neu in Liebe bei mir ist.

Adelheid: Wunderlicher Mann, der du den lieben kannst, den

du beneidest! Das ist, als wenn ich meinem Feinde Proviant zuführte.

Weislingen: Ich fühl's wohl, es gilt hier kein Säumen. Er ist berichtet, daß ich wieder Weislingen bin, und er wird sich seines Vorteils über uns ersehen. Auch, Adelheid, sind wir nicht so träg, als du meinst. Unsere Reiter sind verstärkt und wachsam, unsere Unterhandlungen gehen fort, und der Reichstag zu Augsburg soll hoffentlich unsere Projekte zur Reife bringen.

Adelheid: Ihr geht hin?

Weislingen: Wenn ich eine Hoffnung mitnehmen könnte! *(Er küßt ihre Hand)*

Adelheid: O ihr Ungläubigen! Immer Zeichen und Wunder! Geh, Weislingen, und vollende das Werk. Der Vorteil des Bischofs, der deinige, der meinige, sie sind so verwebt, daß, wäre es auch nur der Politik wegen —

Weislingen: Du kannst scherzen.

Adelheid: Ich scherze nicht. Meine Güter hat der stolze Herzog inne, und die deinigen wird Götz nicht lange ungeneckt lassen; und wenn wir nicht zusammenhalten wie unsere Feinde, und den Kaiser auf unsere Seite lenken, sind wir verloren.

Weislingen: Mir ist's nicht bange. Der größte Teil der Fürsten ist unserer Gesinnung. Der Kaiser verlangt Hilfe gegen die Türken, und dafür ist's billig, daß er uns wieder beisteht. Welche Wollust wird mir's sein, deine Güter von übermütigen Feinden zu befreien, die unruhigen Köpfe in Schwaben aufs Kissen zu bringen, die Ruhe des Bistums, unser aller herzustellen. Und dann —?

Adelheid: Ein Tag bringt den andern, und beim Schicksal steht das Zukünftige.

Weislingen: Aber wir müssen wollen.

Adelheid: Wir wollen ja.

Weislingen: Gewiß?

Adelheid: Nun ja. Geht nur.

Weislingen: Zauberin!

Herberge

Bauernhochzeit. Musik und Tanz draußen
Der Brautvater, Götz, Selbitz am Tische. Bräutigam tritt zu ihnen

Götz: Das Gescheiteste war, daß ihr euren Zwist so glücklich und fröhlich durch eine Heirat endigt.

Brautvater: Besser als ich mir's hätte träumen lassen. In Ruh und Fried mit meinem Nachbar, und eine Tochter wohl versorgt dazu!

Bräutigam: Und ich im Besitz des strittigen Stücks, und drüber den hübschen Backfisch im ganzen Dorf. Wollte Gott, Ihr hättet Euch eher drein geben.
Selbitz: Wie lange habt ihr prozessiert?
Brautvater: An die acht Jahre. Ich wollte lieber noch einmal so lang das Frieren haben, als von vorn anfangen. Das ist ein Gezerre, ihr glaubt's nicht, bis man den Perrucken ein Urteil vom Herzen reißt; und was hat man darnach. Der Teufel hol den Assessor Sapupi! 's is ein verfluchter schwarzer Italiener.
Bräutigam: Ja, das ist ein toller Kerl. Zweimal war ich dort.
Brautvater: Und ich dreimal. Und seht, ihr Herrn: kriegen wir ein Urteil endlich, wo ich so viel recht hab als er, und er so viel als ich, und wir eben stunden wie die Maulaffen, bis mir unser Herrgott eingab, ihm meine Tochter zu geben und das Zeug dazu.
Götz *(trinkt):* Gut Vernehmen künftig.
Brautvater: Geb's Gott! Geh's aber wie's will, prozessieren tu ich mein Tag nit mehr. Was das ein Geldspiel kost! Jeden Reverenz, den Euch ein Prokurator macht, müßt Ihr bezahlen.
Selbitz: Sind ja jährlich kaiserliche Visitationen da.
Brautvater: Hab nichts davon gespürt. Ist mir mancher schöne Taler nebenausgangen. Das unerhörte Blechen!
Götz: Wie meint Ihr?
Brautvater: Ach, da macht alles hohle Pfötchen. Der Assessor allein, Gott verzeih's ihm, hat mir achtzehn Goldgülden abgenommen.
Bräutigam: Wer?
Brautvater: Wer anders als der Sapupi!
Götz: Das ist schändlich.
Brautvater: Wohl, ich mußt ihm zwanzig erlegen. Und da ich sie ihm hingezahlt hatte, in seinem Gartenhaus, das prächtig ist, im großen Saal, wollt mir vor Wehmut fast das Herz brechen. Denn seht, eines Haus und Hof steht gut, aber wo soll bar Geld herkommen? Ich stund da, Gott weiß wie mir's war. Ich hatte keinen roten Heller Reisegeld im Sack. Endlich nahm ich mir's Herz und stellt's ihm vor. Nun er sah, daß mir's Wasser an die Seele ging, da warf er mir zwei davon zurück, und schickt' mich fort.
Bräutigam: Es ist nicht möglich! Der Sapupi.
Brautvater: Wie stellst du dich! Freilich! Kein andrer!
Bräutigam: Den soll der Teufel holen, er hat mir auch funfzehn Goldgülden abgenommen.
Brautvater: Verflucht!
Selbitz: Götz! Wir sind Räuber!

Brautvater: Drum fiel das Urteil so scheel aus. Du Hund!
Götz: Das müßt ihr nicht ungerügt lassen.
Brautvater: Was sollen wir tun?
Götz: Macht euch auf nach Speier, es ist eben Visitationszeit, zeigt's an, sie müssen's untersuchen und euch zu dem eurigen helfen.
Bräutigam: Denkt Ihr, wir treiben's durch?
Götz: Wenn ich ihm über die Ohren dürfte, wollt ich's euch versprechen.
Selbitz: Die Summe ist wohl einen Versuch wert.
Götz: Bin ich wohl eher um des vierten Teils willen ausgeritten.
Brautvater: Wie meinst du?
Bräutigam: Wir wollen, geh's wie's geh.

Georg kommt

Georg: Die Nürnberger sind im Anzug.
Götz: Wo?
Georg: Wenn wir ganz sachte reiten, packen wir sie zwischen Beerheim und Mühlbach im Wald.
Selbitz: Trefflich!
Götz: Kommt, Kinder. Gott grüß euch! Helf uns allen zum unsrigen!
Bauer: Großen Dank! Ihr wollt nicht zum Nacht-Jims bleiben?
Götz: Können nicht. Adies.

Dritter Akt

Augsburg. Ein Garten
Zwei Nürnberger Kaufleute

Erster Kaufmann: Hier wollen wir stehn, denn da muß der Kaiser vorbei. Er kommt eben den langen Gang herauf.
Zweiter Kaufmann: Wer ist bei ihm?
Erster Kaufmann: Adelbert von Weislingen.
Zweiter Kaufmann: Bambergs Freund! das ist gut.
Erster Kaufmann: Wir wollen einen Fußfall tun, und ich will reden.
Zweiter Kaufmann: Wohl, da kommen sie.

Kaiser. Weislingen

Erster Kaufmann: Er sieht verdrießlich aus.
Kaiser: Ich bin unmutig, Weislingen, und wenn ich auf mein vergangenes Leben zurücksehe, möcht ich verzagt werden; so viel halbe, so viel verunglückte Unternehmungen! und das

alles, weil kein Fürst im Reich so klein ist, dem nicht mehr an seinen Grillen gelegen wäre als an meinen Gedanken.

Die Kaufleute werfen sich ihm zu Füßen

Kaufmann: Allerdurchlauchtigster! Großmächtigster!
Kaiser: Wer seid ihr? Was gibt's?
Kaufmann: Arme Kaufleute von Nürnberg, Euer Majestät Knechte, und flehen um Hilfe. Götz von Berlichingen und Hanns von Selbitz haben unser dreißig, die von der Frankfurter Messe kamen, im Bambergischen Geleite niedergeworfen und beraubt; wir bitten Eure Kaiserliche Majestät um Hilfe, um Beistand, sonst sind wir alle verdorbene Leute, genötigt, unser Brot zu betteln.
Kaiser: Heiliger Gott! Heiliger Gott! Was ist das? Der eine hat nur eine Hand, der andere nur ein Bein; wenn sie erst zwei Hände hätten, und zwei Beine, was wolltet ihr dann tun?
Kaufmann: Wir bitten Eure Majestät untertänigst, auf unsere bedrängten Umstände ein mitleidiges Auge zu werden.
Kaiser: Wie geht's zu! Wenn ein Kaufmann einen Pfeffersack verliert, soll man das ganze Reich aufmahnen; und wenn Händel vorhanden sind, daran Kaiserlicher Majestät und dem Reich viel gelegen ist, daß es Königreich, Fürstentum, Herzogtum und anders betrifft, so kann euch kein Mensch zusammenbringen.
Weislingen: Ihr kommt zur ungelegnen Zeit. Geht und verweilt einige Tage hier.
Kaufleute: Wir empfehlen uns zu Gnaden. *(Ab)*
Kaiser: Wieder neue Händel. Sie wachsen nach wie die Köpfe der Hydra.
Weislingen: Und sind nicht auszurotten als mit Feuer und Schwert, und einer mutigen Unternehmung.
Kaiser: Glaubt Ihr?
Weislingen: Ich halte nichts für tunlicher, wenn Eure Majestät und die Fürsten sich über andern unbedeutenden Zwist vereinigen könnten. Es ist mitnichten ganz Deutschland, das über Beunruhigung klagt. Franken und Schwaben allein glimmt noch von den Resten des innerlichen verderblichen Bürgerkriegs. Und auch da sind viele der Edlen und Freien, die sich nach Ruhe sehnen. Hätten wir einmal diesen Sickingen, Selbitz — Berlichingen auf die Seite geschafft, das übrige würde bald von sich selbst zerfallen. Denn sie sind's, deren Geist die aufrührerische Menge belebt.
Kaiser: Ich möchte die Leute gerne schonen, sie sind tapfer und edel. Wenn ich Krieg führte, müßten sie mit mir zu Felde.

Weislingen: Es wäre zu wünschen, daß sie von jeher gelernt
hätten, ihrer Pflicht zu gehorchen. Und dann wär es höchst
gefährlich, ihre aufrührerischen Unternehmungen durch
Ehrenstellen zu belohnen. Denn eben diese kaiserliche Mild
und Gnade ist's, die sie bisher so ungeheuer mißbrauchten,
und ihr Anhang, der sein Vertrauen und Hoffnung darauf
setzt, wird nicht ehe zu bändigen sein, bis wir sie ganz vor
den Augen der Welt zunichte gemacht, und ihnen alle Hoffnung, jemals wieder emporzukommen, völlig abgeschnitten
haben.
Kaiser: Ihr ratet also zur Strenge?
Weislingen: Ich sehe kein ander Mittel, den Schwindelgeist, der
ganze Landschaften ergreift, zu bannen. Hören wir nicht
schon hier und da die bittersten Klagen der Edlen, daß ihre
Untertanen, ihre Leibeignen sich gegen sie auflehnen und
mit ihnen rechten, ihnen die hergebrachte Oberherrschaft zu
schmälern drohn, so daß die gefährlichsten Folgen zu fürchten sind?
Kaiser: Jetzt wär eine schöne Gelegenheit wider den Berlichingen und Selbitz; nur wollt ich nicht, daß ihnen was zuleid
geschehe. Gefangen möcht ich sie haben, und dann müßten
sie Urfehde schwören, auf ihren Schlössern ruhig zu bleiben,
und nicht aus ihrem Bann zu gehen. Bei der nächsten Session
will ich's vortragen.
Weislingen: Ein freudiger beistimmender Zuruf wird Eurer
Majestät das Ende der Rede ersparen. *(Ab)*

Jaxthausen

Sickingen. Berlichingen

Sickingen: Ja, ich komme, Eure edle Schwester um ihr Herz
und ihre Hand zu bitten.
Götz: So wollt ich, Ihr wärt eher kommen. Ich muß Euch sagen:
Weislingen hat während seiner Gefangenschaft ihre Liebe
gewonnen, um sie angehalten, und ich sagt sie ihm zu. Ich
hab ihn losgelassen, den Vogel, und er verachtet die gütige
Hand, die ihm in der Not Futter reichte. Er schwirrt herum,
weiß Gott auf welcher Hecke seine Nahrung zu suchen.
Sickingen: Ist das so?
Götz: Wie ich sage.
Sickingen: Er hat ein doppeltes Band zerrissen. Wohl Euch, daß
Ihr mit dem Verräter nicht näher verwandt worden.
Götz: Sie sitzt, das arme Mädchen, verjammert und verbetet ihr
Leben.

Sickingen: Wir sollen sie singen machen.

Götz: Wie! Entschließt Ihr Euch, eine Verlaßne zu heiraten?

Sickingen: Es macht Euch beiden Ehre, von ihm betrogen worden zu sein. Soll darum das arme Mädchen in ein Kloster gehn, weil der erste Mann, den sie kannte, ein Nichtswürdiger war? Nein doch! ich bleibe darauf, sie soll Königin von meinen Schlössern werden.

Götz: Ich sage Euch, sie war nicht gleichgültig gegen ihn.

Sickingen: Traust du mir nicht zu, daß ich den Schatten eines Elenden sollte verjagen können? Laß uns zu ihr. *(Ab)*

Lager der Reichsexekution

Hauptmann. Offiziere

Hauptmann: Wir müssen behutsam gehn und unsere Leute so viel möglich schonen. Auch ist unsere gemessene Ordre, ihn in die Enge zu treiben und lebendig gefangen zu nehmen. Es wird schwer halten, denn wer mag sich an ihn machen?

Erster Offizier: Freilich! Und er wird sich wehren wie ein wildes Schwein. Überhaupt hat er uns sein Leben lang nichts zuleid getan, und jeder wird's von sich schieben, Kaiser und Reich zu Gefallen Arm und Bein dran zu setzen.

Zweiter Offizier: Es wäre eine Schande, wenn wir ihn nicht kriegten. Wenn ich ihn nur einmal beim Lippen habe, er soll nicht loskommen.

Erster Offizier: Faßt ihn nur nicht mit Zähnen, er möchte Euch die Kinnbacken auszuziehen. Guter junger Herr, dergleichen Leut' packen sich nicht wie ein flüchtiger Dieb.

Zweiter Offizier: Wollen sehn.

Hauptmann: Unsern Brief muß er nun haben. Wir wollen nicht säumen, und einen Trupp ausschicken, der ihn beobachten soll.

Zweiter Offizier: Laßt mich ihn führen.

Hauptmann: Ihr seid der Gegend unkundig.

Zweiter Offizier: Ich hab einen Knecht, der hier geboren und erzogen ist.

Hauptmann: Ich bin's zufrieden. *(Ab)*

Jaxthausen

Sickingen

Sickingen: Es geht alles nach Wunsch; sie war etwas bestürzt über meinen Antrag und sah mich vom Kopf bis auf die Füße an; ich wette, sie verglich mich mit ihrem Weißfisch. Gott sei Dank, daß ich mich stellen darf. Sie antwortete wenig und durcheinander; desto besser! Es mag eine Zeit kochen. Bei Mädchen, die durch Liebesunglück gebeizt sind, wird ein Heiratsvorschlag bald gar.

Götz kommt

Sickingen: Was bringt Ihr, Schwager?
Götz: In die Acht erklärt.
Sickingen: Was?
Götz: Da lest den erbaulichen Brief. Der Kaiser hat Exekution gegen mich verordnet, die mein Fleisch den Vögeln unter dem Himmel und den Tieren auf dem Felde zu fressen vorschneiden soll.
Sickingen: Erst sollen sie dran. Just zur gelegenen Zeit bin ich hier.
Götz: Nein, Sickingen, Ihr sollt fort. Das hieße Eure großen Anschläge im Keim zertreten, wenn Ihr zu so ungelegener Zeit des Reichs Feind werden wolltet. Auch mir könnt Ihr weit mehr nutzen, wenn Ihr neutral zu sein scheint. Der Kaiser liebt Euch, und das Schlimmste, das mir begegnen kann, ist gefangen zu werden; dann braucht Euer Vorwort, und reißt mich aus einem Elend, in das unzeitige Hilfe uns beide stürzen könnte. Denn was wär's? Jetzo geht der Zug gegen mich; erfahren sie, du bist bei mir, so schicken sie mehr, und wir sind um nichts gebessert. Der Kaiser sitzt an der Quelle, und ich wär schon jetzt unwiederbringlich verloren, wenn man Tapferkeit so geschwind einblasen könnte, als man einen Haufen zusammenblasen kann.
Sickingen: Doch kann ich heimlich ein zwanzig Reiter zu Euch stoßen lassen.
Götz: Gut. Ich hab schon Georgen nach dem Selbitz geschickt, und meine Knechte in der Nachbarschaft herum. Lieber Schwager, wenn meine Leute beisammen sind, es wird ein Häufchen sein, dergleichen wenig Fürsten beisammen gesehen haben.
Sickingen: Ihr werdet gegen der Menge wenig sein.
Götz: Ein Wolf ist einer ganzen Herde Schafe zu viel.
Sickingen: Wenn sie aber einen guten Hirten haben?
Götz: Sorg du. Es sind lauter Mietlinge. Und dann kann der beste Ritter nichts machen, wenn er nicht Herr von seinen Handlungen ist. So kamen sie mir auch einmal, wie ich dem Pfalzgrafen zugesagt hatte, gegen Conrad Schotten zu dienen; da legt er mir einen Zettel aus der Kanzlei vor, wie ich reiten und mich halten sollt; da warf ich den Räten das Papier wieder dar, und sagt: ich wüßt nicht darnach zu

handeln, ich weiß nicht, was mir begegnen mag, das steht nicht im Zettel, ich muß die Augen selbst auftun und sehn, was ich zu schaffen hab.

Sickingen: Glück zu, Bruder, Ich will gleich fort und dir schikken, was ich in der Eil zusammentreiben kann.

Götz: Komm noch zu den Frauen, ich ließ sie beisammen. Ich wollte, daß du ihr Wort hättest, ehe du gingst. Dann schick mir die Reiter, und komm heimlich wieder, sie abzuholen, denn mein Schloß, fürcht ich, wird bald kein Aufenthalt für Weiber mehr sein.

Sickingen: Wollen das Beste hoffen. *(Ab)*

Bamberg. Adelheidens Zimmer

Adelheid. Franz

Adelheid: So sind die beiden Exekutionen schon aufgebrochen?

Franz: Ja, und mein Herr hat die Freude, gegen Eure Feinde zu ziehen. Ich wollte gleich mit, so gern ich zu Euch gehe. Auch will ich jetzt wieder fort, um bald mit fröhlicher Botschaft wiederzukehren. Mein Herr hat mir's erlaubt.

Adelheid: Wie steht's mit ihm?

Franz: Er ist munter. Mir befahl er Eure Hand zu küssen.

Adelheid: Da — deine Lippen sind warm.

Franz *(vor sich, auf die Brust deutend):* Hier ist's noch wärmer! *(Laut)* Gnädige Frau, Eure Diener sind die glücklichsten Menschen unter der Sonne.

Adelheid: Wer führt gegen Berlichingen?

Franz: Der von Sirau. Lebt wohl, beste gnädige Frau! Ich will wieder fort. Vergeßt mich nicht.

Adelheid: Du mußt was essen, trinken und rasten.

Franz: Wozu das? Ich hab Euch ja gesehen. Ich bin nicht müd noch hungrig.

Adelheid: Ich kenne deine Treu.

Franz: Ach gnädige Frau!

Adelheid: Du hältst's nicht aus, beruhige dich, und nimm was zu dir.

Franz: Eure Sorgfalt für einen armen Jungen! *(Ab)*

Adelheid: Die Tränen stehn ihm in den Augen. Ich lieb ihn von Herzen. So wahr und warm hat noch niemand an mir gehangen. *(Ab)*

Jaxthausen

Götz. Georg

Georg: Er will selbst mit Euch sprechen. Ich kenn ihn nicht; er

ist ein stattlicher Mann, mit schwarzen feurigen Augen.
Götz: Bring ihn herein.

Lerse kommt

Götz: Gott grüß Euch. Was bringt Ihr?
Lerse: Mich selbst, das ist nicht viel, doch alles, was es ist, biet ich Euch an.
Götz: Ihr seid mir willkommen, doppelt willkommen, ein braver Mann, und zu dieser Zeit, da ich nicht hoffte neue Freunde zu gewinnen, eher den Verlust der alten stündlich fürchtete. Gebt mir Euren Namen.
Lerse: Franz Lerse.
Götz: Ich danke Euch, Franz, daß Ihr mich mit einem braven Mann bekannt macht.
Lerse: Ich machte Euch schon einmal mit mir bekannt, aber damals danktet Ihr mir nicht dafür.
Götz: Ich erinnere mich Eurer nicht.
Lerse: Es wäre mir leid. Wißt Ihr noch, wie Ihr um des Pfalzgrafen willen Conrad Schotten feind wart, und nach Haßfurt auf die Fastnacht reiten wolltet?
Götz: Wohl weiß ich es.
Lerse: Wißt Ihr, wie Ihr unterwegs bei einem Dorf fünfundzwanzig Reitern entgegenkamt?
Götz: Richtig. Ich hielt sie anfangs nur für zwölfe, und teilt meinen Haufen, waren unser sechzehn, und hielt am Dorf hinter der Scheuer, in willens, sie sollten bei mir vorbeiziehen. Dann wollt ich ihnen nachrucken, wie ich's mit dem andern Haufen abgered't hatte.
Lerse: Aber wir sahn Euch, und zogen auf eine Höhe am Dorf. Ihr zogt herbei und hieltet unten. Wie wir sahn, Ihr wolltet nicht heraufkommen, ritten wir herab.
Götz: Da sah ich erst, daß ich mit der Hand in die Kohlen geschlagen hatte. Fünfundzwanzig gegen acht! Da galt's kein Feiern. Erhard Truchses durchstach mir einen Knecht, dafür rannt ich ihn vom Pferde. Hätten sie sich alle gehalten wie er und ein Knecht, es wäre mein und meines kleinen Häufchens übel gewahrt gewesen.
Lerse: Der Knecht, wovon Ihr sagtet —
Götz: Es war der bravste, den ich gesehen habe. Er setzte mir heiß zu. Wenn ich dachte, ich hätt ihn von mir gebracht, wollte mit andern zu schaffen haben, war er wieder an mir und schlug feindlich zu. Er hieb mir auch durch den Panzerärmel hindurch, daß es ein wenig gefleischt hatte.
Lerse: Habt Ihr's ihm verziehen?

Götz: Er gefiel mir mehr als zu wohl.
Lerse: Nun so hoff ich, daß Ihr mit mir zufrieden sein werdet, ich hab mein Probstück an Euch selbst abgelegt.
Götz: Bist du's? O willkommen, willkommen. Kannst du sagen, Maximilian, du hast unter deinen Dienern einen so geworben!
Lerse: Mich wundert, daß Ihr nicht eh auf mich gefallen seid.
Götz: Wie sollte mir einkommen, daß der mir seine Dienste anbieten würde, der auf das feindseligste mich zu überwältigen trachtete?
Lerse: Eben das, Herr! Von Jugend auf dien ich als Reitersknecht, und hab's mit manchem Ritter aufgenommen. Da wir auf Euch stießen, freut ich mich. Ich kannte Euren Namen, und da lernt ich Euch kennen. Ihr wißt, ich hielt nicht stand; Ihr saht, es war nicht Furcht, denn ich kam wieder. Kurz, ich lernt Euch kennen, und von Stund an beschloß ich, Euch zu dienen.
Götz: Wie lange wollt Ihr bei mir aushalten?
Lerse: Auf ein Jahr. Ohne Entgelt.
Götz: Nein, Ihr sollt gehalten werden wie ein anderer, und drüber, wie der, der mir bei Remlin zu schaffen machte.

Georg kommt

Georg: Hanns von Selbitz läßt Euch grüßen. Morgen ist er hier mit funfzig Mann.
Götz: Wohl.
Georg: Es zieht am Kocher ein Trupp Reichsvölker herunter, ohne Zweifel Euch zu beobachten.
Götz: Wieviel?
Georg: Ihrer funfzig.
Götz: Nicht mehr! Komm, Lerse, wir wollen sie zusammenschmeißen, wenn Selbitz kommt, daß er schon ein Stück Arbeit getan findet.
Lerse: Das soll eine reichliche Vorlese werden.
Götz: Zu Pferde! *(Ab)*

Wald an einem Morast

Zwei Reichsknechte begegnen einander

Erster Knecht: Was machst du hier?
Zweiter Knecht: Ich hab Urlaub gebeten, meine Notdurft zu verrichten. Seit dem blinden Lärmen gestern abends ist mir's in die Gedärme geschlagen, daß ich alle Augenblicke vom Pferd muß.

Erster Knecht: Hält der Trupp hier in der Nähe?
Zweiter Knecht: Wohl eine Stunde den Wald hinauf.
Erster Knecht: Wie verlaufst du dich dann hieher?
Zweiter Knecht: Ich bitt dich, verrat mich nicht. Ich will aufs nächste Dorf, und sehn, ob ich nit mit warmen Überschlägen meinem Übel abhelfen kann. Wo kommst du her?
Erster Knecht: Vom nächsten Dorf. Ich hab unserm Offizier Wein und Brot geholt.
Zweiter Knecht: So, er tut sich was zu guts vor unserm Angesicht, und wir sollen fasten! Schön Exempel!
Erster Knecht: Komm mit zurück, Schurke.
Zweiter Knecht: Wär ich ein Narr! Es sind noch viele unterm Haufen, die gern fasteten, wenn sie so weit davon wären als ich.
Erster Knecht: Hörst du! Pferde!
Zweiter Knecht: O weh!
Erster Knecht: Ich klettere auf den Baum.
Zweiter Knecht: Ich steck mich ins Rohr.

Götz, Lerse, Georg, Knechte zu Pferde

Götz: Hier am Teich weg und linker Hand in den Wald, so kommen wir ihnen in Rücken.

Sie ziehen vorbei

Erster Knecht *(steigt vom Baum):* Da ist nicht gut sein. Michel! Er antwortet nicht? Michel, sie sind fort! *(Er geht nach dem Sumpf)* Michel! O weh, er ist versunken. Michel! Er hört mich nicht, er ist erstickt. Bist doch krepiert, du Memme. — Wir sind geschlagen. Feinde, überall Feinde!

Götz, Georg zu Pferde

Götz: Halt Kerl, oder du bist des Todes!
Knecht: Schont meines Lebens!
Götz: Dein Schwert! Georg, führ ihn zu den andern Gefangenen, die Lerse dort unten am Wald hat. Ich muß ihren flüchtigen Führer erreichen. *(Ab)*
Knecht: Was ist aus unserm Ritter geworden, der uns führte?
Georg: Unterst zuoberst stürzt ihn mein Herr vom Pferd, daß der Federbusch im Kot stak. Seine Reiter huben ihn aufs Pferd und fort, wie besessen. *(Ab)*

Lager
Hauptmann. Erster Ritter

Erster Ritter: Sie fliehen von weitem dem Lager zu.

Hauptmann: Er wird ihnen an den Fersen sein. Laßt ein funfzig ausrücken bis an die Mühle; wenn er sich zu weit verliert, erwischt ihr ihn vielleicht. *(Ritter ab)*

Zweiter Ritter, geführt

Hauptmann: Wie geht's, junger Herr? Habt Ihr ein paar Zinken abgerennt?
Ritter: Daß dich die Pest! Das stärkste Geweih wäre gesplittert wie Glas. Du Teufel! Er rannt auf mich los, es war mir, als wenn mich der Donner in die Erd hineinschlüg.

Jaxthausen

Götz. Selbitz

Götz: Was sagst du zu der Achtserklärung, Selbitz?
Selbitz: Es ist ein Streich von Weislingen.
Götz: Meinst du!
Selbitz: Ich meine nicht, ich weiß.
Götz: Woher?
Selbitz: Er war auf dem Reichstag, sag ich dir, er war um den Kaiser.
Götz: Wohl, so machen wir ihm wieder einen Anschlag zunichte.
Selbitz: Hoff's.
Götz: Wir wollen fort! und soll die Hasenjagd angehn.

Lager

Hauptmann. Ritter

Hauptmann: Dabei kommt nichts heraus, ihr Herrn. Er schlägt uns einen Haufen nach dem andern, und was nicht umkommt und gefangen wird, das lauft in Gottes Namen lieber nach der Türkei als ins Lager zurück. So werden wir alle Tag schwächer. Wir müssen einmal für allemal ihm zu Leib gehen, und das mit Ernst; ich will selbst dabei sein, und er soll sehn, mit wem er zu tun hat.
Ritter: Wir sind's all zufrieden; nur ist er der Landsart so kundig, weiß alle Gänge und Schliche im Gebirg, daß er so wenig zu fangen ist wie eine Maus auf dem Kornboden.
Hauptmann: Wollen ihn schon kriegen. Erst auf Jaxthausen zu. Mag er wollen oder nicht, er muß herbei, sein Schloß zu verteidigen.
Ritter: Soll unser ganzer Hauf marschieren?

Hauptmann: Er wird ihnen an den Fersen sein. Laßt ein funfzig geschmolzen sind?

Ritter: Drum geschwind, eh der ganze Eisklumpen auftaut; es macht warm in der Nähe, und wir stehn da wie Butter an der Sonne. *(Ab)*

Gebirg und Wald

Götz. Selbitz. Trupp

Götz: Sie kommen mit hellem Hauf. Es war hohe Zeit, daß Sickingens Reiter zu uns stießen.

Selbitz: Wir wollen uns teilen. Ich will linker Hand um die Höhe ziehen.

Götz: Gut. Und du, Franz, führe mir die funfzig rechts durch den Wald hinauf; sie kommen über die Heide, ich will gegen ihnen halten. Georg, du bleibst um mich. Und wenn ihr seht, daß sie mich angreifen, so fallt ungesäumt in die Seiten. Wir wollen sie patschen. Sie denken nicht, daß wir ihnen die Spitze bieten können. *(Ab)*

Heide, auf der einen Seite eine Höhe, auf der andern Wald

Hauptmann. Exekutionszug

Hauptmann: Er hält auf der Heide! Das ist impertinent. Er soll's büßen. Was! Den Strom nicht zu fürchten, der auf ihn losbraust?

Ritter: Ich wollt nicht, daß Ihr an der Spitze rittet; er hat das Ansehn, als ob er den ersten, der ihn anstoßen möchte, umgekehrt in die Erde pflanzen wollte. Reitet hinten drein.

Hauptmann: Nicht gern.

Ritter: Ich bitt Euch. Ihr seid noch der Knoten von diesem Bündel Haselruten; löst ihn auf, so knickt er sie Euch einzeln wie Riedgras.

Hauptmann: Trompeter blas! Und ihr blast ihn weg. *(Ab)*

Selbitz hinter der Höhe hervor im Galopp

Selbitz: Mir nach! Sie sollen zu ihren Händen rufen: multipliziert euch. *(Ab)*

Lerse aus dem Wald

Lerse: Götzen zu Hilf! Er ist fast umringt. Braver Selbitz, du hast schon Luft gemacht. Wir wollen die Heide mit ihren Distelköpfen besäen. *(Vorbei. Getümmel)*

Eine Höhe mit einem Wartturn

Selbitz, verwundet. Knechte

Selbitz: Legt mich hieher und kehrt zu Götzen.

Erster Knecht: Laßt uns bleiben, Herr, Ihr braucht unser.

Selbitz: Steig einer auf die Warte, und seh, wie's geht.

Erster Knecht: Wie will ich hinaufkommen?

Zweiter Knecht: Steig auf meine Schultern, da kannst du die Lücke reichen und dir bis zur Öffnung hinaufhelfen.

Erster Knecht *(steigt hinauf):* Ach, Herr!

Selbitz: Was siehst du?

Erster Knecht: Eure Reiter fliehen. Der Höhe zu.

Selbitz: Höllische Schurken! Ich wollt, sie stünden und ich hätt eine Kugel vorm Kopf. Reit einer hin, und fluch und wetter sie zurück. *(Knecht ab)* Siehest du Götzen?

Knecht: Die drei schwarzen Federn seh ich mitten im Getümmel.

Selbitz: Schwimm, braver Schwimmer. Ich liege hier!

Knecht: Ein weißer Federbusch, wer ist das?

Selbitz: Der Hauptmann.

Knecht: Götz drängt sich an ihn. — Bau! Er stürzt.

Selbitz: Der Hauptmann?

Knecht: Ja, Herr.

Selbitz: Wohl! Wohl!

Knecht: Weh! Weh! Götzen seh ich nicht mehr.

Selbitz: So stirb, Selbitz!

Knecht: Ein fürchterlich Gedräng, wo er stund. Georgs blauer Busch verschwindet auch.

Selbitz: Komm herunter. Siehst du Lersen nicht?

Knecht: Nichts. Es geht alles drunter und drüber.

Selbitz: Nichts mehr. Komm! Wie halten sich Sickingens Reiter?

Knecht: Gut. — Da flieht einer nach dem Wald. Noch einer! Ein ganzer Trupp! Götz ist hin.

Selbitz: Komm herab.

Knecht: Ich kann nicht. — Wohl! Wohl! Ich sehe Götzen! Ich sehe Georgen!

Selbitz: Zu Pferd?

Knecht: Hoch zu Pferd! Sieg! Sieg! Sie fliehn.

Selbitz: Die Reichstruppen?

Knecht: Die Fahne mitten drin, Götz hinter drein. Sie zerstreuen sich. Götz erreicht den Fähndrich. — Er hat die Fahn. — Er hält. Eine Hand voll Menschen um ihn herum. Mein Kamerad erreicht ihn. — Sie ziehn herauf.

Götz. Georg. Lerse. Ein Trupp

Selbitz: Glück zu! Götz. Sieg! Sieg!
Götz *(steigt vom Pferd):* Teuer! Teuer! Du bist verwundt, Selbitz?
Selbitz: Du lebst und siegst! Ich habe wenig getan. Und meine Hunde von Reitern! Wie bist du davongekommen?
Götz: Diesmal galt's! Und hier Georgen dank ich das Leben, und hier Lersen dank ich's. Ich warf den Hauptmann vom Gaul. Sie stachen mein Pferd nieder und drangen auf mich ein, Georg hieb sich zu mir und sprang ab, ich wie der Blitz auf seinen Gaul, wie der Donner saß er auch wieder. Wie kamst du zum Pferd?
Georg: Einem, der nach Euch hieb, stieß ich meinen Dolch in die Gedärme, wie sich sein Harnisch in die Höhe zog. Er stürzt, und ich half Euch von einem Feind und mir zu einem Pferde.
Götz: Nun staken wir, bis Franz sich zu uns hereinschlug, und da mähten wir von innen heraus.
Lerse: Die Hunde, die ich führte, sollten von außen hineinmähen, bis sich unsere Sensen begegnet hätten; aber sie flohen wie Reichsknechte.
Götz: Es flohe Freund und Feind. Nur du kleiner Hauf hieltest mir den Rücken frei; ich hatte mit den Kerls vor mir genug zu tun. Der Fall ihres Hauptmanns half mir sie schütteln, und sie flohen. Ich habe ihre Fahne und wenig Gefangene.
Selbitz: Der Hauptmann ist euch entwischt?
Götz: Sie hatten ihn inzwischen gerettet. Kommt, Kinder, kommt! Selbitz! — Macht eine Bahre von Ästen; — du kannst nicht aufs Pferd. Kommt in mein Schloß. Sie sind zerstreut. Aber unser sind wenig, und ich weiß nicht, ob sie Truppen nachzuschicken haben. Ich will euch bewirten, meine Freunde. Ein Glas Wein schmeckt auf so einen Strauß.

Lager

Hauptmann

Hauptmann: Ich möcht euch alle mit eigener Hand umbringen! Was, fortzulaufen! Er hatte keine Hand voll Leute mehr! Fortzulaufen, vor einem Mann! Es wird's niemand glauben, als wer über uns zu lachen Lust hat. — Reit herum, ihr, und ihr, und ihr. Wo ihr von unsern zerstreuten Knechten find't, bringt sie zurück oder stecht sie nieder. Wir müssen diese Scharten auswetzen, und wenn die Klingen drüber zugrunde gehen sollten.

Jaxthausen

Götz. Lerse. Georg

Götz: Wir dürfen keinen Augenblick säumen! Arme Jungen, ich darf euch keine Rast gönnen. Jagt geschwind herum und sucht noch Reiter aufzutreiben. Bestellt sie alle nach Weilern, da sind sie am sichersten. Wenn wir zögern, so ziehen sie mir vors Schloß. *(Die zwei ab)* Ich muß einen auf Kundschaft ausjagen. Es fängt an heiß zu werden, und wenn es nur noch brave Kerls wären, aber so ist's die Menge. *(Ab)*

Sickingen. Maria

Maria: Ich bitt Euch, lieber Sickingen, geht nicht von meinem Bruder! Seine Reiter, Selbitzens, Eure, sind zerstreut; er ist allein, Selbitz ist verwundet auf sein Schloß gebracht, und ich fürchte alles.
Sickingen: Seid ruhig, ich gehe nicht weg.

Götz kommt

Götz: Kommt in die Kirch, der Pater wartet. Ihr sollt mir in einer Viertelstund ein Paar sein.
Sickingen: Laßt mich hier.
Götz: In die Kirch sollt Ihr jetzt.
Sickingen: Gern — und darnach?
Götz: Darnach sollt Ihr Eurer Wege gehn.
Sickingen: Götz!
Götz: Wollt Ihr nicht in die Kirche?
Sickingen: Kommt, kommt.

Lager

Hauptmann. Ritter

Hauptmann: Wieviel sind's in allem?
Ritter: Hundertundfunfzig.
Hauptmann: Von Vierhunderten! Das ist arg. Jetzt gleich auf und grad gegen Jaxthausen zu, eh er sich erholt und sich uns wieder in Weg stellt.

Jaxthausen

Götz. Elisabeth. Maria. Sickingen

Götz: Gott segne euch, geb euch glückliche Tage, und behalte die, die er euch abzieht, für eure Kinder.
Elisabeth: Und die laß er sein, wie Ihr seid: rechtschaffen! Und dann laßt sie werden, was sie wollen.

Sickingen: Ich dank Euch. Und dank Euch, Maria. Ich führte Euch an den Altar, und Ihr sollt mich zur Glückseligkeit führen.

Maria: Wir wollen zusammen eine Pilgrimschaft nach diesem fremden gelobten Lande antreten.

Götz: Glück auf die Reise!

Maria: So ist's nicht gemeint, wir verlassen Euch nicht.

Götz: Ihr sollt, Schwester.

Maria: Du bist sehr unbarmherzig, Bruder.

Götz: Und Ihr zärtlicher als vorsehend.

Georg kommt

Georg *(heimlich):* Ich kann niemand auftreiben. Ein einziger war geneigt, darnach veränderte er sich und wollte nicht.

Götz: Gut, Georg. Das Glück fängt an launisch mit mir zu werden. Ich ahnt es. Sickingen, ich bitt Euch, geht noch diesen Abend. Beredet Maria. Sie ist Eure Frau. Laßt sie's fühlen. Wenn Weiber quer in unsere Unternehmungen treten, ist unser Feind im freien Feld sichrer als sonst in der Burg.

Knecht kommt

Knecht *(leise):* Herr, das Reichsfähnlein ist auf dem Marsch, grad hieher, sehr schnell.

Götz: Ich hab sie mit Rutenstreichen geweckt. Wieviel sind ihrer?

Knecht: Ungefähr zweihundert. Sie können nicht zwei Stunden mehr von hier sein.

Götz: Noch überm Fluß?

Knecht: Ja, Herr.

Götz: Wenn ich nur funfzig Mann hätte, sie sollten mir nicht herüber. Hast du Lersen nicht gesehen?

Knecht: Nein, Herr.

Götz: Biet allen, sie sollen sich bereit halten. — Es muß geschieden sein, meine Lieben. Weine, meine gute Marie, es werden Augenblicke kommen, wo du dich freuen wirst. Es ist besser, du weinst an deinem Hochzeitstag, als daß übergroße Freude der Vorbote künftigen Elends wäre. Lebt wohl, Marie. Lebt wohl, Bruder

Maria: Ich kann nicht von Euch, Schwester. Lieber Bruder, laß uns. Achtest du meinen Mann so wenig, daß du in dieser Extremität seine Hilfe verschmähst?

Götz: Ja, es ist weit mit mir gekommen. Vielleicht bin ich meinem Sturz nahe. Ihr beginnt heut zu leben, und Ihr sollt

Euch von meinem Schicksal trennen. Ich hab Eure Pferde zu satteln befohlen. Ihr müßt gleich fort.
Maria: Bruder! Bruder!
Elisabeth *(zu Sickingen):* Gebt ihm nach! Geht.
Sickingen: Liebe Marie, laßt uns gehen.
Maria: Du auch? Mein Herz wird brechen.
Götz: So bleib denn. In wenigen Stunden wird meine Burg umringt sein.
Maria: Weh! Weh!
Götz: Wir werden uns verteidigen, so gut wir können.
Maria: Mutter Gottes, hab Erbarmen mit uns!
Götz: Und am Ende werden wir sterben, oder uns ergeben. — Du wirst deinen edlen Mann mit mir in ein Schicksal geweint haben.
Maria: Du marterst mich.
Götz: Bleib! Bleib! Wir werden zusammen gefangen werden. Sickingen, du wirst mit mir in die Grube fallen! Ich hoffte, du solltest mir heraushelfen.
Maria: Wir wollen fort. Schwester, Schwester!
Götz: Bringt sie in Sicherheit, und dann erinnert Euch meiner.
Sickingen: Ich will ihr Bette nicht besteigen, bis ich Euch außer Gefahr weiß.
Götz: Schwester — liebe Schwester! *(Er küßt sie)*
Sickingen: Fort, fort!
Götz: Noch einen Augenblick. — Ich seh euch wieder. Tröstet Euch. Wir sehn uns wieder.

Sickingen, Maria ab

Götz: Ich trieb sie, und da sie geht, möcht ich sie halten. Elisabeth, du bleibst bei mir!
Elisabeth: Bis in den Tod. *(Ab)*
Götz: Wen Gott lieb hat, dem geb er so eine Frau!

Georg kommt

Georg: Sie sind in der Nähe, ich habe sie vom Turn gesehen. Die Sonne ging auf und ich sah ihre Piken blinken. Wie ich sie sah, wollt mir's nicht bänger werden, als einer Katze vor einer Armee Mäuse. Zwar wir spielen die Ratten.
Götz: Seht nach den Torriegeln. Verrammelt's inwendig mit Balken und Steinen. *(Georg ab)* Wir wollen ihre Geduld für'n Narren halten, und ihre Tapferkeit sollen sie mir an ihren eigenen Nägeln verkäuen. *(Trompeter von außen)* Aha! ein rotröckiger Schurke, der uns die Frage vorlegen wird, ob wir Hundsfötter sein wollen. *(Er geht ans Fenster)* Was soll's?

(Man hört in der Ferne reden)
Götz *(in seinen Bart):* Einen Strick um deinen Hals.

Trompeter redet fort

Götz: Beleidiger der Majestät! — Die Aufforderung hat ein Pfaff gemacht.

Trompeter endet

Götz *(antwortet):* Mich ergeben! Auf Gnad und Ungnad! Mit wem redet Ihr! Bin ich ein Räuber! Sag deinem Hauptmann: Vor Ihro Kaiserliche Majestät hab ich, wie immer, schuldigen Respekt. Er aber, sag's ihm, er kann mich — — —

Schmeißt das Fenster zu

Belagerung. Küche

Elisabeth. Götz zu ihr

Götz: Du hast viel Arbeit, arme Frau.
Elisabeth: Ich wollt, ich hätte sie lang. Wir werden schwerlich aushalten können.
Götz: Wir hatten nicht Zeit, uns zu versehen.
Elisabeth: Und die vielen Leute, die Ihr zeither gespeist habt. Mit dem Wein sind wir auch schon auf der Neige.
Götz: Wenn wir nur auf einen gewissen Punkt halten, daß sie Kapitulation vorschlagen. Wir tun ihnen brav Abbruch. Sie schießen den ganzen Tag und verwunden unsere Mauern und knicken unsere Scheiben. Lerse ist ein braver Kerl; er schleicht mit seiner Büchse herum; wo sich einer zu nahe wagt, blaff! liegt er.
Knecht: Kohlen, gnädige Frau.
Götz: Was gibt's.
Knecht: Die Kugeln sind alle, wir wollen neue gießen.
Götz: Wie steht's Pulver?
Knecht: So ziemlich. Wir sparen unsere Schüsse wohl aus.

Saal

Lerse mit einer Kugelform. Knecht mit Kohlen

Lerse: Stell sie daher, und seht, wo ihr im Hause Blei kriegt. Inzwischen will ich hier zugreifen. *(Hebt ein Fenster aus und schlägt die Scheiben ein)* Alle Vorteile gelten. — So geht's in der Welt, weiß kein Mensch, was aus den Dingen werden kann. Der Glaser, der die Scheiben faßte, dachte gewiß nicht, daß das Blei einem seiner Urenkel garstiges Kopfweh machen könnte! und da mich mein Vater zeugte, dachte er nicht, welcher Vogel unter dem Himmel, welcher Wurm auf der Erde mich fressen möchte.

Georg kommt mit einer Dachrinne

Georg: Da hast du Blei. Wenn du nur mit der Hälfte triffst, so entgeht keiner, der Ihre Majestät ansagen kann: Herr, wir haben schlecht bestanden.
Lerse *(haut davon):* Ein brav Stück.
Georg: Der Regen mag sich einen andern Weg suchen! ich bin nicht bang davor; ein braver Reiter und ein rechter Regen mangeln nie eines Pfads.
Lerse *(er gießt):* Halt den Löffel. *(Er geht ans Fenster)* Da zieht so ein Reichsknappe mit der Büchse herum; sie denken, wir haben uns verschossen. Er soll die Kugel versuchen, warm wie sie aus der Pfanne kommt. *(Er lädt)*
Georg *(lehnt den Löffel an):* Laß mich sehn.
Lerse *(schießt):* Da liegt der Spatz.
Georg: Der schoß vorhin nach mir *(sie gießen)*, wie ich zum Dachfenster hinausstieg, und die Rinne holen wollte. Er traf eine Taube, die nicht weit von mir saß, sie stürzt in die Rinne; ich dankt ihm für den Braten und stieg mit der doppelten Beute wieder herein.
Lerse: Nun wollen wir wohl laden, und im ganzen Schloß herumgehen, unser Mittagessen zu verdienen.

Götz kommt

Götz: Bleib, Lerse! Ich hab mit dir zu reden! Dich, Georg, will ich nicht von der Jagd abhalten. *(Georg ab)*
Götz: Sie entbieten mir einen Vertrag.
Lerse: Ich will zu ihnen hinaus, und hören, was es soll.
Götz: Es wird sein: ich soll mich auf Bedingungen in ritterlich Gefängnis stellen.
Lerse: Das ist nichts. Wie wär's, wenn sie uns freien Abzug eingestünden, da Ihr doch von Sickingen keinen Entsatz erwartet? Wir vergrüben Geld und Silber, wo sie's mit keiner Wünschelrute finden sollten, überließen ihnen das Schloß, und kämen mit Manier davon.
Götz: Sie lassen uns nicht.
Lerse: Es kommt auf eine Prob an. Wir wollen um sicher Geleit rufen, und ich will hinaus. *(Ab)*

Saal

Götz, Elisabeth, Georg, Knechte bei Tische

Götz: So bringt uns die Gefahr zusammen. Laßt's euch schmekken, meine Freunde! Vergeßt das Trinken nicht. Die Flasche ist leer. Noch eine, liebe Frau. *(Elisabeth zuckt die Achsel)* Ist keine mehr da?

Elisabeth *(leise):* Noch eine; ich hab sie für dich beiseite gesetzt.

Götz: Nicht doch, Liebe! Gib sie heraus. Sie brauchen Stärkung, nicht ich; es ist ja meine Sache.

Elisabeth: Holt sie draußen im Schrank!

Götz: Es ist die letzte. Und mir ist's, als ob wir nicht zu sparen Ursach hätten. Ich bin lange nicht so vergnügt gewesen. *(Er schenkt ein)* Es lebe der Kaiser!

Alle: Er lebe.

Götz: Das soll unser vorletztes Wort sein, wenn wir sterben! Ich lieb ihn, denn wir haben einerlei Schicksal. Und ich bin noch glücklicher als er. Er muß den Reichsständen die Mäuse fangen, inzwischen die Ratten seine Besetztümer annagen. Ich weiß, er wünscht sich manchmal lieber tot, als länger die Seele eines so krüppligen Körpers zu sein. *(Er schenkt ein)* Es geht just noch einmal herum. Und wenn unser Blut anfängt auf die Neige zu gehen, wie der Wein in dieser Flasche erst schwach, dann tropfenweise rinnt *(tröpfelt das Letzte in sein Glas)*, was soll unser letztes Wort sein?

Georg: Es lebe die Freiheit!

Götz: Es lebe die Freiheit!

Alle: Es lebe die Freiheit!

Götz: Und wenn die uns überlebt, können wir ruhig sterben. Denn wir sehen im Geist unsere Enkel glücklich und die Kaiser unsrer Enkel glücklich. Wenn die Diener der Fürsten dem Kaiser dienen, wie ich ihm dienen möchte —

Georg: Da müßt's viel anders werden.

Götz: So viel nicht, als es scheinen möchte. Hab ich nicht unter den Fürsten treffliche Menschen gekannt, und sollte das Geschlecht ausgestorben sein! Gute Menschen, die einen edlen freien Nachbar neben sich leiden konnten, und ihn weder fürchteten noch beneideten; denen das Herz aufging, wenn sie viel ihresgleichen bei sich zu Tisch sahen, und nicht erst die Ritter zu Hofschranzen umzuschaffen brauchten, um mit ihnen zu leben.

Georg: Habt Ihr solche Herrn gekannt?

Götz: Wohl. Ich erinnere mich zeitlebens, wie der Landgraf von Hanau eine Jagd gab, und die Fürsten und Herrn, die zugegen waren, unter freiem Himmel speisten, und das Landvolk all herbeilief, sie zu sehen. Das war keine Maskerade, die er sich selbst zu Ehren angestellt hatte. Aber die vollen runden Köpfe der Bursche und Mädel, die roten

Backen alle, und die wohlhäbigen Männer und stattlichen Greise, und alles fröhliche Gesichter, und wie sie teilnahmen an der Herrlichkeit ihres Herrn, der auf Gottes Boden unter ihnen sich ergetzte!

Georg: Das war ein Herr, vollkommen wie Ihr.

Götz: Sollten wir nicht hoffen, daß mehr solcher Fürsten auf einmal herrschen können? daß Verehrung des Kaisers, Fried und Freundschaft der Nachbarn, und Lieb der Untertanen der kostbarste Familienschatz sein wird, der auf Enkel und Urenkel erbt? Jeder würde das Seinige erhalten und in sich selbst vermehren, statt daß sie jetzo nicht zuzunehmen glauben, wenn sie nicht andere verderben.

Georg: Würden wir hernach auch reiten?

Götz: Wollte Gott, es gäbe keine unruhige Köpfe in ganz Deutschland! wir würden noch immer zu tun genug finden. Wir wollten die Gebirge von Wölfen säubern, wollten unserm ruhig ackernden Nachbar einen Braten aus dem Wald holen, und dafür die Suppe mit ihm essen. Wär uns das nicht genug, wir wollten uns mit unsern Brüdern, wie Cherubim mit flammenden Schwertern, vor die Grenzen des Reichs gegen die Wölfe, die Türken, gegen die Füchse, die Franzosen, lagern, und zugleich unsers teuern Kaisers sehr ausgesetzte Länder und die Ruhe des Reichs beschützen. Das wäre ein Leben, Georg! wenn man seine Haut für die allgemeine Glückseligkeit dransetzte. *(Georg springt auf)* Wo willst du hin?

Georg: Ach ich vergaß, daß wir eingesperrt sind — und der Kaiser hat uns eingesperrt — und unsere Haut davonzubringen, setzen wir unsere Haut dran?

Götz: Sei gutes Muts.

Lerse kommt

Lerse: Freiheit! Freiheit! Das sind schlechte Menschen, unschlüssige, bedächtige Esel. Ihr sollt abziehen, mit Gewehr, Pferden und Rüstung. Proviant sollt Ihr dahinten lassen.

Götz: Sie werden sich kein Zahnweh dran kauen.

Lerse *(heimlich):* Habt Ihr das Silber versteckt?

Götz: Nein! Frau, geh mit Franzen, er hat dir was zu sagen.

Schloßhof

Georg im Stall, singt

Es fing ein Knab ein Vögelein,
 H'm! H'm!

Da lacht er in den Käfig 'nein,
  Hm! Hm!
  So! So!
  H'm! H'm!
Der freut sich traun so läppisch,
  H'm! H'm!
Und griff hinein so täppisch,
  Hm! Hm!
  So! So!
  H'm! H'm!
Da flog das Meislein auf ein Haus,
  H'm! H'm!
Und lacht den dummen Buben aus,
  Hm! Hm!
  So! So!
  H'm! H'm!

Götz: Wie steht's?

Georg *(führt sein Pferd heraus):* Sie sind gesattelt.

Götz: Du bist fix.

Georg: Wie der Vogel aus dem Käfig.

Alle die Belagerten

Götz: Ihr habt eure Büchsen? Nicht doch! Geht hinauf und nehmt die besten aus dem Rüstschrank, es geht in einem hin. Wir wollen vorausreiten.

Georg:
  Hm! Hm!
  So! So!
  H'm! H'm! *(Ab)*

Saal

Zwei Knechte am Rüstschrank

Erster Knecht: Ich nehm die.

Zweiter Knecht: Ich die. Da ist noch eine schönere.

Erster Knecht: Nicht doch! Mach daß du fortkommst.

Zweiter Knecht: Horch!

Erster Knecht *(springt ans Fenster):* Hilf, heiliger Gott! sie ermorden unsern Herrn. Er liegt vom Pferd! Georg stürzt!

Zweiter Knecht: Wo retten wir uns! An der Mauer den Nußbaum hinunter ins Feld. *(Ab)*

Erster Knecht: Franz hält sich noch, ich will zu ihm. Wenn sie sterben, mag ich nicht leben. *(Ab)*

Vierter Akt

Wirtshaus zu Heilbronn

Götz

Götz: Ich komme mir vor wie der böse Geist, den der Kapuziner in einen Sack beschwur. Ich arbeite mich ab und fruchte mir nichts. Die Meineidigen!

Elisabeth kommt

Götz: Was für Nachrichten, Elisabeth, von meinen lieben Getreuen?

Elisabeth: Nichts Gewisses. Einige sind erstochen, einige liegen im Turn. Es konnte oder wollte niemand mir sie näher bezeichnen.

Götz: Ist das Belohnung der Treue? des kindlichen Gehorsams? — Auf daß dir's wohl gehe, und du lange lebest auf Erden!

Elisabeth: Lieber Mann, schilt unsern himmlischen Vater nicht. Sie haben ihren Lohn, er ward mit ihnen geboren, ein freies edles Herz. Laß sie gefangen sein, sie sind frei! Gib auf die deputierten Räte acht, die großen goldnen Ketten stehen ihnen zu Gesicht —

Götz: Wie dem Schwein das Halsband. Ich möchte Georgen und Franzen geschlossen sehn!

Elisabeth: Es wäre ein Anblick, um Engel weinen zu machen.

Götz: Ich wollt nicht weinen. Ich wollte die Zähne zusammenbeißen, und an meinem Grimm kauen. In Ketten meine Augäpfel! Ihr lieben Jungen, hättet ihr mich nicht geliebt! — Ich würde mich nicht satt an ihnen sehen können. — Im Namen des Kaisers ihr Wort nicht zu halten!

Elisabeth: Entschlagt Euch dieser Gedanken. Bedenkt, daß Ihr vor den Räten erscheinen sollt. Ihr seid nicht gestellt, ihnen wohl zu begegnen, und ich fürchte alles.

Götz: Was wollen sie mir anhaben?

Elisabeth: Der Gerichtsbote!

Götz: Esel der Gerechtigkeit! Schleppt ihre Säcke zur Mühle, und ihren Kehrig aufs Feld. Was gibt's?

Gerichtsdiener kommt

Gerichtsdiener: Die Herren Kommissarii sind auf dem Rathause versammelt, und schicken nach Euch.

Götz: Ich komme.

Gerichtsdiener: Ich werde Euch begleiten.

Götz: Viel Ehre.

Elisabeth: Mäßigt Euch.

Götz: Sei außer Sorgen. *(Ab)*

Rathaus

Kaiserliche Räte. Hauptmann. Ratsherren von Heilbronn

Ratsherr: Wir haben auf Euren Befehl die stärksten und tapfersten Bürger versammelt; sie warten hier in der Nähe auf Euren Wink, um sich Berlichingens zu bemeistern.

Erster Rat: Wir werden Ihro Kaiserlichen Majestät Eure Bereitwilligkeit, Ihrem höchsten Befehl zu gehorchen, mit vielem Vergnügen zu rühmen wissen. — Es sind Handwerker?

Ratsherr: Schmiede, Weinschröter, Zimmerleute, Männer mit geübten Fäusten und hier wohl beschlagen *(auf die Brust deutend).*

Rat: Wohl.

Gerichtsdiener kommt

Gerichtsdiener: Götz von Berlichingen wartet vor der Tür.

Rat: Laßt ihn herein.

Götz kommt

Götz: Gott grüß euch, ihr Herrn, was wollt ihr mit mir?

Rat: Zuerst daß Ihr bedenkt: wo Ihr seid? und vor wem?

Götz: Bei meinem Eid, ich verkenn euch nicht, meine Herrn.

Rat: Ihr tut Eure Schuldigkeit.

Götz: Von ganzem Herzen.

Rat: Setzt Euch.

Götz: Da unten hin? Ich kann stehn. Das Stühlchen riecht so nach armen Sündern, wie überhaupt die ganze Stube.

Rat: So steht!

Götz: Zur Sache, wenn's gefällig ist.

Rat: Wir werden in der Ordnung verfahren.

Götz: Bin's wohl zufrieden, wollt, es wär von jeher geschehen.

Rat: Ihr wißt, wie Ihr auf Gnad und Ungnad in unsere Hände kamt.

Götz: Was gebt ihr mir, wenn ich's vergesse?

Rat: Wenn ich Euch Bescheidenheit geben könnte, würd ich Eure Sache gutmachen.

Götz: Gutmachen! Wenn ihr das könntet! Dazu gehört freilich mehr als zum Verderben.

Schreiber: Soll ich das alles protokollieren?

Rat: Was zur Handlung gehört.

Götz: Meintwegen dürft ihr's drucken lassen.

Rat: Ihr wart in der Gewalt des Kaisers, dessen väterliche Gnade an den Platz der majestätischen Gerechtigkeit trat, Euch anstatt eines Kerkers Heilbronn, eine seiner geliebten Städte, zum Aufenthalt anwies. Ihr verspracht mit einem Eid, Euch, wie es einem Ritter geziemt, zu stellen, und das weitere demütig zu erwarten.

Götz: Wohl, und ich bin hier und warte.

Rat: Und wir sind hier, Euch Ihro Kaiserlichen Majestät Gnade und Huld zu verkündigen. Sie verzeiht Euch Eure Übertretungen, spricht Euch von der Acht und aller wohlverdienten Strafe los, welches Ihr mit untertänigem Dank erkennen, und dagegen die Urfehde abschwören werdet, welche Euch hiermit vorgelesen werden soll.

Götz: Ich bin Ihro Majestät treuer Knecht wie immer. Noch ein Wort, eh ihr weiter geht: Meine Leute, wo sind die? Was soll mit ihnen werden?

Rat: Das geht Euch nichts an.

Götz: So wende der Kaiser sein Angesicht von euch, wenn ihr in Not steckt! Sie waren meine Gesellen, und sind's. Wo habt ihr sie hingebracht?

Rat: Wir sind Euch davon keine Rechnung schuldig.

Götz: Ah! Ich dachte nicht, daß ihr nicht einmal zu dem verbunden seid, was ihr versprecht, geschweige —

Rat: Unsere Kommission ist, Euch die Urfehde vorzulegen. Unterwerft Euch dem Kaiser, und Ihr werdet einen Weg finden, um Eurer Gesellen Leben und Freiheit zu flehen.

Götz: Euren Zettel.

Rat: Schreiber, leset!

Schreiber: Ich, Götz von Berlichingen, bekenne öffentlich durch diesen Brief: Daß, da ich mich neulich gegen Kaiser und Reich rebellischerweise aufgelehnt —

Götz: Das ist nich wahr. Ich bin kein Rebell, habe gegen Ihro Kaiserliche Majestät nichts verbrochen, und das Reich geht mich nichts an.

Rat: Mäßigt Euch und hört weiter.

Götz: Ich will nichts weiter hören. Tret einer auf, und zeuge! Hab ich wider den Kaiser, wider das Haus Österreich nur einen Schritt getan? Hab ich nicht von jeher durch alle Handlungen gewiesen, daß ich besser als einer fühle, was Deutschland seinem Regenten schuldig ist? und besonders was die Kleinen, die Ritter und Freien, ihrem Kaiser schuldig sind? Ich müßte ein Schurke sein, wenn ich mich könnte bereden lassen, das zu unterschreiben.

Rat: Und doch haben wir gemessene Ordre, Euch in der Güte zu überreden, oder im Entstehungsfall Euch in den Turn zu werfe

Götz: In Turn! Mich!

Rat: Und daselbst könnt Ihr Euer Schicksal von der Gerechtig-

keit erwarten, wenn Ihr es nicht aus den Händen der Gnade empfangen wollt.
Götz: In Turn! Ihr mißbraucht die kaiserliche Gewalt! In Turn! Das ist sein Befehl nicht. Was! mir erst, die Verräter! eine Falle zu stellen, und ihren Eid, ihr ritterlich Wort zum Speck drin aufzuhängen! Mir dann ritterlich Gefängnis zusagen, und die Zusage wieder brechen.
Rat: Einem Räuber sind wir keine Treue schuldig.
Götz: Trügst du nicht das Ebenbild des Kaisers, das ich in dem gesudeltsten Konterfei verehre, du solltest mir den Räuber fressen oder dran erwürgen! Ich bin in einer ehrlichen Fehd begriffen. Du könntest Gott danken und dich vor der Welt groß machen, wenn du in deinem Leben eine so edle Tat getan hättest, wie die ist, um welcher willen ich gefangen sitze.
Rat *(winkt dem Ratsherrn, der zieht die Schelle).*
Götz: Nicht um des leidigen Gewinsts willen, um Land und Leute unbewehrten Kleinen wegzukapern, bin ich ausgezogen. Meinen Jungen zu befreien, und mich meiner Haut zu wehren! Seht ihr was Unrechts dran? Kaiser und Reich hätten unsere Not nicht in ihrem Kopfkissen gefühlt. Ich habe Gott sei Dank noch eine Hand, und habe wohlgetan, sie zu brauchen.

Bürger treten herein, Stangen in der Hand, wehren an der Seite

Götz: Was soll das?
Rat: Ihr wollt nicht hören. Fangt ihn!
Götz: Ist das die Meinung? Wer kein ungrischer Ochs ist, kommt mir nicht zu nah! Er soll von dieser meiner rechten eisernen Hand eine solche Ohrfeige kriegen, die ihm Kopfweh, Zahnweh und alles Weh der Erden aus dem Grund kurieren soll. *(Sie machen sich an ihn, er schlägt den einen zu Boden und reißt einem andern die Wehre von der Seite, sie weichen)* Kommt! Kommt! Es wäre mir angenehm, den Tapfersten unter auch kennen zu lernen.
Rat: Gebt Euch.
Götz: Mit dem Schwert in der Hand! Wißt ihr, daß es jetzt nur an mir läge, mich durch alle diese Hasenjäger durchzuschlagen und das weite Feld zu gewinnen! Aber ich will euch lehren, wie man Wort hält. Versprecht mir ritterlich Gefängnis, und ich gebe mein Schwert weg und bin wie vorher euer Gefangener.
Rat: Mit dem Schwert in der Hand wollt Ihr mit dem Kaiser rechten?
Götz: Behüte Gott! Nur mit euch und eurer edlen Kompagnie. — Ihr könnt nach Hause gehn, gute Leute. Für die Versäumnis kriegt ihr nichts, und zu holen ist hier nichts als Beulen.

Rat: Greift ihn. Gibt euch eure Liebe zu eurem Kaiser nicht mehr Mut?
Götz: Nicht mehr, als ihnen der Kaiser Pflaster gibt, die Wunden zu heilen, die sich ihr Mut holen könnte.

Gerichtsdiener kommt

Gerichtsdiener: Eben ruft der Türmer: es zieht ein Trupp von mehr als zweihunderten nach der Stadt zu. Unversehens sind sie hinter der Weinhöhe hervorgedrungen und drohen unsern Mauern.
Ratsherr: Weh uns! was ist das?

Wache kommt

Wache: Franz von Sickingen hält vor dem Schlag und läßt Euch sagen: er habe gehört, wie unwürdig man an seinem Schwager bundbrüchig geworden sei, wie die Herrn von Heilbronn allen Vorschub täten. Er verlange Rechenschaft, sonst wollen er binnen einer Stunde die Stadt an vier Ecken anzünden, und sie der Plünderung preisgeben.
Götz: Braver Schwager!
Rat: Tretet ab, Götz! — Was ist zu tun?
Ratsherr: Habt Mitleiden mit uns und unserer Bürgerschaft! Sickingen ist unbändig in seinem Zorn, er ist Mann, es zu halten.
Rat: Sollen wir uns und dem Kaiser die Gerechtsame vergeben?
Hauptmann: Wenn wir nur Leute hätten, sie zu halten. So aber könnten wir umkommen, und die Sache wär nur desto schlimmer. Wir gewinnen im Nachgeben.
Ratsherr: Wir wollen Götzen ansprechen, für uns ein gut Wort einzulegen. Mir ist's, als wenn ich die Stadt schon in Flammen sähe.
Rat: Laßt Götzen herein.
Götz: Was soll's?
Rat: Du würdest wohl tun, deinen Schwager von seinem rebellischen Vorhaben abzumahnen. Anstatt dich vom Verderben zu retten, stürzt er dich tiefer hinein, indem er sich zu deinem Falle gesellt.
Götz *(sieht Elisabeth an der Tür, heimlich zu ihr):* Geh hin! Sag ihm! er soll unverzüglich hereinbrechen, soll hierher kommen, nur der Stadt kein Leids tun. Wenn sich die Schurken hier widersetzen, soll er Gewalt brauchen. Es liegt mir nichts dran, umzukommen, wenn sie nur alle mit erstochen werden.

Ein großer Saal auf dem Rathaus

Sickingen. Götz
Das ganze Rathaus ist mit Sickingens Reitern besetzt

Götz: Das war Hilfe vom Himmel! Wie kommst du so erwünscht und unvermutet, Schwager?
Sickingen: Ohne Zauberei. Ich hatte zwei, drei Boten ausgeschickt zu hören, wie dir's ginge. Auf die Nachricht von ihrem Meineid macht ich mich auf den Weg. Nun haben wir sie.
Götz: Ich verlange nichts als ritterliche Haft.
Sickingen: Du bist zu ehrlich. Dich nicht einmal des Vorteils zu bedienen, den der Rechtschaffene über den Meineidigen hat! Sie sitzen im Unrecht, wir wollen ihnen keine Kissen unterlegen. Sie haben die Befehle des Kaisers schändlich mißbraucht. Und wie ich Ihro Majestät kenne, darfst du sicher auf mehr dringen. Es ist zu wenig.
Götz: Ich bin von jeher mit wenigem zufrieden gewesen.
Sickingen: Und bist von jeher zu kurz gekommen. Meine Meinung ist: sie sollen deine Knechte aus dem Gefängnis und dich zusamt ihnen auf deinen Eid nach deiner Burg ziehen lassen. Du magst versprechen, nicht aus deiner Terminei zu gehen, und wirst immer besser sein als hier.
Götz: Sie werden sagen: meine Güter seien dem Kaiser heimgefallen.
Sickingen: So sagen wir: du wolltest zur Miete drin wohnen, bis sie dir der Kaiser wieder zu Lehn gäbe. Laß sie sich wenden wie Aaale in der Reuse, sie sollen uns nicht entschlüpfen. Sie werden von Kaiserlicher Majestät reden, von ihrem Auftrag. Das kann uns einerlei sein. Ich kenne den Kaiser auch und gelte was bei ihm. Er hat immer gewünscht, dich unter seinem Heer zu haben. Du wirst nicht lang auf deinem Schlosse sitzen, so wirst du aufgerufen werden.
Götz: Wollte Gott bald, eh ich's Fechten verlerne.
Sickingen: Der Mut verlernt sich nicht, wie er sich nicht lernt. Sorge für nichts! Wenn deine Sachen in der Ordnung sind, geh ich nach Hof, denn meine Unternehmung fängt an, reif zu werden. Günstige Aspekten deuten mir: brich auf! Es ist mir nichts übrig, als die Gesinnung des Kaisers zu sondieren. Trier und Pfalz vermuten eher des Himmels Einfall, als daß ich ihnen übern Kopf kommen werde. Und ich will kommen wie ein Hagelwetter! Und wenn wir unser Schicksal machen können, so sollst du bald der Schwager eines Kurfürsten sein. Ich hoffte auf deine Faust bei dieser Unternehmung.

Götz *(besieht seine Hand):* O! das bedeutete der Traum, den ich hatte, als ich tags darauf Marien an Weislingen versprach. Er sagte mir Treu zu, und hielt meine rechte Hand so fest, daß sie aus den Armschienen ging, wie abgebrochen. Ach! Ich bin in diesem Augenblick wehrloser, als ich war, da sie mir abgeschossen wurde. Weislingen! Weislingen!

Sickingen: Vergiß einen Verräter. Wir wollen seine Anschläge vernichten, sein Ansehn untergraben, und Gewissen und Schande sollen ihn zu Tode fressen. Ich seh, ich seh im Geist meine Feinde, deine Feinde niedergestürzt. Götz, nur noch ein halb Jahr!

Götz: Deine Seele fliegt hoch. Ich weiß nicht, seit einiger Zeit wollen sich in der meinigen keine fröhliche Aussichten eröffnen. — Ich war schon mehr im Unglück, schon einmal gefangen, und so wie mir's jetzt ist, war mir's niemals.

Sickingen: Glück macht Mut. Kommt zu den Perücken! Sie haben lang genug den Vortrag gehabt, laß uns einmal die Müh übernehmen. *(Ab)*

Adelheidens Schloß

Adelheid. Weislingen

Adelheid: Das ist verhaßt!

Weislingen: Ich hab die Zähne zusammengebissen. Ein so schöner Anschlag, so glücklich vollführt, und am Ende ihn auf sein Schloß zu lassen! Der verdammte Sickingen!

Adelheid: Sie hätten's nicht tun sollen.

Weislingen: Sie saßen fest. Was konnten sie machen? Sickingen drohte mit Feuer und Schwert, der hochmütige jähzornige Mann! Ich haß ihn. Sein Ansehn nimmt zu wie ein Strom, der nur einmal ein paar Bäche gefressen hat, die übrigen folgen von selbst.

Adelheid: Hatten sie keinen Kaiser?

Weislingen: Liebe Frau! Er ist nur der Schatten davon, er wird alt und mißmutig. Wie er hörte, was geschehen war, und ich nebst den übrigen Regimentsräten eiferte, sagt er: Laßt ihnen Ruh! Ich kann dem alten Götz wohl das Plätzchen gönnen, und wenn er da still ist, was habt ihr über ihn zu klagen? Wir redeten vom Wohl des Staats. O! sagt er: hätt ich von jeher Räte gehabt, die meinen unruhigen Geist mehr auf das Glück einzelner Menschen gewiesen hätten!

Adelheid: Er verliert den Geist eines Regenten.

Weislingen: Wir zogen auf Sickingen los. — Er ist mein treuer Diener, sagt er; hat er's nicht auf meinen Befehl getan, so tat

er doch besser meinen Willen als meine Bevollmächtigten, und ich kann's gutheißen, vor oder nach.
Adelheid: Man möchte sich zerreißen.
Weislingen: Ich habe deswegen noch nicht alle Hoffnung aufgegeben. Er ist auf sein ritterlich Wort auf sein Schloß gelassen, sich da still zu halten. Das ist ihm unmöglich; wir wollen bald eine Ursach wider ihn haben.
Adelheid: Und desto eher, da wir hoffen können, der Kaiser werde bald aus der Welt gehn und Karl, sein trefflicher Nachfolger, majestätischere Gesinnungen verspricht.
Weislingen: Karl? Er ist noch weder gewählt noch gekrönt.
Adelheid: Wer wünscht und hofft es nicht?
Weislingen: Du hast einen großen Begriff von seinen Eigenschaften; fast sollte man denken, du sähst sie mit andern Augen.
Adelheid: Du beleidigst mich, Weislingen. Kennst du mich für das?
Weislingen: Ich sagte nichts, dich zu beleidigen. Aber schweigen kann ich nicht dazu. Karls ungewöhnliche Aufmerksamkeit für dich beunruhigt mich.
Adelheid: Und mein Betragen?
Weislingen: Du bist ein Weib. Ihr haßt keinen, der euch hofiert.
Adelheid: Aber Ihr?
Weislingen: Er frißt mir am Herzen, der fürchterliche Gedanke! Adelheid!
Adelheid: Kann ich deine Torheit kurieren.
Weislingen: Wenn du wolltest! Du könntest dich vom Hof entfernen.
Adelheid: Sage Mittel und Art. Bist du nicht bei Hofe? Soll ich dich lassen und meine Freunde, um auf meinem Schloß mich mit den Uhus zu unterhalten? Nein, Weislingen, daraus wird nichts. Beruhige dich, du weißt, wie ich dich liebe.
Weislingen: Der heilige Anker in diesem Sturm, solang der Strick nicht reißt. *(Ab)*
Adelheid: Fängst du's so an! Das fehlte noch. Die Unternehmungen meines Busens sind zu groß, als daß du ihnen im Wege stehen solltest. Karl! Großer trefflicher Mann, und Kaiser dereinst! und sollte er der einzige sein unter den Männern, den der Besitz meiner Gunst nicht schmeichelte? Weislingen, denke nicht mich zu hindern, sonst mußt du in den Boden, mein Weg geht über dich hin.

Franz kommt mit einem Brief

Franz: Hier, gnädige Frau.
Adelheid: Gab dir Karl ihn selbst?
Franz: Ja.
Adelheid: Was hast du? Du siehst so kummervoll.
Franz: Es ist Euer Wille, daß ich mich totschmachten soll; in den Jahren der Hoffnung macht Ihr mich verzweifeln.
Adelheid: Er dauert mich — und wie wenig kostet's mich, ihn glücklich zu machen! Sei gutes Muts, Junge. Ich fühle deine Lieb und Treu, und werde nie unerkenntlich sein.
Franz *(beklemmt):* Wenn Ihr das fähig wärt, ich müßte vergehn. Mein Gott, ich habe keinen Blutstropfen in mir, der nicht Euer wäre, keinen Sinn als Euch zu lieben und zu tun, was Euch gefällt!
Adelheid: Lieber Junge.
Franz: Ihr schmeichelt mir. *(In Tränen ausbrechend)* Wenn diese Ergebenheit nichts mehr verdient als andere sich vorgezogen zu sehn, als Eure Gedanken alle nach dem Karl gerichtet zu sehn —
Adelheid: Du weißt nicht, was du willst, noch weniger, was du redst.
Franz *(vor Verdruß und Zorn mit dem Fuß stampfend):* Ich will auch nicht mehr. Will nicht mehr den Unterhändler abgeben.
Adelheid: Franz! Du vergißt dich.
Franz: Mich aufzuopfern! Meinen lieben Herrn!
Adelheid: Geh mir aus dem Gesicht.
Franz: Gnädige Frau!
Adelheid: Geh, entdecke deinem lieben Herrn mein Geheimnis. Ich war die Närrin, dich für was zu halten, das du nicht bist.
Franz: Liebe gnädige Frau, Ihr wißt, daß ich Euch liebe.
Adelheid: Und du warst mein Freund, meinem Herzen so nahe. Geh, verrat mich!
Franz: Eher wollt ich mir das Herz aus dem Leibe reißen! Verzeiht mir, gnädige Frau. Mein Herz ist zu voll, meine Sinnen halten's nicht aus.
Adelheid: Lieber armer Junge!

Sie faßt ihn bei den Händen, zieht ihn zu sich, und ihre Küsse begegnen einander; er fällt ihr weinend um den Hals

Adelheid: Laß mich!
Franz *(erstickend in Tränen an ihrem Hals):* Gott! Gott!
Adelheid: Laß mich, die Mauern sind Verräter. Laß mich. *(Sie macht sich los)* Wanke nicht von deiner Lieb und Treu, und der schönste Lohn soll dir werden. *(Ab)*

Franz: Der schönste Lohn! Nur bis dahin laß mich leben! Ich wollte meinen Vater ermorden, der mir diesen Platz streitig machte.

Jaxthausen

Götz an einem Tisch. Elisabeth bei ihm mit der Arbeit; es steht ein Licht auf dem Tisch und Schreibzeug

Götz: Der Müßiggang will mir gar nicht schmecken, und meine Beschränkung wird mir von Tag zu Tag enger; ich wollt, ich könnt schlafen, oder mir nur einbilden, die Ruhe sei was Angenehmes.

Elisabeth: So schreib doch deine Geschichte aus, die du angefangen hast. Gib deinen Freunden ein Zeugnis in die Hand, deine Feinde zu beschämen; erschaff einer edlen Nachkommenschaft die Freude, dich nicht zu verkennen.

Götz: Ach! Schreiben ist geschäftiger Müßiggang, es kommt mir sauer an. Indem ich schreibe, was ich getan habe, ärger ich mich über den Verlust der Zeit, in der ich etwas tun könnte.

Elisabeth *(nimmt die Schrift)*: Sei nicht wunderlich. Du bist eben an deiner ersten Gefangenschaft in Heilbronn.

Götz: Das war mir von jeher ein falscher Ort.

Elisabeth *(liest):* „Da waren selbst einige von den Bündischen, die zu mir sagten: ich habe töricht getan, mich meinen ärgsten Feinden zu stellen, da ich doch vermuten konnte, sie würden nicht glimpflich mit mir umgehn; da antwortet ich:" Nun was antwortetest du? Schreibe weiter.

Götz: Ich sagte: Setz ich so oft meine Haut an anderer Gut und Geld, sollt ich sie nicht an mein Wort setzen?

Elisabeth: Diesen Ruf hast du.

Götz: Den sollen sie mir nicht nehmen! Sie haben mir alles genommen, Gut, Freiheit —

Elisabeth: Es fällt in die Zeiten, wie ich die von Miltenberg und Singlingen in der Wirtsstube fand, die mich nicht kannten. Da hatt ich eine Freude, als wenn ich einen Sohn geboren hätte. Sie rühmten dich untereinander, und sagten: Er ist das Muster eines Ritters, tapfer und edel in seiner Freiheit, und gelassen und treu im Unglück.

Götz: Sie sollen mir einen stellen, dem ich mein Wort gebrochen! Und Gott weiß, daß ich mehr geschwitzt hab, meinem Nächsten zu dienen als mir, daß ich um den Namen eines tapfern und treuen Ritters gearbeitet habe, nicht um hohe Reichtümer und Rang zu gewinnen. Und Gott sei Dank, worum ich warb, ist mir worden.

Lerse. Georg mit Wildbret

Götz: Glück zu, brave Jäger!

Georg: Das sind wir aus braven Reitern geworden. Aus Stiefeln machen sich leicht Pantoffeln.

Lerse: Die Jagd ist doch immer was, und eine Art von Krieg.

Georg: Wenn man nur hierzulande nicht immer mit Reichsknechten zu tun hätte. Wißt Ihr, gnädiger Herr, wie Ihr uns prophezeitet: wenn sich die Welt umkehrte, würden wir Jäger werden. Da sind wir's ohne das.

Götz: Es kommt auf eins hinaus, wir sind aus unserm Kreise gerückt.

Georg: Es sind bedenkliche Zeiten. Schon seit acht Tagen läßt sich ein fürchterlicher Komet sehen, und ganz Deutschland ist in Angst, es bedeute den Tod des Kaisers, der sehr krank ist.

Götz: Sehr krank! Unsere Bahn geht zu Ende.

Lerse: Und hier in der Nähe gibt's noch schrecklichere Veränderungen. Die Bauern haben einen entsetzlichen Aufstand erregt.

Götz: Wo?

Lerse: Im Herzen von Schwaben. Sie sengen, brennen und morden. Ich fürchte, sie verheeren das ganze Land.

Georg: Einen fürchterlichen Krieg gibt's. Es sind schon an die hundert Ortschaften aufgestanden, und täglich mehr. Der Sturmwind neulich hat ganze Wälder ausgerissen, und kurz darauf hat man die Gegend, wo der Aufstand begonnen, zwei feurige Schwerter kreuzweis in der Luft gesehen.

Götz: Da leiden von meinen guten Herrn und Freunden gewiß unschuldig mit!

Georg: Schade, daß wir nicht reiten dürfen!

Fünfter Akt

Bauernkrieg
Tumult in einem Dorf und Plünderung
Weiber und Alte mit Kindern und Gepäcke. Flucht

Alter: Fort! fort! daß wir den Mordhunden entgehen.

Weib: Heiliger Gott, wie blutrot der Himmel ist, die untergehende Sonne blutrot!

Mutter: Das bedeutet Feuer.

Weib: Mein Mann! Mein Mann!

Alter: Fort! fort! in Wald! *(Ziehen vorbei)*

Link

Link: Was sich widersetzt, niedergestochen! Das Dorf ist unser. Daß von Früchten nichts umkommt, nichts zurückbleibt. Plündert rein aus und schnell. Wir zünden gleich an.

Metzler vom Hügel herunter gelaufen

Metzler: Wie geht's Euch, Link?

Link: Drunter und drüber, siehst du, du kommst zum Kehraus. Woher?

Metzler: Von Weinsberg. Da war ein Fest.

Link: Wie?

Metzler: Dietrich von Weiler tanzte vor. Der Fratz! Wir waren mit hellem wütigem Hauf herum, und er oben aufm Kirchturm wollt gütlich mit uns handeln. Paff! Schoß ihn einer vorn Kopf. Wir hinauf wie Wetter, und zum Fenster herunter mit dem Kerl.

Link: Ah!

Metzler *(zu den Bauern):* Ihr Hund, soll ich euch Bein machen! Wie sie haudern und trenteln, die Esel.

Link: Brennt an! sie mögen drin braten! Fort! Fahrt zu, ihr Schlingel.

Metzler: Darnach führten wir heraus den Helfenstein, den Eltershofen, an die dreizehn von Adel, zusammen auf achtzig. Herausgeführt auf die Ebne gegen Heilbronn. Das war ein Jubilieren und ein Tumultuieren von den Unsrigen, wie die lange Reih arme reiche Sünder daherzog, einander anstarrten, und Erd und Himmel! Umringt waren sie, ehe sie sich's versahen, und alle mit Spießen niedergestochen.

Link: Daß ich nicht dabei war!

Metzler: Hab mein Tag so kein Gaudium gehabt.

Link: Fahrt zu! Heraus!

Bauer: Alles ist leer.

Link: So brennt an allen Ecken.

Metzler: Wird ein hübsch Feuerchen geben. Siehst du, wie die Kerls übereinanderpurzelten und quiekten wie die Frösche! Es lief mir so warm übers Herz wie ein Glas Branntwein. Da war ein Rixinger, wenn der Kerl sonst auf die Jagd ritt, mit dem Federbusch und weiten Naslöchern, und uns vor sich hertrieb mit den Hunden und wie die Hunde. Ich hatt ihn die Zeit nicht gesehen, sein Fratzengesicht fiel mir recht auf. Hasch! den Spieß ihm zwischen die Rippen, da lag er, streckt alle vier über seine Gesellen. Wie die Hasen beim Treibjagen zuckten die Kerls übereinander.

Link: Raucht schon brav.

Metzler: Dort hinten brennt's. Laß uns mit der Beute gelassen zu dem großen Haufen ziehen.

Link: Wo hält er?

Metzler: Von Heilbronn hierher zu. Sie sind um einen Hauptmann verlegen, vor dem alles Volk Respekt hätt. Denn wir sind doch nur ihresgleichen, das fühlen sie und werden schwürig.

Link: Wen meinen sie?

Metzler: Max Stumpf oder Götz von Berlichingen.

Link: Das wär gut, gäb auch der Sache einen Schein, wenn's der Götz tät; er hat immer für einen rechtschaffenen Ritter gegolten. Auf! Auf! wir ziehen nach Heilbronn zu! Ruft's herum.

Metzler: Das Feuer leucht uns noch eine gute Strecke. Hast du den großen Kometen gesehen?

Link: Ja. Das ist ein grausam erschrecklich Zeichen! Wenn wir die Nacht durch ziehen, können wir ihn recht sehn. Er geht gegen eins auf.

Metzler: Und bleibt nur fünf Viertelstunden. Wie ein gebogener Arm mit einem Schwert sieht er aus, so blutgelbrot.

Link: Hast du die drei Stern gesehen an des Schwerts Spitze und Seite?

Metzler: Und der breite wolkenfärbige Streif, mit tausend und tausend Striemen wie Spieß, und dazwischen wie kleine Schwerter.

Link: Mir hat's gegraust. Wie das alles so bleichrot, und darunter viel feurige helle Flammen, und dazwischen die grausamen Gesichter mit rauchen Häuptern und Bärten!

Metzler: Hast du die auch gesehen? Und das zwitschert alles so durcheinander, als läg's in einem blutigen Meere, und arbeitet durcheinander, daß einem die Sinne vergehn!

Link: Auf! Auf! *(ab)*

Feld

Man sieht in der Ferne zwei Dörfer brennen und ein Kloster
Kohl. Wild. Max Stumpf. Haufen

Max Stumpf: Ihr könnt nicht verlangen, daß ich euer Hauptmann sein soll. Für mich und euch wär's nichts nütze. Ich bin Pfalzgräfischer Diener; wie sollt ich gegen meinen Herrn führen? Ihr würdet immer wähnen, ich tät nicht von Herzen.

Kohl: Wußten wohl, du würdest Entschuldigung finden.

Götz, Lerse, Georg kommen

Götz: Was wollt ihr mit mir?

Kohl: Ihr sollt unser Hauptmann sein.

Götz: Soll ich mein ritterlich Wort dem Kaiser brechen, und aus meinem Bann gehen?

Wild: Das ist keine Entschuldigung.

Götz: Und wenn ich ganz frei wäre und ihr wollt handeln wie bei Weinsberg an den Edlen und Herrn, und so forthausen, wie rings herum das Land brennet und blutet, und ich sollt euch behilflich sein zu eurem schändlichen rasenden Wesen — eher sollt ihr mich totschlagen wie einen wütigen Hund, als daß ich euer Haupt würde!

Kohl: Wäre das nicht geschehen, es geschähe vielleicht nimmermehr.

Stumpf: Das war eben das Unglück, daß sie keinen Führer hatten, den sie geehrt, und der ihrer Wut Einhalt tun können. Nimm die Hauptmannschaft an, ich bitte dich, Götz. Die Fürsten werden dir Dank wissen, ganz Deutschland. Es wird zum Besten und Frommen aller sein. Menschen und Länder werden geschont werden.

Götz: Warum übernimmst du's nicht?

Stumpf: Ich hab mich von ihnen losgesagt.

Kohl: Wir haben nicht Sattelhenkens Zeit, und langer unnötiger Diskurse. Kurz und gut. Götz, sei unser Hauptmann, oder sieh zu deinem Schloß und deiner Haut. Und hiermit zwei Stunden Bedenkzeit. Bewacht ihn.

Götz: Was braucht's das! Ich bin so gut entschlossen — jetzt als darnach. Warum seid ihr ausgezogen? Eure Rechte und Freiheiten wieder zu erlangen? Was wütet ihr und verderbt das Land! Wollt ihr abstehen von allen Übeltaten, und handeln als wackre Leute, die wissen, was sie wollen, so will ich euch behilflich sein zu euren Forderungen, und auf acht Tag euer Hauptmann sein.

Wild: Was geschehen ist, ist in der ersten Hitz geschehen, und braucht's deiner nicht, uns künftig zu hindern.

Kohl: Auf ein viertel Jahr wenigstens mußt du uns zusagen.

Stumpf: Macht vier Wochen, damit könnt ihr beide zufrieden sein.

Götz: Meinetwegen.

Kohl: Eure Hand!

Götz: Und gelobt mir den Vertrag, den ihr mit mir gemacht, schriftlich an alle Haufen zu senden, ihm bei Strafe streng nachzukommen.

Wild: Nun ja! Soll geschehen.

Götz: So verbind ich mich mit euch auf vier Wochen.

Stumpf: Glück zu! Was du tust, schont unsern gnädigen Herrn, den Pfalzgrafen.
Kohl *(leise):* Bewacht ihn. Daß niemand mit ihm rede außer Eurer Gegenwart.
Götz: Lerse! Kehr zu meiner Frau. Steh ihr bei. Sie soll bald Nachricht von mir haben.

Götz, Stumpf, Georg, Lerse, einige Bauern ab
Metzler, Link kommen

Metzler: Was hören wir von einem Vertrag? Was soll der Vertrag?
Link: Es ist schändlich, so einen Vertrag einzugehen.
Kohl: Wir wissen so gut was wir wollen als ihr, und haben zu tun und zu lassen.
Wild: Das Rasen und Brennen und Morden mußte doch einmal aufhören heut oder morgen; so haben wir noch einen braven Hauptmann dazu gewonnen.
Metzler: Was aufhören! Du Veräter! Warum sind wir da? Uns an unsern Feinden zu rächen, uns emporzuhelfen! — Das hat euch ein Fürstenknecht geraten.
Kohl: Komm, Wild, er ist wie ein Vieh. *(Ab)*
Metzler: Geht nur! Wird euch kein Haufen zustehn. Die Schurken! Link, wir wollen die andern aufhetzen, Miltenberg dort drüben anzünden, und wenn's Händel setzt wegen des Vertrags, schlagen wir den Verträgern zusammen die Köpf ab.
Link: Wir haben doch den großen Haufen auf unsrer Seite.

Berg und Tal. Eine Mühle in der Tiefe
Ein Trupp Reiter
Weislingen kommt aus der Mühle mit Franzen und einem Boten

Weislingen: Mein Pferd! — Ihr habt's den andern Herrn auch angesagt?
Bote: Wenigstens sieben Fähnlein werden mit Euch eintreffen, im Wald hinter Miltenberg. Die Bauern ziehen unten herum. Überall sind Boten ausgeschickt, der ganze Bund wird in kurzem beisammen sein. Fehlen kann's nicht; man sagt, es sei Zwist unter ihnen.
Weislingen: Desto besser! — Franz!
Franz: Gnädiger Herr.
Weislingen: Richt es pünklich aus. Ich bind es dir auf deine Seele. Gib ihr den Brief. Sie soll vom Hof auf mein Schloß! Sogleich! Du sollst sie abreisen sehn, und mir's dann melden.
Franz: Soll geschehen, wie Ihr befehlt.

Weislingen: Sag ihr, sie soll wollen. *(Zum Boten)* Führt uns nun den nächsten und besten Weg.
Bote: Wir müssen umziehen. Die Wasser sind von den entsetzlichen Regen alle ausgetreten.

Jaxthausen
Elisabeth. Lerse

Lerse: Tröstet Euch, gnädge Frau!
Elisabeth: Ach Lerse, die Tränen stunden ihm in den Augen, wie er Abschied von mir nahm. Es ist grausam, grausam!
Lerse: Er wird zurückkehren.
Elisabeth: Es ist nicht das. Wenn er auszog, rühmlichen Sieg zu erwerben, da war mir's nicht weh ums Herz. Ich freute mich auf seine Rückkunft, vor der mir jetzt bang ist.
Lerse: Ein so edler Mann. —
Elisabeth: Nenn ihn nicht so, das macht neu Elend. Die Bösewichter! Sie drohten ihn zu ermorden und sein Schloß anzuzünden. — Wenn er wiederkommen wird — ich seh ihn finster, finster. Seine Feinde werden lügenhafte Klagartikel schmieden, und er wird nicht sagen können: Nein!
Lerse: Er wird und kann.
Elisabeth: Er hat seinen Bann gebrochen. Sag Nein!
Lerse: Nein! Er ward gezwungen; wo ist der Grund, ihn zu verdammen?
Elisabeth: Die Bosheit sucht keine Gründe, nur Ursachen. Er hat sich zu Rebellen, Missetätern, Mördern gesellt, ist an ihre Spitze gezogen. Sage Nein!
Lerse: Laßt ab, Euch zu quälen und mich. Haben sie ihm nicht feierlich zugesagt, keine Tathandlung mehr zu unternehmen, wie die bei Weinsberg? Hört ich sie nicht selbst halbreuig sagen: wenn's nicht geschehen wär, geschäh's vielleicht nie? Müßten nicht Fürsten und Herrn ihm Dank wissen, wenn er freiwillig Führer eines unbändigen Volks geworden wäre, um ihrer Raserei Einhalt zu tun und so viel Menschen und Besitztümer zu schonen?
Elisabeth: Du bist ein liebevoller Advokat. — Wenn sie ihn gefangen nähmen, als Rebell behandelten, und sein graues Haupt — Lerse, ich möchte von Sinnen kommen.
Lerse: Sende ihrem Körper Schlaf, lieber Vater der Menschen, wenn du ihrer Seele keinen Trost geben willst!
Elisabeth: Georg hat versprochen, Nachricht zu bringen. Er wird auch nicht dürfen, wie er will. Sie sind ärger als gefan-

gen. Ich weiß, man bewacht sie wie Feinde. Der gute Georg! Er wollte nicht von seinem Herrn weichen.

Lerse: Das Herz blutete mir, wie er mich von sich schickte. Wenn Ihr nicht meiner Hilfe bedürftet, alle Gefahren des schmählichsten Todes sollten mich nicht von ihm getrennt haben.

Elisabeth: Ich weiß nicht, wo Sickingen ist. Wenn ich nur Marien einen Boten schicken könnte.

Lerse: Schreibt nur, ich will dafür sorgen. *(Ab)*

Bei einem Dorf

Götz. Georg

Götz: Geschwind zu Pferde, Georg! Ich sehe Miltenberg brennen. Halten sie so den Vertrag! Reit hin, sag ihnen die Meinung. Die Mordbrenner! Ich sage mich von ihnen los. Sie sollen einen Zigeuner zum Hauptmann machen, nicht mich. Geschwind, Georg. *(Georg ab)* Wollt, ich wäre tausend Meilen davon, und läg im tiefsten Turn, der in der Türkei steht. Könnt ich mit Ehren von ihnen kommen! Ich fahr ihnen alle Tag durch den Sinn, sag ihnen die bittersten Wahrheiten, daß sie mein müde werden und mich erlassen sollen.

Ein Unbekannter

Unbekannter: Gott grüß Euch, sehr edler Herr.

Götz: Gott dank Euch. Was bringt Ihr? Euren Namen?

Unbekannter: Der tut nichts zur Sache. Ich komme Euch zu sagen, daß Euer Kopf in Gefahr ist. Die Anführer sind müde, sich von Euch so harte Worte geben zu lassen, haben beschlossen, Euch aus dem Weg zu räumen. Mäßigt Euch oder seht zu entwischen, und Gott geleit Euch. *(Ab)*

Götz: Auf diese Art dein Leben zu lassen, Götz, und so enden! Es sei drum! So ist mein Tod der Welt das sicherste Zeichen, daß ich nichts Gemeines mit den Hunden gehabt habe.

Einige Bauern

Erster Bauer: Herr! Herr! Sie sind geschlagen, sie sind gefangen.

Götz: Wer?

Zweiter Bauer: Die Miltenberg verbrannt haben. Es zog sich ein Bündischer Trupp hinter dem Berg hervor, und überfiel sie auf einmal.

Götz: Sie erwartet ihr Lohn. — O Georg! Georg! — Sie haben ihn mit den Bösewichtern gefangen. — Mein Georg! Mein Georg! —

Anführer kommen

Link: Auf, Herr Hauptmann, auf! Es ist nicht Säumens Zeit. Der Feind ist in der Nähe und mächtig.
Götz: Wer verbrannte Miltenberg?
Metzler: Wenn Ihr Umstände machen wollt, so wird man Euch weisen, wie man keine macht.
Kohl: Sorgt für unsere Haut und Eure. Auf! auf!
Götz *(zu Metzler)*: Drohst du mir? Du Nichtswürdiger! Glaubst du, daß du mir fürchterlicher bist, weil des Grafen von Helfenstein Blut an deinen Kleidern klebt?
Metzler: Berlichingen!
Götz: Du darfst meinen Namen nennen, und meine Kinder werden sich dessen nicht schämen.
Metzler: Mit dir feigen Kerl! Fürstendiener.
Götz *(haut ihm über den Kopf, daß er stürzt. Die andern treten dazwischen).*
Kohl: Ihr seid rasend. Der Feind bricht auf allen Seiten rein und ihr hadert!
Link: Auf! Auf! *(Tumult und Schlacht)*

Weislingen. Reiter

Weislingen: Nach! Nach! Sie fliehen. Laßt euch Regen und Nacht nicht abhalten. Götz ist unter ihnen, hör ich. Wendet Fleiß an, daß ihr ihn erwischt. Er ist schwer verwundet, sagen die Unsrigen. *(Die Reiter ab)* Und wenn ich dich habe! — Es ist noch Gnade, wenn wir heimlich im Gefängnis dein Todesurteil vollstrecken. — So verlischt er vor dem Andenken der Menschen, und du kannst freier atmen, törichtes Herz *(Ab)*

Nacht, im wilden Wald. Zigeunerlager

Zigeunermutter am Feuer

Mutter: Flick das Strohdach über der Grube, Tochter, gibt hint nacht noch Regen genug.

Knab kommt

Knab: Ein Hamster, Mutter. Da! Zwei Feldmäus.
Mutter: Will sie dir abziehen und braten, und sollst eine Kapp haben von den Fellchen. — Du blutst?
Knab: Hamster hat mich bissen.
Mutter: Hol mir dürr Holz, daß das Feuer loh brennt, wenn dein Vater kommt; wird naß sein durch und durch.

Andre Zigeunerin, ein Kind auf dem Rücken

Erste Zigeunerin: Hast du brav geheischen?

Zweite Zigeunerin: Wenig genug. Das Land ist voll Tumult herum, daß man seins Lebens nicht sicher ist. Brennen zwei Dörfer lichterloh.
Erste Zigeunerin: Ist das dort drunten Brand, der Schein? Seh ihm schon lang zu. Man ist der Feuerzeichen am Himmel zeither so gewohnt worden.

Zigeunerhauptmann, drei Gesellen kommen

Hauptmann: Hört ihr den wilden Jäger?
Erster Zigeuner: Er zieht grad über uns hin.
Hauptmann: Wie die Hunde bellen! Wau! Wau!
Zweiter Zigeuner: Die Peitschen knallen.
Dritter Zigeuner: Die Jäger jauchzen holla ho!
Mutter: Bringt ja des Teufels sein Gepäck.
Hauptmann: Haben im Trüben gefischt. Die Bauern rauben selbst, ist's uns wohl vergönnt.
Zweite Zigeunerin: Was hast du, Wolf?
Wolf: Einen Hasen, da, und einen Hahn. Ein'n Bratspieß. Ein Bündel Leinwand. Drei Kochlöffel und ein'n Pferdzaum.
Sticks: Ein wullen Deck hab ich, ein Paar Stiefeln, und Zunder und Schwefel.
Mutter: Ist alles pudelnaß, wollen's trocknen, gebt her. *(Ab)*
Hauptmann: Horch, ein Pferd! Geht! seht was ist!

Götz zu Pferd

Götz: Gott sei Dank! dort seh ich Feuer, sind Zigeuner. Meine Wunden verbluten, die Feinde hinterher. Heiliger Gott, du endigst gräßlich mit mir!
Hauptmann: Ist's Friede, daß du kommst?
Götz: Ich flehe Hilfe von Euch. Meine Wunden ermatten mich. Helft mir vom Pferd!
Hauptmann: Helf ihm! Ein edler Mann, an Gestalt und Wort.
Wolf *(leise):* Es ist Götz von Berlichingen.
Hauptmann: Seid willkommen! Alles ist Euer, was wir haben.
Götz: Dank Euch.
Hauptmann: Kommt in mein Zelt.

Hauptmanns Zelt

Hauptmann. Götz

Hauptmann: Ruft der Mutter, sie soll Blutwurzel bringen und Pflaster.
Götz *(legt den Harnisch ab).*
Hauptmann: Hier ist mein Feiertagswams.
Götz: Gott lohn's.

Mutter verbind't ihn

Hauptmann: Ist mir herzlich lieb, Euch zu haben.
Götz: Kennt Ihr mich?
Hauptmann: Wer sollte Euch nicht kennen! Götz, unser Leben und Blut lassen wir für Euch.

Schricks

Schricks: Kommen durch den Wald Reiter. Sind Bündische.
Hauptmann: Eure Verfolger! Sie sollen nit bis zu Euch kommen! Auf, Schricks! Biete den andern! Wir kennen die Schliche besser als sie, wir schießen sie nieder, eh sie uns gewahr werden. *(Ab)*
Götz *(allein):* O Kaiser! Kaiser! Räuber beschützen deine Kinder. *(Man hört scharf schießen)* Die wilden Kerls, starr und treu!

Zigeunerin

Zigeunerin: Rettet Euch! Die Feinde überwältigen.
Götz: Wo ist mein Pferd?
Zigeunerin: Hierbei.
Götz *(gürtet sich, und sitzt auf ohne Harnisch):* Zum letztenmal sollen sie meinen Arm fühlen. Ich bin so schwach noch nicht. *(Ab)*
Zigeunerin: Er sprengt zu den Unsrigen. *(Flucht)*
Wolf: Fort, fort! Alles verloren. Unser Hauptmann erschossen. Götz gefangen. *(Geheul der Weiber und Flucht)*

Adelheidens Schlafzimmer

Adelheid mit einem Brief

Adelheid: Er oder ich! Der Übermütige! Mir drohen! — Wir wollen dir zuvorkommen. Was schleicht durch den Saal? *(Es klopft)* Wer ist draußen?

Franz leise

Franz: Macht mir auf, gnädige Frau.
Adelheid: Franz! Er verdient wohl, daß ich ihm aufmache. *(Sie läßt ihn ein)*
Franz *(fällt ihr um den Hals):* Liebe gnädige Frau.
Adelheid: Unverschämter! Wenn dich jemand gehört hätte.
Franz: O es schläft alles, alles!
Adelheid: Was willst du?
Franz: Mich läßt's nicht ruhen. Die Drohungen meines Herrn, Euer Schicksal, mein Herz.

Adelheid: Er war sehr zornig, als du Abschied nahmst?
Franz: Als ich ihn nie gesehen. Auf ihre Güter soll sie, sagt er, sie soll wollen.
Adelheid: Und wir folgen?
Franz: Ich weiß nichts, gnädige Frau.
Adelheid: Betrogener törichter Junge, du siehst nicht, wo das hinaus will. Hier weiß er mich in Sicherheit. Denn lange steht's ihm schon nach meiner Freiheit. Er will mich auf seine Güter. Dort hat er Gewalt, mich zu behandeln, wie sein Haß ihm eingibt.
Franz: Er soll nicht!
Adelheid: Wirst du ihn hindern?
Franz: Er soll nicht!
Adelheid: Ich seh mein ganzes Elend voraus. Von seinem Schloß wird er mich mit Gewalt reißen, wird mich in ein Kloster sperren.
Franz: Hölle und Tod!
Adelheid: Wirst du mich retten?
Franz: Eh alles! Alles!
Adelheid *(die weinend ihn umhalst):* Franz, ach uns zu retten!
Franz: Er soll nieder, ich will ihm den Fuß auf den Nacken setzen.
Adelheid: Keine Wut. Du sollst einen Brief an ihn haben, voll Demut, daß ich gehorche. Und dieses Fläschchen gieß ihm unter das Getränk.
Franz: Gebt! Ihr sollt frei sein!
Adelheid: Frei! Wenn du nicht mehr zitternd auf deinen Zehen zu mir schleichen wirst — nicht mehr ich ängstlich zu dir sage: brich auf, Franz, der Morgen kommt.

Heilbronn, vorm Turn
Elisabeth. Lerse

Lerse: Gott nehm das Elend von Euch, gnädige Frau. Marie ist hier.
Elisabeth: Gott sei Dank! Lerse, wir sind in entsetzliches Elend versunken. Da ist's nun, wie mir alles ahnete! Gefangen, als Meuter, Missetäter in den tiefsten Turn geworfen —
Lerse: Ich weiß alles.
Elisabeth: Nichts, nichts weißt du, der Jammer ist zu groß! Sein Alter, seine Wunden, ein schleichend Fieber, und mehr als alles das, die Finsternis seiner Seele, daß es so mit ihm enden soll.

Lerse: Auch, und daß der Weislingen Kommissar ist.
Elisabeth: Weislingen?
Lerse: Man hat mit unerhörten Exekutionen verfahren. Metzler ist lebendig verbrannt, zu Hunderten gerädert, gespießt, geköpft, geviertelt. Das Land umher gleicht einer Metzge, wo Menschenfleisch wohlfeil ist.
Elisabeth: Weislingen Kommissar! O Gott! ein Strahl von Hoffnung. Marie soll mir zu ihm, er kann ihr nichts abschlagen. Er hatte immer ein weiches Herz, und wenn er sie sehen wird, die er so liebte, die so elend durch ihn ist — Wo ist sie?
Lerse: Noch im Wirtshaus.
Elisabeth: Führe mich zu ihr. Sie muß gleich fort. Ich fürchte alles.

Weislingens Schloß

Weislingen

Weislingen: Ich bin so krank, so schwach. Alle meine Gebeine sind hohl. Ein elendes Fieber hat das Mark ausgefressen. Keine Ruh und Rast, weder Tag noch Nacht. Im halben Schlummer giftige Träume. Die vorige Nacht begegnete ich Götzen im Wald. Er zog sein Schwert und forderte mich heraus. Ich faßte nach meinem, die Hand versagte mir. Da stieß er's in die Scheide, sah mich verächtlich an und ging hinter mich. — Er ist gefangen und ich zittere vor ihm. Elender Mensch! Dein Wort hat ihn zum Tode verurteilt, und du bebst vor seiner Traumgestalt wie ein Missetäter! — Und soll er sterben? — Götz! Götz! — Wir Menschen führen uns nicht selbst; bösen Geistern ist Macht über uns gelassen, daß sie ihren höllischen Mutwillen an unserm Verderben üben. *(Er setzt sich)* — Matt! Matt! Wie sind meine Nägel so blau! — Ein kalter, kalter, verzehrender Schweiß lähmt mir jedes Glied. Es dreht mir alles vorm Gesicht. Könnt ich schlafen. Ach —

Maria tritt auf

Weislingen: Jesus Marie! — Laß mir Ruh! Laß mir Ruh! — Die Gestalt fehlte noch! Sie stirbt, Marie stirbt, und zeigt sich mir an. — Verlaß mich, seliger Geist, ich bin elend genug.
Maria: Weislingen, ich bin kein Geist. Ich bin Maria.
Weislingen: Das ist ihre Stimme.
Maria: Ich komme meines Bruders Leben von dir zu erflehen, er ist unschuldig, so strafbar er scheint.
Weislingen: Still, Marie! Du Engel des Himmels bringst die Qualen der Hölle mit dir. Rede nicht fort.

Maria: Und mein Bruder soll sterben? Weislingen, es ist entsetzlich, daß ich dir zu sagen brauche: er ist unschuldig: daß ich jammern muß, dich von dem abscheulichsten Morde zurückzuhalten. Deine Seele ist bis in ihre innersten Tiefen von feindseligen Mächten besessen. Das ist Adelbert!

Weislingen: Du siehst, der verzehrende Atem des Todes hat mich angehaucht, meine Kraft sinkt nach dem Grabe. Ich stürbe als ein Elender, und du kommst mich in Verzweiflung zu stürzen. Wenn ich reden könnte, dein höchster Haß würde in Mitleid und Jammer zerschmelzen. Oh! Marie! Marie!

Maria: Weislingen, mein Bruder verkranket im Gefängnis. Seine schweren Wunden, sein Alter. Und wenn du fähig wärst, sein graues Haupt — Weislingen, wir würden verzweifeln.

Weislingen: Genug. *(Er zieht die Schelle)*

Franz in äußerster Bewegung

Franz: Gnädiger Herr.

Weislingen: Die Papiere dort, Franz!

Franz *(bringt sie)*.

Weislingen *(reißt ein Paket auf und zeigt Marien ein Papier):* Hier ist deines Bruders Todesurteil unterschrieben.

Maria: Gott im Himmel!

Weislingen: Und so zerreiß ich's! Er lebt. Aber kann ich wieder schaffen, was ich zerstört habe? Weine nicht so, Franz! Guter Junge, dir geht mein Elend tief zu Herzen.

Franz *(wirft sich vor ihm nieder und faßt seine Knie)*.

Maria *(vor sich):* Er ist sehr krank. Sein Anblick zerreißt mir das Herz. Wie liebt ich ihn! und nun ich ihm nahe, fühl ich wie lebhaft.

Weislingen: Franz, steh auf und laß das Weinen! Ich kann wieder aufkommen. Hoffnung ist bei den Lebenden.

Franz: Ihr werdet nicht. Ihr müßt sterben.

Weislingen: Ich muß?

Franz *(außer sich):* Gift! Gift! Von Eurem Weibe! — Ich! Ich! *(Er rennt davon)*

Weislingen: Marie, geh ihm nach. Er verzweifelt. *(Maria ab)* Gift von meinem Weibe! Weh! Weh! Ich fühl's. Marter und Tod.

Maria *(inwendig):* Hilfe! Hilfe!

Weislingen *(will aufstehn):* Gott, vermag ich das nicht!

Maria *(kommt):* Er ist hin. Zum Saalfenster hinaus stürzt er wütend in den Main hinunter.

Weislingen: Ihm ist wohl. — Dein Bruder ist außer Gefahr. Die übrigen Kommissarien, Seckendorf besonders, sind seine Freunde. Ritterlich Gefängnis werden sie ihm auf sein Wort gleich gewähren. Leb wohl, Marie, und geh.

Maria: Ich will bei dir bleiben, armer Verlaßner.

Weislingen: Wohl verlassen und arm! Du bist ein furchtbarer Rächer, Gott! — Mein Weib —

Maria: Entschlage dich dieser Gedanken. Kehre dein Herz zu dem Barmherzigen.

Weislingen: Geh, liebe Seele, überlaß mich meinem Elend. — Entsetzlich! Auch deine Gegenwart, Marie, der letzte Trost, ist Qual.

Marie *(vor sich):* Stärke mich, o Gott! Meine Seele erliegt mit der seinigen.

Weislingen: Weh! Weh! Gift von meinem Weibe! — Mein Franz verführt durch die Abscheuliche. Wie sie wartet, horcht auf den Boten, der ihr die Nachricht bringe: er ist tot. Und du, Marie! Marie, warum bist du gekommen, daß du jede schlafende Erinnerung meiner Sünden wecktest! Verlaß mich, daß ich sterbe.

Marie: Laß mich bleiben. Du bist allein. Denk, ich sei deine Wärterin. Vergiß alles. Vergesse dir Gott so alles, wie ich dir alles vergesse.

Weislingen: Du Seele voll Liebe, bete für mich, bete für mich! Mein Herz ist verschlossen.

Maria: Er wird sich deiner erbarmen. — Du bist matt.

Weislingen: Ich sterbe, sterbe und kann nicht ersterben. Und in dem fürchterlichen Streit des Lebens und Tods sind die Qualen der Hölle.

Maria: Erbarmer, erbarme dich seiner! Nur einen Blick deiner Liebe an sein Herz, daß es sich zum Trost öffne und sein Geist Hoffnung, Lebenshoffnung in den Tod hinüberbringe!

In einem finstern engen Gewölbe

Die Richter des heimlichen Gerichts. Alle vermummt

Ältester: Richter des heimlichen Gerichts, schwurt auf Strang und Schwert unsträflich zu sein, zu richten im Verborgenen, zu strafen im Verborgenen Gott gleich! Sind eure Herzen rein und eure Hände, hebt die Arme empor, ruft über die Missetäter: Wehe! Wehe!

Alle: Wehe! Wehe!

Ältester: Rufer, beginne das Gericht!

Rufer: Ich Rufer rufe die Klage gegen den Missetäter. Des Herz rein ist, dessen Hände rein sind zu schwören auf Strang und Schwert, der klage bei Strang und Schwert! klage! klage!

Kläger *(tritt vor):* Mein Herz ist rein von Missetat, meine Hände von unschuldigem Blut. Verzeih mir Gott böse Gedanken und hemme den Weg zum Willen! Ich hebe meine Hand auf und klage! klage! klage!

Ältester: Wen klagst du an?

Kläger: Klage an auf Strang und Schwert Adelheiden von Weislingen. Sie hat Ehebruchs sich schuldig gemacht, ihren Mann vergiftet durch ihren Knaben. Der Knab hat sich selbst gerichtet, der Mann ist tot.

Ältester: Schwörst du zu dem Gott der Wahrheit, daß du Wahrheit klagst?

Kläger: Ich schwöre.

Ältester: Würd es falsch befunden, beutst du deinen Hals der Strafe des Mords und des Ehebruchs?

Kläger: Ich biete.

Ältester: Eure Stimmen. *(Sie reden heimlich zu ihm)*

Kläger: Richter des heimlichen Gerichts, was ist euer Urteil über Adelheiden von Weislingen, bezichtigt des Ehebruchs und Mords.

Ältester: Sterben soll sie! Sterben des bittern doppelten Todes, mit Strang und Dolch büßen doppelt doppelte Missetat. Streckt eure Hände empor, und rufet Weh über sie! Weh! Weh! In die Hände des Rächers.

Alle: Weh! Weh! Weh!

Ältester: Rächer! Rächer, tritt auf.

Rächer *(tritt vor)*

Ältester: Faß hier Strang und Schwert, sie zu tilgen von dem Angesicht des Himmels, binnen acht Tage Zeit. Wo du sie findest, nieder mit ihr in Staub! — Richter, die ihr richtet im Verborgenen und strafet im Verborgenen Gott gleich, bewahrt euer Herz vor Missetat und eure Hände vor unschuldigem Blut.

Hof einer Herberge

Maria. Lerse

Maria: Die Pferde haben gnug gerastet. Wir wollen fort, Lerse.

Lerse: Ruht doch bis an Morgen. Die Nacht ist gar zu unfreundlich.

Maria: Lerse, ich habe keine Ruh, bis ich meinen Bruder gesehen habe. Laß uns fort. Das Wetter hellt sich aus, wir haben einen schönen Tag zu gewarten.

Lerse: Wie Ihr befehlt.

Heilbronn, im Turm

Götz. Elisabeth

Elisabeth: Ich bitte dich, lieber Mann, rede mit mir. Dein Stillschweigen ängstigt mich. Du verglühst in dir selbst. Komm, laß uns nach deinen Wunden sehen; sie bessern sich um vieles. In der mutlosen Finsternis erkenn ich dich nicht mehr.

Götz: Suchtest du den Götz? Der ist lang hin. Sie haben mich nach und nach verstümmelt, meine Hand, meine Freiheit, Güter und guten Namen. Mein Kopf, was ist an dem? — Was hört Ihr von Georgen? Ist Lerse nach Georgen?

Elisabeth: Ja Lieber! Richtet Euch auf, es kann sich vieles wenden.

Götz: Wen Gott niederschlägt, der richtet sich selbst nicht auf. Ich weiß am besten, was auf meinen Schultern liegt. Unglück bin ich gewohnt zu dulden. Und jetzt ist's nicht Weislingen allein, nicht die Bauern allein, nicht der Tod des Kaisers und meine Wunden. — Es ist alles zusammen. Meine Stunde ist kommen. Ich hoffte, sie sollte sein wie mein Leben. Sein Wille geschehe.

Elisabeth: Willst du nicht was essen?

Götz: Nichts, meine Frau. Sieh, wie die Sonne draußen scheint.

Elisabeth: Ein schöner Frühlingstag.

Götz: Meine Liebe, wenn du den Wachter bereden könntest, mich in sein klein Gärtchen zu lassen auf eine halbe Stunde, daß ich der lieben Sonne genösse, des heitern Himmels und der reinen Luft.

Elisabeth: Gleich! und er wird's wohl tun.

Gärtchen am Turm

Maria. Lerse

Maria: Geh hinein und sieh, wie's steht.

Lerse ab. Elisabeth. Wächter

Elisabeth: Gott vergelt Euch die Lieb und Treu an meinem Herrn. *(Wächter ab)* Marie, was bringst du?

Maria: Meines Bruders Sicherheit. Ach, aber mein Herz ist zerrissen. Weislingen ist tot, vergiftet von seinem Weibe. Mein Mann ist in Gefahr. Die Fürsten werden ihm zu mächtig, man sagt, er sei eingeschlossen und belagert.

Elisabeth: Glaubt dem Gerüchte nicht. Und laßt Götzen nichts merken.

Maria: Wie steht's um ihn?

Elisabeth: Ich fürchtete, er würde deine Rückkunft nicht erleben. Die Hand des Herrn liegt schwer auf ihm. Und Georg ist tot.

Maria: Georg! der goldne Junge!

Elisabeth: Als die Nichtswürdigen Miltenberg verbrannten, sandte ihn sein Herr, ihnen Einhalt zu tun. Da fiel ein Trupp Bündischer auf sie los. — Georg! Hätten sie sich alle gehalten wie er, sie hätten alle das gute Gewissen haben müssen. Viel wurden erstochen, und Georg mit: er starb einen Reiterstod.

Maria: Weiß es Götz?

Elisabeth: Wir verbergen's vor ihm. Er fragt mich zehnmal des Tags, und schickt mich zehnmal des Tags zu forschen, was Georg macht. Ich fürchte, seinem Herzen diesen letzten Stoß zu geben.

Maria: O Gott, was sind die Hoffnungen dieser Erden!

Götz. Lerse. Wächter

Götz: Allmächtiger Gott! Wie wohl ist's einem unter deinem Himmel! Wie frei! — Die Bäume treiben Knospen und alle Welt hofft. Lebt wohl, meine Lieben, meine Wurzeln sind abgehauen, meine Kraft sinkt nach dem Grabe.

Elisabeth: Darf ich Lersen nach deinem Sohn ins Kloster schikken, daß du ihn noch einmal siehst und segnest?

Götz: Laß ihn, er ist heiliger als ich, er braucht meinen Segen nicht. — An unserm Hochzeittag, Elisabeth, ahnte mir's nicht, daß ich so sterben würde. — Mein alter Vater segnete uns, und eine Nachkommenschaft von edlen tapfern Söhnen quoll aus seinem Gebet. — Du hast ihn nicht erhört, und ich bin der letzte. — Lerse, dein Angesicht freut mich in der Stunde des Tods mehr als im mutigsten Gefecht. Damals führte mein Geist den eurigen, jetzt hältst du mich aufrecht. Ach daß ich Georgen noch einmal sähe, mich an seinem Blick wärmte! — Ihr seht zur Erden und weint — Er ist tot — Georg ist tot. — Stirb, Götz — Du hast dich selbst überlebt, die Edlen überlebt. — Wie starb er? — Ach, fingen sie ihn unter den Mordbrennern, und er ist hingerichtet?

Elisabeth: Nein, er wurde bei Miltenberg erstochen. Er wehrte sich wie ein Löw um seine Freiheit.

Götz: Gott sei Dank. Er war der beste Junge unter der Sonne und tapfer. — Löse meine Seele nun. — Arme Frau! Ich lasse dich in einer verderbten Welt. Lerse, verlaß sie nicht. — Schließt eure Herzen sorgfältiger als eure Tore. Es kommen die Zeiten des Betruges, es ist ihm Freiheit gegeben. Die Nichtswürdigen werden regieren mit List, und der Edle wird in ihre Netze fallen. Marie, gebe dir Gott deinen Mann wieder. Möge er nicht so tief fallen, als er hoch gestiegen ist! Selbitz starb, und der gute Kaiser, und mein Georg. — Gebt mir einen Trunk Wasser. — Himmlische Luft. — Freiheit! Freiheit! *(Er stirbt)*

Elisabeth: Nur droben, droben bei dir. Die Welt ist ein Gefängnis.

Maria: Edler Mann! Edler Mann! Wehe dem Jahrhundert, das dich von sich stieß!

Lerse: Wehe der Nachkommenschaft, die dich verkennt!

EGMONT

TRAUERSPIEL

ERSTER AUFZUG

Armbrustschießen

Soldaten und Bürger mit Armbrüsten
Jetter, Bürger von Brüssel, Schneider, tritt vor und spannt die Armbrust
Soest, Bürger von Brüssel, Krämer

Soest: Nun schießt nur hin, daß es alle wird! Ihr nehmt mir's doch nicht! Drei Ringe schwarz, die habt Ihr Eure Tage nicht geschossen. Und so wär ich für dieses Jahr Meister.

Jetter: Meister und König dazu. Wer mißgönnt's Euch? Ihr dafür auch die Zeche doppelt bezahlen; Ihr sollt Eure Geschicklichkeit bezahlen, wie's recht ist.

Buyck, Holländer, Soldat unter Egmont

Buyck: Jetter, den Schuß handl ich Euch ab, teile den Gewinst, traktiere die Herrn: ich bin so schon lange hier und für viele Höflichkeit Schuldner. Fehl ich, so ist's, als wenn Ihr geschossen hättet.

Soest: Ich sollte drein reden, denn eigentlich verlier ich dabei. Doch, Buyck, nur immerhin.

Buyck *(schießt):* Nun, Pritschmeister, Reverenz! — Eins! Zwei! Drei! Vier!

Soest: Vier Ringe? Es sei!

Alle: Vivat, Herr König, hoch! und abermal hoch!

Buyck: Danke, ihr Herren. Wäre Meister zu viel! Danke für die Ehre.

Jetter: Die habt Ihr Euch selbst zu danken.

Ruysum, Friesländer, Invalide und taub

Ruysum: Daß ich euch sage!

Soest: Wie ist's, Alter?

Ruysum: Daß ich euch sage! — Er schießt wie sein Herr, er schießt wie Egmont.

Buyck: Gegen ihn bin ich nur ein armer Schlucker. Mit der Büchse trifft er erst, wie keiner in der Welt. Nicht etwa, wenn er Glück oder gute Laune hat, nein! wie er anlegt, immer rein schwarz geschossen. Gelernt habe ich von ihm. Das wäre auch ein Kerl, der bei ihm diente und nichts von ihm lernte. — Nicht zu vergessen, meine Herren! Ein König nährt seine Leute; und so, auf des Königs Rechnung, Wein her!
Jetter: Es ist unter uns ausgemacht, daß jeder —
Buyck: Ich bin fremd und König und achte eure Gesetze und Herkommen nicht.
Jetter: Du bist ja ärger als der Spanier; der hat sie uns doch bisher lassen müssen.
Ruysum: Was?
Soest *(laut):* Er will uns gastieren, er will nicht haben, daß wir zusammenlegen und der König nur das Doppelte zahlt.
Ruysum: Laßt ihn! doch ohne Präjudiz! Das ist auch seines Herren Art, splendid zu sein, und es laufen zu lassen, wo es gedeiht. *(Sie bringen Wein)*
Alle: Ihro Majestät Wohl! Hoch!
Jetter *(zu Buyck):* Versteht sich Eure Majestät.
Buyck: Danke von Herzen, wenn's doch so sein soll.
Soest: Wohl! Denn unsrer spanischen Majestät Gesundheit trinkt nicht leicht ein Niederländer von Herzen.
Ruysum: Wer?
Soest *(laut):* Philipps des Zweiten, Königs in Spanien.
Ruysum: Unser allergnädigster König und Herr! Gott geb ihm langes Leben.
Soest: Hattet Ihr seinen Herrn Vater, Karl den Fünften, nicht lieber?
Ruysum: Gott tröst ihn! Das war ein Herr! Er hatte die Hand über dem ganzen Erdboden und war euch alles in allem, und wenn er euch begegnete, so grüßt' er euch wie ein Nachbar den andern; und wenn ihr verschrocken wart, wußt er mit so guter Manier — Ja, versteht mich — Er ging aus, ritt aus, wie's ihm einkam, gar mit wenig Leuten. Haben wir doch alle geweint, wie er seinem Sohne das Regiment hier abtrat — sagt ich, versteht mich — der ist schon anders, der ist majestätischer.
Jetter: Er ließ sich nicht sehen, da er hier war, als im Prunk und königlichen Staate. Er spricht wenig, sagen die Leute.
Soest: Es ist kein Herr für uns Niederländer. Unsre Fürsten müssen froh und frei sein wie wir, leben und leben lassen. Wir wollen nicht verachtet noch gedruckt sein, so gutherzige Narren wir auch sind.

Jetter: Der König, denk ich, wäre wohl ein gnädger Herr, wenn er nur bessere Ratgeber hätte.

Soest: Nein, nein! Er hat kein Gemüt gegen uns Niederländer, sein Herz ist dem Volke nicht geneigt, er liebt uns nicht; wie können wir ihn wieder lieben? Warum ist alle Welt dem Grafen Egmont so hold? Warum trügen wir ihn alle auf den Händen? Weil man ihm ansieht, daß er uns wohl will; weil ihm die Fröhlichkeit, das freie Leben, die gute Meinung aus den Augen sieht; weil er nichts besitzt, das er dem Dürftigen nicht mitteilte, auch dem, der's nicht bedarf. Laßt den Grafen Egmont leben! Buyck, an Euch ist's, die erste Gesundheit zu bringen! Bringt Eures Herrn Gesundheit aus.

Buyck: Von ganzer Seele denn: Graf Egmont hoch!

Ruysum: Überwinder bei St. Quintin!

Buyck: Dem Helden von Gravelingen!

Alle: Hoch!

Ruysum: St. Quintin war meine letzte Schlacht. Ich konnte kaum mehr fort, kaum die schwere Büchse mehr schleppen. Hab ich doch den Franzosen noch eins auf den Pelz gebrennt, und da kriegt ich zum Abschied noch einen Streifschuß ans rechte Bein.

Buyck: Gravelingen! Freunde! Da ging's frisch! Den Sieg haben wir allein. Brannten und sengten die welschen Hunde nicht durch ganz Flandern? Aber ich mein, wir trafen sie! Ihre alten handfesten Kerle hielten lange wider, und wir drängten und schossen und hieben, daß sie die Mäuler verzerrten und ihre Linien zuckten. Da ward Egmont das Pferd unter dem Leibe niedergeschossen, und wir stritten lange hinüber herüber, Mann für Mann, Pferd gegen Pferd, Haufe mit Haufe, auf dem breiten flachen Sand an der See hin. Auf einmal kam's, wie vom Himmel herunter, von der Mündung des Flusses, bav! bau! immer mit Kanonen in die Franzosen drein. Es waren Engländer, die unter dem Admiral Malin von ungefähr von Dünkirchen her vorbeifuhren. Zwar viel halfen sie uns nicht; sie konnten nur mit den kleinsten Schiffen herbei, und das nicht nah genug; schossen auch wohl unter uns — Es tat doch gut! Es brach die Welschen und hob unsern Mut. Da ging's rick! rack! herüber hinüber! Alles tot geschlagen, alles ins Wasser gesprengt. Und die Kerle ersoffen, wie sie das Wasser schmeckten; und was wir Holländer waren, grad hinten drein. Uns, die wir beidlebig sind, ward erst wohl im Wasser, wie den Fröschen; und immer die Feinde im Fluß zusammengehauen, weggeschossen wie die Enten. Was nun noch durchbrach, schlugen euch auf der Flucht die Bauerweiber mit Hacken und Mistgabeln tot. Mußte doch die welsche Majestät gleich das Pfötchen reichen und Friede machen. Und den Frieden seid ihr uns schuldig, dem großen Egmont schuldig!

Alle: Hoch! dem großen Egmont hoch! und abermal hoch! und abermal hoch!

Jetter: Hätte man uns den statt der Margrete von Parma zum Regenten gesetzt!

Soest: Nicht so! Wahr bleibt wahr! Ich lasse mir Margareten nicht schelten. Nun ist's an mir. Es lebe unsre gnädge Frau!

Alle: Sie lebe!

Soest: Wahrlich, treffliche Weiber sind in dem Hause. Die Regentin lebe!

Jetter: Klug ist sie, und mäßig in allem, was sie tut; hielte sie's nur nicht so steif und fest mit den Pfaffen. Sie ist doch auch mit schuld, daß wir die vierzehn neuen Bischofsmützen im Lande haben. Wozu die nur sollen? Nicht wahr, daß man Fremde in die guten Stellen einschieben kann, wo sonst Äbte aus den Kapiteln gewählt wurden? Und wir sollen glauben, es sei um der Religion willen. Ja es hat sich. An drei Bischöfen hatten wir genug; da ging's ehrlich und ordentlich zu. Nun muß doch auch jeder tun, als ob er nötig wäre; und da setzt's allen Augenblick Verdruß und Händel. Und je mehr ihr das Ding rüttelt und schüttelt, desto trüber wird's. *(Sie trinken)*

Soest: Das war nun des Königs Wille; sie kann nichts davon noch dazu tun.

Jetter: Da sollen wir nun die neuen Psalmen nicht singen. Sie sind wahrlich gar schön in Reimen gesetzt und haben recht erbauliche Weisen. Die sollen wir nicht singen; aber Schelmenlieder, so viel wir wollen. Und warum? Es seien Ketzereien drin, sagen sie, und Sachen, Gott weiß. Ich hab ihrer doch auch gesungen; es ist jetzt was Neues, ich hab nichts drin gesehen.

Buyck: Ich wollte sie fragen! In unsrer Provinz singen wir, was wir wollen. Das macht, daß Graf Egmont unser Statthalter ist, der fragt nach so etwas nicht. — In Gent, Ypern, durch ganz Flandern singt sie, wer Belieben hat. *(Laut)* Es ist ja wohl nichts unschuldiger als ein geistlich Lied? Nicht wahr, Vater?

Ruysum: Ei wohl! Es ist ja ein Gottesdienst, eine Erbauung.

Jetter: Sie sagen aber, es sei nicht auf die rechte Art, nicht auf ihre Art; und gefährlich ist's doch immer, da läßt man's lieber sein. Die Inquisitionsdiener schleichen herum und passen auf; mancher ehrliche Mann ist schon unglücklich gewor-

den. Der Gewissenszwang fehlte noch! Da ich nicht tun darf, was ich möchte, können sie mich doch denken und singen lassen, was ich will.
Soest: Die Inquisition kommt nicht auf. Wir sind nicht gemacht, wie die Spanier, unser Gewissen tyrannisieren zu lassen. Und der Adel muß auch beizeiten suchen, ihr die Flügel zu beschneiden.
Jetter: Es ist sehr fatal. Wenn's den lieben Leuten einfällt, in mein Haus zu stürmen, und ich sitze an meiner Arbeit, und summe just einen französischen Psalmen und denke nichts dabei, weder Gutes noch Böses; ich summe ihn aber, weil er mir in der Kehle ist: gleich bin ich ein Ketzer und werde eingesteckt. Oder ich gehe über Land und bleibe bei einem Haufen Volks stehen, das einem neuen Prediger zuhört, einem von denen, die aus Deutschland gekommen sind; auf der Stelle heiß ich ein Rebell und komme in Gefahr, meinen Kopf zu verlieren. Habt ihr je einen predigen hören?
Soest: Wackre Leute. Neulich hört ich einen auf dem Felde vor tausend und tausend Menschen sprechen. Das war ein ander Gekoch, als wenn unsre auf der Kanzel herumtrommeln und die Leute mit lateinischen Brocken erwürgen. Der sprach von der Leber weg; sagte, wie sie uns bisher hätten bei der Nase herumgeführt, uns in der Dummheit erhalten, und wie wir mehr Erleuchtung haben könnten. — Und das bewies er euch alles aus der Bibel.
Jetter: Da mag doch auch was dran sein. Ich sagt's immer selbst und grübelte so über die Sache nach. Mir ist's lang im Kopf herumgegangen.
Buyck: Es läuft ihnen auch alles Volk nach.
Soest: Das glaub ich, wo man was Guts hören kann und was Neues.
Jetter: Und was ist's denn nun? Man kann ja einen jeden predigen lassen nach seiner Weise.
Buyck: Frisch, ihr Herrn! Über dem Kannegießern vergeßt ihr den Wein und Oranien.
Jetter: Den nicht zu vergessen. Das ist ein rechter Wall: wenn man nur an ihn denkt, meint man gleich, man könnte sich hinter ihn verstecken, und der Teufel brächte einen nicht hervor. Hoch! Wilhelm von Oranien, hoch!
Alle: Hoch! hoch!
Soest: Nun, Alter, bring' auch deine Gesundheit.
Ruysum: Alte Soldaten! Alle Soldaten! Es lebe der Krieg!
Buyck: Bravo, Alter! Alle Soldaten! Es lebe der Krieg!
Jetter: Krieg! Krieg! Wißt ihr auch, was ihr ruft? Daß es euch

leicht vom Munde geht, ist wohl natürlich; wie lumpig aber unser einem dabei zumute ist, kann ich nicht sagen. Das ganze Jahr das Getrommel zu hören; und nichts zu hören, als wie da ein Haufen gezogen kommt und dort ein andrer, wie sie über einen Hügel kamen und bei einer Mühle hielten, wieviel da geblieben sind, wieviel dort, und wie sie sich drängen, und einer gewinnt, der andre verliert, ohne daß man sein Tage begreift, wer was gewinnt oder verliert. Wie eine Stadt eingenommen wird, die Bürger ermordet werden, und wie es den armen Weibern, den unschuldigen Kindern ergeht. Das ist eine Not und Angst, man denkt jeden Augenblick: "Da kommen sie! Es geht uns auch so."
Soest: Drum muß auch ein Bürger immer in Waffen geübt sein.
Jetter: Ja es übt sich, wer Frau und Kinder hat. Und doch hör ich noch lieber von Soldaten, als ich sie sehe.
Buyck: Das sollt ich übelnehmen.
Jetter: Auf Euch ist's nicht gesagt, Landsmann. Wie wir die spanischen Besatzungen los waren, holten wir wieder Atem.
Soest: Gelt! die lagen dir am schwersten auf?
Jetter: Vexier Er sich.
Soest: Die hatten scharfe Einquartierung bei dir.
Jetter: Halt dein Maul!
Soest: Sie hatten ihn vertrieben aus der Küche, dem Keller, der Stube — dem Bette. *(Sie lachen)*
Jetter: Du bist ein Tropf.
Buyck: Friede, ihr Herrn! Muß der Soldat Friede rufen! — Nun da ihr von uns nichts hören wollt, nun bringt auch eure Gesundheit aus, eine bürgerliche Gesundheit.
Jetter: Dazu sind wir bereit! Sicherheit und Ruhe!
Soest: Ordnung und Freiheit!
Buyck: Brav! das sind auch wir zufrieden.

Sie stoßen an und wiederholen fröhlich die Worte, doch so, daß jeder ein anderes ausruft und es eine Art Kanon wird. Der Alte horcht und fällt endlich auch mit ein

Alle: Sicherheit und Ruhe! Ordnung und Freiheit!

Palast der Regentin

Margarete von Parma in Jagdkleidern. Hofleute. Pagen. Bediente

Regentin: Ihr stellt das Jagen ab, ich werde heute nicht reiten. Sagt Machiavellen, er soll zu mir kommen.

Alle gehn ab

Der Gedanke an diese schrecklichen Begebenheiten läßt mir keine Ruhe! Nichts kann mich ergetzen, nichts mich zerstreuen; immer sind diese Bilder, diese Sorgen vor mir. Nun wird der König sagen, dies seien die Folgen meiner Güte, meiner Nachsicht; und doch sagt mir mein Gewissen jeden Augenblick, das Rätlichste, das Beste getan zu haben. Sollte ich früher mit dem Sturme des Grimms diese Flammen anfachen und umhertreiben? Ich hoffte sie zu umstellen, sie in sich selbst zu verschütten. Ja, was ich mir selbst sage, was ich wohl weiß, entschuldigt mich vor mir selbst; aber wie wird es mein Bruder aufnehmen? Denn, ist es zu leugnen, der Übermut der fremden Lehrer hat sich täglich erhöht; sie haben unser Heiligtum gelästert, die stumpfen Sinne des Pöbels zerrüttet und den Schwindelgeist unter sie gebannt. Unreine Geister haben sich unter die Aufrührer gemischt, und schreckliche Taten sind geschehen, die zu denken schauderhaft ist, und die ich nun einzeln nach Hofe zu berichten habe; schnell und einzeln, damit mir der allgemeine Ruf nicht zuvorkomme, damit der König nicht denke, man wolle noch mehr verheimlichen. Ich sehe kein Mittel, weder strenges noch gelindes, dem Übel zu steuern. O was sind wir Großen auf der Woge der Menschheit? Wir glauben sie zu beherrschen, und sie treibt uns auf und nieder, hin und her.

Machiavell tritt auf

Regentin: Sind die Briefe an den König aufgesetzt?

Machiavell: In einer Stunde werdet Ihr sie unterschreiben können.

Regentin: Habt Ihr den Bericht ausführlich genug gemacht?

Machiavell: Ausführlich und umständlich, wie es der König liebt. Ich erzähle, wie zuerst um St. Omer die bilderstürmerische Wut sich zeigt. Wie eine rasende Menge, mit Stäben, Beilen, Hämmern, Leitern, Stricken versehen, von wenig Bewaffneten begleitet, erst Kapellen, Kirchen und Klöster anfallen, die Andächtigen verjagen, die verschloßnen Pforten aufbrechen, alles umkehren, die Altäre niederreißen, die Statuen der Heiligen zerschlagen, alle Gemälde verderben, alles, was sie nur Geweihtes, Geheiligtes antreffen, zerschmettern, zerreißen, zertreten. Wie sich der Haufe unterwegs vermehrt, die Einwohner von Ypern ihnen die Tore öffnen. Wie sie den Dom mit unglaublicher Schnelle verwüsten, die Bibliothek des Bischofs verbrennen. Wie eine große Menge Volkes, von gleichem Unsinn ergriffen, sich über Menin, Comines, Verwich, Lille verbreitet, nirgends Widerstand findet, und wie fast durch ganz Flandern in einem Augenblicke die ungeheure Verschwörung sich erklärt und ausgeführt ist.

Regentin: Ach, wie ergreift mich aufs neue der Schmerz bei deiner Wiederholung! Und die Furcht gesellt sich dazu, das Übel werde nur größer und größer werden. Sagt mir Eure Gedanken, Machiavell!

Machiavell: Verzeihen Eure Hoheit, meine Gedanken sehen Grillen so ähnlich; und wenn Ihr auch immer mit meinen Diensten zufrieden wart, habt Ihr doch selten meinem Rate folgen mögen. Ihr sagtet oft im Scherze: „Du siehst zu weit, Machiavell! Du solltest Geschichtsschreiber sein: wer handelt, muß fürs Nächste sorgen." Und doch, habe ich diese Geschichte nicht voraus erzählt? Hab ich nicht alles voraus gesehen?

Regentin: Ich sehe auch viel voraus, ohne es ändern zu können.

Machiavell: Ein Wort für tausend: Ihr unterdrückt die neue Lehre nicht. Laßt sie gelten, sondert sie von den Rechtgläubigen, gebt ihnen Kirchen, faßt sie in die bürgerliche Ordnung, schränkt sie ein; und so habt Ihr die Aufrührer auf einmal zur Ruhe gebracht. Jede andern Mittel sind vergeblich, und Ihr verheert das Land.

Regentin: Hast du vergessen, mit welchem Abscheu mein Bruder selbst die Frage verwarf, ob man die neue Lehre dulden könne? Weißt du nicht, wie er mir in jedem Briefe die Erhaltung des wahren Glaubens aufs eifrigste empfiehlt? daß er Ruhe und Einigkeit auf Kosten der Religion nicht hergestellt wissen will? Hält er nicht selbst in den Provinzen Spione, die wir nicht kennen, um zu erfahren, wer sich zu der neuen Meinung hinüberneigt? Hat er nicht zu unsrer Verwunderung uns diesen und jenen genannt, der sich in unsrer Nähe heimlich der Ketzerei schuldig machte? Befiehlt er nicht Strenge und Schärfe? Und ich soll gelind sein? Ich soll Vorschläge tun, daß er nachsehe, daß er dulde? Würde ich nicht alles Vertrauen, allen Glauben bei ihm verlieren?

Machiavell: Ich weiß wohl; der König befiehlt, er läßt Euch seine Absichten wissen. Ihr sollt Ruhe und Friede wiederherstellen durch ein Mittel, das die Gemüter noch mehr erbittert, das den Krieg unvermeidlich an allen Enden anblasen wird. Bedenkt, was Ihr tut. Die größten Kaufleute sind angesteckt, der Adel, das Volk, die Soldaten. Was hilft es auf seinen Gedanken beharren, wenn sich um uns alles ändert? Möchte doch ein guter Geist Philippen eingeben, daß es einem Könige anständiger ist, Bürger zweierlei Glaubens zu regieren, als sie durcheinander aufzureiben.

Regentin: Solch ein Wort nie wieder. Ich weiß wohl, daß Politik selten Treu und Glauben halten kann, daß sie Offenheit,

Gutherzigkeit, Nachgiebigkeit aus unsern Herzen ausschließt; in weltlichen Geschäften ist das leider nur zu wahr. Sollen wir aber auch mit Gott spielen, wie untereinander? Sollen wir gleichgültig gegen unsre bewährte Lehre sein, für die so viele ihr Leben aufgeopfert haben? Die sollten wir hingeben an die hergelaufnen, ungewissen, sich selbst widersprechenden Neuerungen?

Machiavell: Denkt nur deswegen nicht übler von mir.

Regentin: Ich kenne dich und deine Treue und weiß, daß einer ein ehrlicher und verständiger Mann sein kann, wenn er gleich den nächsten besten Weg zum Heile seiner Seele verfehlt hat. Es sind noch andre, Machiavell, Männer, die ich schätzen und tadeln muß.

Machiavell: Wen bezeichnet Ihr mir?

Regentin: Ich kann es gestehn, daß mir Egmont heute einen recht innerlichen, tiefen Verdruß erregte.

Machiavell: Durch welches Betragen?

Regentin: Durch sein gewöhnliches, durch Gleichgültigkeit und Leichtsinn. Ich erhielt die schreckliche Botschaft, eben als ich, von vielen und ihm begleitet, aus der Kirche ging. Ich hielt meinen Schmerz nicht an, ich beklagte mich laut und rief, indem ich mich zu ihm wendete: „Seht, was in Eurer Provinz entsteht! Das duldet Ihr, Graf, von dem der König sich alles versprach?"

Machiavell: Und was antwortete er?

Regentin: Als wenn es nichts, als wenn es eine Nebensache wäre, versetzte er: Wären nur erst die Niederländer über ihre Verfassung beruhigt! Das übrige würde sich leicht geben.

Machiavell: Vielleicht hat er wahrer als klug und fromm gesprochen. Wie soll Zutrauen entstehen und bleiben, wenn der Niederländer sieht, daß es mehr um seine Besitztümer als um sein Wohl, um seiner Seelen Heil zu tun ist? Haben die neuen Bischöfe mehr Seelen gerettet als fette Pfründen geschmaust, und sind es nicht meist Fremde? Noch werden alle Statthalterschaften mit Niederländern besetzt; lassen sich es die Spanier nicht zu deutlich merken, daß sie die größte und unwiderstehlichste Begierde nach diesen Stellen empfinden? Will ein Volk nicht lieber nach seiner Art von den Seinigen regiert werden als von Fremden, die erst im Lande sich wieder Besitztümer auf Unkosten aller zu erwerben suchen, die einen fremden Maßstab mitbringen und unfreundlich und ohne Teilnehmung herrschen?

Regentin: Du stellst dich auf die Seite der Gegner.

Machiavell: Mit dem Herzen gewiß nicht; und wollte, ich könnte mit dem Verstande ganz auf der unsrigen sein.
Regentin: Wenn du so willst, so tät es not, ich träte ihnen meine Regentschaft ab; denn Egmont und Oranien machten sich große Hoffnung, diesen Platz einzunehmen. Damals waren sie gegen mich verbunden, sind Freunde, unzertrennliche Freunde geworden.
Machiavell: Ein gefährliches Paar!
Regentin: Soll ich aufrichtig reden — ich fürchte Oranien, und ich fürchte für Egmont. Oranien sinnt nichts Gutes, seine Gedanken reichen in die Ferne, er ist heimlich, scheint alles anzunehmen, widerspricht nie, und in tiefster Ehrfurcht, mit größter Vorsicht tut er, was ihm beliebt.
Machiavell: Recht im Gegenteil geht Egmont einen freien Schritt, als wenn die Welt sein gehörte.
Regentin: Er trägt das Haupt so hoch, als wenn die Hand der Majestät nicht über ihm schwebte.
Machiavell: Die Augen des Volks sind alle nach ihm gerichtet, und die Herzen hängen an ihm.
Regentin: Nie hat er einen Schein vermieden; als wenn niemand Rechenschaft von ihm zu fordern hätte. Noch trägt er den Namen Egmont. „Graf Egmont" freut ihn sich nennen zu hören; als wollte er nicht vergessen, daß seine Vorfahren Besitzer von Geldern waren. Warum nennt er sich nicht Prinz von Gaure, wie es ihm zukommt? Warum tut er das? Will er erloschne Rechte wieder geltend machen?
Machiavell: Ich halte ihn für einen treuen Diener des Königs.
Regentin: Wenn er wollte, wie verdient könnte er sich um die Regierung machen; anstatt daß er uns schon, ohne sich zu nutzen, unsäglichen Verdruß gemacht hat. Seine Gesellschaften, Gastmahle und Gelage haben den Adel mehr verbunden und verknüpft als die gefährlichsten heimlichen Zusammenkünfte. Mit seinen Gesundheiten haben die Gäste einen dauernden Rausch, einen nie sich verziehenden Schwindel geschöpft. Wie oft setzt er durch seine Scherzreden die Gemüter des Volks in Bewegung, und wie stutzte der Pöbel über die neuen Livreen, über die törichten Abzeichen der Bedienten!
Machiavell: Ich bin überzeugt, es war ohne Absicht.
Regentin: Schlimm genug. Wie ich sage: er schadet uns, und nutzt sich nicht. Er nimmt das Ernstliche scherzhaft; und wir, um nicht müßig und nachlässig zu scheinen, müssen das Scherzhafte ernstlich nehmen. So hetzt eins das andre; und was man abzuwenden sucht, das macht sich erst recht. Er ist

gefährlicher als ein entschiednes Haupt einer Verschwörung; und ich müßte mich sehr irren, wenn man ihm bei Hofe nicht alles gedenkt. Ich kann nicht leugnen, es vergeht wenig Zeit, daß er mich nicht empfindlich, sehr empfindlich macht.
Machiavell: Er scheint mir in allem nach seinem Gewissen zu handeln.
Regentin: Sein Gewissen hat einen gefälligen Spiegel. Sein Betragen ist oft beleidigend. Er sieht oft aus, als wenn er in der völligen Überzeugung lebe, er sei Herr und wolle es uns nur aus Gefälligkeit nicht fühlen lassen, wolle uns so grade nicht zum Lande hinausjagen; es werde sich schon geben.
Machiavell: Ich bitte Euch, legt seine Offenheit, sein glücklich Blut, das alles Wichtige leicht behandelt, nicht zu gefährlich aus. Ihr schadet nur ihm und Euch.
Regentin: Ich lege nichts aus, ich spreche nur von den unvermeidlichen Folgen, und ich kenn ihn. Sein niederländischer Adel und sein golden Vließ vor der Brust stärken sein Vertraun, seine Kühnheit. Beides kann ihn vor einem schnellen, willkürlichen Unmut des Königs schützen. Untersuch es genau, an dem ganzen Unglücke, das Flandern trifft, ist er doch nur allein schuld. Er hat zuerst den fremden Lehrern nachgesehn, hat's so genau nicht genommen und vielleicht sich heimlich gefreut, daß wir etwas zu schaffen hatten. Laß mich nur! Was ich auf dem Herzen habe, soll bei dieser Gelegenheit davon. Und ich will die Pfeile nicht umsonst verschießen; ich weiß, wo er empfindlich ist. Er ist auch empfindlich.
Machiavell: Habt Ihr den Rat zusammenberufen lassen? Kommt Oranien auch?
Regentin: Ich habe nach Antwerpen um ihn geschickt. Ich will ihnen die Last der Verantwortung nahe genug zuwälzen, sie sollen sich mit mir dem Übel ernstlich entgegensetzen oder sich auch als Rebellen erklären. Eile, daß die Briefe fertig werden, und bringe mir sie zur Unterschrift. Dann sende schnell den bewährten Vaska nach Madrid; er ist unermüdet und treu; daß mein Bruder zuerst durch ihn die Nachricht erfahre, daß der Ruf ihn nicht übereile. Ich will ihn selbst noch sprechen, eh er abgeht.
Machiavell: Eure Befehle sollen schnell und genau befolgt werden.

Bürgerhaus

Klärchen. Klärchens Mutter. Brackenburg

Klärchen: Wollt Ihr mir nicht das Garn halten, Brackenburg?
Brackenburg: Ich bitt Euch, verschont mich, Klärchen.

Klärchen: Was habt Ihr wieder? Warum versagt Ihr mir diesen kleinen Liebesdienst?

Brackenburg: Ihr bannt mich mit dem Zwirn so fest vor Euch hin, ich kann Euern Augen nicht ausweichen.

Klärchen: Grillen! kommt und haltet!

Mutter (*im Sessel strickend*): Singt doch eins! Brackenburg sekundiert so hübsch. Sonst wart ihr lustig, und ich hatte immer was zu lachen.

Brackenburg: Sonst.

Klärchen: Wir wollen singen.

Brackenburg: Was Ihr wollt.

Klärchen: Nur hübsch munter und frisch weg! Es ist ein Soldatenliedchen, mein Leibstück.

Sie wickelt Garn und singt mit Brackenburg

Die Trommel gerühret!
Das Pfeifchen gespielt!
Mein Liebster gewaffnet
Dem Haufen befiehlt
Die Lanze hoch führet,
Die Leute regieret.

Wie klopft mir das Herze!
Wie wallt mir das Blut!
O hätt ich ein Wämslein
Und Hosen und Hut!
Ich folgt ihm zum Tor 'naus
Mit mutigem Schritt,
Ging durch die Provinzen,
Ging überall mit.
Die Feinde schon weichen,
Wir schießen hinterdrein!
Welch Glück sondergleichen,
Ein Mannsbild zu sein!

Brackenburg hat unter dem Singen Klärchen oft angesehen: zuletzt bleibt ihm die Stimme stocken, die Tränen kommen ihm in die Augen, er läßt den Strang fallen und geht ans Fenster. Klärchen singt das Lied allein aus, die Mutter winkt ihr halb unwillig, sie steht auf, geht einige Schritte nach ihm hin, kehrt bald unschlüssig wieder um und setzt sich

Mutter: Was gibt's auf der Gasse, Brackenburg? Ich höre marschieren.

Brackenburg: Es ist die Leibwache der Regentin.

Klärchen: Um diese Stunde? was soll das bedeuten? *(Sie steht auf und geht an das Fenster zur Brackenburg)* Das ist nicht die tägliche Wache, das sind weit mehr! Fast alle ihre Haufen. O Brackenburg, geht! hört einmal, was es gibt! Es muß etwas Besonderes sein. Geht, guter Brackenburg, tut mir den Gefallen.

Brackenburg: Ich gehe! Ich bin gleich wieder da!
Er reicht ihr abgehend die Hand, sie gibt ihm die ihrige

Mutter: Du schickst ihn schon wieder weg!

Klärchen: Ich bin neugierig. Und auch verdenkt mir's nicht. Seine Gegenwart tut mir weh. Ich weiß immer nicht, wie ich mich gegen ihn betragen soll. Ich habe unrecht gegen ihn, und mich nagt's am Herzen, daß er es so lebendig fühlt. — Kann ich's doch nicht ändern!

Mutter: Es ist ein so treuer Bursche.

Klärchen: Ich kann's auch nicht lassen, ich muß ihm freundlich begegnen. Meine Hand drückt sich oft unversehens zu, wenn die seine mich so leise, so liebevoll anfaßt. Ich mache mir Vorwürfe, daß ich ihn betrüge, daß ich in seinem Herzen eine vergebliche Hoffnung nähre. Ich bin übel dran. Weiß Gott, ich betrüg ihn nicht. Ich will nicht, daß er hoffen soll, und ich kann ihn doch nicht verzweifeln lassen.

Mutter: Das ist nicht gut.

Klärchen: Ich hatte ihn gern und will ihm auch noch wohl in der Seele. Ich hätte ihn heiraten können und glaube, ich war nie in ihn verliebt.

Mutter: Glücklich wärst du immer mit ihm gewesen.

Klärchen: Wäre versorgt und hätte ein ruhiges Leben.

Mutter: Und das ist alles durch deine Schuld verscherzt.

Klärchen: Ich bin in einer wunderlichen Lage. Wenn ich so nachdenke, wie es gegangen ist, weiß ich's wohl und weiß es nicht. Und dann darf ich Egmonten nur wieder ansehn, wird mir alles sehr begreiflich, wäre mir weit mehr begreiflich. Ach, was ist's ein Mann! Alle Provinzen beten ihn an, und ich in seinem Arm sollte nicht das glücklichste Geschöpf von der Welt sein?

Mutter: Wie wird's in der Zukunft werden?

Klärchen: Ach, ich frage nur, ob er mich liebt; und ob er mich liebt, ist das eine Frage?

Mutter: Man hat nichts als Herzensangst mit seinen Kindern. Wie das ausgehen wird? Immer Sorge und Kummer! Es geht nicht gut aus! Du hast dich unglücklich gemacht! mich unglücklich gemacht!

Klärchen *(gelassen):* Ihr ließet es doch im Anfange.

Mutter: Leider war ich zu gut, bin immer zu gut.

Klärchen: Wenn Egmont vorbeiritt und ich ans Fenster lief, schaltet Ihr mich da? Tratet Ihr nicht selbst ans Fenster? Wenn er heraufsah, lächelte, nickte, mich grüßte, war es

Euch zuwider? Fandet Ihr Euch nicht selbst in Eurer Tochter geehrt?

Mutter: Mache mir noch Vorwürfe.

Klärchen *(gerührt):* Wenn er nun öfter die Straße kam und wir wohl fühlten, daß er um meinetwillen den Weg machte, bemerktet Ihr's nicht selbst mit heimlicher Freude? Rieft Ihr mich ab, wenn ich hinter den Scheiben stand und ihn erwartete?

Mutter: Dachte ich, daß es so weit kommen sollte?

Klärchen *(mit stockender Stimme und zurückgehaltenen Tränen):* Und wie er uns abends, in den Mantel eingehüllt, bei der Lampe überraschte — wer war geschäftig, ihn zu empfangen, da ich auf meinem Stuhl wie angekettet und staunend sitzen blieb?

Mutter: Und konnte ich fürchten, daß diese unglückliche Liebe das kluge Klärchen so bald hinreißen würde? Ich muß es nun tragen, daß meine Tochter —

Klärchen *(mit ausbrechenden Tränen):* Mutter! Ihr wollt's nun! Ihr habt Eure Freude, mich zu ängstigen.

Mutter *(weinend):* Weine noch gar! mache mich noch elender durch deine Betrübnis! Ist mir's nicht Kummer genug, daß meine einzige Tochter ein verworfenes Geschöpf ist?

Klärchen *(aufstehend und kalt):* Verworfen! Egmonts Geliebte verworfen? — Welche Fürstin neidete nicht das arme Klärchen um den Platz an seinem Herzen! O Mutter — meine Mutter, so redet Ihr sonst nicht. Liebe Mutter, seid gut! — Das Volk, was das denkt, die Nachbarinnen, was die murmeln — Diese Stube, dieses kleine Haus ist ein Himmel, seit Egmonts Liebe drin wohnt.

Mutter: Man muß ihm hold sein! das ist wahr. Er ist immer so freundlich, frei und offen.

Klärchen: Es ist keine falsche Ader an ihm. Seht, Mutter, und er ist doch der große Egmont. Und wenn er zu mir kommt, wie er so lieb ist, so gut! wie er mir seinen Stand, seine Tapferkeit gerne verbärge! wie er um mich besorgt ist! so nur Mensch, nur Freund, nur Liebster.

Mutter: Kommt er wohl heute?

Klärchen: Habt Ihr mich nicht oft ans Fenster gehen sehn? Habt Ihr nicht bemerkt, wie ich horche, wenn's an der Türe rauscht? — Ob ich schon weiß, daß er vor Nacht nicht kommt, vermut ich ihn doch jeden Augenblick, von morgens an, wenn ich aufstehe. Wär ich nur ein Bub und könnte immer mit ihm gehen, zu Hofe und überallhin. Könnt ihm die Fahne nachtragen in der Schlacht!

Mutter: Du warst immer so ein Springinsfeld; als ein kleines

Kind schon, bald toll, bald nachdenklich. Ziehst du dich nicht ein wenig besser an?

Klärchen: Vielleicht, Mutter! Wenn ich Langeweile habe. — Gestern, denkt, gingen von seinen Leuten vorbei und sangen Lobliedchen auf ihn. Wenigstens war sein Name in den Liedern, das übrige konnt ich nicht verstehn. Das Herz schlug mir bis an den Hals. — Ich hätte sie gern zurückgerufen, wenn ich mich nicht geschämt hätte.

Mutter: Nimm dich in acht! Dein heftiges Wesen verdirbt noch alles; du verrätst dich offenbar vor den Leuten. Wie neulich bei dem Vetter, wie du den Holzschnitt und die Beschreibung fandst und mit einem Schrei riefst: Graf Egmont! — Ich ward feuerrot.

Klärchen: Hätt ich nicht schreien sollen? Es war die Schlacht bei Gravelingen, und ich finde oben im Bilde den Buchstaben E. und suche unten in der Beschreibung E. Steht da: „Graf Egmont, dem das Pferd unter dem Leibe totgeschossen wird." Mich überlief's — und hernach mußt ich lachen über den holzgeschnitzten Egmont, der so groß war als der Turm von Gravelingen gleich dabei und die englischen Schiffe an der Seite. — Wenn ich mich manchmal erinnere, wie ich mir sonst eine Schlacht vorgestellt, und was ich mir als Mädchen für ein Bild vom Grafen Egmont machte, wenn sie von ihm erzählten, und von allen Grafen und Fürsten — und wie mir's jetzt ist!

Brackenburg kommt

Klärchen: Wie steht's?

Brackenburg: Man weiß nichts Gewisses. In Flandern soll neuerdings ein Tumult entstanden sein; die Regentin soll besorgen, er möchte sich hierher verbreiten. Das Schloß ist stark besetzt, die Bürger sind zahlreich an den Toren, das Volk summt in den Gassen. — Ich will nur schnell zu meinem alten Vater. *(Als wollt er gehen)*

Klärchen: Sieht man Euch morgen? Ich will mich ein wenig anziehen. Der Vetter kommt, und ich sehe gar zu liederlich aus. Helft mir einen Augenblick, Mutter. — Nehmt das Buch mit, Brackenburg, und bringt mir wieder so eine Historie.

Mutter: Lebt wohl.

Brackenburg *(seine Hand reichend):* Eure Hand!

Klärchen *(ihre Hand versagend):* Wenn Ihr wiederkommt.

Mutter und Tochter ab

Brackenburg *(allein):* Ich hatte mir vorgenommen, grade wieder fortzugehn, und da sie es dafür aufnimmt und mich gehen läßt, möcht ich rasend werden. — Unglücklicher! und dich rührt deines Vaterlandes Geschick nicht? der wachsende Tumult nicht? — und gleich ist dir Landsmann oder Spanier, und wer regiert und wer recht hat? — War ich doch ein anderer Junge als Schulknabe! — Wenn da ein Exerzitium aufgegeben war: „Brutus' Rede für die Freiheit, zur Übung der Redekunst" — da war doch immer Fritz der erste, und der Rektor sagte: Wenn's nur ordentlicher wäre, nur nicht alles so übereinander gestolpert. — Damals kocht' es und trieb! — Jetzt schlepp ich mich an den Augen des Mädchens so hin. Kann ich sie doch nicht lassen! Kann sie mich doch nicht lieben! — Ach — Nein — Sie — Sie kann mich nicht ganz verworfen haben — — Nicht ganz — und halb und nichts! — Ich duld es nicht länger! — — Sollte es wahr sein, was mir ein Freund neulich ins Ohr sagte? daß sie nachts einen Mann heimlich zu sich einläßt, da sie mich, züchtig, immer vor Abend aus dem Hause treibt. Nein, es ist nicht wahr, es ist eine Lüge, eine schändliche verleumderische Lüge! Klärchen ist so unschuldig, als ich unglücklich bin. — Sie hat mich verworfen, hat mich von ihrem Herzen gestoßen — — Und ich soll so fortleben? Ich duld, ich duld es nicht! — — Schon wird mein Vaterland von innerm Zwiste heftiger bewegt, und ich sterbe unter dem Getümmel nur ab! Ich duld es nicht! — Wenn die Trompete klingt, ein Schuß fällt, mir fährt's durch Mark und Bein! Ach, es reizt mich nicht, es fordert mich nicht, auch mit einzugreifen, mit zu retten, zu wagen. — Elender, schimpflicher Zustand. Es ist besser, ich end auf einmal. Neulich stürzt ich mich ins Wasser, ich sank — aber die geängstigte Natur war stärker; ich fühlte, daß ich schwimmen konnte, und rettete mich wider Willen. — — Könnt ich der Zeiten vergessen, da sie mich liebte, mich zu lieben schien — Warum hat mir's Mark und Bein durchdrungen, das Glück? Warum haben mir diese Hoffnungen allen Genuß des Lebens aufgezehrt, indem sie mir ein Paradies von weitem zeigten? — Und jener erste Kuß! Jener einzige! — Hier, *(die Hand auf den Tisch legend)* hier waren wir allein — sie war immer gut und freundlich gegen mich gewesen — da schien sie sich zu erweichen — sie sah mich an — alle Sinne gingen mir um, und ich fühlte ihre Lippen auf den meinigen. — Und — und nun — Stirb, Armer! Was zauderst du? *(Er zieht ein Fläschchen aus der Tasche)* Ich will dich nicht umsonst aus meines Bruder Doktors Kästchen gestohlen haben, heilsames Gift! Du sollst mir dieses Bangen, diese Schwindel, diese Todesschweiße auf einmal verschlingen und lösen.

ZWEITER AUFZUG

Platz in Brüssel

Jetter und ein Zimmermann treten zusammen

Zimmermann: Sagt ich's nicht voraus! Noch vor acht Tagen auf der Zunft sagt ich, es würde schwere Händel geben.
Jetter: Ist's denn wahr, daß sie die Kirchen in Flandern geplündert haben?
Zimmermann: Ganz und gar zugrunde gerichtet haben sie Kirchen und Kapellen. Nichts als die vier nackten Wände haben sie stehen lassen. Lauter Lumpengesindel! Und das macht unsre gute Sache schlimm. Wir hätten eher, in der Ordnung und standhaft, unsre Gerechtsame der Regentin vortragen und drauf halten sollen. Reden wir jetzt, versammeln wir uns jetzt, so heißt es, wir gesellen uns zu den Aufwieglern.
Jetter: Ja, so zuerst denkt jeder: was sollst du mit deiner Nase voran? hängt doch der Hals gar nah damit zusammen.
Zimmermann: Mir ist's bange, wenn's einmal unter dem Pack zu lärmen anfängt, unter dem Volk, das nichts zu verlieren hat; die brauchen das zum Vorwande, worauf wir uns auch berufen müssen, und bringen das Land in Unglück.

Soest tritt dazu

Soest: Guten Tag, ihr Herrn! Was gibt's Neues? Ist's wahr, daß die Bilderstürmer gerade hierher ihren Lauf nehmen?
Zimmermann: Hier sollen sie nichts anrühren.
Soest: Es trat ein Soldat bei mir ein, Tobak zu kaufen; den fragt ich aus. Die Regentin, so eine wackre kluge Frau sie bleibt, diesmal ist sie auseinander, sie ist außer Fassung. Es muß sehr arg sein, daß sie sich so gradezu hinter ihre Wache versteckt. Die Burg ist scharf besetzt. Man meint sogar, sie wolle aus der Stadt flüchten.
Zimmermann: Hinaus soll sie nicht! Ihre Gegenwart beschützt uns, und wir wollen ihr mehr Sicherheit verschaffen als ihre Stutzbärte. Und wenn sie uns unsere Rechte und Freiheiten aufrechterhält, so wollen wir sie auf den Händen tragen.

Seifensieder tritt hinzu

Seifensieder: Garstige Händel! Üble Händel! Es wird unruhig und geht schief aus! — Hütet euch, daß ihr stille bleibt, daß man euch nicht auch für Aufwiegler hält.
Soest: Da kommen die sieben Weisen aus Griechenland.
Seifensieder: Ich weiß, da sind viele, die es heimlich mit den Calvinisten halten, die auf die Bischöfe lästern, die den

König nicht scheuen. Aber ein treuer Untertan, ein aufrichtiger Katholike —

*Es gesellt sich nach und nach allerlei Volk zu ihnen und horcht
Vansen tritt dazu*

Vansen: Gott grüß euch, Herren! Was Neues?
Zimmermann: Gebt euch mit dem nicht ab, das ist ein schlechter Kerl.
Jetter: Ist er nicht Schreiber beim Doktor Wiets?
Zimmermann: Er hat schon viele Herrn gehabt. Erst war er Schreiber, und wie ihn ein Patron nach dem andern fortjagte, Schelmstreich halber, pfuscht er jetzt Notaren und Advokaten ins Handwerk und ist ein Branntweinzapf.

Es kommt mehr Volks zusammen und steht truppweise

Vansen: Ihr seid auch versammelt, steckt die Köpfe zusammen. Es ist immer redenswert.
Soest: Ich denk auch.
Vansen: Wenn jetzt einer oder der andre Herz hätte, und einer oder der andre den Kopf dazu, wir könnten die spanischen Ketten auf einmal sprengen.
Soest: Herre! So müßt Ihr nicht reden! Wir haben dem König geschworen.
Vansen: Und der König uns. Merkt das.
Jetter: Das läßt sich hören! Sagt Eure Meinung.
Einige andre: Horch, der versteht's! Der hat Pfiffe.
Vansen: Ich hatte einen alten Patron, der besaß Pergamente und Briefe von uralten Stiftungen, Kontrakten und Gerechtigkeiten; er hielt auf die rarsten Bücher. In einem stund unsre ganze Verfassung: wie uns Niederländer zuerst einzelne Fürsten regierten, alles nach hergebrachten Rechten, Privilegien und Gewohnheiten; wie unsre Vorfahren alle Ehrfurcht für ihren Fürsten gehabt, wenn er sie regiert, wie er sollte; und wie sie sich gleich vorsahen, wenn er über die Schnur hauen wollte. Die Staaten waren gleich hinterdrein: denn jede Provinz, so klein sie war, hatte ihre Staaten, ihre Landstände.
Zimmermann: Haltet Euer Maul! das weiß man lang! Ein jeder rechtschaffner Bürger ist, soviel er braucht, von der Verfassung unterrichtet.
Jetter: Laßt ihn reden; man erfährt immer etwas mehr.
Soest: Er hat ganz recht.
Mehrere: Erzählt! erzählt! So was hört man nicht alle Tage.
Vansen: So seid ihr Bürgersleute! Ihr lebt nur so in den Tag hin; und wie ihr euer Gewerb von euern Eltern überkommen

habt, so laßt ihr auch das Regiment über euch schalten und walten, wie es kann und mag. Ihr fragt nicht nach dem Herkommen, nach der Historie, nach dem Recht eines Regenten; und über das Versäumnis haben euch die Spanier das Netz über die Ohren gezogen.

Soest: Wer denkt dadran? wenn einer nur das tägliche Brot hat.

Jetter: Verflucht! Warum tritt auch keiner in Zeiten auf und sagt einem so etwas?

Vansen: Ich sag es euch jetzt. Der König in Spanien, der die Provinzen durch gut Glück zusammen besitzt, darf doch nicht drin schalten und walten, anders als die kleinen Fürsten, die sie ehmals einzeln besaßen. Begreift ihr das?

Jetter: Erklärt's uns!

Vansen: Es ist so klar als die Sonne. Müßt ihr nicht nach euern Landrechten gerichtet werden? Woher käme das?

Ein Bürger: Wahrlich!

Vansen: Hat der Brüsseler nicht ein ander Recht als der Antwerper? der Antwerper als der Genter? Woher käme denn das?

Andrer Bürger: Bei Gott!

Vansen: Aber, wenn ihr's so fort laufen laßt, wird man's euch bald anders weisen. Pfui! Was Karl der Kühne, Friedrich der Krieger, Karl der Fünfte nicht konnten, das tut nun Philipp durch ein Weib.

Soest: Ja, ja! Die alten Fürsten haben's auch schon probiert.

Vansen: Freilich! — Unsre Vorfahren paßten auf: wie sie einem Herrn gram wurden, fingen sie ihm etwa seinen Sohn und Erben weg, hielten ihn bei sich und gaben ihn nur auf die besten Bedingungen heraus. Unsre Väter waren Leute! Die wußten, was ihnen nutz war! Die wußten etwas zu fassen und festzusetzen! Rechte Männer! Dafür sind aber auch unsre Privilegien so deutlich, unsre Freiheiten so versichert.

Seifensieder: Was sprecht Ihr von Freiheiten?

Das Volk: Von unsern Freiheiten, von unsern Privilegien! Erzählt noch was von unsern Privilegien.

Vansen: Wir Brabanter besonders, obgleich alle Provinzen ihre Vorteile haben, wir sind am herrlichsten versehen. Ich habe alles gelesen.

Soest: Sagt an.

Jetter: Laßt hören.

Ein Bürger: Ich bitt Euch.

Vansen: Erstlich steht geschrieben: Der Herzog von Brabant soll uns ein guter und getreuer Herr sein.

Soest: Gut? Steht das so?

Jetter: Getreu? Ist das wahr?
Vansen: Wie ich euch sage. Er ist uns verpflichtet, wie wir ihm. Zweitens: Er soll keine Macht oder eignen Willen an uns beweisen, merken lassen oder gedenken zu gestatten, auf keinerlei Weise.
Jetter: Schön! Schön! nicht beweisen.
Soest: Nicht merken lassen.
Ein andrer: Und nicht gedenken zu gestatten: Das ist der Hauptpunkt. Niemand gestatten, auf keinerlei Weise.
Vansen: Mit ausdrücklichen Worten.
Jetter: Schafft uns das Buch.
Ein Bürger: Ja, wir müssen's haben.
Andre: Das Buch! das Buch!
Ein andrer: Wir wollen zu der Regentin gehen mit dem Buche.
Ein andrer: Ihr sollt das Wort führen, Herr Doktor.
Seifensieder: O die Tropfen!
Andre: Noch etwas aus dem Buche!
Seifensieder: Ich schlage ihm die Zähne in den Hals, wenn er noch ein Wort sagt.
Das Volk: Wir wollen sehen, wer ihm etwas tut. Sagt uns was von den Privilegien! Haben wir noch mehr Privilegien?
Vansen: Mancherlei, und sehr gute, sehr heilsame. Da steht auch: Der Landsherr soll den geistlichen Stand nicht verbessern oder mehren ohne Verwilligung des Adels und der Stände! Merkt das! Auch den Staat des Landes nicht verändern.
Soest: Ist das so?
Vansen: Ich will's euch geschrieben zeigen von zwei-, dreihundert Jahren her.
Bürger: Und wir leiden die neuen Bischöfe? Der Adel muß uns schützen, wir fangen Händel an!
Andre: Und wir lassen uns von der Inquisition ins Bockshorn jagen?
Vansen: Das ist eure Schuld.
Das Volk: Wir haben noch Egmont! noch Oranien! Die sorgen für unser Bestes.
Vansen: Eure Brüder in Flandern haben das gute Werk angefangen.
Seifensieder: Du Hund! *(Er schlägt ihn)*
Andre *(widersetzen sich und rufen):* Bist du auch ein Spanier?
Ein andrer: Was? den Ehrenmann?
Ein andrer: Den Gelahrten?

Sie fallen den Seifensieder an

Zimmermann: Ums Himmels willen, ruht! *(Andre mischen sich in den Streit)* Bürger, was soll das?

Buben pfeifen, werfen mit Steinen, hetzen Hunde an, Bürger stehn und gaffen, Volk läuft zu, andre gehn gelassen auf und ab, andre treiben allerlei Schabernack und Schalkspossen, schreien und jubilieren

Freiheit und Privilegien! Privilegien und Freiheit!

Egmont tritt auf, mit Begleitung

Egmont: Ruhig! Ruhig, Leute! Was gibt's? Ruhe! Bringt sie auseinander!

Zimmermann: Gnädiger Herr, Ihr kommt wie ein Engel des Himmels. Stille! Seht ihr nichts? Graf Egmont! Dem Grafen Egmont Revererenz!

Egmont: Auch hier? Was fangt ihr an? Bürger gegen Bürger! Hält sogar die Nähe unsrer königlichen Regentin diesen Unsinn nicht zurück? Geht auseinander, geht an euer Gewerbe. Es ist ein übel Anzeichen, wenn ihr an Werkeltagen feiert. Was war's?

Tumult stillt sich nach und nach, und alle stehn um ihn herum

Zimmermann: Sie schlagen sich um ihre Privilegien.

Egmont: Die sie noch mutwillig zertrümmern werden. — Und wer seid Ihr? Ihr scheint mir rechtliche Leute.

Zimmermann: Das ist unser Bestreben.

Egmont: Eures Zeichens?

Zimmermann: Zimmermann und Zunftmeister.

Egmont: Und Ihr?

Soest: Krämer.

Egmont: Ihr?

Jetter: Schneider.

Egmont: Ich erinnre mich, Ihr habt mit an den Livreen für meine Leute gearbeitet. Euer Name ist Jetter.

Jetter: Gnade, daß Ihr Euch dessen erinnert.

Egmont: Ich vergesse niemanden leicht, den ich einmal gesehen und gesprochen habe. — Was an euch ist, Ruhe zu erhalten, Leute, das tut; ihr seid übel genug angeschrieben. Reizt den König nicht mehr, er hat zuletzt doch die Gewalt in Händen. Ein ordentlicher Bürger, der sich ehrlich und fleißig nährt, hat überall so viel Freiheit, als er braucht.

Zimmermann: Ach wohl! das ist eben unsre Not! Die Tagdiebe, die Söffer, die Faulenzer, mit Euer Gnaden Verlaub, die stänkern aus Langerweile und scharren aus Hunger nach Privilegien und lügen den Neugierigen und Leichtgläubigen was vor, und um eine Kanne Bier bezahlt zu kriegen, fangen sie

Händel an, die viel tausend Menschen unglücklich machen. Das ist ihnen eben recht. Wir halten unsre Häuser und Kasten zu gut verwahrt, da möchten sie gern uns mit Feuerbränden davontreiben.

Egmont: Allen Beistand sollt ihr finden, es sind Maßregeln genommen, dem Übel kräftig zu begegnen. Steht fest gegen die fremde Lehre und glaubt nicht, durch Aufruhr befestige man Privilegien. Bleibt zu Hause; leidet nicht, daß sie sich auf den Straßen rotten. Vernünftige Leute können viel tun.

Indessen hat sich der größte Haufe verlaufen

Zimmermann: Danken Euer Exzellenz, danken für die gute Meinung! Alles, was an uns liegt. *(Egmont ab)* Ein gnädiger Herr! der echte Niederländer! Gar so nichts Spanisches.

Jetter: Hätten wir ihn zum Regenten, man folgt' ihm gerne.

Soest: Das läßt der König wohl sein. Den Platz besetzt er immer mit den Seinigen.

Jetter: Hast du das Kleid gesehen? Das war nach der neuesten Art, nach spanischem Schnitt.

Zimmermann: Ein schöner Herr!

Jetter: Sein Hals wär ein rechtes Fressen für einen Scharfrichter.

Soest: Bist du toll? was kommt dir ein?

Jetter: Dumm genug, daß einem so etwas einfällt. — Es ist mir nun so. Wenn ich einen schönen langen Hals sehe, muß ich gleich wider Willen denken: der ist gut köpfen. — Die verfluchten Exekutionen! man kriegt sie nicht aus dem Sinne. Wenn die Bursche schwimmen, und ich seh einen nackten Buckel, gleich fallen sie mir zu Dutzenden ein, die ich habe mit Ruten streichen sehn. Begegnet mir ein rechter Wanst, mein ich, den säh ich schon am Pfahl braten. Des Nachts im Traume zwickt mich's an allen Gliedern; man wird eben keine Stunde froh. Jede Lustbarkeit, jeden Spaß hab ich bald vergessen; die fürchterlichen Gestalten sind mir wie vor die Stirne gebrannt.

Egmonts Wohnung

Sekretär an einem Tische mit Papieren; er steht unruhig auf

Sekretär: Er kommt immer nicht, und ich warte schon zwei Stunden, die Feder in der Hand, die Papiere vor mir. Und eben heute möcht ich gern so zeitig fort. Es brennt mir unter den Sohlen! Ich kann vor Ungeduld kaum bleiben. „Sei auf die Stunde da", befahl er mir noch, eh er wegging; nun kommt er nicht. Es ist so viel zu tun, ich werde vor Mitternacht nicht fertig. Freilich sieht er einem auch einmal durch die Finger. Doch hielt' ich's besser, wenn er strenger wäre und ließ' einen auch wieder zur bestimmten Zeit. Man könnte sich einrichten. Von der Regentin ist er nun schon zwei Stunden weg; wer weiß, wen er unterwegs angefaßt hat.

Egmont tritt auf

Egmont: Wie sieht's aus?
Sekretär: Ich bin bereit, und drei Boten warten.
Egmont: Ich bin dir wohl zu lang geblieben; du machst ein verdrießlich Gesicht.
Sekretär: Eurem Befehl zu gehorchen, wart ich schon lange. Hier sind die Papiere!
Egmont: Donna Elvira wird böse auf mich werden, wenn sie hört, daß ich dich abgehalten habe.
Sekretär: Ihr scherzt!
Egmont: Nein, nein! Schäme dich nicht. Du zeigst einen guten Geschmack. Sie ist hübsch, und es ist mir ganz recht, daß du auf dem Schlosse eine Freundin hast. Was sagen die Briefe?
Sekretär: Mancherlei, und wenig Erfreulichs.
Egmont: Da ist gut, daß wir die Freude zu Hause haben und sie nicht von auswärts zu erwarten brauchen. Ist viel gekommen?
Sekretär: Genug, und drei Boten warten.
Egmont: Sag an, das Nötigste.
Sekretär: Es ist alles nötig.
Egmont: Eins nach dem andern, nur geschwind!
Sekretär: Hauptmann Breda schickt die Relation, was weiter in Gent und der umliegenden Gegend vorgefallen. Der Tumult hat sich meist gelegt. —
Egmont: Er schreibt wohl noch von einzelnen Ungezogenheiten und Tollkühnheiten?
Sekretär: Ja! Es kommt noch manches vor.
Egmont: Verschone mich damit.
Sekretär: Noch sechse sind eingezogen worden, die bei Verwich das Marienbild umgerissen haben. Er fragt an, ob er sie soll auch wie die andern hängen lassen.
Egmont: Ich bin des Hängens müde. Man soll sie durchpeitschen, und sie mögen gehn.
Sekretär: Es sind zwei Weiber dabei; soll er die auch durchpeitschen?
Egmont: Die mag er verwarnen und laufen lassen.
Sekretär: Brink von Bredas Kompanie will heiraten. Der Haupt-

mann hoft, Ihr werdet's ihm abschlagen. Es sind so viele Weiber bei dem Haufen, schreibt er, daß, wenn wir ausziehen, es keinem Soldatenmarsch, sondern einem Zigeunergeschleppe ähnlich sehn wird.

Egmont: Dem mag's noch hingehn! Es ist ein schöner junger Kerl; er bat mich noch gar dringend, eh ich wegging. Aber nun soll's keinem mehr gestattet sein. So leid mir's tut, den armen Teufeln, die ohnedies geplagt genug sind, ihren besten Spaß zu versagen.

Sekretär: Zwei von Euren Leuten, Seter und Hart, haben einem Mädel, einer Wirtstochter, übel mitgespielt. Sie kriegten sie allein, und die Dirne konnte sich ihrer nicht erwehren.

Egmont: Wenn es ein ehrlich Mädchen ist, und sie haben Gewalt gebraucht, so soll er sie drei Tage hintereinander mit Ruten streichen lassen, und wenn sie etwas besitzen, soll er so viel davon einziehen, daß dem Mädchen eine Ausstattung gereicht werden kann.

Sekretär: Einer von den fremden Lehrern ist heimlich durch Comines gegangen und entdeckt worden. Er schwört, er sei im Begriff, nach Frankreich zu gehen. Nach dem Befehl soll er enthauptet werden.

Egmont: Sie sollen ihn in der Stille an die Grenze bringen und ihn versichern, daß er das zweitemal nicht so wegkommt.

Sekretär: Ein Brief von Eurem Einnehmer. Er schreibt: es komme wenig Geld ein, er könne auf die Woche die verlangte Summe schwerlich schicken, der Tumult habe in alles die größte Konfusion gebracht.

Egmont: Das Geld muß herbei, er mag sehen, wie er es zusammenbringt.

Sekretär: Er sagt, er werde sein möglichstes tun und wolle endlich den Raymond, der Euch so lange schuldig ist, verklagen und in Verhaft nehmen lassen.

Egmont: Der hat ja versprochen, zu bezahlen.

Sekretär: Das letztemal setzte er sich selbst vierzehn Tage.

Egmont: So gebe man ihm noch vierzehn Tage; und dann mag er gegen ihn verfahren.

Sekretär: Ihr tut wohl: es ist nicht Unvermögen, es ist böser Wille. Er macht gewiß Ernst, wenn er sieht, Ihr spaßt nicht. — Ferner sagt der Einnehmer, er wolle den alten Soldaten, den Witwen und einigen andern, denen Ihr Gnadengehalt gebt, die Gebühr einen halben Monat zurückhalten; man könne indessen Rat schaffen; sie möchten sich einrichten.

Egmont: Was ist da einzurichten? Die Leute brauchen das Geld nötiger als ich. Das soll er bleiben lassen.

Sekretär: Woher befehlt Ihr denn, daß er das Geld nehmen soll?
Egmont: Darauf mag er denken; es ist ihm im vorigen Briefe schon gesagt.
Sekretär: Deswegen tut er die Vorschläge.
Egmont: Die taugen nicht. Er soll auf was anders sinnen. Er soll Vorschläge tun, die annehmlich sind, und vor allem soll er das Geld schaffen.
Sekretär: Ich habe den Brief des Grafen Oliva wieder hierher gelegt. Verzeiht, daß ich Euch daran erinnere. Der alte Herr verdient vor allen andern eine ausführliche Antwort. Ihr wolltet ihm selbst schreiben. Gewiß, er liebt Euch wie ein Vater.
Egmont: Ich komme nicht dazu. Und unter viel Verhaßtem ist mir das Schreiben das Verhaßteste. Du machst meine Hand ja so gut nach, schreib in meinem Namen. Ich erwarte Oranien. Ich komme nicht dazu; und wünsche selbst, daß ihm auf seine Bedenklichkeiten was recht Beruhigendes geschrieben würde.
Sekretär: Sagt mir nur ungefähr Eure Meinung; ich will die Antwort schon aufsetzen und sie Euch vorlegen. Geschrieben soll sie werden, daß sie vor Gericht für Eure Hand gelten kann.
Egmont: Gib mir den Brief! *(Nachdem er hineingesehen)* Guter ehrlicher Alter! Warst du in deiner Jugend auch wohl so bedächtig? Erstiegst du nie einen Wall? Bliebst du in der Schlacht, wo es die Klugheit anrät, hinten? — Der treue, sorgliche! Er will mein Leben und mein Glück und fühlt nicht, daß der schon tot ist, der um seiner Sicherheit willen lebt. — Schreib ihm: er möge unbesorgt sein; ich handle, wie ich soll, ich werde schon mich wahren; sein Ansehn bei Hofe soll er zu meinen Gunsten brauchen und meines vollkommnen Danks gewiß sein.
Sekretär: Nichts weiter? O er erwartet mehr!
Egmont: Was soll ich mehr sagen? Willst du mehr Worte machen, so steht's bei dir. Es dreht sich immer um den einen Punkt: ich soll leben, wie ich leben mag. Daß ich fröhlich bin, die Sachen leicht nehme, rasch lebe, das ist mein Glück, und ich vertausch es nicht gegen die Sicherheit eines Totengewölbes. Ich habe nun zu der spanischen Lebensart nicht einen Blutstropfen in meinen Adern, nicht Lust, meine Schritte nach der neuen bedächtigen Hofkadenz zu mustern. Leb ich nur, um aufs Leben zu denken? Soll ich den gegenwärtigen Augenblick nicht genießen, damit ich des folgenden

gewiß sei? und diesen wieder mit Sorgen und Grillen verzehren?

Sekretär: Ich bitt Euch Herr; seid nicht so harsch und rauh gegen den guten Mann. Ihr seid ja sonst gegen alle freundlich. Sagt mir ein gefällig Wort, das den edlen Freund beruhige. Seht, wie sorgfältig er ist, wie leis er Euch berührt.

Egmont: Und doch berührt er immer diese Saite. Er weiß von alters her, wie verhaßt mir diese Ermahnungen sind, sie machen nur irre, sie helfen nichts. Und wenn ich ein Nachtwandler wäre und auf dem gefährlichen Gipfel eines Hauses spazierte, ist es freundschaftlich, mich beim Namen zu rufen und mich zu warnen, zu wecken und zu töten? Laßt jeden seines Pfades gehn, er mag sich wahren.

Sekretär: Es ziemt Euch, nicht zu sorgen, aber wer Euch kennt und liebt —

Egmont *(in den Brief sehend):* Da bringt er wieder die alten Märchen auf, was wir an einem Abend in leichtem Übermut der Geselligkeit und des Weins getrieben und gesprochen, und was man draus für Folgen und Beweise durchs ganze Königreich gezogen und geschleppt. — Nun gut, wir haben Schellenkappen, Narrenkutten auf unsrer Diener Ärmel stikken lassen und haben diese tolle Zierde nachher in einen Bündel Pfeile verwandelt; ein noch gefährlicher Symbol für alle, die deuten wollen, wo nichts zu deuten ist. Wir haben die und jene Torheit in einem lustigen Augenblick empfangen und geboren; sind schuld, daß eine ganze edle Schar mit Bettelsäcken und mit einem selbstgewählten Unnamen dem Könige seine Pflicht mit spottender Demut ins Gedächtnis riefen; sind schuld — was ist's nun weiter? Ist ein Fastnachtsspiel gleich Hochverrat? Sind uns die kurzen bunten Lumpen zu mißgönnen, die ein jugendlicher Mut, eine angefrischte Phantasie um unsers Lebens arme Blöße hängen mag? Wenn ihr das Leben gar zu ernsthaft nehmt, was ist denn dran? Wenn uns der Morgen nicht zu neuen Freuden weckt, am Abend uns keine Lust zu hoffen übrigbleibt, ist's wohl des An- und Ausziehens wert? Scheint mir die Sonne heut, um das zu überlegen, was gestern war, und um zu raten, zu verbinden, was nicht zu erraten, nicht zu verbinden ist, das Schicksal eines kommenden Tags? Schenke mir diese Betrachtungen, wir wollen sie Schülern und Höflingen überlassen: die mögen sinnen und aussinnen, wandeln und schleichen, gelangen, wohin sie können, erschleichen, was sie können. Kannst du von allem diesem etwas brauchen, daß deine Epistel kein Buch wird, so ist mir's recht. Dem guten Alten scheint alles viel zu wichtig. So drückt ein Freund, der lang unsre Hand gehalten, sie stärker noch einmal, wenn er sie lassen will.

Sekretär: Verzeiht mir, es wird dem Fußgänger schwindlig, der einen Mann mit rasselnder Eile daherfahren sieht.

Egmont: Kind! Kind! nicht weiter! Wie von unsichtbaren Geistern gepeitscht, gehen die Sonnenpferde der Zeit mit unsers Schicksals leichtem Wagen durch; und uns bleibt nichts, als mutig gefaßt die Zügel festzuhalten und bald rechts bald links, vom Steine hier, vom Sturze da, die Räder wegzulenken. Wohin es geht, wer weiß es? Erinnert er sich doch kaum, woher er kam.

Sekretär: Herr! Herr!

Egmont: Ich stehe hoch und kann und muß noch höher steigen, ich fühle mir Hoffnung, Mut und Kraft. Noch hab ich meines Wachstums Gipfel nicht erreicht, und steh ich droben einst, so will ich fest, nicht ängstlich stehen. Soll ich fallen, so mag ein Donnerschlag, ein Sturmwind, ja ein selbst verfehlter Schritt mich abwärts in die Tiefe stürzen — da lieg ich mit viel Tausenden. Ich habe nie verschmäht, mit meinen guten Kriegsgesellen um kleinen Gewinst das blutge Los zu werfen; und sollt ich knickern, wenn's um den ganzen freien Wert des Lebens geht?

Sekretär: O Herr! Ihr wißt nicht, was für Worte Ihr sprecht! Gott erhalt Euch!

Egmont: Nimm deine Papiere zusammen. Oranien kommt. Fertige aus, was am nötigsten ist, daß die Boten fortkommen, eh die Tore geschlossen werden. Das andre hat Zeit. Den Brief an den Grafen laß bis morgen. Versäume nicht, Elviren zu besuchen, und grüße sie von mir. — Horche, wie sich die Regentin befindet; sie soll nicht wohl sein, ob sie's gleich verbirgt. *(Sekretär ab)*

Oranien kommt

Egmont: Willkommen, Oranien. Ihr scheint mir nicht ganz frei.

Oranien: Was sagt ihr zu unsrer Unterhaltung mit der Regentin?

Egmont: Ich fand in ihrer Art, uns aufzunehmen, nichts Außerordentliches. Ich habe sie schon mehr so gesehen. Sie schien mir nicht ganz wohl.

Oranien: Merktet Ihr nicht, daß sie zurückhaltender war? Erst wollte sie unser Betragen bei dem neuen Aufruhr des Pöbels gelassen billigen, nachher merkte sie an, was sich doch auch für ein falsches Licht darauf werfen lasse, wich dann mit dem

Gespräche zu ihrem alten gewöhnlichen Diskurs: daß man ihre liebevolle gute Art, ihre Freundschaft zu uns Niederländern nie genug erkannt, zu leicht behandelt habe, daß nichts einen erwünschten Ausgang nehmen wolle, daß sie am Ende wohl müde werden, der König sich zu andern Maßregeln entschließen müsse. Habt Ihr das gehört?

Egmont: Nicht alles, ich dachte unterdessen an was anders. Sie ist ein Weib, guter Oranien, und die möchten immer gern, daß sich alles unter ihr sanftes Joch gelassen schmiegte, daß jeder Herkules die Löwenhaut ablegte und ihren Kunkelhof vermehrte; daß, weil sie friedlich gesinnt, die Gärung, die ein Volk ergreift, der Sturm, den mächtige Nebenbuhler gegeneinander erregen, sich durch ein freundlich Wort beilegen ließe und die widrigsten Elemente sich zu ihren Füßen in sanfter Eintracht vereinigten. Das ist ihr Fall, und da sie es dahin nicht bringen kann, so hat sie keinen Weg, als launisch zu werden, sich über Undankbarkeit, Unweisheit zu beklagen, mit schrecklichen Aussichten in die Zukunft zu drohen, und zu drohen — daß sie fortgehen will.

Oranien: Glaubt Ihr dasmal nicht, daß sie ihre Drohung erfüllt?

Egmont: Nimmermehr! Wie oft habe ich sie schon reisefertig gesehen! Wo will sie denn hin? Hier Statthalterin, Königin; glaubst du, daß sie es unterhalten wird, am Hofe ihres Bruders unbedeutende Tage abzuhaspeln, oder nach Italien zu gehn und sich in alten Familienverhältnissen herumzuschleppen?

Oranien: Man hält sie dieser Entschließung nicht fähig, weil ihr sie habt zaudern, weil ihr sie habt zurücktreten sehn; dennoch liegt's wohl in ihr: neue Umstände treiben sie zu dem lang verzögerten Entschluß. Wenn sie ginge? und der König schickte einen andern?

Egmont: Nun der würde kommen und würde eben auch zu tun finden. Mit großen Planen, Projekten und Gedanken würde er kommen, wie er alles zurechtrücken, unterwerfen und zusammenhalten wolle, und würde heut mit dieser Kleinigkeit, morgen mit einer andern zu tun haben, übermorgen jenes Hindernis finden, einen Monat mit Entwürfen, einen andern mit Verdruß über fehlgeschlagne Unternehmen, ein halb Jahr in Sorgen über eine einzige Provinz zubringen. Auch ihm wird die Zeit vergehn, der Kopf schwindeln und die Dinge wie zuvor ihren Gang halten, daß er, statt weite Meere nach einer vorgezognen Linie zu durchsegeln, Gott danken mag, wenn er sein Schiff in diesem Sturme vom Felsen hält.

Oranien: Wenn man nun aber dem König zu einem Versuch riete?

Egmont: Der wäre?

Oranien: Zu sehen, was der Rumpf ohne Haupt anfinge.

Egmont: Wie?

Oranien: Egmont, ich trage viele Jahre her alle unsre Verhältnisse am Herzen, ich stehe immer wie über einem Schachspiele und halte keinen Zug des Gegners für unbedeutend; und wie müßige Menschen mit der größten Sorgfalt sich um die Geheimnisse der Natur bekümmern, so halt ich es für Pflicht, für Beruf eines Fürsten, die Gesinnungen, die Ratschläge aller Parteien zu kennen. Ich habe Ursache, einen Ausbruch zu befürchten. Der König hat lang nach gewissen Grundsätzen gehandelt, er sieht, daß er damit nicht auskommt; was ist wahrscheinlicher, als daß er es auf einem andern Wege versucht?

Egmont: Ich glaub's nicht. Wenn man alt wird und hat so viel versucht, und es will in der Welt nie zur Ordnung kommen, muß man es endlich wohl genug haben.

Oranien: Eins hat er noch nicht versucht.

Egmont: Nun?

Oranien: Das Volk zu schonen und die Fürsten zu verderben.

Egmont: Wie viele haben das schon lang gefürchtet. Es ist keine Sorge.

Oranien: Sonst war's Sorge, nach und nach ist mir's Vermutung, zuletzt Gewißheit geworden.

Egmont: Und hat der König treure Diener als uns?

Oranien: Wir dienen ihm auf unsre Art, und untereinander können wir gestehen, daß wir des Königs Rechte und die unsrigen wohl abzuwägen wissen.

Egmont: Wer tut's nicht? Wir sind ihm untertan und gewärtig in dem, was ihm zukommt.

Oranien: Wenn er sich nun aber mehr zuschriebe und Treulosigkeit nennte, was wir heißen: auf unsre Rechte halten?

Egmont: Wir werden uns verteidigen können. Er rufe die Ritter des Vließes zusammen, wir wollen uns richten lassen.

Oranien: Und was wäre ein Urteil vor der Untersuchung, eine Strafe vor dem Urteil?

Egmont: Eine Ungerechtigkeit, der sich Philipp nie schuldig machen wird, und eine Torheit, die ich ihm und seinen Räten nicht zutraue.

Oranien: Und wenn sie nun ungerecht und törig wären?

Egmont: Nein, Oranien, es ist nicht möglich. Wer sollte wagen, Hand an uns zu legen? — Uns gefangenzunehmen, wär ein verloren und fruchtloses Unternehmen. Nein, sie wagen nicht, das Panier der Tyrannei so hoch aufzustecken. Der Windhauch, der diese Nachricht übers Land brächte, würde ein ungeheures Feuer zusammentreiben. Und wohinaus wollten sie? Richten und verdammen kann nicht der König allein; und wollten sie meuchelmördrisch an unser Leben? — Sie können nicht wollen. Ein schrecklicher Bund würde in einem Augenblick das Volk vereinigen. Haß und ewige Trennung vom spanischen Namen würde sich gewaltsam erklären.

Oranien: Die Flamme wütete dann über unserm Grabe, und das Blut unsrer Feinde flösse zum leeren Sühnopfer. Laß uns denken, Egmont.

Egmont: Wie sollten sie aber?

Oranien: Alba ist unterwegs.

Egmont: Ich glaub's nicht.

Oranien: Ich weiß es.

Egmont: Die Regentin wollte nichts wissen.

Oranien: Um desto mehr bin ich überzeugt. Die Regentin wird ihm Platz machen. Seinen Mordsinn kenn ich, und ein Heer bringt er mit.

Egmont: Aufs neue die Provinzen zu belästigen? Das Volk wird höchst schwierig werden.

Oranien: Man wird sich der Häupter versichern.

Egmont: Nein! Nein!

Oranien: Laß uns gehen. Jeder in seine Provinz. Dort wollen wir uns verstärken; mit offner Gewalt fängt er nicht an.

Egmont: Müssen wir ihn nicht begrüßen, wenn er kommt?

Oranien: Wir zögern.

Egmont: Und wenn er uns im Namen des Königs bei seiner Ankunft fordert?

Oranien: Suchen wir Ausflüchte.

Egmont: Und wenn er dringt?

Oranien: Entschuldigungen wir uns.

Egmont: Und wenn er drauf besteht?

Oranien: Kommen wir um so weniger.

Egmont: Und der Krieg ist erklärt, und wir sind die Rebellen. Oranien, laß dich nicht durch Klugheit verführen; ich weiß, daß Furcht dich nicht weichen macht. Bedenke den Schritt.

Oranien: Ich hab ihn bedacht.

Egmont: Bedenke, wenn du dich irrst, woran du schuld bist: an dem verderblichsten Kriege, der je ein Land verwüstet hat. Dein Weigern ist das Signal, das die Provinzen mit einem

Male zu den Waffen ruft, das jede Grausamkeit rechtfertigt, wozu Spanien von jeher nur gern den Vorwand gehascht hat. Was wir lange mühselig gestillt haben, wirst du mit einem Winke zur schrecklichsten Verwirrung aufhetzen. Denk an die Städte, die Edlen, das Volk, an die Handlung, den Feldbau, die Gewerbe! und denke die Verwüstung, den Mord! — Ruhig sieht der Soldat wohl im Felde seinen Kameraden neben sich hinfallen. — Aber den Fluß herunter werden dir die Leichen der Bürger, der Kinder, der Jungfrauen entgegenschwimmen, daß du mit Entsetzen dastehst und nicht mehr weißt, wessen Sache du verteidigst, da die zugrunde gehen, für deren Freiheit du die Waffen ergriffst. Und wie wird dir's sein, wenn du dir still sagen mußt: für meine Sicherheit ergriff ich sie.

Oranien: Wir sind nicht einzelne Menschen, Egmont. Ziemt es sich, uns für Tausende hinzugehen, so ziemt es sich auch, uns für Tausende zu schonen.

Egmont: Wer sich schont, muß sich selbst verdächtig werden.

Oranien: Wer sich kennt, kann sicher vor- und rückwärts gehn.

Egmont: Das Übel, das du fürchtest, wird gewiß durch deine Tat.

Oranien: Es ist klug und kühn, dem unvermeidlichen Übel entgegenzugehn.

Egmont: Bei so großer Gefahr kommt die leichteste Hoffnung in Anschlag.

Oranien: Wir haben nicht für den leisesten Fußtritt Platz mehr, der Abgrund liegt hart vor uns.

Egmont: Ist des Königs Gunst ein so schmaler Grund?

Oranien: So schmal nicht, aber schlüpfrig.

Egmont: Bei Gott, man tut ihm unrecht. Ich mag nicht leiden, daß man ungleich von ihm denkt! Er ist Karls Sohn und keiner Niedrigkeit fähig.

Oranien: Die Könige tun nichts Niedriges.

Egmont: Man sollte ihn kennen lernen.

Oranien: Ebendiese Kenntnis rät uns, eine gefährliche Probe nicht abzuwarten.

Egmont: Keine Probe ist gefährlich, zu der man Mut hat.

Oranien: Du wirst aufgebracht, Egmont.

Egmont: Ich muß mit meinen Augen sehen.

Oranien: O sähst du diesmal nur mit meinen! Freund, weil du sie offen hast, glaubst du, du siehst. Ich gehe! Warte du Albas Ankunft ab, und Gott sei bei dir. Vielleicht rettet dich mein Weigern. Vielleicht daß der Drache nichts zu fangen glaubt, wenn er uns nicht beide auf einmal verschlingt. Vielleicht zögert er, um seinen Anschlag sicherer auszuführen, und vielleicht bis dahin siehst du die Sache in ihrer wahren Gestalt. Aber dann schnell! schnell! Rette! rette dich! — Leb wohl! — Laß deiner Aufmerksamkeit nichts entgehen: wieviel Mannschaft er mitbringt, wie er die Stadt besetzt, was für Macht die Regentin behält, wie deine Freunde gefaßt sind. Gib mir Nachricht. — — — Egmont! —

Egmont: Was willst du?

Oranien *(ihn bei der Hand fassend):* Laß dich überreden! Geh mit!

Egmont: Wie? Tränen, Oranien?

Oranien: Einen Verlornen zu beweinen, ist auch männlich.

Egmont: Du wähnst mich verloren?

Oranien: Du bist's. Bedenke! Dir bleibt nur eine kurze Frist. Leb wohl. *(Ab)*

Egmont *(allein):* Daß andrer Menschen Gedanken solchen Einfluß auf uns haben! Mir wäre es nie eingekommen, und dieser Mann trägt seine Sorglosigkeit in mich herüber. — Weg! das ist ein fremder Tropfen in meinem Blute. Gute Natur, wirf ihn wieder heraus! Und von meiner Stirne die sinnenden Runzeln wegzubaden, gibt es ja wohl noch ein freundlich Mittel.

DRITTER AUFZUG

Palast der Regentin

Margarete von Parma

Regentin: Ich hätt mir's vermuten sollen. Ha! Wenn man in Müh und Arbeit vor sich hinlebt, denkt man immer, man tue das Möglichste; und der von weiten zusieht und befiehlt, glaubt, er verlange nur das Mögliche. — O die Könige! — Ich hätte nicht geglaubt, daß es mich so verdrießen könnte. Es ist so schön, zu herrschen! — Und abzudanken? — Ich weiß nicht, wie mein Vater es konnte; aber ich will es auch.

Machiavell erscheint im Grunde

Tretet näher, Machiavell. Ich denke hier über den Brief meines Bruders.

Machiavell: Ich darf wissen, was er enthält?

Regentin: So viel zärtliche Aufmerksamkeit für mich, als Sorgfalt für seine Staaten. Er rühmt die Standhaftigkeit, den Fleiß und die Treue, womit ich bisher für die Rechte seiner Majestät in diesen Landen gewacht habe. Er bedauert mich, daß mir das unbändige Volk so viel zu schaffen mache. Er ist von der Tiefe meiner Einsichten so vollkommen überzeugt, mit der Klugheit meines Betragens so außerordentlich zufrieden, daß ich fast sagen muß: der Brief ist für einen König zu schön geschrieben, für einen Bruder gewiß.

Machiavell: Es ist nicht das erstemal, daß er Euch seine gerechte Zufriedenheit bezeigt.

Regentin: Aber das erstemal, daß es rednerische Figur ist.

Machiavell: Ich versteh Euch nicht.

Regentin: Ihr werdet. — Denn er meint, nach diesem Eingange: ohne Mannschaft, ohne eine kleine Armee werde ich immer hier eine üble Figur spielen; wir hätten, sagt er, unrecht getan, auf die Klagen der Einwohner unsre Soldaten aus den Provinzen zu ziehen; eine Besatzung, meint er, die dem Bürger auf dem Nacken lastet, verbiete ihm durch ihre Schwere, große Sprünge zu machen.

Machiavell: Es würde die Gemüter äußerst aufbringen.

Regentin: Der König meint aber, hörst du. — Er meint, daß ein tüchtiger General, so einer, der gar keine Räson annimmt, gar bald mit Volk und Adel, Bürgern und Bauern fertig werden könne — und schickt deswegen mit einem starken Heere — den Herzog von Alba.

Machiavell: Alba?

Regentin: Du wunderst dich?

Machiavell: Ihr sagt: er schickt. Er fragt wohl, ob er schicken soll?

Regentin: Der König fragt nicht. Er schickt.

Machiavell: So werdet Ihr einen erfahrnen Krieger in Euren Diensten haben.

Regentin: In meinen Diensten? Rede grad heraus, Machiavell!

Machiavell: Ich möcht Euch nicht vorgreifen.

Regentin: Und ich möchte mich verstellen. Es ist mir empfindlich, sehr empfindlich. Ich wollte lieber, mein Bruder sagte, wie er's denkt, als daß er förmliche Episteln unterschreibt, die ein Staatssekretär aufsetzt.

Machiavell: Sollte man nicht einsehen? —

Regentin: Und ich kenne sie inwendig und auswendig. Sie möchten's gern gesäubert und gekehrt haben, und weil sie selbst nicht zugreifen, so findet ein jeder Vertrauen, der mit dem Besen in der Hand kommt. O mir ist's, als wenn ich den König und sein Konseil auf dieser Tapete gewirkt sähe.

Machiavell: So lebhaft?

Regentin: Es fehlt kein Zug. Es sind gute Menschen drunter. Der ehrliche Rodrich, der so erfahren und mäßig ist, nicht zu hoch will und doch nichts fallen läßt, der grade Alonzo, der fleißige Freneda, der feste Las Vargas und noch einige, die mitgehen, wenn die gute Partei mächtig wird. Da sitzt aber der hohläugige Toledaner mit der ehrnen Stirne und dem tiefen Feuerblick, murmelt zwischen den Zähnen von Weibergüte, unzeitigem Nachgeben, und daß Frauen wohl von zugerittenen Pferden sich tragen lassen, selbst aber schlechte Stallmeister sind, und solche Späße, die ich ehmals von den politischen Herrn habe mit durchhören müssen.

Machiavell: Ihr habt zu dem Gemälde einen guten Farbentopf gewählt.

Regentin: Gesteht nur, Machiavell: in meiner ganzen Schattierung, aus der ich allenfalls malen könnte, ist kein Ton so gelbbraun-gallenschwarz wie Albas Gesichtsfarbe, und als die Farbe, aus der er malt. Jeder ist bei ihm gleich ein Gotteslästerer, ein Majestätenschänder, denn aus diesem Kapitel kann man sie alle sogleich rädern, pfählen, vierteilen und verbrennen. — Das Gute, was ich hier getan habe, sieht gewiß in der Ferne wie nichts aus, eben weil's gut ist. — Da hängt er sich an jeden Mutwillen, der vorbei ist, erinnert jede Unruhe, die gestillt ist, und es wird dem Könige vor den Augen so voll Meuterei, Aufruhr und Tollkühnheit, daß er sich vorstellt, sie fräßen sich hier einander auf, wenn eine flüchtig vorübergehende Ungezogenheit eines rohen Volks bei uns lange vergessen ist. Da faßt er einen recht herzlichen Haß auf die armen Leute, sie kommen ihm abscheulich, ja wie Tiere und Ungeheuer vor, er sieht sich nach Feuer und Schwert um, und wähnt, so bändige man Menschen.

Machiavell: Ihr scheint mir zu heftig, Ihr nehmt die Sache zu hoch. Bleibt Ihr nicht Regentin?

Regentin: Das kenn ich. Er wird eine Instruktion bringen. — Ich bin in Staatsgeschäften alt genug geworden, um zu wissen, wie man einen verdrängt, ohne ihm seine Bestallung zu nehmen. — Erst wird er eine Instruktion bringen, die wird unbestimmt und schief sein, er wird um sich greifen, denn er hat die Gewalt, und wenn ich mich beklage, wird er eine geheime Instruktion vorschützen; wenn ich sie sehen will, wird er mich herumziehen; wenn ich drauf bestehe, wird er mir ein Papier zeigen, das ganz was anders enthält, und wenn ich mich da nicht beruhige, gar nicht mehr tun, als wenn ich redete. — Indes wird er, was ich fürchte, getan und, was ich wünsche, weit abwärts gelenkt haben.

Machiavell: Ich wollt, ich könnt Euch widersprechen.

Regentin: Was ich mit unsäglicher Geduld beruhigte, wird er durch Härte und Grausamkeiten wieder aufhetzen; ich werde vor meinen Augen mein Werk verloren sehn und überdies noch seine Schuld zu tragen haben.

Machiavell: Erwarten's Eure Hoheit.

Regentin: So viel Gewalt hab ich über mich, um stille zu sein. Laß ihn kommen; ich werde ihm mit der besten Art Platz machen, eh er mich verdrängt.

Machiavell: So rasch diesen wichtigen Schritt?

Regentin: Schwerer, als du denkst. Wer zu herrschen gewohnt ist, wer's hergebracht hat, daß jeden Tag das Schicksal von Tausenden in seiner Hand liegt, steigt vom Throne wie ins Grab. Aber besser so, als einem Gespenste gleich unter den Lebenden bleiben und mit hohlem Ansehn einen Platz behaupten wollen, den ihm ein andrer abgeerbt hat und nun besitzt und genießt.

Klärchens Wohnung

Klärchen. Mutter

Mutter: So eine Liebe wie Brackenburgs hab ich nie gesehen; ich glaubte, sie sei nur in Heldengeschichten.

Klärchen *(geht in der Stube auf und ab, ein Lied zwischen den Lippen summend):*
Glücklich allein
Ist die Seele, die liebt.

Mutter: Er vermutet deinen Umgang mit Egmont, und ich glaube, wenn du ihm ein wenig freundlich tätest, wenn du wolltest, er heiratete dich noch.

Klärchen *(singt):*
Freudvoll
Und leidvoll,
Gedankenvoll sein,
Hangen
Und bangen
In schwebender Pein,
Himmelhoch jauchzend,
Zum Tode betrübt —
Glücklich allein
Ist die Seele, die liebt.

Mutter: Laß das Heiopopeio.

Klärchen: Scheltet mir's nicht, es ist ein kräftig Lied; hab ich doch schon manchmal ein großes Kind damit schlafen gewiegt.

Mutter: Du hast doch nichts im Kopfe als deine Liebe. Vergäßest du nur nicht alles über das Eine. Den Brackenburg solltest du in Ehren halten, sag ich dir! Er kann dich noch einmal glücklich machen.

Klärchen: Er?

Mutter: O ja! es kommt eine Zeit! — Ihr Kinder seht nichts voraus und überhorcht unsre Erfahrungen. Die Jugend und die schöne Liebe, alles hat sein Ende, und es kommt eine Zeit, wo man Gott dankt, wenn man irgendwo unterkriechen kann.

Klärchen *(schaudert, schweigt und fährt auf):* Mutter, laßt die Zeit kommen wie den Tod. Dran vorzudenken ist schreckhaft! — Und wenn er kommt! Wenn wir müssen — dann — wollen wir uns gebärden, wie wir können! — Egmont, ich dich entbehren! — *(In Tränen)* Nein, es ist nicht möglich, nicht möglich.

Egmont, in einem Reitermantel, den Hut ins Gesicht gedrückt

Egmont: Klärchen!

Klärchen *(tut einen Schrei, fährt zurück):* Egmont! *(Sie eilt auf ihn zu),* Egmont! *(Sie umarmt ihn und ruht an ihm)* O du Guter, Lieber, Süßer! Kommst du? Bist du da!

Egmont: Guten Abend, Mutter!

Mutter: Gott grüß euch, edler Herr! Meine Kleine ist fast vergangen, daß Ihr so lang ausbleibt, sie hat wieder den ganzen Tag von Euch geredet und gesungen.

Egmont: Ihr gebt mir doch ein Nachtessen?

Mutter: Zu viel Gnade. Wenn wir nur etwas hätten.

Klärchen: Freilich! Seid nur ruhig, Mutter, ich habe schon alles darauf eingerichtet, ich habe etwas zubereitet. Verratet mich nicht, Mutter.

Mutter: Schmal genug.

Klärchen: Wartet nur! Und dann denk ich: wenn er bei mir ist, hab ich gar keinen Hunger, da sollte er auch keinen großen Appetit haben, wenn ich bei ihm bin.

Egmont: Meinst du?

Klärchen *(stampft mit dem Fuße und kehrt sich unwillig um).*

Egmont: Wie ist dir?

Klärchen: Wie seid Ihr heute so kalt! Ihr habt mir noch keinen Kuß angeboten. Warum habt Ihr die Arme in den Mantel gewickelt wie ein Wochenkind. Ziemt keinem Soldaten noch Liebhaber, die Arme eingewickelt zu haben.

Egmont: Zuzeiten, Liebchen, zuzeiten. Wenn der Soldat auf der Lauer steht und dem Feinde etwas ablisten möchte, da nimmt er sich zusammen, faßt sich selbst in seine Arme und kaut seinen Anschlag reif. Und ein Liebhaber —

Mutter: Wollt Ihr Euch nicht setzen? Es Euch nicht bequem machen? Ich muß in die Küche. Klärchen denkt an nichts, wenn Ihr da seid. Ihr müßt vorlieb nehmen.
Egmont: Euer guter Wille ist die beste Würze. *(Mutter ab)*
Klärchen: Und was wäre denn meine Liebe!
Egmont: So viel zu willst.
Klärchen: Vergleicht sie, wenn Ihr das Herz habt.
Egmont: Zuvörderst also.

Er wirft den Mantel ab und steht in einem prächtigen Kleide da

Klärchen: O je!
Egmont: Nun hab ich die Arme frei. *(Er herzt sie)*
Klärchen: Laßt! Ihr verderbt Euch. *(Sie tritt zurück)* Wie prächtig! da darf ich Euch nicht anrühren.
Egmont: Bist du zufrieden? Ich versprach dir, einmal spanisch zu kommen.
Klärchen: Ich bat Euch zeither nicht mehr drum; ich dachte, Ihr wolltet nicht. — Ach und das goldne Vließ!
Egmont: Da siehst du's nun.
Klärchen: Das hat dir der Kaiser umgehängt?
Egmont: Ja, Kind! Und Kette und Zeichen geben dem, der sie trägt, die edelsten Freiheiten. Ich erkenne auf Erden keinen Richter über meine Handlungen als den Großmeister des Ordens mit dem versammelten Kapitel der Ritter.
Klärchen: O du dürftest die ganze Welt über dich richten lassen. — Der Sammet ist gar zu herrlich, und die Passementarbeit! und das Gestickte! — Man weiß nicht, wo man anfangen soll.
Egmont: Sieh dich nur satt.
Klärchen: Und das goldene Vließ! Ihr erzähltet mir die Geschichte und sagtet, es sei ein Zeichen alles Großen und Kostbaren, was man mit Müh und Fleiß verdient und erwirbt. Es ist sehr kostbar — Ich kann's deiner Liebe vergleichen — ich trage sie ebenso am Herzen — und hernach —
Egmont: Was willst du sagen?
Klärchen: Hernach vergleicht sich's auch wieder nicht.
Egmont: Wieso?
Klärchen: Ich habe sie nicht mit Müh und Fleiß erworben. Nicht verdient.
Egmont: In der Liebe ist es anders. Du verdienst sie, weil du dich nicht darum bewirbst — und die Leute erhalten sie auch meist allein, die nicht darnach jagen.
Klärchen: Hast du das von dir abgenommen? Hast du diese

stolze Anmerkung über dich selbst gemacht? du, den alles Volk liebt.

Egmont: Hätt ich nur etwas für sie getan, könnt ich etwas für sie tun! Es ist ihr guter Wille, mich zu lieben.

Klärchen: Du warst gewiß heute bei der Regentin.

Egmont: Ich war bei ihr.

Klärchen: Bist du gut mit ihr?

Egmont: Es sieht einmal so aus. Wir sind einander freundlich und dienstlich.

Klärchen: Und im Herzen?

Egmont: Will ich ihr wohl. Jedes hat seine eigenen Absichten. Das tut nichts zur Sache. Sie ist eine treffliche Frau, kennt ihre Leute, und sähe tief genug, wenn sie auch nicht argwöhnisch wäre. Ich mache ihr viel zu schaffen, weil sie hinter meinem Betragen immer Geheimnisse sucht, und ich keine habe.

Klärchen: So gar keine?

Egmont: Eh nun! einen kleinen Hinterhalt. Jeder Wein setzt Weinstein in den Fässern an mit der Zeit. Oranien ist doch noch eine bessere Unterhaltung für sie und eine immer neue Aufgabe. Er hat sich in den Kredit gesetzt, daß er immer etwas Geheimes vorhabe, und nun sieht sie immer nach seiner Stirne, was er wohl denken, auf seine Schritte, wohin er sie wohl richten möchte.

Klärchen: Verstellt sie sich?

Egmont: Regentin, und du fragst?

Klärchen: Verzeiht, ich wollte fragen: ist sie falsch?

Egmont: Nicht mehr und nicht weniger als jeder, der seine Absichten erreichen will.

Klärchen: Ich könnte mich in die Welt nicht finden. Sie hat aber auch einen männlichen Geist, sie ist ein ander Weib als wir Nähterinnen und Köchinnen. Sie ist groß, herzhaft, entschlossen.

Egmont: Ja, wenn's nicht gar zu bunt geht. Diesmal ist sie doch ein wenig auseinander.

Klärchen: Wieso?

Egmont: Sie hat auch ein Bärtchen auf der Oberlippe und manchmal einen Anfall von Podagra. Eine echte Amazone!

Klärchen: Eine majestätische Frau! Ich scheute mich, vor sie zu treten.

Egmont: Du bist doch sonst nicht zaghaft — Es wäre auch nicht Furcht, nur jungfräuliche Scham.

Klärchen *(schlägt die Augen nieder, nimmt seine Hand und lehnt sich an ihn).*

Egmont: Ich verstehe dich! liebes Mädchen! du darfst die Augen aufschlagen. *(Er küßt ihre Augen)*

Klärchen: Laß mich schweigen! Laß mich dich halten. Laß mich dir in die Augen sehn. Alles drin finden, Trost und Hoffnung und Freude und Kummer. *(Sie umarmt ihn und sieht ihn an)* Sag mir! Sage! ich begreife nicht! Bist du Egmont? der Graf Egmont? der große Egmont, der so viel Aufsehn macht, von dem in den Zeitungen steht, an dem die Provinzen hängen?

Egmont: Nein, Klärchen, das bin ich nicht.

Klärchen: Wie?

Egmont: Siehst du, Klärchen! — Laß mich sitzen! — *(Er setzt sich, sie kniet sich vor ihn auf einen Schemel, legt ihre Arme auf seinen Schoß und sieht ihn an)* Jener Egmont ist ein verdrießlicher, steifer, kalter Egmont. Der an sich halten, bald dieses, bald jenes Gesicht machen muß, geplagt, verkannt, verwickelt ist, wenn ihn die Leute für froh und fröhlich halten. Geliebt von einem Volke, das nicht weiß, was es will, geehrt und in die Höhe getragen von einer Menge, mit der nichts anzufangen ist, umgeben von Freunden, denen er sich nicht überlassen darf, beobachtet von Menschen, die ihm auf alle Weise beikommen möchten, arbeitend und sich bemühend, oft ohne Zweck, meist ohne Lohn — o laß mich schweigen, wie es dem ergeht, wie es dem zumute ist. Aber dieser, Klärchen, der ist ruhig, offen, glücklich, geliebt und gekannt von dem besten Herzen, das auch er ganz kennt und mit voller Liebe und Zutrauen an das seine drückt. *(Er umarmt sie)* Das ist dein Egmont!

Klärchen: So laß mich sterben! Die Welt hat keine Freuden auf diese!

VIERTER AUFZUG

Straße

Jetter, Zimmermann

Jetter: He! pst! he, Nachbar, ein Wort!

Zimmermann: Geh deines Pfads und sei ruhig.

Jetter: Nur ein Wort! Nichts Neues?

Zimmermann: Nichts, als daß uns vom Neuen zu reden verboten ist.

Jetter: Wie?

Zimmermann: Tretet hier ans Haus an. Hütet Euch! der Herzog von Alba hat gleich bei seiner Ankunft einen Befehl ausgehen lassen, dadurch zwei oder drei, die auf der Straße

zusammen sprechen, des Hochverrats ohne Untersuchung schuldig erklärt sind.
Jetter: O weh!
Zimmermann: Bei ewiger Gefangenschaft ist verboten, von Staatssachen zu reden.
Jetter: O unsre Freiheit!
Zimmermann: Und bei Todesstrafe soll niemand die Handlungen der Regierung mißbilligen.
Jetter: O unsre Köpfe!
Zimmermann: Und mit großem Versprechen werden Väter, Mütter, Kinder, Verwandte, Freunde, Dienstboten eingeladen, was in dem Innersten des Hauses vorgeht, bei dem besonders niedergesetzten Gerichte zu offenbaren.
Jetter: Gehn wir nach Hause.
Zimmermann: Und den Folgsamen ist versprochen, daß sie weder an Leibe, noch Ehre, noch Vermögen einige Kränkung erdulden sollen.
Jetter: Wie gnädig! War mir's doch gleich weh, wie der Herzog in die Stadt kam. Seit der Zeit ist mir's, als wäre der Himmel mit einem schwarzen Flor überzogen und hing so tief herunter, daß man sich bücken müsse, um nicht dran zu stoßen.
Zimmermann: Und wie haben dir seine Soldaten gefallen? Gelt, das ist eine andre Art von Krebsen, als wir sie sonst gewohnt waren.
Jetter: Pfui! Es schnürt einem das Herz ein, wenn man so einen Haufen die Gassen hinab marschieren sieht. Kerzengrad, mit unverwandtem Blick, ein Tritt, so viel ihrer sind. Und wenn sie auf der Schildwache stehn und du gehst an einem vorbei, ist's, als wenn er dich durch und durch sehen wollte, und sieht so steif und mürrisch aus, daß du auf allen Ecken einen Zuchtmeister zu sehen glaubst. Sie tun mir gar nicht wohl. Unsre Miliz war doch noch ein lustig Volk, sie nahmen sich was heraus, stunden mit ausgegrätschten Beinen da, hatten den Hut überm Ohr, lebten und ließen leben; diese Kerle aber sind wie Maschinen, in denen ein Teufel sitzt.
Zimmermann: Wenn so einer ruft „Halt"! und anschlägt, meinst du, man hielte?
Jetter: Ich wäre gleich des Todes.
Zimmermann: Gehn wir nach Hause.
Jetter: Es wird nicht gut. Adieu.

Soest tritt dazu

Soest: Freunde! Genossen!
Zimmermann: Still! Laßt uns gehen.

Soest: Wißt ihr?
Jetter: Nur zu viel!
Soest: Die Regentin ist weg.
Jetter: Nun gnad uns Gott!
Zimmermann: Die hielt uns noch.
Soest: Auf einmal und in der Stille. Sie konnte sich mit dem Herzog nicht vertragen, sie ließ dem Adel melden, sie komme wieder. Niemand glaubt's.
Zimmermann: Gott verzeih's dem Adel, daß er uns diese neue Geißel über den Hals gelassen hat. Sie hätten es abwenden können. Unsre Privilegien sind hin.
Jetter: Um Gottes willen nichts von Privilegien. Ich wittre den Geruch von einem Exekutionsmorgen: die Sonne will nicht hervor, die Nebel stinken.
Soest: Oranien ist auch weg.
Zimmermann: So sind wir denn ganz verlassen!
Soest: Graf Egmont ist noch da.
Jetter: Gott sei Dank! Stärken ihn alle Heiligen, daß er sein Bestes tut; der ist allein was vermögend.

Vansen tritt auf

Vansen: Find ich endlich ein paar, die noch nicht untergekrochen sind!
Jetter: Tut uns den Gefallen und geht fürbaß.
Vansen: Ihr seid nicht höflich.
Zimmermann: Es ist gar keine Zeit zu Komplimenten. Juckt Euch der Buckel wieder? Seid Ihr schon durchgeheilt?
Vansen: Fragt einen Soldaten nach seinen Wunden! Wenn ich auf Schläge was gegeben hätte, wäre sein Tage nichts aus mir geworden.
Jetter: Es kann ernstlicher werden.
Vansen: Ihr spürt von dem Gewitter, das aufsteigt, eine erbärmliche Mattigkeit in den Gliedern, scheint's.
Zimmermann: Deine Glieder werden sich bald wo anders eine Motion machen, wenn du nicht ruhst.
Vansen: Armselige Mäuse, die gleich verzweifeln, wenn der Hausherr eine neue Katze anschafft! Nur ein bißchen anders, aber wir treiben unser Wesen vor wie nach, seid nur ruhig.
Zimmermann: Du bist ein verwegner Taugenichts.
Vansen: Gevatter Tropf! Laß du den Herzog nur gewähren. Der alte Kater sieht aus, als wenn er Teufel statt Mäusen gefressen hätte und könnte sie nun nicht verdauen. Laßt ihn nur erst; er muß auch essen, trinken, schlafen wie andre Menschen. Es ist mir nicht bange, wenn wir unsre Zeit recht

nehmen. Im Anfang geht's rasch, nachher wird er auch finden, daß in der Speisekammer, unter den Speckseiten besser leben ist und des Nachts zu ruhen, als auf dem Fruchtboden einzelne Mäuschen zu erlisten. Geht nur, ich kenne die Statthalter.

Zimmermann: Was so einem Menschen alles durchgeht! Wenn ich in meinem Leben so etwas gesagt hätte, hielt ich mich keine Minute für sicher.

Vansen: Seid nur ruhig. Gott im Himmel erfährt nichts von euch Würmern, geschweige der Regent.

Jetter: Lästermaul.

Vansen: Ich weiß andre, denen es besser wäre, sie hätten statt ihres Heldenmuts eine Schneiderader im Leibe.

Zimmermann: Was wollt Ihr damit sagen?

Vansen: Hm! den Grafen mein ich.

Jetter: Egmonten. Was soll der fürchten?

Vansen: Ich bin ein armer Teufel und könnte ein ganzes Jahr leben von dem, was er in einem Abende verliert. Und doch könnt er mir sein Einkommen eines ganzen Jahres geben, wenn er meinen Kopf auf eine Viertelstunde hätte.

Jetter: Du denkst dich was Rechts. Egmonts Haare sind gescheiter als dein Hirn.

Vansen: Red't ihr! Aber nicht feiner. Die Herren betrügen sich am ersten. Er sollte nicht trauen.

Jetter: Was er schwätzt! So ein Herr!

Vansen: Eben weil er kein Schneider ist.

Jetter: Ungewaschen Maul!

Vansen: Dem wollt ich eure Courage nur eine Stunde in die Glieder wünschen, daß sie ihm da Unruh machte und ihn solang neckte und juckte, bis er aus der Stadt müßte.

Jetter: Ihr redet recht unverständig, er ist so sicher wie der Stern am Himmel.

Vansen: Hast du nie einen sich schneuzen gesehn? Weg war er!

Zimmermann: Wer will ihm denn was tun?

Vansen: Wer will? Willst du's etwa hindern? Willst du einen Aufruhr erregen, wenn sie ihn gefangen nehmen?

Jetter: Ah!

Vansen: Wollt ihr eure Rippen für ihn wagen?

Soest: Eh!

Vansen *(sie nachäffend):* Ih! Oh! Uh! Verwundert euch durchs ganze Alphabet. So ist's und bleibt's! Gott bewahre ihn!

Jetter: Ich erschrecke über Eure Unverschämtheit. So ein edler, rechtschaffner Mann sollte was zu befürchten haben?

Vansen: Der Schelm sitzt überall im Vorteil. Auf dem Armen-

sünderstühlchen hat er den Richter für'n Narren, auf dem Richterstuhl macht er den Inquisiten mit Lust zum Verbrecher. Ich habe so ein Protokoll abzuschreiben gehabt, wo der Kommissarius schwer Lob und Geld vom Hofe erhielt, weil er einen ehrlichen Teufel, an den man wollte, zum Schelmen verhört hatte.
Zimmermann: Das ist wieder frisch gelogen. Was wollen sie denn heraus verhören, wenn einer unschuldig ist?
Vansen: O Spatzenkopf! Wo nichts heraus zu verhören ist, da verhört man hinein. Ehrlichkeit macht unbesonnen, auch wohl trotzig. Da fragt man erst sachte weg, und der Gefangene ist stolz auf seine Unschuld, wie sie's heißen, und sagt alles grad zu, was ein Verständiger verbärge. Dann macht der Inquisitor aus den Antworten wieder Fragen und paßt ja auf, wo irgendein Widersprüchelchen erscheinen will; da knüpft er seinen Strick an, und läßt sich der dumme Teufel betreten, daß er hier etwas zu viel, dort etwas zu wenig gesagt, oder wohl aus Gott weiß was für einer Grille einen Umstand verschwiegen hat, auch wohl irgend an einem Ende sich hat schrecken lassen — dann sind wir auf dem rechten Weg! Und ich versichre euch, mit mehr Sorgfalt suchen die Bettelweiber nicht die Lumpen aus dem Kehricht, als so ein Schelmenfabrikant aus kleinen, schiefen, verschobnen, verrückten, verdrückten, geschloßnen, bekannten, geleugneten Anzeichen und Umständen sich endlich einen strohlumpenen Vogelscheu zusammenkünstelt, um wenigstens seinen Inquisiten in effigie hängen zu können. Und Gott mag der arme Teufel danken, wenn er sich noch kann hängen sehn.
Jetter: Der hat eine geläufige Zunge.
Zimmermann: Mit Fliegen mag das angehen. Die Wespen lachen Eures Gespinstes.
Vansen: Nachdem die Spinnen sind. Seht, der lange Herzog hat euch so ein rein Ansehn von einer Kreuzspinne; nicht einer dickbäuchigen, die sind weniger schlimm, aber so einer langfüßigen, schmalleibigen, die vom Fraß nicht feist wird und recht dünne Fäden zieht, aber desto zähere.
Jetter: Egmont ist Ritter des goldnen Vließes; wer darf Hand an ihn legen? Nur von seinesgleichen kann er gerichtet werden, nur vom gesamten Orden. Dein loses Maul, dein böses Gewissen verführen dich zu solchem Geschwätze.
Vansen: Will ich ihm darum übel? Mir kann's recht sein. Es ist ein trefflicher Herr! Ein paar meiner guten Freunde, die anderwärts schon wären gehangen worden, hat er mit einem Buckel voll Schläge verabschiedet. Nun geht! Geht! Ich rat es

euch selbst. Dort seh ich wieder eine Runde antreten: die sehen nicht aus, als wenn sie so bald Brüderschaft mit uns trinken würden. Wir wollen's abwarten und nur sachte zusehen. Ich hab ein paar Nichten und einen Gevatter Schenkwirt; wenn sie von denen gekostet haben und werden dann nicht zahm, so sind sie ausgepichte Wölfe.

Der Eulenburgische Palast

Wohnung des Herzogs von Alba
Silva und Gomez begegnen einander

Silva: Hast du die Befehle des Herzogs ausgerichtet?
Gomez: Pünktlich. Alle täglichen Runden sind beordert, zur bestimmten Zeit an verschiednen Plätzen einzutreffen, die ich ihnen bezeichnet habe; sie gehen indes, wie gewöhnlich, durch die Stadt, um Ordnung zu erhalten. Keiner weiß von dem andern; jeder glaubt, der Befehl gehe ihn allein an, und in einem Augenblick kann alsdann der Kordon gezogen, und alle Zugänge zum Palast können besetzt sein. Weißt du die Ursache dieses Befehls?
Silva: Ich bin gewohnt, blindlings zu gehorchen. Und wem gehorcht sich's leichter als dem Herzoge, da bald der Ausgang beweist, daß er recht befohlen hat?
Gomez: Gut! Gut! Auch scheint es mir kein Wunder, daß du so verschlossen und einsilbig wirst wie er, da du immer um ihn sein mußt. Mir kommt es fremd vor, da ich den leichteren italienischen Dienst gewohnt bin. An Treue und Gehorsam bin ich der alte, aber ich habe mir das Schwätzen und Räsonieren angewöhnt; ihr schweigt alle und laßt es euch nie wohl sein. Der Herzog gleicht mir einem ehrnen Turm ohne Pforte, wozu die Besatzung Flügel hätte. Neulich hört ich ihn bei Tafel von einem frohen freundlichen Menschen sagen: er sei wie eine schlechte Schenke mit einem ausgesteckten Branntweinzeichen, um Müßiggänger, Bettler und Diebe hereinzulocken.
Silva: Und hat er uns nicht schweigend hierher geführt?
Gomez: Dagegen ist nichts zu sagen. Gewiß! Wer Zeuge seiner Klugheit war, wie er die Armee aus Italien hierher brachte, der hat etwas gesehen. Wie er sich durch Freund und Feind, durch die Franzosen, Königlichen und Ketzer, durch die Schweizer und Verbundnen gleichsam durchschmiegte, die strengste Mannszucht hielt und einen Zug, den man so gefährlich achtete, leicht und ohne Anstoß zu leiten wußte! — Wir haben was gesehen, was lernen können.

Silva: Auch hier! Ist nicht alles still und ruhig, als wenn kein Aufstand gewesen wäre?

Gomez: Nun, es war auch schon meist still, als wir herkamen.

Silva: In den Provinzen ist es viel ruhiger geworden, und wenn sich noch einer bewegt, so ist es, zu entfliehen; aber auch diesen wird er die Wege bald versperren, denk ich.

Gomez: Nun wird er erst die Gunst des Königs gewinnen.

Silva: Und uns bleibt nichts angelegner, als uns die seinige zu erhalten. Wenn der König hierher kommt, bleibt gewiß der Herzog und jeder, den er empfiehlt, nicht unbelohnt.

Gomez: Glaubst du, daß der König kommt?

Silva: Es werden so viele Anstalten gemacht, daß es höchst wahrscheinlich ist.

Gomez: Mich überreden sie nicht.

Silva: So rede wenigstens nicht davon. Denn wenn des Königs Absicht ja nicht sein sollte, zu kommen, so ist sie's doch wenigstens gewiß, daß man es glauben soll.

Ferdinand, Albas natürlicher Sohn

Ferdinand: Ist mein Vater noch nicht heraus?

Silva: Wir warten auf ihn.

Ferdinand: Die Fürsten werden bald hier sein.

Gomez: Kommen sie heute?

Ferdinand: Oranien und Egmont.

Gomez *(leise zu Silva):* Ich begreife etwas.

Silva: So behalt es für dich.

Herzog von Alba
Wie er herein und hervor tritt, treten die andern zurück

Alba: Gomez.

Gomez *(tritt vor):* Herr!

Alba: Du hast die Wachen verteilt und beordert?

Gomez: Aufs genaueste. Die täglichen Runden —

Alba: Genug. Du wartest in der Galerie. Silva wird dir den Augenblick sagen, wenn du sie zusammenziehen, die Zugänge nach dem Palaste besetzen sollt. Das übrige weißt du.

Gomez: Ja, Herr! *(Ab)*

Alba: Silva!

Silva: Hier bin ich.

Alba: Alles, was ich von jeher an dir geschätzt habe, Mut, Entschlossenheit, unaufhaltsames Ausführen, das zeige heut.

Silva: Ich danke Euch, daß Ihr mir Gelegenheit gebt, zu zeigen, daß ich der alte bin.

Alba: Sobald die Fürsten bei mir eingetreten sind, dann eile gleich, Egmonts Geheimschreiber gefangen zu nehmen. Du

hast alle Anstalten gemacht, die übrigen, welche bezeichnet sind, zu fahen?
Silva: Vertrau auf uns. Ihr Schicksal wird sie, wie eine wohlberechnete Sonnenfinsternis, pünktlich und schrecklich treffen.
Alba: Hast du sie genau beobachten lassen?
Silva: Alle. Egmonten vor andern. Er ist der einzige, der, seit du hier bist, sein Betragen nicht geändert hat. Den ganzen Tag von einem Pferd aufs andre, lädt Gäste, ist immer lustig und unterhaltend bei Tafel, würfelt, schießt, und schleicht nachts zum Liebchen. Die andern haben dagegen eine merkliche Pause in ihrer Lebensart gemacht, sie bleiben bei sich, vor ihrer Türe sieht's aus, als wenn ein Kranker im Hause wäre.
Alba: Drum rasch, eh sie uns wider Willen genesen.
Silva: Ich stelle sie. Auf deinen Befehl überhäufen wir sie mit dienstfertigen Ehren. Ihnen graut's: politisch geben sie uns einen ängstlichen Dank, fühlen, das Rätlichste sei, zu entfliehen; keiner wagt einen Schritt, sie zaudern, können sich nicht vereinigen; und einzeln etwas Kühnes zu tun, hält sie der Gemeingeist ab. Sie möchten gern sich jedem Verdacht entziehen und machen sich immer verdächtiger. Schon seh ich mit Freuden deinen ganzen Anschlag ausgeführt.
Alba: Ich freue mich nur über das Geschehne, und über das nicht leicht, denn es bleibt stets noch übrig, was uns zu denken und zu sorgen gibt. Das Glück ist eigensinnig, oft das Gemeine, das Nichtswürdige zu adeln und wohlüberlegte Taten mit einem gemeinen Ausgang zu entehren. Verweile, bis die Fürsten kommen, dann gib Gomez die Ordre, die Straßen zu besetzen, und eile selbst, Egmonts Schreiber und die übrigen gefangen zu nehmen, die dir bezeichnet sind. Ist es getan, so komm hierher und meld es meinem Sohne, daß er mir in den Rat die Nachricht bringe.
Silva: Ich hoffe diesen Abend vor dir stehn zu dürfen.
Alba *(geht nach seinem Sohne, der bisher in der Galerie gestanden)*
Silva: Ich traue mir es nicht zu sagen, aber meine Hoffnung schwankt, ich fürchte, es wird nicht werden, wie er denkt. Ich sehe Geister vor mir, die still und sinnend auf schwarzen Schalen das Geschick der Fürsten und vieler Tausende wägen. Langsam wankt das Züngleinauf und ab, tief scheinen die Richter zu sinnen, zuletzt sinkt diese Schale, steigt jene, angehaucht vom Eigensinn des Schicksals, und entschieden ist's. *(Ab)*
Alba *(mit Ferdinand hervortretend):* Wie fandst du die Stadt?
Ferdinand: Es hat sich alles gegeben. Ich ritt, als wie zum Zeit-

vertreib, Straß auf Straß ab. Eure wohlverteilten Wachen halten die Furcht so angespannt, daß sie sich nicht zu lispeln untersteht. Die Stadt sieht einem Felde ähnlich, wenn das Gewitter von weiten leuchtet: man erblickt keinen Vogel, kein Tier, als das eilend nach einem Schutzorte schlüpft.

Alba: Ist dir nichts weiter begegnet?

Ferdinand: Egmont kam mit einigen auf den Markt geritten, wir grüßten uns, er hatte ein rohes Pferd, das ich ihm loben mußte. „Laßt uns eilen, Pferde zuzureiten, wir werden sie bald brauchen!" rief er mir entgegen. Er werde mich noch heute wiedersehn, sagte er, und komme auf Euer Verlangen, mit Euch zu ratschlagen.

Alba: Er wird dich wiedersehn.

Ferdinand: Unter allen Rittern, die ich hier kenne, gefällt er mir am besten. Es scheint, wir werden Freunde sein.

Alba: Du bist noch immer zu schnell und wenig behutsam, immer erkenn ich in dir den Leichtsinn deiner Mutter, der mir sie unbedingt in die Arme lieferte. Zu mancher gefährlichen Verbindung lud dich der Anschein voreilig ein.

Ferdinand: Euer Wille findet mich bildsam.

Alba: Ich vergebe deinem jungen Blute dies leichtsinnige Wohlwollen, diese unachtsame Fröhlichkeit. Nur vergiß nicht, zu welchem Werke ich gesandt bin und welchen Teil ich dir daran geben möchte.

Ferdinand: Erinnert mich, und schont mich nicht, wo Ihr es nötig haltet.

Alba *(nach einer Pause):* Mein Sohn!

Ferdinand: Mein Vater!

Alba: Die Fürsten kommen bald, Oranien und Egmont kommen. Es ist nicht Mißtrauen, daß ich dir erst jetzt entdecke, was geschehen soll. Sie werden nicht wieder von hinnen gehn.

Ferdinand: Was sinnst du?

Alba: Es ist beschlossen, sie festzuhalten. Du erstaunst. Was du zu tun hast, höre; die Ursachen sollst du wissen, wenn es geschehn ist — jetzt bleibt keine Zeit, sie auszulegen. Mit dir allein wünscht ich das Größte, das Geheimste zu besprechen: ein starkes Band hält uns zusammengefesselt, du bist mir wert und lieb, auf dich möcht ich alles häufen. Nicht die Gewohnheit zu gehorchen allein möcht ich dir einprägen, auch den Sinn auszudenken, zu befehlen, auszuführen wünscht ich in dir fortzupflanzen, dir ein großes Erbteil, dem Könige den brauchbarsten Diener zu hinterlassen, dich mit dem Besten, was ich habe, auszustatten, daß du dich nicht schämen dürfest, unter deine Brüder zu treten.

Ferdinand: Was werd ich nicht dir für diese Liebe schuldig, die du mir allein zuwendest, indem ein ganzes Reich vor dir zittert.

Alba: Nun höre, was zu tun ist. Sobald die Fürsten eingetreten sind, wird jeder Zugang zum Palaste besetzt. Dazu hat Gomez die Ordre. Silva wird eilen, Egmonts Schreiber mit den Verdächtigsten gefangen zu nehmen. Du hältst die Wache am Tore und in den Höfen in Ordnung. Vor allen Dingen besetze diese Zimmer hier neben mit den sichersten Leuten, dann warte auf der Galerie, bis Silva wiederkommt, und bringe mir irgendein unbedeutend Blatt herein, zum Zeichen, daß sein Auftrag ausgerichtet ist. Dann bleib im Vorsaale, bis Oranien weggeht, folg ihm; ich halte Egmont hier, als ob ich ihm noch was zu sagen hätte. Am Ende der Galerie fordre Oraniens Degen, rufe die Wache an, verwahre schnell den gefährlichsten Mann, und ich faß Egmont hier.

Ferdinand: Ich gehorche, mein Vater — zum erstenmal mit schwerem Herzen und mit Sorge.

Alba: Ich verzeihe dir's: es ist der erste große Tag, den du erlebts.

Silva tritt herein

Silva: Ein Bote von Antwerpen. Hier ist Oraniens Brief! Er kommt nicht.

Alba: Sagt es der Bote?

Silva: Nein, mir sagt's das Herz.

Alba: Aus dir spricht mein böser Genius. *(Nachdem er den Brief gelesen, winkt er beiden, und sie ziehen sich in die Galerie zurück; er bleibt allein auf dem Vorderteile)* Er kommt nicht! Bis auf den letzten Augenblick verschiebt er, sich zu erklären. Er wagt es, nicht zu kommen. So war denn diesmal wider Vermuten der Kluge klug genug, nicht klug zu sein. — Es rückt die Uhr! Noch einen kleinen Weg des Zeigers, und ein großes Werk ist getan oder versäumt, unwiederbringlich versäumt, denn es ist weder nachzuholen noch zu verheimlichen. Längst hatt ich alles reiflich abgewogen und mir auch diesen Fall gedacht, mir festgesetzt, was auch in diesem Falle zu tun sei; und jetzt, da es zu tun ist, wehr ich mir kaum, daß nicht das Für und Wider mir aufs neue durch die Seele schwankt. — Ist's rätlich, die andern zu fangen, wenn er mir entgeht? — Schieb ich es auf und laß

Egmont mit den Seinigen, mit so vielen entschlüpfen, die
nun, vielleicht nur heute noch, in meinen Händen sind? — So
zwingt dich das Geschick denn auch, du Unbezwinglicher!
Wie lang gedacht! Wie wohl vorbereitet! Wie groß, wie
schön der Plan! Wie nah die Hoffnung ihrem Ziele! Und nun
im Augenblicke des Entscheidens bist zu zwischen zwei Übel
gestellt; wie in einen Lostopf greifst du in die dunkle
Zukunft: was du fassest, ist noch zugerollt, dir unbewußt,
sei's Treffer oder Fehler! *(Er wird aufmerksam, wie einer,
der etwas hört, und tritt ans Fenster)* Er ist es! Egmont. —
Trug dich dein Pferd so leicht herein, und scheute vor dem
Blutgeruche nicht, und vor dem Geiste mit dem blanken
Schwerte, der an der Pforte dich empfängt? — Steig ab! —
So bist du mit dem einen Fuß im Grab! und so mit beiden! —
Ja, streichl es nur und klopfe für seinen mutgen Dienst zum
letztenmal den Nacken ihm — Und mir bleibt keine Wahl:
in der Verblendung, wie hier Egmont naht, kann er dir nicht
zum zweitenmal sich liefern! — Hört!
Ferdinand und Silva *(treten eilig herbei)*.
Alba: Ihr tut, was ich befahl, ich ändre meinen Willen nicht. Ich
halte, wie es gehn will, Egmont auf, bis du mir von Silva die
Nachricht gebracht hast. Dann bleib in der Nähe. Auch dir
raubt das Geschick das große Verdienst, des Königs größten
Feind mit eigner Hand gefangen zu haben. *(Zu Silva)* Eile!
(Zu Ferdinand) Geh ihm entgegen.

*Alba bleibt einige Augenblicke allein und geht schweigend auf und ab
Egmont tritt auf*

Egmont: Ich komme, die Befehle des Königs zu vernehmen, zu
hören, welchen Dienst er von unsrer Treue verlangt, die ihm
ewig ergeben bleibt.
Alba: Er wünscht vor allen Dingen Euren Rat zu hören.
Egmont: Über welchen Gegenstand? Kommt Oranien auch?
Ich vermutete ihn hier.
Alba: Mir tut es leid, daß er uns eben in dieser wichtigen Stunde
fehlt. Euren Rat, Eure Meinung wünscht der König, wie diese
Staaten wieder zu befriedigen. Ja, er hofft, Ihr werdet kräftig
mitwirken, diese Unruhen zu stillen und die Ordnung der
Provinzen völlig und dauerhaft zu gründen.
Egmont: Ihr könnt besser wissen als ich, daß schon alles genug
beruhigt ist, ja noch mehr beruhigt war, eh die Erscheinung
der neuen Soldaten wieder mit Furcht und Sorge die
Gemüter bewegte.
Alba: Ihr scheinet andeuten zu wollen, das Rätlichste sei gewe-

sen, wenn der König mich gar nicht in den Fall gesetzt hätte, Euch zu fragen.

Egmont: Verzeiht! Ob der König das Heer hätte schicken sollen, ob nicht vielmehr die Macht seiner majestätischen Gegenwart allein stärker gewirkt hätte, ist meine Sache nicht zu beurteilen. Das Heer ist da, er nicht. Wir aber müßten sehr undankbar, sehr vergessen sein, wenn wir uns nicht erinnerten, was wir der Regentin schuldig sind. Bekennen wir! sie brachte durch ihr so kluges als tapfres Betragen die Aufrührer mit Gewalt und Ansehn, mit Überredung und List zur Ruhe und führte zum Erstaunen der Welt ein rebellisches Volk in wenigen Monaten zu seiner Pflicht zurück.

Alba: Ich leugne es nicht. Der Tumult ist gestillt, und jeder scheint in die Grenzen des Gehorsams zurückgebannt. Aber hängt es nicht von eines jeden Willkür ab, sie zu verlassen? Wer will das Volk hindern, loszubrechen? Wo ist die Macht, sie abzuhalten? Wer bürgt uns, daß sie sich ferner treu und untertänig zeigen werden? Ihr guter Wille ist alles Pfand, das wir haben.

Egmont: Und ist der gute Wille eines Volkes nicht das sicherste, das edelste Pfand? Bei Gott! Wann darf sich ein König sicherer halten, als wenn sie alle für einen, einer für alle stehn? Sichrer gegen innre und äußere Feinde?

Alba: Wir werden uns doch nicht überreden sollen, daß es jetzt hier so steht.

Egmont: Der König schreibe einen Generalpardon aus, er beruhige die Gemüter, und bald wird man sehen, wie Treue und Liebe mit dem Zutrauen wieder zurückkehrt.

Alba: Und jeder, der die Majestät des Königs, der das Heiligtum der Religion geschändet, ginge frei und ledig hin und wider! Lebte, den andern zum bereiten Beispiel, daß ungeheure Verbrechen straflos sind.

Egmont: Und ist ein Verbrechen des Unsinns, der Trunkenheit nicht eher zu entschuldigen als grausam zu bestrafen? Besonders wo sichre Hoffnung, wo Gewißheit ist, daß die Übel nicht wiederkehren werden? Waren Könige darum nicht sichrer, werden sie nicht von Welt und Nachwelt gepriesen, die eine Beleidigung ihrer Würde vergeben, bedauern, verachten konnten? Werden sie nicht eben deswegen Gott gleich gehalten, der viel zu groß ist, als daß an ihn jede Lästrung reichen sollte?

Alba: Und eben darum soll der König für die Würde Gottes und der Religion, wir sollen für das Ansehn des Königs streiten. Was der Obere abzulehnen verschmäht, ist unsre Pflicht zu rächen. Ungestraft soll, wenn ich rate, kein Schuldiger sich freuen.

Egmont: Glaubst du, daß du sie alle erreichen wirst? Hört man nicht täglich, daß die Furcht sie hie und da hin, sie aus dem Lande treibt? Die Reichsten werden ihre Güter, sich, ihre Kinder und Freunde flüchten, der Arme wird seine nützlichen Hände dem Nachbar zubringen.

Alba: Sie werden, wenn man sie nicht verhindern kann. Darum verlangt der König Rat und Tat von jedem Fürsten, Ernst von jedem Statthalter; nicht nur Erzählung, wie es ist, was werden könnte, wenn man alles gehen ließe, wie's geht. Einem großen Übel zusehen, sich mit Hoffnung schmeicheln, der Zeit vertrauen, etwa einmal dreinschlagen, wie im Faßnachtsspiel, daß es klatscht und man doch etwas zu tun scheint, wenn man nichts tun möchte — heißt das nicht, sich verdächtig machen, als sehe man dem Aufruhr mit Vergnügen zu, den man nicht erregen, wohl aber hegen möchte?

Egmont (*im Begriff aufzufahren, nimmt sich zusammen und spricht, nach einer kleinen Pause, gesetzt*): Nicht jede Absicht ist offenbar, und manches Mannes Absicht ist zu mißdeuten. Muß man doch auch von allen Seiten hören: es sei des Königs Absicht weniger, die Provinzen nach einförmigen und klaren Gesetzen zu regieren, die Majestät der Religion zu sichern und einen allgemeinen Frieden seinem Volke zu geben, als vielmehr sie unbedingt zu unterjochen, sie ihrer alten Rechte zu berauben, sich Meister von ihren Besitztümern zu machen, die schönen Rechte des Adels einzuschränken, um derentwillen der Edle allein ihm dienen, ihm Leib und Leben widmen mag. Die Religion, sagt man, sei nur ein prächtiger Teppich, hinter dem man jeden gefährlichen Anschlag nur desto leichter ausdenkt. Das Volk liegt auf den Knien, betet die heiligen gewirkten Zeichen an, und hinten lauscht der Vogelsteller, der sie berücken will.

Alba: Das muß ich von dir hören.

Egmont: Nicht meine Gesinnungen! Nur was bald hier bald da, von Großen und von Kleinen, Klugen und Toren gesprochen, laut verbreitet wird. Die Niederländer fürchten ein doppeltes Joch und wer bürgt ihnen ihre Freiheit?

Alba: Freiheit! Ein schönes Wort, wer's recht verstünde. Was wollen sie für Freiheit? Was ist des Freisten Freiheit? — Recht zu tun! — und daran wird sie der König nicht hindern. Nein! nein! sie glauben sich nicht frei, wenn sie sich nicht selbst und andern schaden können. Wäre es nicht besser, abzudanken, als ein solches Volk zu regieren? Wenn auswärtige

Feinde drängen, an die kein Bürger denkt, der mit dem Nächsten nur beschäftigt ist, und der König verlangt Beistand, dann werden sie uneins unter sich und verschwören sich gleichsam mit ihren Feinden. Weit besser ist's, sie einzuengen, daß man sie wie Kinder halten, wie Kinder zu ihrem Besten leiten kann. Glaube nur, ein Volk wird nicht alt, nicht klug, ein Volk bleibt immer kindisch.

Egmont: Wie selten kommt ein König zu Verstand. Und sollen sich viele nicht lieber vielen vertrauen als einem, und nicht einmal dem einen, sondern den wenigen des einen, dem Volke, das an den Blicken seines Herrn altert. Das hat wohl allein das Recht, klug zu werden.

Alba: Vielleicht eben darum, weil es sich nicht selbst überlassen ist.

Egmont: Und darum niemand gern sich selbst überlassen möchte. Man tue, was man will — ich habe auf deine Frage geantwortet und wiederhole: Es geht nicht! Es kann nicht gehn! Ich kenne meine Landsleute. Es sind Männer, wert, Gottes Boden zu betreten, ein jeder rund für sich ein kleiner König, fest, ruhig, fähig, treu, an alten Sitten hangend. Schwer ist's ihr Zutraun zu verdienen, leicht zu erhalten. Starr und fest! Zu drücken sind sie, nicht zu unterdrücken.

Alba *(der sich indes einige Male umgesehen hat):* Solltest du das alles in des Königs Gegenwart wiederholen?

Egmont: Desto schlimmer, wenn mich seine Gegenwart abschreckte! Desto besser für ihn, für sein Volk, wenn er mir Mut machte, wenn er mir Zutraun einflößte, noch weit mehr zu sagen.

Alba: Was nützlich ist, kann ich hören wie er.

Egmont: Ich würde ihm sagen: Leicht kann der Hirt eine ganze Herde Schafe vor sich hintreiben, der Stier zieht seinen Pflug ohne Widerstand; aber dem edlen Pferde, das du reiten willst, mußt du seine Gedanken ablernen, du mußt nichts Unkluges, nichts unklug von ihm verlangen. Darum wünscht der Bürger seine alte Verfassung zu behalten, von seinen Landsleuten regiert zu sein, weil er weiß, wie er geführt wird, weil er von ihnen Uneigennutz, Teilnehmung an seinem Schicksal hoffen kann.

Alba: Und sollte der Regent nicht Macht haben, dieses alte Herkommen zu verändern, und sollte nicht ebendies sein schönstes Vorrecht sein? Was ist bleibend auf dieser Welt? Und sollte eine Staatseinrichtung bleiben können? Muß nicht in einer Zeitfolge sich jedes Verhältnis verändern und eben darum eine alte Verfassung die Ursache von tausend Übeln werden, weil sie den gegenwärtigen Zustand des Volkes nicht umfaßt? Ich fürchte, diese alten Rechte sind darum so angenehm, weil sie Schlupfwinkel bilden, in welchen der Kluge, der Mächtige, zum Schaden des Volks, zum Schaden des Ganzen, sich verbergen oder durchschleichen kann.

Egmont: Und diese willkürlichen Veränderungen, diese unbeschränkten Eingriffe der höchsten Gewalt, sind sie nicht Vorboten, daß einer tun will, was Tausende nicht tun sollen? Er will sich allein frei machen, jeden seiner Wünsche befriedigen, jeden seiner Gedanken ausführen zu können. Und wenn wir uns ihm, einem guten weisen König, ganz vertrauten, sagt er uns für seine Nachkommen gut, daß keiner ohne Rücksicht, ohne Schonung regieren werde? Wer rettet uns alsdann von völliger Willkür, wenn er uns seine Diener, seine Nächsten sendet, die ohne Kenntnis des Landes und seiner Bedürfnisse nach Belieben schalten und walten, keinen Widerstand finden und sich von jeder Verantwortung frei wissen?

Alba *(der sich indes wieder umgesehen hat):* Es ist nichts natürlicher, als daß ein König durch sich zu herrschen gedenkt und denen seine Befehle am liebsten aufträgt, die ihn am besten verstehen, verstehen wollen, die seinen Willen unbedingt ausrichten.

Egmont: Und ebenso natürlich ist's, daß der Bürger von dem regiert sein will, der mit ihm geboren und erzogen ist, der gleichen Begriff mit ihm von Recht und Unrecht gefaßt hat, den er als seinen Bruder ansehn kann.

Alba: Und doch hat der Adel mit diesen seinen Brüdern sehr ungleich geteilt.

Egmont: Das ist vor Jahrhunderten geschehen und wird jetzt ohne Neid geduldet. Würden aber neue Menschen ohne Not gesendet, die sich zum zweiten Male auf Unkosten der Nation bereichern wollten, sähe man sich einer strengen, kühnen, unbedingten Habsucht ausgesetzt; das würde eine Gärung machen, die sich nicht leicht in sich selbst auflöste.

Alba: Du sagst mir, was ich nicht hören sollte. Auch ich bin fremd.

Egmont: Daß ich dir's sage, zeigt dir, daß ich dich nicht meine.

Alba: Und auch so wünscht ich es nicht von dir zu hören. Der König sandte mich mit Hoffnung, daß ich hier den Beistand des Adels finden würde. Der König will seinen Willen. Der König hat nach tiefer Überlegung gesehn, was dem Volke frommt; es kann nicht bleiben und gehen wie bisher. Des Königs Absicht ist: sie selbst zu ihrem eignen Besten einzuschränken, ihr eigen Heil, wenn's sein muß, ihnen aufzudringen, die schädlichen Bürger aufzuopfern, damit die übrigen Ruhe finden, des Glücks einer weisen Regierung genießen können. Dies ist sein Entschluß, diesen dem Adel kund zu machen, habe ich Befehl, und Rat verlang ich in seinem Namen, wie es zu tun sei, nicht was, denn das hat er beschlossen.

Egmont: Leider rechtfertigen deine Worte die Furcht des Volks, die allgemeine Furcht! So hat er denn beschlossen, was kein Fürst beschließen sollte. Die Kraft seines Volks, ihr Gemüt, den Begriff, den sie von sich selbst haben, will er schwächen, niederdrücken, zerstören, um sie bequem regieren zu können. Er will den innern Kern ihrer Eigenheit verderben, gewiß in der Absicht, sie glücklicher zu machen. Er will sie vernichten, damit sie etwas werden, ein ander Etwas. O wenn seine Absicht gut ist, so wird sie mißgeleitet! Nicht dem König widersetzt man sich, man stellt sich nur dem Könige entgegen, der einen falschen Weg zu wandeln die ersten unglücklichen Schritte macht.

Alba: Wie du gesinnt bist, scheint es ein vergebner Versuch, uns vereinigen zu wollen. Du denkst gering vom König, verächtlich von seinen Räten, wenn du zweifelst, das alles sei nicht schon gedacht, geprüft, gewogen worden. Ich habe keinen Auftrag, jedes Für und Wider noch einmal durchzugehn. Gehorsam fordr' ich von dem Volke — und von euch, ihr Ersten, Edelsten, Rat und Tat, als Bürgen dieser unbedingten Pflicht.

Egmont: Fordr' unsre Häupter, so ist es auf einmal getan. Ob sich der Nacken diesem Joche biegen, ob er sich vor dem Beile ducken soll, kann einer edlen Seele gleich sein. Umsonst hab ich so viel gesprochen, die Luft hab ich erschüttert, weiter nichts gewonnen.

Ferdinand kommt

Ferdinand: Verzeiht, daß ich euer Gespräch unterbreche. Hier ist ein Brief, dessen Überbringer die Antwort dringend macht.

Alba: Erlaubt mir, daß ich sehe, was er enthält.

Tritt an die Seite

Ferdinand *(zu Egmont):* Es ist ein schönes Pferd, das Eure Leute gebracht haben, Euch abzuholen.

Egmont: Es ist nicht das schlimmste. Ich hab es schon eine Weile, ich denk es wegzugeben. Wenn es Euch gefällt, so werden wir vielleicht des Handels einig.

Ferdinand: Gut, wir wollen sehn.
Alba *(winkt seinem Sohne, der sich in den Grund zurückzieht).*
Egmont: Lebt wohl! entlaßt mich, denn ich wüßte bei Gott nicht mehr zu sagen.
Alba: Glücklich hat dich der Zufall verhindert, deinen Sinn noch weiter zu verraten. Unvorsichtig entwickelst du die Falten deines Herzens und klagst dich selbst weit strenger an, als ein Widersacher gehässig tun könnte.
Egmont: Dieser Vorwurf rührt mich nicht, ich kenne mich selbst genug und weiß, wie ich dem König angehöre: weit mehr als viele, die in seinem Dienst sich selber dienen. Ungern scheid ich aus diesem Streite, ohne ihn beigelegt zu sehen, und wünsche nur, daß uns der Dienst des Herren, das Wohl des Landes bald vereinigen möge. Es wirkt vielleicht ein wiederholtes Gespräch, die Gegenwart der übrigen Fürsten, die heute fehlen, in einem glücklichern Augenblick, was heut unmöglich scheint. Mit dieser Hoffnung entfern ich mich.
Alba *(der zugleich dem Sohne ein Zeichen gibt):* Halt, Egmont! — Deinen Degen!

Die Mitteltüre öffnet sich, man sieht die Galerie mit Wache besetzt, die unbeweglich bleibt

Egmont *(der staunend eine Weile geschwiegen):* Dies war die Absicht? Dazu hast du mich berufen? *(Nach dem Degen greifend, als wenn er sich verteidigen wollte)* Bin ich denn wehrlos?
Alba: Der König befiehlt's, du bist mein Gefangner.

Zugleich treten von beiden Seiten Gewaffnete herein

Egmont *(nach einer Stille):* Der König? — — Oranien! Oranien! *(Nach einer Pause seinen Degen hingebend)* So nimm ihn. Er hat weit öfter des Königs Sache verteidigt, als diese Brust beschützt.

Er geht durch die Mitteltüre ab, die Gewaffneten, die im Zimmer sind, folgen ihm, ingleichen Albas Sohn. Alba bleibt stehen, der Vorhang fällt

FÜNFTER AUFZUG
Straße. Dämmrung

Klärchen, Brackenburg. Bürger

Brackenburg: Liebchen, um Gottes willen! was nimmst du vor?
Klärchen: Komm mit, Brackenburg! Du mußt die Menschen nicht kennen, wir befreien ihn gewiß. Denn was gleicht ihrer Liebe zu ihm? Jeder fühlt, ich schwöre es, in sich die bren-

nende Begier, ihn zu retten, die Gefahr von einem kostbaren Leben abzuwenden und dem Freisten die Freiheit wiederzugeben. Komm! Es fehlt nur an der Stimme, die sie zusammenruft. In ihrer Seele lebt noch ganz frisch, was sie ihm schuldig sind! Und daß sein mächtiger Arm allein von ihnen das Verderben abhält, wissen sie. Um seinet- und ihrentwillen müssen sie alles wagen. Und was wagen wir? Zum höchsten unser Leben, das zu erhalten nicht der Mühe wert ist, wenn er umkommt.

Brackenburg: Unglückliche! Du siehst nicht die Gewalt, die uns mit ehrnen Banden gefesselt hat.

Klärchen: Sie scheint mir nicht unüberwindlich. Laß uns nicht lang vergebliche Worte wechseln. Hier kommen von den alten, redlichen, wackern Männern! Hört, Freunde! Nachbarn, hört! — Sagt, wie ist es mit Egmont?

Zimmermann: Was will das Kind? Laß sie schweigen!

Klärchen: Tretet näher, daß wir sachte reden, bis wir einig sind und stärker. Wir dürfen nicht einen Augenblick versäumen! Die freche Tyrannei, die es wagt, ihn zu fesseln, zuckt schon den Dolch, ihn zu ermorden. O Freunde! mit jedem Schritt der Dämmrung werd ich ängstlicher. Ich fürchte diese Nacht. Kommt! Wir wollen uns teilen. Mit schnellem Lauf von Quartier zu Quartier rufen wir die Bürger heraus. Ein jeder greife zu seinen alten Waffen. Auf dem Markte treffen wir uns wieder, und unser Strom reißt einen jeden mit sich fort. Die Feinde sehen sich umringt und überschwemmt, und sind erdrückt. Was kann uns eine Handvoll Knechte widerstehn? Und er in unsrer Mitte kehrt zurück, sieht sich befreit und kann uns einmal danken, uns, die wir ihm so tief verschuldet worden. Er sieht vielleicht — gewiß er sieht das Morgenrot am freien Himmel wieder.

Zimmermann: Wie ist dir, Mädchen?

Klärchen: Könnt ihr mich mißverstehn? Vom Grafen sprech ich! Ich spreche von Egmont.

Jetter: Nennt den Namen nicht! Er ist tödlich.

Klärchen: Den Namen nicht! Wie! Nicht diesen Namen? Wer nennt ihn nicht bei jeder Gelegenheit? Wo steht er nicht geschrieben? In diesen Sternen hab ich oft mit allen seinen Lettern ihn gelesen. Nicht nennen? Was soll das? Freunde! Gute, teure Nachbarn, ihr träumt, besinnt euch! Seht mich nicht so starr und ängstlich an! Blickt nicht schüchtern hie und da beiseite. Ich ruf euch ja nur zu, was jeder wünscht. Ist meine Stimme nicht eures Herzens eigne Stimme? Wer würfe sich in dieser bangen Nacht, eh er sein unruhvolles Bette besteigt, nicht auf die Knie, ihn mit ernstlichem Gebet vom Himmel zu erringen. Fragt euch einander! frage jeder sich selbst! und wer spricht mir nicht nach: Egmonts Freiheit oder den Tod!

Jetter: Gott bewahr uns, da gibt's ein Unglück.

Klärchen: Bleibt! Bleibt und drückt euch nicht vor seinem Namen weg, dem ihr euch sonst so froh entgegendrängtet! — Wenn der Ruf ihn ankündigte, wenn es hieß: Egmont kommt! Er kommt von Gent! da hielten die Bewohner der Straßen sich glücklich, durch die er reiten mußte. Und wenn ihr seine Pferde schallen hörtet, warf jeder seine Arbeit hin, und über die bekümmerten Gesichter, die ihr durchs Fenster stecktet, fuhr wie ein Sonnenstrahl von seinem Angesichte ein Blick der Freude und Hoffnung. Da hobt ihr eure Kinder auf der Türschwelle in die Höhe und deutet ihnen: Sieh, das ist Egmont, der Größte da! Er ist's! Er ist's, von dem ihr beßre Zeiten, als eure armen Väter lebten, einst zu erwarten habt. Laßt eure Kinder nicht dereinst euch fragen: Wo ist er hin? Wo sind die Zeiten hin, die ihr verspracht? — Und so wechseln wir Worte! sind müßig, verraten ihn.

Soest: Schämt Euch, Brackenburg! Laßt sie nicht gewähren! Steuert dem Unheil!

Brackenburg: Lieb Klärchen! wir wollen gehen! Was wird die Mutter sagen? Vielleicht —

Klärchen: Meinst du, ich sei ein Kind oder wahnsinnig! Was kann vielleicht? — Von dieser schrecklichen Gewißheit bringst du mich mit keiner Hoffnung weg. — Ihr sollt mich hören, und ihr werdet, denn ich seh's, ihr seid bestürzt und könnt euch selbst in eurem Busen nicht wiederfinden. Laßt durch die gegenwärtige Gefahr nur einen Blick in das Vergangne dringen, das kurz Vergangne. Wendet eure Gedanken nach der Zukunft. Könnt ihr denn leben? Werdet ihr, wenn er zugrunde geht? Mit seinem Atem flieht der letzte Hauch der Freiheit. Was war er euch? Für wen übergab er sich der dringendsten Gefahr? Seine Wunden flossen und heilten nur für euch. Die große Seele, die euch alle trug, beschränkt ein Kerker, und Schauer tückischen Mordes schweben um sie her. Er denkt vielleicht an euch, er hofft auf euch, er, der nur zu geben, nur zu erfüllen gewohnt war.

Zimmermann: Gevatter, kommt.

Klärchen: Und ich habe nicht Arme, nicht Mark wie ihr; doch hab ich, was euch allen eben fehlt, Mut und Verachtung der Gefahr. Könnt euch mein Atem doch entzünden, könnt ich an meinen Busen drückend euch erwärmen und beleben!

Kommt! In eurer Mitte will ich gehen! — Wie eine Fahne wehrlos ein edles Heer von Kriegern wehend anführt, so soll mein Geist um eure Häupter flammen und Liebe und Mut das schwankende zerstreute Volk zu einem fürchterlichen Heer vereinigen.

Jetter: Schaff sie beiseite, sie dauert mich. *(Bürger ab)*

Brackenburg: Klärchen! Siehst du nicht, wo wir sind?

Klärchen: Wo? Unter dem Himmel, der so oft sich herrlicher zu wölben schien, wenn der Edle unter ihm herging. Aus diesen Fenstern haben sie herausgesehn, vier, fünf Köpfe übereinander, an diesen Türen haben sie gescharrt und genickt, wenn er auf die Memmen herabsah. O ich hatte sie so lieb, wie sie ihn ehrten. Wäre er Tyrann gewesen, möchten sie vor seinem Falle seitwärts gehn. Aber sie liebten ihn! — O ihr Hände, die ihr an die Mützen grifft, zum Schwert könnt ihr nicht greifen — Brackenburg, und wir? — Schelten wir sie? — Diese Arme, die ihn so oft festhielten, was tun sie für ihn? — List hat in der Welt so viel erreicht — du kennst Wege und Stege, kennst das alte Schloß. Es ist nichts unmöglich, gib mir einen Anschlag.

Brackenburg: Wenn wir nach Hause gingen!

Klärchen: Gut!

Brackenburg: Dort an der Ecke seh ich Albas Wache, laß doch die Stimme der Vernunft dir zu Herzen dringen. Hältst du mich für feig? Glaubst du nicht, daß ich um deinetwillen sterben könnte? Hier sind wir beide toll, ich so gut wie du. Siehst du nicht das Unmögliche? Wenn du dich faßtest! Du bist außer dir.

Klärchen: Außer mir! Abscheulich, Brackenburg, Ihr seid außer Euch. Da ihr laut den Helden verehrtet, ihn Freund und Schutz und Hoffnung nanntet, ihm Vivat rieft, wenn er kam, da stand ich in meinem Winkel, schob das Fenster halb auf, verbarg mich lauschend, und das Herz schlug mir höher als euch allen. Jetzt schlägt mir's wieder höher als euch allen! Ihr verbergt euch, da es Not ist, verleugnet ihn und fühlt nicht, daß ihr untergeht, wenn er verdirbt.

Brackenburg: Komm nach Hause.

Klärchen: Nach Hause?

Brackenburg: Besinne dich nur! Sieh dich um! Dies sind die Straßen, die du nur sonntäglich betratst, durch die du sittsam nach der Kirche gingst; wo du übertrieben ehrbar zürntest, wenn ich mit einem freundlichen grüßenden Wort mich zu dir gesellte. Du stehst und redest, handelst vor den Augen der offnen Welt. Besinne dich, Liebe! Wozu hilft es uns?

Klärchen: Nach Hause! Ja, ich besinne mich. Komm, Brackenburg, nach Hause! Weißt du, wo meine Heimat ist? *(Ab)*

Gefängnis, durch eine Lampe erhellt,
ein Ruhebett im Grunde

Egmont allein

Egmont: Alter Freund! immer getreuer Schlaf, fliehst du mich auch wie die übrigen Freunde? Wie willig senktest du dich auf mein freies Haupt herunter und kühltest, wie ein schöner Myrtenkranz der Liebe, meine Schläfe. Mitten unter Waffen, auf der Woge des Lebens ruht ich leicht atmend, wie ein aufquellender Knabe in deinen Armen. Wenn Stürme durch Zweige und Blätter sausten, sich Ast und Wipfel knirrend bewegten, blieb innerst doch der Kern des Herzens ungeregt. Was schüttelt dich nun? Was erschüttert den festen, treuen Sinn? Ich fühl's, es ist der Klang der Mordaxt, die an meiner Wurzel nascht. Noch steh ich aufrecht, und ein innrer Schauer durchfährt mich. Ja, sie überwindet, die verrätrische Gewalt, sie untergräbt den festen hohen Stamm, und eh die Rinde dorrt, stürzt krachend und zerschmetternd deine Krone.

Warum denn jetzt, der du so oft gewaltge Sorgen gleich Seifenblasen dir vom Haupte weggewiesen, warum vermagst du nicht die Ahnung zu verscheuchen, die tausendfach in dir sich auf und nieder treibt? Seit wann begegnet der Tod dir fürchterlich, mit dessen wechselnden Bildern wie mit den übrigen Gestalten der gewohnten Erde du gelassen lebtest? — Auch ist er's nicht, der rasche Feind, dem die gesunde Brust wetteifernd sich entgegensehnt, der Kerker ist's, des Grabes Vorbild, dem Helden wie dem Feigen widerlich. Unleidlich ward mir's schon auf meinem gepolsterten Stuhle, wenn in stattlicher Versammlung die Fürsten, was leicht zu entscheiden war, mit wiederkehrenden Gesprächen überlegten, und zwischen düsteren Wänden eines Saals die Balken der Decke mich erdrückten. Da eilt ich fort, sobald es möglich war, und rasch aufs Pferd mit tiefem Atemzug. Und frisch hinaus, da wo wir hingehören, ins Feld, wo aus der Erde dampfend jede nächste Wohltat der Natur und durch die Himmel wehend alle Segen der Gestirne einhüllend uns umwittern; wo wir, dem erdgebornen Riesen gleich, von der Berührung unsrer Mutter kräftiger uns in die Höhe reißen; wo wir die Menschheit ganz und menschliche Begier in allen Adern fühlen; wo das Verlangen, vorzudringen, zu besiegen, zu erhaschen, seine Faust zu brauchen, zu besitzen, zu

erobern, durch die Seele des jungen Jägers glüht; wo der Soldat sein angeboren Recht auf alle Welt mit raschem Schritt sich anmaßt und in fürchterlicher Freiheit wie ein Hagelwetter durch Wiese, Feld und Wald verderbend streicht und keine Grenzen kennt, die Menschenhand gezogen.
Du bist nur Bild, Erinnrungstraum des Glücks, das ich so lang besessen — wo hat dich das Geschick verrätrisch hingeführt? Versagt es dir den nie gescheuten Tod vorm Angesicht der Sonne rasch zu gönnen, um dir des Grabes Vorgeschmack im eklen Moder zu bereiten? Wie haucht er mich aus diesen Steinen widrig an! Schon starrt das Leben, und vorm Ruhebette wie vor dem Grabe scheut der Fuß. —
O Sorge! Sorge! die du vor der Zeit den Mord beginnst, laß ab! — Seit wann ist Egmont denn allein, so ganz allein in dieser Welt? Dich macht der Zweifel hilflos, nicht das Glück. Ist die Gerechtigkeit des Königs, der du lebenslang vertraut, ist der Regentin Freundschaft, die fast *(du darfst es dir gestehn)*, fast Liebe war, sind sie auf einmal wie ein glänzend Feuerbild der Nacht verschwunden, und lassen dich allein auf dunklem Pfad zurück? Wird an der Spitze deiner Freunde Oranien nicht wagend sinnen? Wird nicht ein Volk sich sammeln und mit anschwellender Gewalt den alten Freund rächend erretten?
O haltet, Mauern, die ihr mich einschließt, so vieler Geister wohlgemeintes Drängen nicht von mir ab, und welcher Mut aus meinen Augen sonst sich über sie belebend ergoß, der kehre nun aus ihren Herzen in meines wieder. O ja, sie rühren sich zu Tausenden, sie kommen, stehen mir zur Seite! Ihr frommer Wunsch eilt dringend zu dem Himmel, er bittet um ein Wunder. Und steigt zu meiner Rettung nicht ein Engel nieder, so seh ich sie nach Lanz und Schwertern greifen. Die Tore spalten sich, die Gitter springen, die Mauer stürzt vor ihren Händen ein, und der Freiheit des einbrechenden Tages steigt Egmont fröhlich entgegen. Wie manch bekannt Gesicht empfängt mich jauchzend! Ach Klärchen, wärst du Mann, so säh ich dich gewiß auch hier zuerst und dankte dir, was einem Könige zu danken hart ist, Freiheit.

Klärchens Haus

Klärchen kommt mit einer Lampe und einem Glas Wasser aus der Kammer, sie setzt das Glas auf den Tisch und tritt ans Fenster

Klärchen: Brackenburg? Seid Ihr's? Was hört ich denn? noch niemand? Es war niemand! Ich will die Lampe ins Fenster setzen, daß er sieht, ich wache noch, ich warte noch auf ihn. Er hat mir Nachricht versprochen, Nachricht! Entsetzliche Gewißheit! — Egmont verurteilt! — Welch Gericht darf ihn fordern? Und sie verdammen ihn! Der König verdammt ihn? oder der Herzog? Und die Regentin entzieht sich! Oranien zaudert und alle seine Freunde! — Ist dies die Welt, von deren Wankelmut, Unzuverlässigkeit ich viel gehört und nichts empfunden? Ist dies die Welt? — Wer wäre bös genug, den Teuren anzufeinden? Wäre Bosheit mächtig genug, den allgemein Erkannten schnell zu stürzen? Doch ist es so — es ist! — O Egmont, sicher hielt ich dich vor Gott und Menschen, wie in meinen Armen! Was war ich dir? Du hast mich dein genannt, mein ganzes Leben widmet ich deinem Leben. Was bin ich nun? Vergebens streck ich nach der Schlinge, die dich faßt, die Hand aus. Du hilflos, und ich frei! — Hier ist der Schlüssel zu meiner Türe. An meiner Willkür hängt mein Gehen und mein Kommen, und dir bin ich zu nichts! — — O bindet mich, damit ich nicht verzweifle, und werft mich in den tiefsten Kerker, daß ich das Haupt an feuchte Mauern schlage, nach Freiheit winsle, träume, wie ich ihm helfen wollte, wenn Fesseln mich nicht lähmten, wie ich ihm helfen würde. — Nun bin ich frei! Und in der Freihiet liegt die Angst der Ohnmacht. — Mir selbst bewußt, nicht fähig, ein Glied nach seiner Hilfe zu rühren. Ach leider, auch der kleine Teil von deinem Wesen, dein Klärchen, ist wie du gefangen und regt getrennt im Todeskrampfe nur die letzten Kräfte. — Ich höre schleichen, husten — Brackenburg — er ist's! — Elender guter Mann, dein Schicksal bleibt sich immer gleich: dein Liebchen öffnet dir die nächtliche Türe, und ach! zu welch unseliger Zusammenkunft.

Brackenburg tritt auf

Klärchen: Du kommst so bleich und schüchtern, Brackenburg, was ist's?
Brackenburg: Durch Umwege und Gefahren such ich dich auf. Die großen Straßen sind besetzt, durch Gäßchen und durch Winkel hab ich mich zu dir gestohlen.
Klärchen: Erzähl, wie ist's?
Brackenburg *(indem er sich setzt):* Ach Kläre, laß mich weinen. Ich liebt ihn nicht. Er war der reiche Mann und lockte des Armen einziges Schaf zur bessern Weide herüber. Ich hab ihn nie verflucht, Gott hat mich treu geschaffen und weich. In Schmerzen floß mein Leben von mir nieder, und zu verschmachten hofft ich jeden Tag.

Klärchen: Vergiß das, Brackenburg! Vergiß dich selbst. Sprich mir von ihm! Ist's wahr! Ist er verurteilt?
Brackenburg: Er ist's, ich weiß es ganz genau.
Klärchen: Und lebt noch?
Brackenburg: Ja, er lebt noch.
Klärchen: Wie willst du das versichern? — Die Tyrannei ermordet in der Nacht den Herrlichen! Vor allen Augen verborgen fließt sein Blut. Ängstlich im Schlafe liegt das betäubte Volk und träumt von Rettung, träumt ihres ohnmächtigen Wunsches Erfüllung — indes, unwillig über uns, sein Geist die Welt verläßt. Er ist dahin! — Täusche mich nicht! dich nicht.
Brackenburg: Nein gewiß, er lebt! — Und leider es bereitet der Spanier dem Volke, das er zertreten will, ein fürchterliches Schauspiel, gewaltsam jedes Herz, das nach der Freiheit sich regt, auf ewig zu zerknirschen.
Klärchen: Fahr fort und sprich gelassen auch mein Todesurteil aus! Ich wandle den seligen Gefilden schon näher und näher, mir weht der Trost aus jenen Gegenden des Friedens schon herüber. Sag an.
Brackenburg: Ich konnt es an den Wachen merken, aus Reden, die bald da bald dorten fielen, daß auf dem Markte geheimnisvoll ein Schrecknis zubereitet werde. Ich schlich durch Seitenwege, durch bekannte Gänge nach meines Vettern Haus und sah aus einem Hinterfenster nach dem Markte. — Es wehten Fackeln in einem weiten Kreise spanischer Soldaten hin und wider. Ich schärfte mein ungewohntes Auge, und aus der Nacht stieg mir ein schwarzes Gerüst entgegen, geräumig, hoch — mir grauste vor dem Anblick. Geschäftig waren viele rings umher bemüht, was noch Holzwerk weiß und sichtbar war, mit schwarzem Tuch einhüllend zu verkleiden. Die Treppen deckten sie zuletzt auch schwarz, ich sah es wohl. Sie schienen die Weihe eines gräßlichen Opfers vorbereitend zu begehn. Ein weißes Kruzifix, das durch die Nacht wie Silber blinkte, ward an der einen Seite hoch aufgesteckt. Ich sah, und sah die schreckliche Gewißheit immer gewisser. Noch wankten Fackeln hie und da herum, allmählich wichen sie und loschen. Auf einmal war die scheußliche Geburt der Nacht in ihrer Mutter Schoß zurückgekehrt.
Klärchen: Still, Brackenburg! Nun still! Laß diese Hülle auf meiner Seele ruhn. Verschwunden sind die Gespenster, und du, holde Nacht, leih deinen Mantel der Erde, die in sich gärt; sie trägt nicht länger die abscheuliche Last, reißt ihre tiefen Spalten grausend auf und knirscht das Mordgerüst hin-

unter. Und irgendeinen Engel sendet der Gott, den sie zum Zeugen ihrer Wut geschändet: vor des Boten heiliger Berührung lösen sich Riegel und Bande, und er umgießt den Freund mit mildem Schimmer, er führt ihn durch die Nacht zur Freiheit sanft und still. Und auch mein Weg geht heimlich in dieser Dunkelheit, ihm zu begegnen.

Brackenburg *(sie aufhaltend):* Mein Kind, wohin? Was wagst du?

Klärchen: Leise, Lieber, daß niemand erwache! Daß wir uns selbst nicht wecken! Kennst du dies Fläschchen, Brackenburg? ich nahm dir's scherzend, als du mit übereiltem Tod oft ungeduldig drohtest —— und nun, mein Freund —

Brackenburg: In aller Heiligen Namen!

Klärchen: Du hinderst nichts. Tod ist mein Teil! Und gönne mir den sanften schnellen Tod, den du dir selbst bereitetest. Gib mir deine Hand! — Im Augenblick, da ich die dunkle Pforte eröffne, aus der kein Rückweg ist, könnt ich mit diesem Händedruck dir sagen: wie sehr ich dich geliebt, wie sehr ich dich bejammert. Mein Bruder starb mir jung, dich wählt ich, seine Stelle zu ersetzen; es widersprach dein Herz und quälte sich und mich, verlangtest heiß und immer heißer, was dir nicht beschieden war. Vergib mir und leb wohl. Laß mich dich Bruder nennen! Es ist ein Name, der viel Namen in sich faßt. Nimm die letzte schöne Blume der Scheidenden mit treuem Herzen ab — nimm diesen Kuß — der Tod vereinigt alles, Brackenburg, uns denn auch.

Brackenburg: So laß mich mit dir sterben! Teile! Teile! Es ist genug, zwei Leben auszulöschen.

Klärchen: Bleib! Du sollst leben, du kannst leben. — Steh meiner Mutter bei, die ohne dich in Armut sich verzehren würde. Sei ihr, was ich ihr nicht mehr sein kann, lebt zusammen, und beweint mich. Beweint das Vaterland und den, der es allein erhalten konnte. Das heutige Geschlecht wird diesen Jammer nicht los, die Wut der Rache selbst vermag ihn nicht zu tilgen. Lebt, ihr Armen, die Zeit noch hin, die keine Zeit mehr ist. Heut steht die Welt auf einmal still; es stockt ihr Kreislauf, und mein Puls schlägt kaum noch wenige Minuten! Leb wohl!

Brackenburg: O lebe du mit uns, wie wir für dich allein! Du tötetst uns in dir, ob leb und leide. Wir wollen unzertrennlich dir zu beiden Seiten stehn, und immer achtsam soll die Liebe den schönsten Trost in ihren lebendigen Armen dir bereiten. Sei unser! Unser! Ich darf nicht sagen mein.

Klärchen: Leise, Brackenburg, du fühlst nicht, was du rührst. Wo Hoffnung dir erscheint, ist mir Verzweiflung.
Brackenburg: Teile mit den Lebendigen die Hoffnung! Verweil am Rande des Abgrunds, schau hinab und sieh auf uns zurück.
Klärchen: Ich hab überwunden, ruf mich nicht wieder zum Streit.
Brackenburg: Du bist betäubt, gehüllt in Nacht suchst du die Tiefe. Noch ist nicht jedes Licht verloschen, noch mancher Tag —!
Klärchen: Weh! über dich Weh! Weh! grausam zerreißest du den Vorhang vor meinem Auge. Ja, er wird grauen, der Tag! vergebens alle Nebel um sich ziehn und wider Willen grauen! Furchtsam schaut der Bürger aus seinem Fenster, die Nacht läßt einen schwarzen Flecken zurück, er schaut, und fürchterlich wächst im Lichte das Mordgerüst — Neu leidend wendet das entweihte Gottesbild sein flehend Aug zum Vater auf. Die Sonne wagt sich nicht hervor, sie will die Stunde nicht bezeichnen, in der er sterben soll. Träg gehn die Zeiger ihren Weg, und eine Stunde nach der andern schlägt. Halt! Halt! nun ist es Zeit! mich scheucht des Morgens Ahnung in das Grab.

Sie tritt ans Fenster, als sähe sie sich um, und trinkt heimlich

Brackenburg: Kläre! Kläre!
Klärchen *(Sie geht nach dem Tische und trinkt das Wasser)*: Hier ist der Rest! Ich locke dich nicht nach. Tu was du darfst, leb wohl! Lösche diese Lampe still und ohne Zaudern, ich geh zur Ruhe. Schleiche dich sachte weg, ziehe die Türe nach dir zu. Still! Wecke meine Mutter nicht! Geh, rette dich! Rette dich! Wenn du nicht mein Mörder scheinen willst. *(Ab)*
Brackenburg: Sie läßt mich zum letzten Male wie immer. O könnte eine Menschenseele fühlen, wie sie ein liebend Herz zerreißen kann. Sie läßt mich stehn, mir selber überlassen; und Tod und Leben ist mir gleich verhaßt. — Allein zu sterben! — Weint, ihr Liebenden! Kein härter Schicksal ist als meins! Sie teilt mit mir den Todestropfen und schickt mich weg! von ihrer Seite weg. Sie zieht mich nach und stößt ins Leben mich zurück. O Egmont, welch preiswürdig Los fällt dir! Sie geht voran, der Kranz des Siegs aus ihrer Hand ist dein, sie bringt den ganzen Himmel dir entgegen! Und soll ich folgen? wieder seitwärts stehn? den unauslöschlichen Neid in jene Wohnungen hinübertragen? — Auf Erden ist kein Bleiben mehr für mich, und Höll und Himmel bieten gleiche Qual.

Wie wäre der Vernichtung Schreckenshand dem Unglückseligen willkommen!

Brackenburg geht ab, das Theater bleibt einige Zeit unverändert. Eine Musik, Klärchens Tod bezeichnend, beginnt; die Lampe, welche Brackenburg auszulöschen vergessen, flammt noch einige Male auf, dann verlischt sie. Bald verwandelt sich der Schauplatz in das

Gefängnis

Egmont liegt schlafend auf dem Ruhebette. Es entsteht ein Gerassel von Schlüsseln, und die Türe tut sich auf, Diener mit Fackeln treten herein; ihnen folgt Ferdinand, Albas Sohn, und Silvia, begleitet von Gewaffneten. Egmont fährt aus dem Schlafe auf

Egmont: Wer seid ihr, die ihr mir unfreundlich den Schlaf von den Augen schüttelt? Was künden eure trotzigen, unsichern Blicke mir an? Warum diesen fürchterlichen Aufzug? Welchen Schreckenstraum kommt ihr der halberwachten Seele vorzulügen?

Silva: Uns schickt der Herzog, dir dein Urteil anzukündigen.

Egmont: Bringst du den Henker auch mit, es zu vollziehn?

Silva: Vernimm es; so wirst du wissen, was deiner wartet.

Egmont: So ziemt es euch und euerm schändlichen Beginnen! In Nacht gebrütet und in Nacht vollführt. So mag diese freche Tat der Ungerechtigkeit sich verbergen! — Tritt kühn hervor, der du das Schwert verhüllt unter dem Mantel trägst — hier ist mein Haupt, das freiste, das je die Tyrannei vom Rumpf gerissen.

Silva: Du irrst! Was gerechte Richter beschließen, werden sie vorm Angesicht des Tages nicht verbergen.

Egmont: So übersteigt die Frechheit jeden Begriff und Gedanken.

Silva *(nimmt einem Dabeistehenden das Urteil ab, entfaltet's und liest):* „Im Namen des Königs, und kraft besonderer von Seiner Majestät uns übertragnen Gewalt, alle seine Untertanen, wes Standes sie seien, zugleich die Ritter des goldnen Vließes zu richten, erkennen wir —"

Egmont: Kann die der König übertragen?

Silva: „Erkennen wir, nach vorgängiger genauer, gesetzlicher Untersuchung, dich Heinrichen Grafen Egmont, Prinzen von Gaure, des Hochverrates schuldig, und sprechen das Urteil: daß du mit der Frühe des einbrechenden Morgens aus dem Kerker auf den Markt geführt und dort, vorm Angesicht des Volks, zur Warnung aller Verräter mit dem Schwerte vom Leben zum Tode gebracht werden solltest. Gegeben Brüssel am . . .

Datum und Jahrzahl werden undeutlich gelesen, so daß sie der Zuhörer nicht versteht

Ferdinand, Herzog von Alba,
Vorsitzer des Gerichts der Zwölfe."

Du weißt nun dein Schicksal; es bleibt dir wenige Zeit, dich drein zu ergeben, dein Haus zu bestellen und von den Deinigen Abschied zu nehmen.

Silvia mit dem Gefolge geht ab
Es bleibt Ferdinand und zwei Fackeln; das Theater ist mäßig erleuchtet

Egmont: *(hat eine Weile, in sich versenkt, stille gestanden und Silva, ohne sich umzusehn, abgehen lassen. Er glaubt sich allein, und da er die Augen aufhebt, erblickt er Albas Sohn):* Du stehst und bleibst? Willst du mein Erstaunen, mein Entsetzen noch durch deine Gegenwart vermehren? Willst du noch etwa die willkommne Botschaft deinem Vater bringen, daß ich unmännlich verzweifle! Geh! Sag ihm! sag ihm, daß er weder mich noch die Welt belügt. Ihm, dem Ruhmsüchtigen, wird man es erst hinter den Schultern leise lispeln, dann laut und lauter sagen, und wenn er einst von diesem Gipfel herabsteigt, werden tausend Stimmen es ihm entgegenrufen: Nicht das Wohl des Staats, nicht die Würde des Königs, nicht die Ruhe der Provinzen haben ihn hierher gebracht. Um sein selbst willen hat er Krieg geraten, daß der Krieger im Krieg gelte; er hat diese ungeheure Verwirrung erregt, damit man seiner bedürfe. Und ich falle, ein Opfer seines niedrigen Hasses, seines kleinlichen Neides. Ja, ich weiß es, und ich darf es sagen, der Sterbende, der tödlich Verwundete kann es sagen: mich hat der Eingebildete beneidet, mich wegzutilgen hat er lang gesonnen und gedacht.
Schon damals, als wir noch jünger mit Würfeln spielten, die Haufen Goldes, einer nach dem andern, von seiner Seite zu mir herübereilten, da stand er grimmig, log Gelassenheit, und innerlich verzehrt' ihn die Ärgernis, mehr über mein Glück als über seinen Verlust. Noch erinnre ich mich des funkelnden Blickes, der verräterischen Blässe, als wir an einem öffentlichen Feste vor vielen tausend Menschen um die Wette schossen. Er forderte mich auf, und beide Nationen standen, die Spanier, die Niederländer, wetteten und wünschten. Ich überwand ihn, seine Kugel irrte, die meine traf, ein lauter Freudenschrei der Meinigen durchbrach die Luft. Nun trifft mich sein Geschoß. Sag ihm, daß ich's weiß, daß ich ihn kenne, daß die Welt jede Siegeszeichen verachtet, die ein kleiner Geist erschleichend sich aufrichtet. Und

du, wenn einem Sohne möglich ist, von der Sitte des Vaters zu weichen, übe beizeiten die Scham, indem du dich für den schämst, den du gerne von ganzem Herzen verehren möchtest.

Ferdinand: Ich höre dich, ohne dich zu unterbrechen! Deine Vorwürfe lasten wie Keulenschläge auf einen Helm, ich fühle die Erschütterung, aber ich bin bewaffnet. Du triffst mich, du verwundest mich nicht: fühlbar ist mir allein der Schmerz, der mir den Busen zerreißt. Wehe mir! Wehe! zu einem solchen Anblick bin ich aufgewachsen, zu einem solchen Schauspiele bin ich gesendet!

Egmont: Du brichst in Klagen aus? Was rührt, was bekümmert dich? Ist es eine späte Reue, daß du der schändlichen Verschwörung deinen Dienst geliehen? Du bist so jung und hast ein glückliches Ansehn. Du warst so zutraulich, so freundlich gegen mich, solang ich dich sah, war ich mit deinem Vater versöhnt. Und ebenso verstellt, verstellter als er, lockst du mich in das Netz. Du bist der Abscheuliche! Wer ihm traut, mag er es auf seine Gefahr tun; wer fürchtete Gefahr, dir zu vertrauen? Geh! Geh! Raube mir nicht die wenigen Augenblicke! Geh, daß ich mich sammle, die Welt und dich zuerst vergesse!

Ferdinand: Was soll ich dir sagen? Ich stehe und sehe dich an, und sehe dich nicht und fühle mich nicht. Soll ich mich entschuldigen? Soll ich dich versichern, daß ich erst spät, erst ganz zuletzt des Vaters Absichten erfuhr, daß ich als ein gezwungnes, lebloses Werkzeug seines Willens handelte. Was fruchtet's, welche Meinung du von mir haben magst? Du bist verloren, und ich Unglücklicher stehe nur da, um dich's zu versichern, dich zu bejammern.

Egmont: Welche sonderbare Stimme, welch ein unerwarteter Trost begegnet mir auf dem Weg zum Grabe! Du, Sohn meines ersten, meines fast einzigen Feindes, du bedauerst mich, du bist nicht unter meinen Mördern? Sag, rede! Für wen soll ich dich halten?

Ferdinand: Grausamer Vater! Ja ich erkenne dich in diesem Befehle! Du kanntest mein Herz, meine Gesinnung, die du so oft als Erbteil einer zärtlichen Mutter schaltest. Mich dir gleich zu bilden, sandtest du mich hierher. Diesen Mann am Rande des gähnenden Grabes, in der Gewalt eines willkürlichen Todes zu sehen, zwingst du mich, daß ich den tiefsten Schmerz empfinde, daß ich taub gegen alles Schicksal, daß ich unempfindlich werde, es geschehe mir, was wolle.

Egmont: Ich erstaune! Fasse dich! Stehe, rede wie ein Mann!

Ferdinand: O daß ich ein Weib wäre! Daß man mir sagen könnte: was rührt dich? was ficht dich an? Sage mir ein größeres, ein ungeheureres Übel, mache mich zum Zeugen einer schrecklichen Tat — ich will dir danken, ich will sagen: es war nichts.
Egmont: Du verlierst dich. Wo bist du?
Ferdinand: Laß diese Leidenschaft rasen, laß mich losgebunden klagen! Ich will nicht standhaft scheinen, wenn alles in mir zusammenbricht. Dich soll ich hier sehn? — Dich — es ist entsetzlich! du verstehst mich nicht! Und sollst du mich verstehn? Egmont! Egmont! *(Ihm um den Hals fallend)*
Egmont: Löse mir das Geheimnis.
Ferdinand: Kein Geheimnis.
Egmont: Wie bewegt dich so tief das Schicksal eines fremden Mannes?
Ferdinand: Nicht fremd! Du bist mir nicht fremd. Dein Name war's, der mir in meiner ersten Jugend gleich einem Stern des Himmels entgegenleuchtete. Wie oft hab ich nach dir gehorcht, gefragt! Des Kindes Hoffnung ist der Jüngling, des Jünglings der Mann. So bist du vor mir her geschritten, immer vor, und ohne Neid sah ich dich vor, und schritt dir nach, und fort und fort. Nun hofft ich endlich dich zu sehen, und sah dich, und mein Herz flog dir entgegen. Dich hatt ich mir bestimmt und wählte dich aufs neue, da ich dich sah. Nun hofft ich erst, mit dir zu sein, mit dir zu leben, dich zu fassen, dich — Das ist nun alles weggeschnitten, und ich sehe dich hier!
Egmont: Mein Freund, wenn es dir wohltun kann, so nimm die Versichrung, daß im ersten Augenblick mein Gemüt dir entgegenkam. Und höre mich, laß uns ein ruhiges Wort untereinander wechseln. Sage mir: ist es der strenge, ernste Wille deines Vaters, mich zu töten?
Ferdinand: Er ist's.
Egmont: Dieses Urteil wäre nicht ein leeres Schreckbild, mich zu ängstigen, durch Furcht und Drohung zu strafen, mich zu erniedrigen und dann mit königlicher Gnade mich wieder aufzuheben?
Ferdinand: Nein, ach leider nein! Anfangs schmeichelte ich mir mit dieser ausweichenden Hoffnung, und schon da empfand ich Angst und Schmerz, dich in diesem Zustande zu sehen. Nun ist es wirklich, ist gewiß. Nein, ich regiere mich nicht. Wer gibt mir eine Hilfe, wer einen Rat, dem Unvermeidlichen zu entgehen?
Egmont: So höre mich! Wenn deine Seele so gewaltsam dringt,

mich zu retten, wenn du die Übermacht verabscheust, die mich gefesselt hält, so rette mich! Die Augenblicke sind kostbar. Du bist des Allgewaltigen Sohn, und selbst gewaltig — Laß uns entfliehen! Ich kenne die Wege, die Mittel können dir nicht unbekannt sein. Nur diese Mauern, nur wenige Meilen entfernen mich von meinen Freunden. Löse diese Bande, bringe mich zu ihnen und sei unser. Gewiß, der König dankt dir dereinst meine Rettung. Jetzt ist er überrascht, und vielleicht ist ihm alles unbekannt. Dein Vater wagt, und die Majestät muß das Geschehne billigen, wenn sie sich auch davor entsetzt. Du denkst? O denke mir den Weg der Freiheit aus! Sprich, und nähre die Hoffnung der lebendigen Seele.

Ferdinand: Schweig! o schweige! Du vermehrst mit jedem Worte meine Verzweiflung. Hier ist kein Ausweg, kein Rat, keine Flucht. — Das quält mich, das greift und faßt mir wie mit Klauen die Brust. Ich habe selbst das Netz zusammengezogen, ich kenne die strengen festen Knoten, ich weiß, wie jeder Kühnheit, jeder List die Wege verrennt sind, ich fühle mich mit dir und mit allen andern gefesselt. Würde ich klagen, hätte ich nicht alles versucht? Zu seinen Füßen habe ich gelegen, geredet und gebeten. Er schickte mich hierher, um alles, was von Lebenslust und Freude mit mir lebt, in diesem Augenblicke zu zerstören.

Egmont: Und keine Rettung?

Ferdinand: Keine!

Egmont *(mit dem Fuße stampfend):* Keine Rettung! — — Süßes Leben! schöne, freundliche Gewohnheit des Daseins und Wirkens, von dir soll ich scheiden? So gelassen scheiden! Nicht im Tumulte der Schlacht, unter dem Geräusch der Waffen, in der Zerstreuung des Getümmels gibst du mir ein flüchtiges Lebewohl, du nimmst keinen eiligen Abschied, verkürzest nicht den Augenblick der Trennung. Ich soll deine Hand fassen, dir noch einmal in die Augen sehn, deine Schöne, deinen Wert recht lebhaft fühlen und dann mich entschlossen losreißen und sagen: Fahre hin.

Ferdinand: Und ich soll daneben stehn, zusehn, dich nicht halten, nicht hindern können! O welche Stimme reichte zur Klage! Welches Herz flösse nicht aus seinen Banden vor diesem Jammer!

Egmont: Fasse dich!

Ferdinand: Du kannst dich fassen, du kannst entsagen, den schweren Schritt an der Hand der Notwendigkeit heldenmäßig gehn. Was kann ich? Was soll ich? Du überwindest dich

selbst und uns, du überstehst, ich überlebe dich und mich selbst. Bei der Freude des Mahls hab ich mein Licht, im Getümmel der Schlacht meine Fahne verloren. Schal, verworren, trüb scheint mir die Zukunft.
Egmont: Junger Freund, den ich durch ein sonderbares Schicksal zugleich gewinne und verliere, der für mich die Todesschmerzen empfindet, für mich leidet — sieh mich in diesen Augenblicken an, du verlierst mich nicht. War dir mein Leben ein Spiegel, in welchem du dich gerne betrachtest, so sei es auch mein Tod. Die Menschen sind nicht nur zusammen, wenn sie beisammen sind; auch der Entfernte, der Abgeschiedne lebt uns. Ich lebe dir, und habe mir genug gelebt. Eines jeden Tages hab ich mich gefreut, an jedem Tage mit rascher Wirkung meine Pflicht getan, wie mein Gewissen mir sie zeigte. Nun endigt sich das Leben, wie es sich früher, früher, schon auf dem Sande von Gravelingen hätte endigen können. Ich höre auf zu leben, aber ich habe gelebt; so leb auch du, mein Freund, gern und mit Lust, und scheue den Tod nicht.
Ferdinand: Du hättest dich für uns erhalten können. Du hast dich selber getötet. Oft hört ich, wenn kluge Männer über dich sprachen, feindselige, wohlwollende, sie stritten lang über deinen Wert; doch endlich vereinigten sie sich, keiner wagt' es zu leugnen, jeder gestand: ja, er wandelt einen gefährlichen Weg. Wie oft wünscht ich, dich warnen zu können! Hattest du denn keine Freunde?
Egmont: Ich war gewarnt.
Ferdinand: Und wie ich punktweis alle diese Beschuldigungen wieder in der Anklage fand und deine Antworten! Gut genug, dich zu entschuldigen, nicht triftig genug, dich von der Schuld zu befreien —
Egmont: Dies sei beiseitegelegt. Es glaubt der Mensch sein Leben zu leiten, sich selbst zu führen, und sein Innerstes wird unwiderstehlich nach seinem Schicksale gezogen. Laß uns darüber nicht sinnen, dieser Gedanken entschlag ich mich leicht. Schwerer der Sorge für dieses Land, doch auch dafür wird gesorgt sein. Kann mein Blut für viele fließen, meinem Volke Frieden bringen, so fließt es willig. Leider wird's nicht so werden. Doch es ziemt dem Menschen nicht mehr zu grübeln, wo er nicht mehr wirken soll. Kannst du die verderbende Gewalt deines Vaters aufhalten, lenken, so tu's. Wer wird das können? — Leb wohl.
Ferdinand: Ich kann nicht gehn.
Egmont: Laß meine Leute dir aufs beste empfohlen sein. Ich

habe gute Menschen zu Dienern: daß sie nicht zerstreut, nicht unglücklich werden. Wie steht es um Richard, meinen Schreiber?

Ferdinand: Er ist dir vorangegangen. Sie haben ihn als Mitschuldigen des Hochverrats enthauptet.

Egmont: Arme Seele. — Noch eins, und dann leb wohl, ich kann nicht mehr. Was auch den Geist gewaltsam beschäftigt, fordert die Natur zuletzt unwiderstehlich ihre Rechte, und wie ein Kind, umwunden von der Schlange, des erquickenden Schlafs genießt, so legt der Müde sich noch einmal vor der Pforte des Todes nieder und ruht tief aus, als ob er einen weiten Weg zu wandern hätte. — Noch eins — Ich kenne ein Mädchen: du wirst sie nicht verachten, weil sie mein war. Nun ich sie dir empfehle, sterb ich ruhig. Du bist ein edler Mann; ein Weib, das den findet, ist geborgen. Lebt mein alter Adolf? ist er frei?

Ferdinand: Der muntre Greis, der Euch zu Pferde immer begleitete?

Egmont: Derselbe.

Ferdinand: Er lebt, er ist frei.

Egmont: Er weiß ihre Wohnung, laß dich von ihm führen und lohn ihm bis an sein Ende, daß er dir den Weg zu diesem Kleinod zeigt. — Leb wohl!

Ferdinand: Ich gehe nicht.

Egmont *(ihn nach der Tür drängend):* Leb wohl!

Ferdinand: O laß mich noch!

Egmont: Freund, keinen Abschied.

Er begleitet Ferdinanden bis an die Türe und reißt sich dort von ihm los
Ferdinand, betäubt, entfernt sich eilend

Egmont *(allein):* Feindseliger Mann! Du glaubtest mir diese Wohltat nicht durch deinen Sohn zu erzeigen. Durch ihn bin ich der Sorgen los und der Schmerzen, der Furcht und jedes ängstlichen Gefühls. Sanft und dringend fordert die Natur ihren letzten Zoll. Es ist vorbei, es ist beschlossen, und was die letzte Nacht mich ungewiß auf meinem Lager wachend hielt, das schläfert nun mit unbezwinglicher Gewißheit meine Sinnen ein.

Er setzt sich aufs Ruhebett. Musik

Süßer Schlaf! Du kommst wie ein reines Glück ungebeten, unerfleht am willigsten. Du lösest die Knoten der strengen Gedanken, vermischest alle Bilder der Freude und des Schmerzes, ungehindert fließt der Kreis innerer Harmonien, und eingehüllt in gefälligen Wahnsinn, versinken wir und hören auf zu sein.

Er entschläft, die Musik begleitet seinen Schlummer. Hinter seinem Lager scheint sich die Mauer zu eröffnen, eine glänzende Erscheinung zeigt sich. Die Freiheit in himmlischem Gewand, von einer Klarheit umflossen, ruht auf einer' Wolke. Sie hat die Züge von Klärchen und neigt sich gegen den schlafenden Helden. Sie drückt eine bedauernde Empfindung aus, sie scheint ihn zu beklagen. Bald faßt sie sich, und mit aufmunternder Gebärde zeigt sie ihm das Bündel Pfeile, dann den Stab mit dem Hute. Sie heißt ihn froh sein, und indem sie ihm bedeutet, daß sein Tod den Provinzen die Freiheit verschaffen werde, erkennt sie ihn als Sieger und reicht ihm einen Lorbeerkranz. Wie sie sich mit dem Kranze dem Haupte nahet, macht Egmont eine Bewegung wie einer, der sich im Schlafe rührt, dergestalt, daß er mit dem Gesicht aufwärts gegen sie zu liegen kommt. Sie hält den Kranz über seinem Haupte schwebend: man hört ganz von weitem eine kriegerische Musik von Trommeln und Pfeifen; bei dem leisesten Laut derselben verschwindet die Erscheinung. Der Schall wird stärker, Egmont erwacht. Das Gefängnis wird vom Morgen mäßig erhellt. Seine erste Bewegung ist, nach dem Haupte zu greifen, er steht auf und sieht sich um, indem er die Hand auf dem Haupte behält

Verschwunden ist der Kranz! Du schönes Bild, das Licht des Tages hat dich verscheucht! Ja sie waren's, sie waren vereint, die beiden süßten Freuden meines Herzens. Die göttliche Freiheit, von meiner Geliebten borgte sie die Gestalt, das reizende Mädchen kleidete sich in der Freundin himmlisches Gewand. In einem ernsten Augenblick erscheinen sie vereinigt, ernster als lieblich. Mit blutbefleckten Sohlen trat sie vor mir auf, die wehenden Falten des Saumes mit Blut befleckt. Es war mein Blut und vieler Edlen Blut. Nein, es ward nicht umsonst vergossen. Schreitet durch! Braves Volk! Die Siegesgöttin führt dich an! Und wie das Meer durch eure Dämme bricht, so brecht, so reißt den Wall der Tyrannei zusammen und schwemmt ersäufend sie von ihrem Grunde, den sie sich anmaßt, hinweg!

Trommeln näher

Horch! Horch! Wie oft rief mich dieser Schall zum freien Schritt nach dem Felde des Streits und des Siegs! Wie munter traten die Gefährten auf der gefährlichen rühmlichen Bahn! Auch ich schreite einem ehrenvollen Tode aus diesem Kerker entgegen, ich sterbe für die Freiheit, für die ich lebte und focht, und der ich mich jetzt leidend opfre.

Der Hintergrund wird mit einer Reihe spanischer Soldaten besetzt, welche Hellebarden tragen

Ja, führt sie nur zusammen! Schließt eure Reihen, ihr schreckt mich nicht. Ich bin gewohnt, vor Speeren gegen Speere zu stehen und, rings umgeben von dem drohenden Tod, das mutige Leben nur doppelt rasch zu fühlen.

Trommeln

Dich schließt der Feind von allen Seiten ein! Es blinken Schwerter — Freunde, höhren Mut! Im Rücken habt ihr Eltern, Weiber, Kinder!

Auf die Wache zeigend

Und diese treibt ein hohles Wort des Herrschers, nicht ihr Gemüt! Schützt eure Güter! Und euer Liebstes zu erretten, fallt freudig, wie ich euch ein Beispiel gebe.

Trommeln. Wie er auf die Wache los- und auf die Hintertüre zugeht, fällt der Vorhang, die Musik fällt ein und schließt mit einer Siegessymphonie das Stück